# LANDSCHAFTSFÜHRER
# AARE–JURA–RHEIN

D1678028

dreiklang.ch – Agentur für Natur und Kultur

## IMPRESSUM

Redaktionsteam
*Peter Bircher, Wölflinswil*
*Geri Hirt, Linn*
*Franz Wülser, Zeihen*

Illustrationen
*Titus Stäuble, Frick*

Beratung
*Isabella Zumsteg-Furrer, Wil*

Logo «dreiklang.ch»
*Tissa Marketing, Frick*

Lektorat
*Otto Meier, Wölflinswil*

Fotos
*Paul Abt, Kleindöttingen*
*Christoph Bürki, Revue Schweiz*
*Geri Hirt, Linn*
*Erich Treier, Oberhof*
*Beat Zimmermann, Rheinfelden*
*u. a. m.*

Gestaltung, Satz und Druck
*Binkert Druck AG, 5080 Laufenburg*

ISBN
*3-9522624-0-4*

© *2003 by dreiklang.ch – Agentur für Natur und Kultur*
  *Oberdorf 419, 5063 Wölflinswil*

# EINLEITUNG

# INHALT

Ruine Tierstein oberhalb Gipf-Oberfrick

# DIE LEITIDEE

Der Aargauer Jura – inmitten der Fluss-landschaft von Aare und Rhein – hat eine hohe Dichte von Naturwerten und zeigt eine vielfältig strukturierte Landschaft.

**«dreiklang.ch
AARE–JURA–RHEIN»**

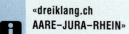

Agentur für Natur und Kultur
Oberdorf 419
5063 Wölflinswil
Telefon 062 877 15 04
Fax 062 877 23 06
www.dreiklang.ch
info@dreiklang.ch

Das Projekt «dreiklang.ch AARE–JURA–RHEIN» will die Modellregion Aargauer Jura mit den Teilgebieten Fricktal, Kirchspiel und Aaretal fördern:
- mit der Erhaltung der Natur- und Kulturlandschaft
- mit der Stärkung der Regionalwirt-schaft (Forst, Landwirtschaft, Ge-werbe, Gastro, kleine und mittlere Unternehmen KMU)
- mit dem Einbezug der Bevölkerung in die Gestaltung ihres Lebens-, Wirtschafts- und Erholungsraumes
- mit Umweltbildung, Exkursionen, sanftem und naturnahem Touris-mus und Naherholung

**70 Aargauer Gemeinden**
Die einzelnen Gebiete lassen sich wie folgt umschreiben:
- Kernzone mit 29 Gemeinden, iden-tisch mit den drei BLN-Gebieten (Bundesinventar der Landschaften von nationaler Bedeutung) von Tafel- und Faltenjura mit 41 000 Einwoh-nern und einer Fläche von 23,8 km$^2$
- Der naturnahe ländliche Raum mit 20 Gemeinden, 17 800 Einwohnern und 11 km$^2$ Fläche
- Schliesslich der verdichtete Wirt-schafts- und Siedlungsraum ent-lang von Aare und Rhein und dem Talkessel von Frick mit 21 Ge-meinden, 49 000 Einwohnern und einer Fläche von 10,8 km$^2$. Hier sind auch Teilgebiete von Aarau und Brugg (links der Aare) enthalten sowie Koblenz als Ver-knüpfungspunkt für den öffent-lichen Verkehr und als Brücken-kopf.

Im Perimeter «dreiklang.ch AARE–JURA–RHEIN» sind es insgesamt 70 Gemeinden mit rund 107 800 Ein-wohnerinnen und Einwohnern und einer Gesamtfläche von 45,6 km$^2$.

Es handelt sich um ein touristisch und für die Naherholung ausgerichtetes Natur- und Kulturprojekt. Das Gebiet umfasst einen Teil der Bezirke Aarau, Brugg und Zurzach sowie das gesam-te Gebiet der beiden Fricktaler Bezir-ke Laufenburg und Rheinfelden.

# 200 JAHRE KANTON AARGAU

*200 Jahre Aargau*

2003 feiert der Aargau seinen 200. Geburtstag. Er gehört zu den sechs Mediationskantonen der Schweiz, gegründet 1803. Napoleon Bonaparte erweiterte den Kreis der Kantone über die 13 alten Orte der Eidgenossenschaft hinaus, um die bisherigen zugewandten Orte und Untertanengebiete Graubünden, St. Gallen, Thurgau, Aargau, Waadt und Tessin. Neuenburg, Wallis und Genf blieben damals vorerst noch von der Schweiz getrennt. Der Kanton Aargau erhielt seinen heutigen Umfang durch die Vereinigung der Grafschaft Baden, des Freiamts, des Berner Aargaus und des Fricktals. Er gliedert sich bis heute in elf Bezirke.

Im Zeichen des Kantonsjubiläums 2003 wurde die Herausgabe dieser Publikation ermöglicht. Dank eines namhaften Betrages aus dem Jubiläumsfonds konnte der umfangreiche, farbige und reich illustrierte Landschaftsführer herausgegeben werden.

Er bildet zugleich den Auftakt für ein Pilotprojekt des Bundes, welches die vielfältigen Naturwerte im Aargauer Jura vermehrt zur Geltung bringen will. Die interessanten Beiträge der 70 Gemeinden dürften ein breites Interesse finden, aber auch die eindrückliche Informationspalette und die verschiedenen Fachbeiträge.

Die Publikation ist praktisch und einfach gestaltet. Jederzeit griffbereit wird Ihnen dieser Landschaftsführer über das Jubiläumsjahr hinaus viele gute Dienste leisten. Damit wird die Aargauer Juralandschaft ins Blickfeld gerückt. Wir hoffen, damit einen nachhaltigen Beitrag für Bewohner und Gäste dieser Region und für alle Interessierten leisten zu können.

DER HERAUSGEBER:
VEREIN «dreiklang.ch – AARE–JURA–RHEIN»
MÄRZ 2003

## «dreiklang.ch AARE–JURA–RHEIN»

«dreiklang.ch» umfasst das Gebiet von Kaiseraugst bis Koblenz, von Laufenburg bis Erlinsbach sowie den Naturraum Jura zwischen Aare und Rhein.

Im Gebiet liegen 70 Gemeinden, wobei auch Aarau und Brugg mit Teilgebieten links der Aare dazu zählen sowie Koblenz als Brückenkopf am Rhein.

### Was ist die Leitidee?
– Erhaltung der Natur- und Kulturlandschaft Aargauer Jura
– Stärkung der Regionalwirtschaft
– Gestaltung des Lebens- und Erholungsraumes
– Sanfter Tourismus: Bäder, Wandern, Radfahren
– Nutzung der vielfältigen bestehenden Angebote

# ERLEBNIS LANDSCHAFT – DER AARGAUER JURA

**Aare, Jura und Rhein bilden einen Dreiklang. Der Aargauer Jura, das Kantonsgebiet links von Aare und Rhein, wird vorgestellt: Naturlandschaft, Wandermöglichkeiten, Routen für das Radfahren, die 70 Gemeinden in dieser Region. Landwirtschaft und Forst, Gewerbe und industrielle Nutzung, Bäder und Naherholungsfitness, Rebberge und Pferdesport, Energienutzung und Forschung. Besondere Raritäten in den Flussauen und auf den Trockenwiesen bieten eine breite Vorzeige-Palette «von dem, was ist». Hier wird ein Landstrich präsentiert, welcher den grössten Freiraum für die Naherholung zwischen Basel und Zürich offen hält. Natur- und Kulturwerte, die viel bedeuten.**

Dieser Landschaftsführer ist kein literarisches Werk. Er erhebt auch nicht den Anspruch auf Vollständigkeit, auch wenn er eine Fülle von Informationen enthält. Er breitet sich beim Durchblättern aus wie ein «Erlebniskatalog». Die farbige Gestaltung bringt uns einen Landstrich näher, den alle, die in dieser Region wohnen, selber vor der eigenen Haustüre erleben, durchstreifen und hautnah erfahren können. Und wer die Region besucht, wird gerne diesen Führer zur Hand nehmen.

### Flusslandschaft und Juratäler

Entlang von Aare und Rhein umgeben diesen Aargauer Jura die Kleinstädte und Agglomerationen von Aarau, Brugg, Döttingen/Klingnau, Koblenz/Waldshut-Tiengen, die beiden Laufenburg und Rheinfelden. Innerhalb eines dichten Siedlungs- und Wirtschaftsraumes führen Täler und Tälchen hinein und hinauf in den Jura. Über den Bürersteig, den Bözberg, die Staffelegg und das Benkerjoch führen vier Buslinien, die das öffentliche Verkehrsangebot auch für den Erholungsuchenden attraktiv machen.

*Oben: Blick von Oberbözberg auf Alpenpanorama*

12

Auch Salhöhe und Barmelweid sind mit dem Bus erschlossen, ebenso die Seitentäler Richtung Basel-Landschaft. Der Tarifverbund Nordwestschweiz vernetzt seit Jahren diese vielseitige Landschaft von der Agglomeration Basel bis zu den Jurahöhen.

## 70 Gemeinden

70 Gemeinden, ganz unterschiedlich in Grösse und Struktur, liegen in diesem «dreiklang.ch»-Perimeter. Es ist eine Welt der Kontraste. Sie alle präsentieren sich hier nach dem Motto: *«Was zeige ich einem Gast?»* Und es ist beachtlich, was sie alles vorzuzeigen haben. Neben Natur und Kultur ist es eine feingliedrige Infrastruktur, die nur erhalten oder weiterentwickelt werden kann, wenn diese Gemeinden leben, sich auch entfalten und an der wirtschaftlichen Entwicklung teilhaben können.

Da und dort haben wir den Perimeter durchbrochen, so zum Naturama in Aarau, mit den Bezügen zu Aarau, Brugg, den vier Waldstädten am Rhein, über die historischen Spuren zu Augusta Raurica, Vindonissa oder zur Stammburg der Habsburger.

*Dieser Führer zeigt keinen unversöhnlichen Konflikt zwischen Wirtschaft, Kultur und Natur. Wir brauchen alle drei, und das ist in grosser Eindrücklichkeit in diesem Raum nahe beieinander.*

Wir werben hier für die Naherholung und den sanften Tourismus. Ist es nicht verlockend, stundenlang an einem heissen Sommertag durch einsame Buchenwälder zu streifen? Oder einmal die kräftige Bise auf dem Juragrat um die Ohren sausen zu lassen, am Rhein zu fischen oder sich auf Pferderücken über Jurahöhen tragen zu lassen.

## Klein und gross, nass und trocken

Sehr unterschiedlich gegliedert ist dieser Landstrich – eine kleine Welt der Gegensätzlichkeiten tut sich auf:

– Die Gemeinden zeigen sich in unterschiedlichster Grösse und Struktur. Kleine Dörfer und mittelalterliche Siedlungskerne der Kleinstädte, Wohndörfer auf der Hochfläche des Bözbergs und in den Juratälern sowie entlang von Aare und Rhein.

– An den beiden Flüssen sind die Feuchtgebiete, Auen, die kleineren und grösseren Wasserflächen, die zum Teil durch den Kraftwerkbau entstanden sind.

– Im Jura finden wir Fels, Trockenwiesen, schattige Buchenwälder und

*Blick auf Oeschgen und Schinberg*

*Küttiger Rebberg*

südorientierte Waldränder, reich an Artenvielfalt in Flora und Fauna.

– Kaiseraugst liegt 264 Meter über Meer, und die «drei Höchsten im Aargauer Jura» finden sich mit dem Geissfluegrat auf 903 m, mit der Wasserflue auf 843 m und der Strihen mit 840 Meter über Meer.

– Das Gebiet ist aber auch reich an Naturdenkmälern und geschichtsträchtigen Zeugen. So führten die wichtigsten Verbindungen zwischen Augusta Raurica und Vindonissa durch dieses Gebiet. Neben den Spuren der Römer, die sich bis heute erhalten haben, spielten Aare und Rhein als Verkehrswege eine grosse Rolle. Auch wenn der Rhein Landesgrenze ist, so ist dennoch von *einem* Wirtschafts-, Siedlungs- und Erholungsraum vom Jura zum Schwarzwald zu sprechen.

– Typisch für diesen Raum ist auch die Stufung Tal – Tafel – Berg. Ein Dreiklang der besonderen Art. Von der Ebene am Rhein wird man nach steil aufwärts führenden Buchenwäldern der Hochebenen, dem Tafeljura gewahr, und am Horizont scheint der Falten- oder Kettenjura auf.

– Eine Schichtstufenlandschaft also mit ihrem einmaligen Reiz der Ver-

kehrs- und Wirtschaftsintensität im Talgrund, der wogenden Getreidefelder auf den Hochflächen, den Graten und Lueginslande auf dem Faltenjura.

– Eine wechselvolle Geschichte präsentieren die Kulturzeugen. Die farbenfrohen Barockbauten aus der vorderösterreichischen Vergangenheit im Fricktal. Der kaiserliche «Adler» in Frick und der «Bären» als historischer Zeuge der Berner Herrschaft in Bözen. Die grösste Kirche des Aargaus findet sich im Kirchspiel, in Leuggern. Aber auch alle Stufen der Energienutzung, vom Wasserrad über das Laufkraftwerk, die Kernenergie und die Forschung für alle Energieträger am Paul Scherrer Institut (PSI) gruppieren sich an Aare und Rhein.

**Von der Idee
zum Landschaftsführer**

Den Anstoss zur Herausgabe dieses Führers gaben:

– Die Überlegung, nicht einfach Neues zu planen, sondern schlicht einmal das zu zeigen, was ist.

– Das Anliegen, für alle, die in dieser Region wohnen, diesen Lebensraum bewusster zu machen, das was wir buchstäblich vor den

Haus- und Wohnungstüren vorfinden können.
- Der Gedanke, dass es eigentlich neben Stadtführern auch Landschaftsführer geben könnte. Warum denn nicht eine hilfreiche Information herausgeben für Besucherinnen und Besucher aus nah und fern?
- Es gibt den Durchfahrtskanton Aargau als nationale Verkehrsdrehscheibe. Es gibt aber auch den Kanton der erlebnisreichen Landschaften, Kulturdenkmäler und verborgenen Schönheiten.
- Bewusst mussten wir uns auf das Dreieck von Kaiseraugst bis zur Aaremündung und von Laufenburg bis Aarau beschränken.
- Die Begrenzung ergab sich nicht nur aufgrund des Buchumfangs, sondern auch durch die topografischen Gegebenheiten der Flusslandschaft und dem Naturraum Aargauer Jura.
- Flüsse verbinden! Der Führer will aber auch weitere Verbindungen zwischen dem Fricktal und dem Aaretal, zwischen Rhein und Kantonshauptort aufzeigen und bewusst machen. Denn eine grosse Erfahrung musste selbst unser Redaktionsteam machen:
*Wir wissen zu wenig über das, was wir in unmittelbarer Nähe in unserm Wohn- und Lebensraum haben. Schätzen und achten können wir es erst, wenn wir es kennen.*
- Schliesslich unser Tipp! Sichern Sie diesem Landschaftsführer einen guten Platz bei Telefonbuch und Fahrplan. Da ist er am richtigen Ort, als kleines Werk zum Nachschlagen und sich informieren.

*Ihr Redaktionsteam:*
*Peter Bircher, Wölflinswil*
*Geri Hirt, Linn*
*Franz Wülser, Zeihen*

- www.dreiklang.ch
- Erhältlich zum *Sonderpreis von nur Fr. 15.–*
Dank Sponsoring und der Förderung durch Bund und Kanton (Jubiläumsjahr 2003/Pilotprojekt Aargauer Jura) kann der Landschaftsführer zu diesem Sonderpreis verkauft werden. Er ist auch im Buchhandel erhältlich

5063 Wölflinswil
Telefon 062 877 15 04
Telefax 062 877 23 06
Sie können den Landschaftsführer direkt über die E-Mail-Adresse info@dreiklang.ch bestellen
- Wenn Sie eine grössere Anzahl bestellen wollen (z. B. für einen Verein, an einem Verkaufsstand, in einer Ausstellung, im Laden oder als Kundengeschenk), können wir Sie jederzeit direkt und zu speziellen Konditionen je nach Bestellzahl beliefern

# LANDSCHAFT UND PLANUNG

An politischen Aufgaben, insbesondere raumwirksamer Natur, sind in der Regel zahlreiche Akteure beteiligt. Wenn deren Vorstellungen über die anzustrebende Entwicklung übereinstimmen, lassen sich erfolgreiche Lösungen für Planungsaufgaben finden. Gemeinsam getragene raumordnungspolitische Zielvorstellungen werden in Planungsinstrumenten festgehalten. Auf Kantonsebene kennt man Raumordnungskonzepte, Grundzüge der angestrebten räumlichen Entwicklung, Leitbilder usw. als Grundlagen für die kantonalen Richtpläne. Häufig erarbeiten auch die Regionen und Gemeinden solche Zielfestlegungen: regionale Entwicklungskonzepte bzw. kommunale Richtpläne.

Landschaftsplanung beschäftigt sich mit dem gesamten Lebensraum von Menschen, Tieren und Pflanzen. Sie befasst sich mit Nutzung, Schutz und Gestaltung des Lebensraumes. Im engeren Sinne ist mit Landschaft der Raum ausserhalb des Siedlungsgebietes gemeint. Im Aargau wird dieser Raum generell als Kulturland bezeichnet.

Die Raumplanung hat sich im Aargau schon in den 1970er-Jahren intensiv mit dem Kulturland befasst. Der Grosse Rat hat den Kantonalen Gesamtplan Baugebiet/Kulturland am 1. Juni 1976 genehmigt. Die darin ausgeschiedene Kulturlandfläche wurde in einer zweiten Phase differenziert. Im Kulturlandkonzept, das vom Grossen Rat 1984 mit Zustimmung zur Kenntnis genommen wurde, wurden die raumwirksamen Aspekte der Sachbereiche Landwirtschaft, Forstwirtschaft, Oberflächengewässer und Grundwasser, Natur- und Landschaftsschutz, Materialabbau und Erholung aufeinander abgestimmt und zu einer gemeinsamen Raumordnungspolitik verbunden. Der dem Kulturlandkonzept beigefügte Strukturplan weist für das Gebiet «dreiklang» grossflächige kantonale Interessengebiete für Landschaftsschutz aus.

1987 hat der Grosse Rat den auf das Kulturlandkonzept gestützten Gesamtplan Kulturland genehmigt. Dieser Plan übernahm eine Leitfunktion für die Regional- und Ortsplanung im Kulturland. Er sollte die volkswirtschaftlich zweckmässige Nutzung des Kulturlandes und den Schutz zur Erhaltung und Verbesserung der natürlichen Lebensgrundlagen, der Landschaft und der Lebensräume von Tieren und Pflanzen sicherstellen.

1995 hat der Grosse Rat das Raumordnungskonzept zur Kenntnis genommen. Mit dem kantonalen Richtplan von 1996 hat der Grosse Rat die Grundzüge der Nutzung von übergeordnetem Interesse festgelegt sowie die Abstimmung der verschiedenen Infrastrukturanlagen im Raum sichergestellt.

## Die Landschaft «AARE–JURA–RHEIN» aus raumplanerischer Sicht

Im Raumordnungskonzept von 1995 wird erstmals die Situation im ländlichen Raum des Aargaus thematisiert und Perspektiven für diesen Raum entworfen. Es wird auf den ländlichen Raum als Naherholungsgebiet und Ausgleichsraum für die urbanen Gebiete verwiesen. Dafür müsse der ländlichen Bevölkerung die nötige Wertschätzung und die gerechtfertigten Kompensationen, die sie für ihren Beitrag zum Gesamtwohl verdient, zugestanden werden. Die dezentralisierte Siedlungsstruktur mit den Kleinzentren sei die Grundlage für eine hohe Wohn- und Lebensqualität im ländlichen Raum.

Die Dörfer abseits der grossen Verkehrsachsen können (und sollen) ihren angestammten ländlichen Dorfcharakter beibehalten und sich vor allem qualitativ weiterentwickeln. Mit sorgfältigen Neu- und Umbauten und mit sanfter Nachverdichtung lassen sich die Dörfer von innen heraus erneuern. Dabei wird wieder vermehrt auf den angestammten ländlichen Charakter geachtet.

Im ländlichen Raum werden sich neue Formen des Arbeitens etablieren. Für die Neugestaltung und Pflege der ländlichen Freiräume, zur Erfüllung spezieller Funktionen im Bereich Freizeit und Erholung fallen den Landwirten neue Aufgaben zu; zugleich entsteht aber auch eine neue Wertschätzung für deren Arbeit bei der gesamten Bevölkerung. Die Notwendigkeit der Landschaftspflege wird anerkannt, die dazu notwendigen Arbeitsleistungen werden von der Allgemeinheit geschätzt und mit Direktzahlungen abgegolten.

Dank der Telécom-Erschliessung können Werbefachleute, Grafiker, Designer, Schriftsteller, Texter, EDV-Spezialisten, Ingenieure, Architekten, Treuhänder, Berater usw. durchaus im Eigenheim auf dem Land wohnen und dort auch arbeiten. Diese neuen Berufsleute schaffen zusätzliche Kaufkraft auf dem Lande.

Auch im Freizeitbereich fallen auf dem Lande neue Beschäftigungsmöglichkeiten an, so etwa in den populärer werdenden Sportarten wie Reiten, Golf, Tennis oder bei Freizeit-Dienstleistungen wie Gastgewerbe, Gesundheitstourismus. Derartige Beschäftigungsmöglichkeiten lassen vermuten, dass künftig nicht einfach die gleichen Menschen auf dem Land wohnen wie heute.

In den ländlichen Gemeinden soll weiterhin eine angemessene Siedlungsentwicklung stattfinden können, damit sie ihre Funktionen erfüllen können. Neue Bauzonen sollen ausgeschieden werden, wenn besondere Gründe dies rechtfertigen, insbesondere wenn eine Verdichtung in den weitgehend überbauten Bauzonen aus Gründen der Wohn- und Siedlungsqualität nicht mehr verlangt werden kann und eine Verlagerung der Nachfrage auf andere Gemeinden in der Region nicht erwünscht ist. Für die Wirtschaft sollen Baulandreserven, vorab für Klein- und Mittelbetriebe, zur Verfügung stehen.

Die Leute, die aufs Land gezogen sind und ihren Wohn- und Arbeitsort mit Absicht auf dem Land gewählt haben, sind oft daran interessiert, dass ihr Dorf klein und ländlich bleibt und sich nicht schleichend zum halbstädtischen Vorort entwickelt. Sie wehren sich gegen weitere Verluste an offener Landschaft, gegen die Verbauung der Aussichtslagen, gegen zusätzliche Verkehrsprobleme, gegen steigende Lärm- und Luftbelastung. Sie wollen nicht das verlieren, was ihr Leben auf dem Land lebenswert macht.

Die Wünsche dieser Leute widersprechen nicht selten den Entwicklungsvorstellungen der angestammten Bevölkerung.

Mit den qualitativ ausgerichteten Dorferneuerungen, mit der sorgsamen Pflege und Aufwertung der Landschaft, den naturnahen Erholungsmöglichkeiten in gesunder Umwelt und dem vielfältigen Angebot an hochwertigen und gesunden Nahrungsmitteln an Ort gewinnt der ländliche Raum als Ganzes. Er wird als Lebensraum attraktiv und genügt so den Ansprüchen unterschiedlichster Bevölkerungsgruppen.

Im bereits genannten Raumordnungskonzept wird unter anderem festgehalten, der Natur- und Landschaftsraum sei vom Siedlungsdruck dauernd zu entlasten. Es sollen Räume von kantonaler und regionaler Bedeutung bezeichnet werden, die langfristig frei von Bauten und Belastungen bleiben sollen. Die Kulturlandschaft habe für Erholung, Freizeit, Sport und Tourismus eine zunehmende Bedeutung. Übermässige Konzentrationen seien zu vermeiden, daher seien Erholungsanlagen und Parkplätze auf die örtlich gegebene ökologische Tragfähigkeit abzustimmen. Die Mittelland- und Juralandschaften seien zu erhalten und als Grundlage für eine sinnvolle touristische Nutzung zu entwickeln.

Die Region «dreiklang» ist in weiten Teilen ein ländlicher Raum im oben geschilderten Sinne. Die ländlich geprägten Dörfer dieses Raumes sollen vorzugsweise als Wohngemeinden mässig weiterentwickelt werden. Die feingliedrige Landschaft (mit vielen Seitentälern) erträgt nur eine subtile und wohlgeordnete Besiedlungsstruktur. Die Identität der Siedlungen ist durch Ortsbildschutz, Quartiergestaltungspläne und Siedlungstrenngebiete zu sichern und zu fördern. Die Entstehung örtlicher Gewerbezentren ist zu unterstützen. Daneben sollen sich aber alle Agglomerationen der Region «dreiklang» gemäss ihren heutigen Funktionen weiterentwickeln können. Die bestehende Siedlungsstruktur ist zweckmässig.

## Die Wirtschaft der Region «dreiklang»

Die Region «dreiklang» zeichnet sich durch erhebliche regionale Standortvorteile und eine wirtschafts- und industriefreundliche Politik aus. Sie verfügt über hoch qualifizierte Arbeitskräfte und grosse strategische Landreserven für die weitere wirtschaftliche Entwicklung. Die Nähe zum Chemieschwerpunkt Basel und zu weiteren Chemiebetrieben ergeben Synergieeffekte. Die Beschäftigung von Grenzgängern ist möglich. Es steht auch ein ausreichendes Angebot an Wohnungen und Wohnbauland in einem attraktiven Umfeld zur Verfügung.

Die Verkehrsgunst der Region «dreiklang» wurde vor allem durch die Fertigstellung der A3 Basel–Zürich erhöht. Diese bringt eine bessere Erreichbarkeit der übrigen Kantonsteile und von Zürich und steigert damit die Standortgunst der Region. Die neuen Rheinübergänge bei Rheinfelden und Laufenburg werden die Beziehungen zur deutschen Nachbarschaft erleichtern. Die Verbindung A3/A98 bringt eine Umfahrungsmöglichkeit der Agglomeration Basel mit schnellerem Zugang zum EuroAirport. Dazu soll auch der öffentliche Verkehr über den Rhein bei Laufenburg, Stein und Rheinfelden ausgebaut werden. Der durch die NEAT bedingte Ausbau der Bahnstrecke durch das Fricktal soll für attraktive Bahnangebote im Personenverkehr genutzt werden. Der Euro-Airport und die Rheinschifffahrt mit den verschiedensten Umschlagsanlagen im Raume Basel sind in nächster Nähe verfügbar, und neue Beförderungssysteme (Container) können beste Voraussetzungen für die wirtschaftliche Versorgung bieten.

Die bisherigen Motoren der regionalen Wirtschaft in der Region «dreiklang», namentlich die Chemie und der Maschinen- und Fahrzeugbau, weisen mittelfristig günstige Entwicklungsaussichten auf. Sie verfügen über die Voraussetzungen, um sich auch in Zukunft auf überregionalen Märkten behaupten zu können. Dank dieser auswärtigen Nachfrage und aufgrund der engen Verflechtung dieser Betriebe mit dem einheimischen Produktionsbereich werden sie weiterhin ihre Funktion als «Transmissionsriemen» für die regionale Wirtschaft ausüben.

Im europäischen Binnenmarkt wird die Mobilität insgesamt zunehmen. Gleichzeitig wächst damit auch die Nachfrage nach Transportmöglichkeiten. Im Zuge dieser Entwicklung kann davon ausgegangen werden, dass die distributiven Dienstleistungen markant an Bedeutung gewinnen werden. Dank ihrer zentralen Lage und der guten Einbettung ins übergeordnete Verkehrs- und Städtenetz kann die Region von dieser Dynamik profitieren und an Attraktivität gewinnen.

Als Standort für kommerzielle Dienstleistungen dürfte die Region «dreiklang» nur vereinzelt in Frage kommen. Chancen bestehen jedoch im Tourismus. In Ergänzung zum bereits vorhandenen Kurbetrieb in Rheinfelden kann unter Umständen der Geschäfts- und Kongresstourismus an Bedeutung gewinnen. Die Voraussetzungen dazu sind mit der Grenzlage wie auch der Nähe Basels und durch die gute Erreichbarkeit gegeben. Auch der Tagestourismus in den attraktiven Juralandschaften kann entwickelt werden.

## Der Erholungswert «Aargauer Jura und Flusslandschaft Aare–Rhein»

Die Erholung im Freien gewinnt als Folge der Verstädterung, der vermehrten Freizeit und der gestiegenen Mobilität der Bevölkerung zunehmend an Bedeutung. Neben den traditionellen beschaulichen Aktivitäten wie dem Wandern, Spazierengehen usw. stehen heute vermehrt Spiel, Sport und Unterhaltung im Vordergrund. Die Erholungssuchenden erleben – jeder auf seine Art – ihre Betätigungen als Ausgleich zum beruflichen Leben.

Der Aargauer Jura und die Flusslandschaft Aare-Rhein sind Gebiete, deren Flächen durch die Erholungssuchenden hauptsächlich indirekt genutzt werden, als Wanderer, Spaziergänger, Biker, Reiter usw. Die Qualität dieser Landschaft für die Erholungstätigkeiten ergibt sich aus dem als «schön» empfundenen Zusammenwirken von Relief, Gewässer, Vegetation und Bebauung. Schöne Landschaften sind in der Schweiz und im Aargau zwar nicht selten, doch bestehen vonseiten der Erholungssuchenden starke Präferenzen für ganz bestimmte Landschaftsformen (zum Beispiel Seenund Flusslandschaften, Jura). Zu den natürlichen Grundlagen für die Erholung gehört aber auch eine möglichst geringe Beeinträchtigung durch Immissionen wie Lärm, Wasser- und Luftverschmutzung oder unschöne Bauten und Anlagen. Diese Bedingungen erfüllt die Region «dreiklang» in hohem Masse. Die vielfältige Natur- und Kulturlandschaft ist als Naherholungsgebiet zu erhalten. Lebensfähige Strukturen der Wald- und Landwirtschaft auf der Grundlage des bäuerlichen Familienbetriebes sind dazu ebenso Voraussetzung wie die zielgerichtete Förderung des Arten- und Biotopschutzes.

Als Zielorte für diese extensive Erholungstätigkeit bieten sich Aussichtsstrecken und -punkte, Gaststätten und Kulturgüter an. Sie sind in der Region «dreiklang» vielfältig vertreten. Die Flussläufe hingegen sind Anziehungspunkt für speziellere Erholungstätigkeiten wie Fischen, Bootfahren, Baden und Schwimmen.

**Die Gliederung der Landschaft in der Region «dreiklang»**

Die Landschaft in der Region «dreiklang» kann in ein Kerngebiet mit Naturvorrang (BLN-Gebiete), eine naturnahe Kulturlandschaft und einen Siedlungs- und Wirtschaftsraum (Rheinebene, Raum Frick, Raum Kirchspiel und Aareraum) gegliedert werden. In der Region «dreiklang» liegen mehrere Objekte des Bundesinventars der Landschaften und Naturdenkmäler BLN. Das BLN-Gebiet «Aargauer Tafeljura» ist ein repräsentativer Teil des Aargauer Juras. Das Gebiet ist gekennzeichnet durch orchideenreiche Buchen-/Föhrenwälder und zahlreiche bemerkenswerte Standorte von floristischer Bedeutung. Es enthält naturnahe Kulturlandschaftsteile, typische aargauische Reblandschaften und zum Teil gut erhaltene Dörfer.

Das BLN-Gebiet «Aargauer und östlicher Solothurner Faltenjura» ist geprägt durch Aufschiebungen und komplizierte Schuppenstrukturen, die charakteristisch für den östlichen Faltenjura sind. Es enthält eine reich gegliederte Vegetation in Abhängigkeit von Relieformen, Lage und Untergrund. Typisch sind Trockenvegetation und Magerrasen an den Südhängen sowie seltene Waldgesellschaften an geologisch exponierten Standorten.

Das BLN-Gebiet «Baselbieter und Fricktaler Tafeljura» weist grosse Tafelflächen auf, wird im Süden aber von der Brandungszone des überschobenen Faltenjuras dominiert. Auch hier wird die Verteilung von Wald und Kul-

*braun = BLN-Gebiete*
*violett = Vertragsflächen Projekt «Bewirtschaftungsverträge», Stand 2000*

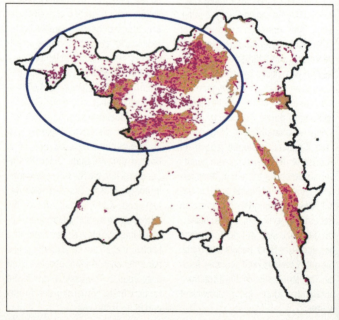

turland hauptsächlich durch den geologischen Untergrund geprägt. Es finden sich zahlreiche Standorte mit hohen Naturwerten, so z. B. Trockenrasen mit rund 20 Orchideenarten und Brutgebiete mehrerer bedrohter Vogelarten.

Ausserhalb der BLN-Gebiete und des Siedlungs- und Wirtschaftsraums treffen wir auf eine gepflegte, naturnahe Kulturlandschaft.

Der Siedlungs- und Wirtschaftsraum ist geprägt von Industrie- und Arbeitsplatzkonzentrationen in Kaiseraugst, Rheinfelden, Möhlin, im Sisslerfeld, in Laufenburg/Kaisten, Frick, Leibstadt und im Fullerfeld. Dichte Gewerbe- und Wohnnutzungen finden sich entlang der Achsen im Fricktal, im Rheintal bis Laufenburg und im Aaretal. Zentrumsfunktionen erfüllen Rheinfelden, Möhlin, Frick, Stein und Laufenburg.

MARCO PEYER UND ALEX SCHNEIDER, ABTEILUNG RAUMENTWICKLUNG BD

*grosse Punkte = Waldreservate*
*kleine Punkte = Altholzinseln*
*Dreiecke = Flächen mit Pflegeeingriffen*

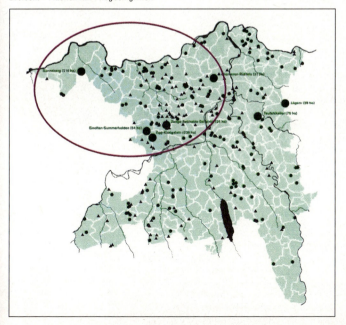

Ausblick von der Gisliflue auf Thalheim
und die Ruine Schenkenberg

# GEMEINDEN

# AUENSTEIN – BEVORZUGTE WOHNLAGE ZWISCHEN AARE UND GISLIFLUE

**Einwohner:** 1400
**Erste Erwähnung:** 1212 als «Gowenstein»
**Besonderheiten:** Ruhige, bevorzugte Wohnlage in einer Mulde zwischen Aare und Gislifluue. Kalk- und Mergelsteinbrüche, Rebbaugemeinde, Schloss Auenstein (Privatbesitz), idyllisch gelegenes Schwimmbad
**Verkehrsverbindungen:** Busverbindungen ins Schenkenbergertal und nach Wildegg, Bahnhof SBB. Hauptstrasse Aarau–Brugg, in Rupperswil oder Wildegg die Aare überqueren. Autobahnanschluss A1 in Rupperswil

Die Gemeinde Auenstein liegt 375 m über Meer am Südhang der ersten Jurakette in einer geschützten Mulde zwischen der Aareniederung und dem Steilhang der Gislifluh. In seinem Dorfkern ist Auenstein ein typisches Juradorf mit steilgiebligen Bauernhäusern geblieben.

## Kalk- und Mergelabbau

Markant in Auenstein sind die beiden Steinbrüche Oberegg und Jakobsberg, wo die Jura-Cement-Fabriken jährlich über 200 000 Kubikmeter Kalk und Mergel abbauen und in Wildegg zu Zement verarbeiten.

## VIER SEHENSWÜRDIGKEITEN
### Pfarrkirche

Sehenswert ist die spätgotische Pfarrkirche von Auenstein mit frontseitigem Käsbissenturm mit Ausstattungen aus der Zeit vom 15. bis 18. Jahrhundert. Die Pfarrkirche wird 1302 erstmals urkundlich erwähnt. Aufgrund von 1952 entdeckten Fundamenten eines romanischen Sakralbaues dürfte sie aber schon im 11. Jahrhundert bestanden haben. Im 14. Jahrhundert erfuhr die Kirche eine Erweiterung und erhielt auch einen Turm. Der Neubau des Chors in seiner heutigen Gestalt fand im 15. Jahrhundert statt. 1651 wurde das Kirchenschiff um gut zwei Drittel nach Süden erweitert, gleichzeitig erhielt es eine neue Kanzel. 1966 ist das Geläute erneuert und von zwei auf vier Glocken erweitert worden.

## Rebbau

In jüngster Zeit konnte der Weinbau dank der Güterregulierung, in der geschlossene Rebgebiete ausgeschieden werden konnten, wieder einen bedeutenden Aufschwung verzeichnen. Die Auensteiner Rebbaufläche beträgt 9,5 ha. Jährlich werden rund 320 hl Weisswein (Riesling × Sylvaner, Gewürztraminer und Pinot gris) und rund 180 hl Rotwein (Blauburgunder und Regent) gekeltert.

Alpen mit dem Titlis bis zu den Berner Viertausendern mit der Jungfrau reicht der Blick. Im Westen und Norden schliessen sich die Ketten des Juras und die Höhenzüge des Schwarzwaldes mit dem Feldberg an. Ein herrlicher Weitblick!

## Eieraufleset

Eine Besonderheit ist das alle zwei Jahre stattfindende Eierauflesen in Auenstein. Es ist ein alter Brauch, ein athletischer Wettkampf zwischen zwei Mannschaften, die den Winter und den Sommer verkörpern. Der Anlass wird von ledigen Burschen des Dorfes im Alter ab 16 Jahren organisiert und findet jeweils in ungeraden Jahren

## Gislifue

Von der Gislifue, dem Hausberg von Auenstein und gleichzeitig dem höchsten Punkt der Gemeinde, eröffnet sich an klaren Tagen über dem Schloss Lenzburg und der Kirche auf dem Staufberg eine wunderschöne Sicht auf die Alpenkette. Vom Alpstein über den Calanda zum Glärnisch, weiter zu den Innerschweizer

am Weissen Sonntag statt. Figuren: Winter: die Alte und der Alte, Strohmannen, Jux-Figuren, weisses Läuferpaar, die auf vorgegebener Strecke in die Bözenegg und zurück rennen müssen. Sommer: die Eieraufleser, junges Paar, mehrere Bajazzos, Polizisten. Je nach Siegermannschaft soll das Wetter für die kommenden Monate warm oder kalt ausfallen.

Gemeindeverwaltung
Telefon 062 897 03 02
www.auenstein.ch
gemeindekanzlei@auenstein.ch

## HISTORISCHES

Den Namen verdankt das Dorf wohl dem Schloss, dem Stein in der Aue, ehemals eine Wasserburg auf einem Felsen in der Aare, jetzt im Schachenland stehend.

### Schloss Auenstein

Zu Beginn des 14. Jahrhunderts war das Schloss Auenstein Eigengut der Herren von Rinach; es wurde in den Kämpfen der Eidgenossen mit Österreich 1389 von den Bernern zerstört. Nach der bernischen Herrschaft ging die Burgruine ins Eigentum des neuen Kantons Aargau und später in Privatbesitz über. Erst 1858 und 1928/29 wurde die Ruine des Bergfrieds wieder bewohnbar gemacht und mit einer Wohnung mit Küche aufgestockt. Das Schloss ist heute in Privatbesitz.

### GASTRONOMIE UND FREIZEIT

*Schwimmbad an der Aare:* Zusammen mit der Gemeinde Rupperswil betreibt Auenstein während der Sommermonate ein idyllisch an der Aare gelegenes, geheiztes Freiluft-Schwimmbad. *Die Schützenstube* dient der Gemeinde gleichzeitig als «Waldhütte». Reservationen über die Feldschützengesellschaft Auenstein.

*Restaurants:* Gislifluh und Schmitte.

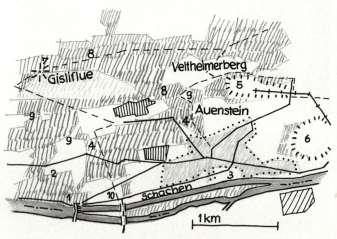

1 Bachlauf mit Tuffbildungen
2 Findling im Nonnenrain
3 Schloss Auenstein (nicht öffentlich)
4 Geologischer Aufschluss
5 Kalksteinbruch Oberegg
6 Mergelsteinbruch Jakobsberg
7 Aussichtspunkt Gislifluе (772 m ü. M.)
8 Historische Grenzsteine
9 Naturschutzgebiete Chläbhalden, Egg und vor Wile
10 Schwimmbad

# BIBERSTEIN – DIE WOHNLICHE GEMEINDE AM JURASÜDFUSS

Eingebettet zwischen Aare und Jura in ländlicher Umgebung liegt Biberstein. Der Gemeindebann erstreckt sich vom tiefsten Punkt an der Aare auf rund 360 m bis hinauf zum Faltenjuragrat auf 768 m. Der alte, intakte Dorfkern von nationaler Bedeutung und das Schloss wie auch neue Wohnquartiere prägen das Dorf. Charaktervolle spätgotische Bauten wie der Spittel am oberen Dorfplatz und das sogenannte Geissenschlössli erinnern an die einstige wichtige Vergangenheit des Ortes. In Biberstein beginnen die Wander-, Biker- und Velowege unmittelbar vor der Haustür. Man muss sich nur noch entscheiden, ob man in den Jura oder an die Aare gehen möchte. Die reichhaltige Fauna und Flora lädt zum Verweilen ein.

## VIER SEHENSWÜRDIGKEITEN
### Aareuferweg
Mit etwas Glück kann man bei der Aarebrücke Spuren des Wappentieres von Biberstein entdecken, des Bibers. Auch

**Einwohner:** 1120
**Erste Erwähnung:** 1280 Biberstein (Urbar des Klosters Beromünster)
**Besonderheiten:** Erstes Biobad der Schweiz, Juraweid mit seltener Flora, Schloss Biberstein
**Verkehrsverbindungen:** 4,5 km von Aarau entfernt. Buslinie Nr. 4 der Busbetriebe der Stadt Aarau; mit dem Auto knapp 7 Minuten nach Aarau

Kuckuck, Pirol, Eisvogel und Flussuferläufer können am herrlichen Uferweg beobachtet und gehört werden.

### Juraweide
Empfehlenswert ist die Wanderung vorbei an Magerwiesen mit herrlicher Blumenpracht zum Bio-Bauernbetrieb auf der Juraweide. Ein grosser Teil der offenen Fläche am Jurasüdhang ist heute vertraglich einer extensiven Bewirtschaftung zugeführt. Diese Magerwiesen weisen eine reichhaltige Flora auf, in der auch

*Schloss Biberstein*

spezielle Orchideenarten vorkommen. Die «Juraweid» ist mit typischen Weiden und Feldgehölzen bestockt. Auf der Hombergmatte angekommen, entschädigt eine wunderschöne Aussicht über das Mittelland und auf die Alpen den Aufstieg.

## Schloss Biberstein

Das Schloss wurde im 13. Jahrhundert durch die Grafen von Habsburg-Laufenburg erbaut. 1335 erwarben die Johanniter von Leuggern Schloss Biberstein. Während des Schwabenkrieges (1499) besetzten Berner Truppen die Burg. 1527 setzten sie einen Vogt aufs Schloss ein, was heute noch der Berner Bär auf der Schlossmauer bezeugt. 1535 musste der Johanniterorden die Festung unfreiwillig an den Stand Bern verkaufen. 1587 wurde die Burg durch Brandstiftung zerstört, aber sofort wieder aufgebaut. Weitere Feuersbrünste beschädigten das Schloss 1670 und 1784. Zur Vogtei Biberstein gehörten auch Küttigen und Erlinsbach. Beim Untergang des alten Bern im Revolutionsjahr 1798 verlor Biberstein seine Stellung als Amtssitz und wurde zum Distrikt Aarau des neuen Kantons Aargau geschlagen. Ab 1889 diente das Gebäude als Kinderheim und wurde mehrmals umgebaut. Die Grundmauern und der Turm bis zum ersten Stock stammen noch aus dem 13. Jahrhundert, der Palas und die übrigen Bauten aus dem 16. Jahrhundert. Das Schloss gehört heute der privaten Stiftung Schloss Biberstein und ist ein Heim für behinderte Erwachsene. Es kann nicht besichtigt werden.

### Erstes Biobad in der Schweiz

Das erste öffentliche Biobad der Schweiz ist eine ganz besondere Attraktion und zieht Besucher aus allen Teilen der Schweiz an.

### HISTORISCHES

Um dem kiburgischen Aarau eine Grenze zu setzen, gründeten die Grafen von Habsburg-Laufenburg im 13. Jahrhundert Burg und Stadt Biberstein. Das Städtchen wurde mehrmals von Bränden heimgesucht und sank bereits im ausgehenden Mittelalter zum Dorf ab. Von den vielen Schiffen und Flössen auf der Aare wurde ein Zoll erhoben. Zwischen den beiden Ufern verkehrte eine Fähre, die erst zu Beginn des Zweiten Weltkrieges durch eine Brücke abgelöst wurde. In der Vergangenheit verdienten viele Bibersteiner ihr Brot als Flösser, Fischer, Schiffs- und Fährleute. Bis gegen Ende des 19. Jahrhunderts war jedoch der Weinbau der Haupterwerb. Bevor der Mehltau und die Importe den einheimischen Weinbau zugrunde richteten, waren in Biberstein um die zwanzig Hektaren bestockt. Erst in den letzten Jahren hielt der Rebbau wieder Einzug. In den vor einigen Jahren neu angelegten Rebbergen gedeiht ein vorzüglicher Bibersteiner «Gheldwy».

## GASTRONOMIE UND FREIZEIT

*Restaurant Aarfähre:* Käpten Jo's Ozeandampfer auf Trockendock ist weit über die Landesgrenzen hinaus bekannt und ein beliebtes Ausflugsziel für Familien.

*Restaurant Jägerstübli:* Gemütliche Dorfbeiz.

*Restaurant Rebstube La Pergola:* Pizza und italienische Spezialitäten.

*Restaurant Juraweid:* Ausflugsziel mit spezieller italienischer Küche.

Gemeindeverwaltung
Telefon 062 827 25 55
gemeindeverwaltung@
biberstein-ag.ch
www.Biberstein-ag.ch
– Bibersteiner Dorfziitig
  (erscheint 14-täglich)

**i**

*Schwimmbad:* Erstes öffentliches Bio-Schwimmbad der Schweiz.

*Oberer Berg:* öffentliche Feuerstelle.

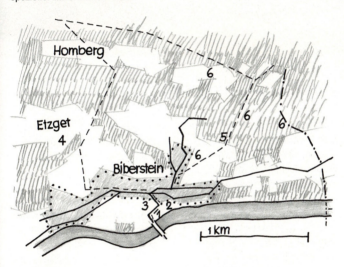

1 Biobadi
2 Schloss Biberstein
3 Käpten Jo's Aarfähre
4 Juraweid
5 Feuerstelle Oberer Berg
6 Naturschutzgebiete Burghalde, Gmeinrüti, Jungenberg, Chalemösü

# BÖTTSTEIN — VIER DÖRFER, EINE GEMEINDE

**Einwohner:** 3750
**Erste Erwähnung:** 1087 «Botistein» (Freie von Böttstein)
**Besonderheiten:** Vier Ortschaften: Böttstein, Kleindöttingen, Eien, Burlen. Grosszügiges Wander- und Radwegnetz, Schloss Böttstein mit Schlosskapelle, Ölmühle, Info-Pavillon NOK, Pflanzenlehrpfad, Rebbau, Naturschutzgebiete
**Verkehrsverbindungen:** Bahn: Richtung Baden–Zürich und Koblenz–Waldshut bzw. Koblenz–Zurzach–Winterthur. Bus: nach Döttingen, Leuggern–Mandach, Brugg, Laufenburg

Böttstein liegt im unteren Aaretal, am schönen Klingnauer Stausee und nur wenige Kilometer von Waldshut und damit von der Grenze zu Deutschland entfernt. Wald, Reben, Trockenstandorte, sanfte Hügel und Auenwälder, aber auch Aare und Stausee prägen das Landschaftsbild. Die Ortschaften Böttstein, Kleindöttingen und Burlen liegen nahe am Aarelauf, unweit der Naherholungsgebiete Werd, Fischergrien und Stausee. Eingebettet in eine beschauliche Landschaft zwischen Böttstein und Kleindöttingen finden wir die Ortschaft Eien.

### VIER SEHENSWÜRDIGKEITEN
**Klingnauer Stausee, Fischergrien**
Der Klingnauer Stausee ist ein Naturreservat von internationaler Bedeutung. Der Aarestau mit Flachwasser und Schlickbänken bietet Lebensraum für viele Vogelarten, Pflanzen und Tiere. Im Auenwaldgebiet um die Weiher im Fischergrien liegt ein schön angelegter und interessanter Pflanzenlehrpfad.

*Am Stausee*

## Schloss Böttstein

In früheren Zeiten war das Schloss Wohnsitz der Freien und Edlen von Böttstein. Die heute noch bestehende Anlage stammt von der Urner Familie von Roll, die das behäbige Herrenhaus und die Schlosskapelle in den Jahren 1615–1617 erbauen liess. Nach vielen Besitzerwechseln wurde das vom Zerfall bedrohte Schloss 1965 stilgerecht restauriert und von der heutigen Besitzerin, der NOK, zu einem prächtigen und bekannten Landgasthof ausgebaut.

## HISTORISCHES

Der Name Böttstein lässt wohl auf eine frühe alamannische Siedlung schliessen. Böttstein gehört seit alter Zeit zur grossen Pfarrgemeinde Leuggern, dem Kirchspiel. Diese Kirchgemeinde kam nach dem Aussterben der Fricktaler Gaugrafen an die Habsburger. Diesen nahmen die Eidgenossen im Jahre 1415 auch das Kirchspiel weg. Es wurde eines der acht Ämter der Grafschaft Baden. Während der grössere Teil dieses

*Schlosskapelle*

## Schlosskapelle

Die Frühbarock-Kapelle, erbaut 1615–1617, ist das wertvollste Böttsteiner Bauwerk. Sowohl ihr Äusseres wie das Innere sind von ungewöhnlichem Reiz. Der dreijochige, tonnengewölbte Raum birgt eine prunkvolle Ausstattung mit vortrefflichen figürlichen Stukkaturen in der Art italienischer Barockkirchen.

## Ölmühle

Kulturhistorisch wertvoll ist die rund 200 Jahre alte Ölmühle, welche durch ein grosses Wasserrad angetrieben wird.

Amtes in niedergerichtlichen Angelegenheiten der Johanniterkommende unterstand, besass das Dorf Böttstein eine eigene Gerichtsherrschaft. Deren früheste Inhaber waren die Freiherren auf der dortigen Burg, die im Jahre 1087 erstmals genannt wurden. Von ihnen hat die Gemeinde ihr Wappen übernommen. Kleindöttingen wurde erst durch das Jahr 1799 bekannt. Im Koalitionskampf zwischen Österreichern und Franzosen war der Aareübergang von Bedeutung. Vom Kleindöttinger Aareufer aus beschossen helvetische Scharfschützen (sie standen im Dienst der Franzosen) die Gegnerschaft auf

Gemeindekanzlei
Telefon 056 269 12 20
www.boettstein.ch
gemeinde@boettstein.ch
– Monatliches Mitteilungsblatt
– «Die Botschaft» (Druckerei
  Bürli AG, Döttingen)
– Wanderkarte, Ortsplan, diverse
  Broschüren

der gegenüberliegenden Flussseite.
Die politische Gemeinde Böttstein
entstand erst durch das Dekret des
aargauischen Grossen Rates vom
26. Juni 1816, womit die Teilung der

früheren Grossgemeinde Leuggern
in drei selbstständige Gemeinden beschlossen wurde.

### GASTRONOMIE

*Landgasthof Schloss Böttstein.*
*Restaurant Burestübli, Böttstein.*
*Restaurant Waldhüsli, Eien*
*Restaurant zum Aarhof,*
*Kleindöttingen.*
*Landgasthof Linde, Kleindöttingen.*
*Restaurant Bistro, Kleindöttingen.*
*Restaurant Casa Mosquito und*
*Rattlesnake, Burlen.*
*Hansjörg Kalt, Eien (Schlafen im Stroh).*

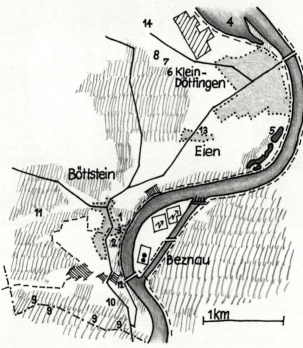

1 Schloss Böttstein mit Kapelle (17. Jh.)
2 Ölmühle
3 Informationspavillon der NOK
4 Stausee
5 Naturschutzgebiet Werd-Fischergrien
  mit Pflanzenlehrpfad
6 Naturschutzgebiet Winkle mit Rastplatz
7 Naturschutzgebiet Sole
8 Windhundrennbahn
9 Alte Berner Landesgrenzsteine
10 Tongrube
11 Quellgebiet Nünbrünne
12 Findling
13 Sodbrunnen Eien
14 Sodbrunnen Burlen

# BÖZEN – WEINPERLE AM BÖZBERG

Die Gemeinde ist im oberen Sisseln-tal, kurz vor dem Anstieg über den Bözberg, in einer dreifachen Talgabe-lung eingebettet und liegt ziemlich genau in der Mitte der Ballungszent-ren Basel und Zürich. Die Siedlung folgt als typisches Jura-Strassenzei-lendorf dem Haupttal und rechtwink-lig den beiden Seitentälern. Zum Be-zirk Brugg gehörend, ist Bözen jedoch geografisch bereits zum Fricktal ge-wandt. Entlang der Strasse wurde in Altliegenschaften neuer Wohnraum geschaffen, in den Randgebieten sind neue Einfamilienhäuser entstanden.

## VIER SEHENSWÜRDIGKEITEN
### Pfarrkirche mit Auferstehungs-fenster und Daxelhoferscheibe

Das Kleinod des Dorfes ist sicherlich die schmucke Kirche, die sich über dem Dorf auf einem markanten Hü-gelsporn erhebt. Die mittelalterliche Marienkapelle, wahrscheinlich Ziel von Prozessionen, wurde 1667 als re-formierte Saalkirche im bernischen Spätbarock-Stil neu erstellt. Von be-sonderer Sehenswürdigkeit ist das

**Einwohner:** 660
**Erste Erwähnung:** 1284 «ze Boze», Bedeutung des Ortsnamens siehe Unterbözberg
**Besonderheiten:** Reformierte Pfarrkirche mit Auferstehungs-fenster von Felix Hoffmann und Berner Standesscheibe, Restau-rant Bären (ehemaliges Gerichts-gebäude der Berner Herrschaft), Theatertradition
**Verkehrsverbindungen:** Bahnsta-tion Frick, Buslinie Frick–Bözberg–Brugg. Hauptstrasse Zürich–Basel, Autobahn A3 Ausfahrt Frick (von und nach Basel), Ausfahrt Effingen (Halbanschluss von und nach Zürich)

farbenprächtige, von Felix Hoffmann geschaffene Auferstehungsfenster (1961) in der Mitte des Chores. Es zeigt neben der sieghaften Christus-figur den Propheten Jona und die Frauen neben dem leeren Grab. Se-henswert ist die Daxelhoferscheibe aus dem Jahr 1668. Das Doppelwap-pen Bern und der gekrönte Reichsschild zeigen, dass sich damals die alte Eidgenossenschaft nach wie vor zum «Heiligen römischen Reich deutscher Nation» bekannte. Auf dem Sockel das Stifterwappen Daxelhofer und die Inschrift «Herr Niclaus Dachssel Hoffer der Zeit Hoffmeister zu Königsfelden 1668».

## Spätgotische Mauerbauten

Die grösstenteils spätgotischen, gemauerten Giebelhäuser entlang der Hauptstrasse haben ihre ursprüngliche Dimension und Dachform weitgehend bewahrt. Als erwähnenswerte alte

*Auferstehungsfenster von Felix Hoffmann*

Bauten gelten das ehemalige Zehntenhaus (Liegenschaft Nr. 52) aus der Mitte des 17. Jahrhunderts, die etwas abgelegene Mühle, die heute nicht mehr betrieben wird, sowie die alte Trotte im Oberdorf. Das im 16. Jahrhundert errichtete Gasthaus zum Bären weist schöne gotisch gekehlte Fenster auf. In diesem stattlichen Gebäude wurde während der Berner Herrschaftszeit Gericht gehalten. Der angegliederte grosse Tenn- und Stallbau von 1592 diente als Pferdewechselstation.

## Rebbau

Bözen gehört zu den ältesten Rebbaugemeinden im Aargau. Um 1850 war die Gemeinde gar die zweitgrösste Weinproduzentin im Kanton. Fast 53 Hektaren waren damals bestockt. Heute sind es noch rund 12,6 Hektaren. Es zeugen heute noch drei historische Trotten vom intensiven Rebbau. Der 1991 gegründete Verein der Reb- und Weinfreunde zeugt davon, dass der Weinbau auch weiterhin mit grosser Hingabe und Liebe betrieben wird.

## Naturschutzgebiet Nätteberg-Hessenberg

Auf dem Nätteberg und auf dem Hessenberg wachsen lichte Föhrenwälder und Magerwiesen mit ausserordentlichem Pflanzenreichtum. Mindestens 15 Arten von Orchideen kommen hier vor. Beste Besuchszeiten sind die Monate Mai bis August. Die Gebiete sind kantonal geschützt. Die Wege dürfen nicht verlassen werden und Hunde müssen an der Leine geführt werden.

## HISTORISCHES

Funde aus der jüngeren Steinzeit sowie die Entdeckung einer römischen Villa in der «Mei» (1928) weisen auf eine frühe Besiedlung der Gegend hin. Die Ortschaft, die im Mittelalter als Teil des Hofes Elfingen zum Klosterstaate Murbach gehörte, gelangte im Jahr 1291 in den Machtbereich der Habsburger. Diese errichteten einen «Zwing und Bann zu Bözen», der im 14. Jahrhundert zuerst den Herren zu Schönau und Anfang des 15. Jahrhunderts der Basler Familie des Arnold von Rotberg, dem Bözen sein Gemeindewappen verdankt, gehörte. Nachdem sich die Berner 1460 der Herrschaft Schenkenberg bemächtigt hatten, erwarben sie 1514 den alten Dinghof Elfingen (Bözen,

*Im «Bären» wurde einst Gericht gehalten*

Gemeindekanzlei
Telefon 062 876 11 83
www.brugg-online.ch
gemeindekanzlei@boezen.ch
– Bözen Info A–Z (zu beziehen
  bei der Gemeindekanzlei)
– Ortsgeschichte von Hans
  Wassmer: «Die Geschichte
  des Dorfes Bözen» (1984)

## GASTRONOMIE UND FREIZEIT

*Theatertradition:* Jeweils um Neujahr, organisiert von Turnverein, Damenriege und Männerchor.

*Gasthaus zum Bären:* Bauernspezialitäten, jeweils im Herbst traditionelle Metzgete, Jazz in der Bäre-Schüür (60 Plätze), Gästezimmer, Säli, www.baeren-boezen.ch.

*Restaurant Post:* Spezialitätenwochen, Säli, grosser Saal (120 Plätze).

*Restaurant Frohsinn* (auch Zinggen genannt), dänische Spezialitäten.

Effingen und Elfingen) käuflich von den Herren von Rotberg und vereinigten das Gebiet mit dem bernischen Amtsbezirk Schenkenberg.

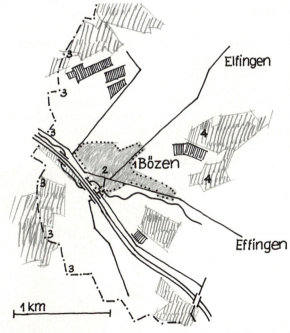

1 km

1 Pfarrkirche (1667)
2 Gasthaus zum Bären (1517)
3 Alte Landesgrenzsteine Bern–Vorderösterreich

4 Naturschutzgebiete Hessenberg/Nätteberg

# DENSBÜREN-ASP – SONNENSTUBE AM FUSSE DER STAFFELEGG

**Einwohner:** 730
**Erste Erwähnung:** Im 14. Jahrhundert «Tensbuirron»
**Besonderheiten:** Geografisch im Fricktal gelegen, politisch zum Bezirk Aarau gehörend; Naherholungsgebiet der Region Aarau, Wassersagi aus dem 19. Jahrhundert, Ruine Urgiz mit Feuerstelle
**Verkehrsverbindungen:** Postautolinie Aarau–Densbüren–Frick–Laufenburg, mit Zuganschlüssen in Frick nach Basel und Zürich, ab Aarau in die ganze Schweiz. Autobahnanschluss in Frick

entlang den drei Strassenarmen und dem Bach mit einfachen, massiven Giebelbauten ist im 18. und 19. Jahrhundert entstanden. Der alte Dorfteil von Densbüren ist ein typisches Jura-Strassenzeilendorf. Die Altbausubstanz aus dem 18. und 19. Jahrhundert ist gut erhalten. Bis in die 1970er-Jahre war ein markanter Bevölkerungsschwund zu verzeichnen. In den 1980er-Jahren trat die Wende ein. Die Bevölkerung nahm um rund 100 Personen zu.

*Asp*

Die Gemeinde Densbüren besteht aus zwei Dörfern. Densbüren, am Fusse der Staffelegg, und Asp, südwestlich in einem Seitental gelegen. Die Staffelegg bildet zwischen dem Fricktal und dem Aaretal eine Wetterscheide. So geniessen die Densbürer mehr nebelfreie Tage als der übrige Kanton. Im 16. Jahrhundert wurden oberhalb der Talverzweigung, auf einer kleinen Hangterrasse, Kirche und Pfarrhaus gebaut. Der grösste Teil der Bauten

## VIER SEHENSWÜRDIGKEITEN
### Kirche Densbüren und Pfarrhaus
Die Kirche Densbüren ist um 1550 erbaut worden. Die Saalkirche mit polygonalem Chorschluss ist frühbarock ausgestattet, die Fenster zeigen die Wappen der Ortsbürger. Das heutige Pfarrhaus ist ein spätgotischer Giebelbau von 1641 und diente ehemals als Untervogtshaus.

*Wappen am Pfarrhaus*

### Wassersäge
Die Wassersäge aus dem 19. Jahrhundert ist eine seltene technische Anlage und kann bei vorgängiger Anmeldung besichtigt werden. Auskünfte: Gemeindeverwaltung.

*Wassersäge*

### Burgruine Urgiz
Die Burg wurde vermutlich im 13. Jahrhundert durch die Herren von Herznach oder Uriols errichtet. Beim grossen Erdbeben von Basel im Jahre 1356 wurde die Urgiz stark in Mitleidenschaft gezogen. Um 1480 war die Burg noch bewohnt, wurde aber bereits 1577 als Ruine bezeichnet. Sie besteht aus dem Bergfried auf einem Felskopf gelegen, der durch eine halbkreisförmige Mauer mit Rundturm gesichert ist. Die Ruine gehört zu den eigenartigsten und rätselhaftesten Anlagen ihrer Art im Kanton. Am Hügelsporn, an schönster Aussichtslage, sind noch die Grundmauern einer Hochwacht, genannt «Chutz», aus der Berner Zeit zu sehen. Da das Gelände teilweise nicht ganz ungefährlich ist, ist es ratsam, Kinder und Jugendliche

zu begleiten. Am Fuss der Anlage sehr schöne Feuerstelle für Gesellschaften.

### Schulhaus Asp
Das Schulhaus Asp thront auf der Westseite des Dorfes Asp. Laut der Inschrift der 1826 entstandenen Glocke muss es in dieser Zeit erbaut worden sein. Sie lautet wie folgt: «SAM. SENN RUSCHL. IAC. SENN GEMR [Gemeinderat, Anmerkung des Verfassers] ISA. SENN PET. VON DER DORFSCHAFT ASP VORGESTELTE / UND MITARBEITER IAC. FREI SCHU-L. [Schullehrer, Anmerkung des Verfassers] LASTEN MICH GIESSEN BEI IAC. RÜETSCHI IN ARAU 1826».

## HISTORISCHES
Aus der Frühgeschichte von Densbüren ist wenig bekannt. Vom 13. bis 15. Jahrhundert gehörte Densbüren zur Herrschaft Urgiz (auch Vrielz, Uriols, Urigels genannt). Herr Vriels wird am 20. Oktober 1277 als Dienstmann des Abtes von Murbach erwähnt. Im ältesten Steuerrodel der Stadt Aarau wird der Vogt von Vriels 1399 mit einem Pfund besteuert. Anfang des 15. Jahrhunderts wurde Densbüren als Besitz der Effinger (Habsburgische Dienstmannen) erstmals erwähnt. Durch Kauf der Herrschaft Urgiz gelangte Densbüren 1502 an die Berner und somit an die Eidgenossenschaft. Die Herrschaft Urgiz mit den Dörfern Densbüren und Asp wurde daraufhin mit dem Amt

Gemeindeverwaltung Densbüren
Telefon 062 878 12 19
gemeindeverwaltung@
densbueren.ch
– Dorfbilder Densbüren-Asp
  (Jahreschronik, die jährlich
  erscheint, Verkauf über die
  Gemeindekanzlei)

Schenkenberg vereinigt und bildete
fortan bis 1802 die Grenze zum übrigen, bei Vorderösterreich verbliebenen Fricktal. Bis gut in die Mitte des
20. Jahrhunderts war deshalb bei älteren Fricktalern der Satz geläufig,
«man gehe in die Schweiz», wenn sie
nach Aarau und somit in den Berner
Aargau reisten.

## GASTRONOMIE UND FREIZEIT

*Herzberg, Haus für Bildung und Be-
gegnung* (früheres Volksbildungs-
heim). Tagungszentrum für Vereine
und Firmen.
*Restaurant Staffelegg,* Asp. Auf der
Passhöhe gelegen. Ausgangspunkt
für Wanderungen im Jura.
*Restaurant Jura,* Asp. Das Dorfbeizli,
kleines, gemütliches Lokal. Stamm-
lokal vieler Einheimischer.
*Restaurant Bella Italia,* Densbüren. Vor-
mals Restaurant Pinte. Pizzeria mit brei-
tem Angebot an italienischer Küche.
*Riders Restaurant,* Densbüren. Im
amerikanischen Stil eingerichtetes
Lokal. Treffpunkt der Jungen und
Junggebliebenen.

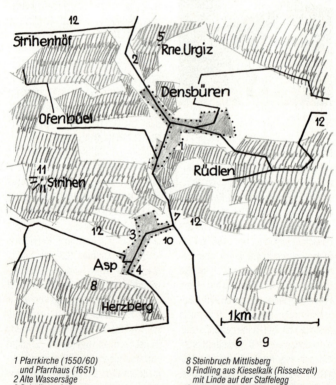

1 Pfarrkirche (1550/60)
  und Pfarrhaus (1651)
2 Alte Wassersäge
3 Schulhaus Asp
4 Im Schloss, Asp (Wehranlage
  unbekannten Alters)
5 Ruine Urgiz
6 Opalinustongrube
7 Steinbruch Uselsmatt (Hauptmuschel-
  kalk)
8 Steinbruch Mittlisberg
9 Findling aus Kieselkalk (Risseiszeit)
  mit Linde auf der Staffelegg
10 Lettenkohle Asp (Trigonodusdolomit
  und Lettenkohle des Keuper)
11 Aussichtspunkt Strihen (867 m ü. M.)
12 Naturschutzgebiete Lindeboden,
  Sulzbann, Hinterreben, Zange

# EFFINGEN – AM SCHNITTPUNKT ZWISCHEN BÖZBERG UND FRICKTAL

In sanfte Höhenzüge eingebettet, liegt am Westfusse des Bözberges die Gemeinde Effingen, die als erstes Dorf im oberen Fricktal den von Brugg herkommenden Besucher oder Passanten begrüsst. Man hat in Effingen mit seinen landschaftlichen Reizen das Erholungsgebiet «vor der Haustür» und gelangt durch die gute verkehrsmässige Erschliessung rasch in die städtischen Agglomerationen. Bekannt unter den Kennern des einheimischen Weins ist die seit 1973 bestehende Rebsiedlung der Familie Büchli. Am «Bränngarten» gedeihen der süffige Riesling × Sylvaner, der rote Blauburgunder sowie der Gewürztraminer als Exklusivität. In letzter Zeit sind Spezialitäten wie die Spätlese, der Barrique (beide rot) sowie der Triorique (weiss) hinzugekommen. Die Rebbaufläche beträgt rund 3,4 Hektaren.

**Einwohner:** 600
**Erste Erwähnung:** 1306 (im Habsburger Urbar)
**Besonderheiten:** Naturschutzgebiete mit seltenen Pflanzen, Römerweg, Rebbaugebiet, Fohlenhof am Ruge, Sennhütten, Eierleset, Schulheim der Elisabeth-Meyer-Stiftung
**Verkehrsverbindungen:** Bus in Richtung Frick und Brugg. Autobahn-Halbanschluss in Richtung Zürich

## VIER SEHENSWÜRDIGKEITEN
### Römerweg und Römerstrasse

Schon die Römer traversierten zwischen Vindonissa (Windisch) und Augusta Raurica (Kaiseraugst) den Bözberg. Der Römerweg am Wanderweg zwischen dem Bözberger Stalden und Effingen mit den in den Fels gehauenen imposanten Karrengeleisen (freigelegt 1922 und 1968) und das sogenannte Römertor sind beliebte Wanderziele. Die Karrengeleise von ca. 40 m Länge und eine Ausweichstelle dokumentieren den Verlauf der uralten Strasse auf dem Bözberg. Beim sogenannten Römertor durchbricht der Hohlweg eine Nagelfluhbank. Diese Ablagerungen aus wassergerollten Steinen sollen aus einem Fluss stammen, der in ferner Zeit (Tertiärzeit, vor ca. 63 Mio. Jahren) aus dem Schwarzwald an der Stelle des heutigen Bözbergs der Urdonau zufloss.

*Römerstrasse*

*Eierleset*

ter. Ein lebhaftes, lärmbegleitetes und lustiges Treiben zwischen den «Grünen» und den «Dürren» (Eierleset-Figuren) wickelt sich jeweils am Weissen Sonntag (Sonntag nach Ostern) auf der Dorfstrasse ab und vermag stets eine grosse Besucherzahl anzulocken. Höhepunkt bildet schliesslich die Eierpredigt, eine Dorf-Schnitzelbank, in der Sünden des Dorfes und der Region seit dem letzten Anlass verlesen werden. Organisator ist der einheimische Turnverein.

### Höhenweg Sennhütten

Für Wanderlustige gibt es verschiedene einzigartige Wandermöglichkeiten zwischen dem Bözberg und dem Fricktal. Beliebt ist die viel begangene Höhenweg-Route von Vierlinden auf dem Bözberg zum Knotenpunkt Sennhütten (Effingen). Von da aus sind verschiedene Zielorte ins mittlere Fricktal oder an den Rhein möglich. Auch der bekannte Fricktaler Höhenweg tangiert diesen einzigartigen, auf 634 Metern über Meer gelegenen Punkt.

### Eierleset

Eine Verbindung zwischen der Geschichte und der Neuzeit stellt der alle zwei Jahre (jeweils an Jahren mit geraden Endziffern) gepflegte Eierleset dar. Dieser uralte Frühlingsbrauch versinnbildlicht das Erwachen der Natur, den Sieg des lebensfrohen Frühlings über den abgehenden Win-

### Orchideen-Standorte

In Effingen sind verschiedene Orchideen seltener Art zu finden. Alljährlich treffen sich im Herbst Orchideen-Freunde zur Pflege dieser viel bewunderten, in freier Wildnis wachsenden Blumen im Nätteberg, an der Grenze zu Bözen gelegen, und im Bärtschiloch beim Weiler Kästhal. Dabei erfolgt eine fachkundige Pflege, zu deren Einsätzen jedermann willkommen ist.

### HISTORISCHES

Zusammen mit Bözen und Elfingen gehörte Effingen im Mittelalter zum murbachischen Dinghof Elfingen. Im Jahre 1514 kaufte Bern den alten Dinghof von Ritter Arnold Rotberg (Stammschloss im Solothurner Jura) und wurde so Grenzdorf zum österreichischen Fricktal. Effingen kann nicht nur auf eine interessante Geschichte verweisen. So entsprangen den Bürgergeschlechtern Effingens auch prominente Persönlichkeiten wie Johannes Herzog (Mitbegründer des Kantons Aargau) oder General Hans Herzog (1819–1894). Erster Ehrenbürger Effingens (1824) war der berühmte Pädagoge Heinrich Pestalozzi, der mit Johannes Herzog befreundet war. Der erste Sekretär des Schweizerischen Bauernverbandes, Prof. Dr. Ernst Laur (1871–1964), war ebenfalls in Effingen zu Hause.

## GASTRONOMIE UND FREIZEIT

*Restaurant Rebstock* (beim Dorfeingang) sowie das *Restaurant Bahnhof* (beim 1993 für den Personenverkehr

Gemeindekanzlei
Telefon 062 876 11 09
gemeinde@effingen.ch

ℹ️

stillgelegten SBB-Bahnhof vor dem Bözbergtunnel).

*Rebsiedlung W. Büchli:* Kellerführungen, Rebumgang, Degustationen mit Partyraum für 70 Personen; weitere Informationen unter: www.buechliweine.ch.

Für regelmässige kulturelle Anlässe in der renovierten alten Dorftrotte ist die Kulturkommission besorgt. Erwähnenswert ist zudem das aktive Vereinsleben.

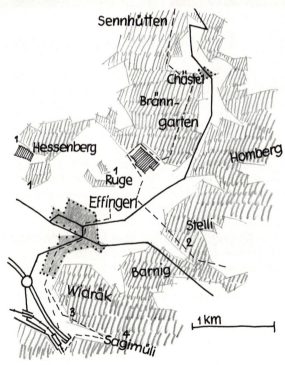

1 Naturschutzgebiet Nätteberg/
  Hessenberg, Ruge
2 Römerweg mit Römertor

3 Erdwibliloch (Zugang gesperrt)
4 Sagimülitäli

# EIKEN – NATUR UND INDUSTRIE IN EINTRACHT

**Einwohner:** 1850
**Erste Erwähnung:** 1160 «Eitchon» (Acta Murensia, Güterverzeichnis des Klosters Muri AG)
**Besonderheiten:** Beliebter Treff- und Ausgangspunkt für Läufer, Jogger und Walker, Waldlehrpfad Chinz, Lourdes-Grotte
**Verkehrsverbindungen:** Eiken liegt verkehrsmässig sehr günstig: Bahnstation Eiken (Regionalzugshalte), Schnellzugshalte in Stein und Frick. A3 (Basel–Zürich) Direktanschluss Eiken

Das Dorf liegt inmitten des Fricktals und ist besonders stark mit dem Wirtschaftsraum Basel-Nordwestschweiz verbunden. Hochwertige Arbeitsplätze in innovativen Gewerbe- und Industriebetrieben prägen den Ort. Dank der ausgezeichneten Verkehrslage und Infrastruktur ist Eiken auch als Wohngemeinde attraktiv. Aber auch zahlreiche natürliche und naturnah gestaltete Biotope vermitteln eindrückliche Begegnungen mit der Natur. Ein besonderes Erlebnis mit Natur und Landschaft bieten die vielen Spazier- und Wanderwege auf den sanften Anhöhen mit den herrlichen Laubwäldern. Feuerstellen mit Grillplausch für Familien und Freunde, aber auch besinnliches Verweilen in der Lourdes-Grotte oder Sinnieren mit Blick vom Rebächerli auf die Giebel des alten Dorfkerns, all dies bieten die Tafeljurahöhen von Eiken an.

## VIER SEHENSWÜRDIGKEITEN
### Waldlehrpfad Chinz

Der 1999 realisierte Natur- und Waldlehrpfad am Südhang des Chinz birgt ideale Voraussetzungen für Besucher. Sie erfahren viel Wissenswertes über die einheimischen Bäume und Sträucher sowie ihren Lebensraum mit Brut- und Nahrungsplätzen für verschiedene Vogelarten, Deckungs- und Äsungsplatz für das Wild sowie für Kleinsäuger und Reptilien.

### Begegnungsplatz Lindenboden

Nicht mehr missen möchten Mütter, Väter und Kinder den Treffpunkt mit Kinderspielplatz Lindenboden. Viele

Eltern haben bei der familienfreundlichen Gestaltung dieses Treffs selbst Hand angelegt und massgeblich mitgewirkt.

### Pfarrkirche St. Vinzenz mit Pfarrhaus – Geburtsstätte des kurzlebigen Kantons Fricktal

Die römisch-katholische Pfarrkirche St. Vinzenz wurde 1873 nach den Plänen des bekannten Kirchenbauers Robert Moser als neuromanischer Bau erstellt. 1965 erfolgte eine gründliche Innenrenovation nach den damals neuen nachkonziliären Vorgaben. Prächtige Glasfenster von Willi Helbling, Brugg, zeigen im Schiff den «Lobgesang der Jünglinge im Feuerofen», im Chor «Maria Verkündigung» und die «Auferstehung». Ebenfalls sehenswert sind die steinernen und bronzenen Elemente des Künstlers Alfred Huber. Im Pfarrhaus nebenan, ein stattlicher Barockbau aus dem Jahre 1699, wurde besondere Geschichte geschrieben. Hier wurde durch Karl Fahrländer, unter dem Schutz des damaligen Pfarrers Karl Zirn, die Verfassung des kurzlebigen Kantons Fricktal (1802–1803) niedergeschrieben.

*Lourdes-Grotte*

### Lourdes-Grotte

In den Krisenjahren vor dem Zweiten Weltkrieg wurde dieser Ort der Stille und der Einkehr auf Initiative des damaligen Pfarrers Emil Basler von der Jungmannschaft erstellt. Ein Kreuzweg führt vom Friedhof auf die Anhöhe über Eiken zur Lourdes-Grotte. Sitzbänke ermöglichen ein besinnliches Verweilen abseits des pulsierenden Lebens im Tal.

### HISTORISCHES

Die natürlich vorgegebene Lage in der Ebene zwischen Jura, Rheintal und Schwarzwald war sicherlich schon in Urzeiten von hoher Bedeutung und liess schon früh Menschen sesshaft werden. Funde: Skelettgrab mit verzierter Bronzearmspange aus der La-Tène-Zeit (jüngere Eisenzeit, ca. 350 v. Chr.), römische Funde am Fusse des Seckenberges, merowingisches Gräberfeld östlich des Dorfes im Gebiet Blaien. In österreichischer Zeit bildete Eiken zusammen mit

**DER NATUR AUF DER SPUR**

## Schwarzdorn *Prunus spinosa*

Der Schwarz- oder Schlehdorn stellt vielen Vögeln wertvolle Nahrung bereit. Seine Sprossdornen bieten zudem Schutz für ihre Nester. Mehr als 200 heimische Insektenarten ernähren sich von diesem Strauch. Die Früchte des Schwarzdorns können zur Herstellung von Marmelade, Kompott und Likör verwendet werden. Sie werden erst nach dem ersten Frost geerntet, da sie dann etwas milder schmecken.

Kennzeichen:
Sparriger Wuchs. Zu Sprossdornen abgewandelte Zweige. Blüht vor Laubaustrieb. Früchte blaubereift, bis im Winter nicht am Strauch.

*Natur- und Waldlehrpfad Chinz*

Gemeindekanzlei
Telefon 062 865 35 00
www.eiken.ch
info@eiken.ch
– «Unser Dorf», Bruchstücke aus
  der Geschichte von Eiken, von
  Dr. Josef Dinkel-Obrist, herausgegeben von der Ortsbürgergemeinde Eiken, 1987
– «Ich rufe mein Dorf», Bruchstücke aus der Geschichte von
  Eiken, herausgegeben von
  Dr. Josef Dinkel-Obrist, 1991

Obermumpf, Schupfart, Stein und
Münchwilen eine eigene Obervogtei.
Die Kolonisation des Sisslerfeldes
wurde wahrscheinlich von Eiken aus
vorangetrieben.

## GASTRONOMIE UND FREIZEIT

*Gasthaus Zum weissen Rössli:* Bar,
grosser Saal, kleine Säle, Gartenwirtschaft, Gästezimmer.
*Gasthaus zur Sonne:* Speisesaal, Sit-
zungssäli, Billard- und Spielraum.
*Restaurant Bahnhof:* Säli und Gartenrestaurant.
*Café Tearoom Bijou.*
*Lauf- und Joggingstrecke:* Eiken ist ein
beliebter Treff- und Ausgangspunkt für
Läufer, Jogger und Walker. Eine gut
signalisierte Laufstrecke führt entlang
des Sisslebachs, über Naturstrassen
durch die weite Flur oder durch die
herrlichen Laubwälder des Rheintals.
Die Sportgruppe MKG Fricktal als Ver-
anstalterin grosser und kleiner Lauf-
events bietet Laufsporttreffs für An-
fänger und Fortgeschrittene an.

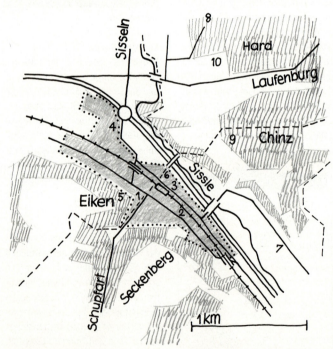

1 Pfarrkirche St. Vinzenz (neugotisch
  1873) mit Pfarrhaus (1699)
2 Volksbibliothek
3 Kultureller Saal
4 Alte Trotte
5 Lourdes-Grotte
6 Spiel- und Freizeitanlage Lindenboden
7 Reitsportanlage
8 Waldhaus
9 Waldlehrpfad Chinz
10 Naturschutzgebiet Matteplatz

# ELFINGEN – DAS BESCHAULICHE WEINBAUERNDORF

Elfingen liegt in einem idyllischen Seitentälchen der nördlichen Bözbergrampe. Wie im Bundesinventar der schützenswerten Ortsbilder der Schweiz (ISOS) beschrieben, hat das kleine Bauerndorf durch die feine Anpassung seiner kreuzförmigen Anlage an die topografischen Gegebenheiten des Tafeljuras besondere Qualitäten. Das Ortsbild wird als von nationaler Bedeutung bewertet. Das gesamtheitlich intakte Bauerndorf hat noch regionaltypische Bausubstanz aus dem 17. Jahrhundert und reizvolle Quergassen entlang der Durchgangsstrasse. Noch dominiert der Vielzweckbau mit Merkmalen des Jurasteinhauses das Dorfbild. Die Gemeinde ist in den Grundstrukturen ein Bauern- und Rebbauerndorf geblieben. Die Zeit stand aber auch in Elfingen nicht still; heute ist es ein attraktiver Wohnort im Grünen, abseits der hektischen Agglomeration.

## VIER SEHENSWÜRDIGKEITEN
### Schnapstheater
In Europas erstem Schnapstheater kann man gemeinsam mit Ruedi

**Einwohner:** 240
**Erste Erwähnung:** 1245 «Eolfingen» (Güter des Klosters Wettingen)
**Besonderheiten:** Ruhiges, idyllisch gelegenes Weinbauerndorf ohne Durchgangsverkehr
**Verkehrsverbindungen:** Mit dem Postauto ab Brugg oder Frick über Bözen. Mit dem Auto von Zürich/Basel Autobahn A 3, Ausfahrt Frick, dann Hauptstrasse Richtung Effingen, in Bözen links abbiegen

Käser Edelschnaps brennen und sich in die Geheimnisse der Herstellung von sortenreinen, hochedlen Schnäpsen einführen lassen. Ruedi Käser gehört zu den 10 besten Schnapsbrennern Europas (Auszeichnung von Gault Millau). Vom Blauburgunder Grappa aus dem Akazienfass bis zum Langstielkirsch aus dem Kirschholzfass werden über 70 Edelbrände angeboten (Kontakte: siehe Gastronomie und Freizeit).

*Rebbau hat Tradition*

## Rebberge

Der Rebbau hat in Elfingen eine lange Tradition. Die nach Süden geneigten Hänge sind denn auch für den Rebbau wie geschaffen. Nachweislich unterstützte die alte Berner Obrigkeit den einheimischen Weinbau und versuchte so, die Einfuhr von billigem Elsässer Wein zu unterbinden. Dank der ausgezeichneten Lage und der überdurchschnittlichen Sonnenscheindauer gehört der Elfinger Bauburgunder zu den ansprechendsten Weinen der Region. Die meisten Produzenten vertreiben und vermarkten heute ihr Produkt selbst. Aus der Rebbaustatistik: Total 13,5 ha, davon 9 ha Blauburgunder und 4,1 ha Riesling×Sylvaner; Rest: Pinot Gris, Gamay × Reichensteiner und Direktträger.

## Schloss

Von der einstigen Bedeutung Elfingens als Mittelpunkt des gleichnamigen Dinghofes zeugt heute nur noch das einstige Pfarrhaus, heute «im Schloss» genannt. Es stammt in seinem Äusseren aus Anfang des 18. Jahrhunderts. Bis 1824 diente das markante Gebäude auf erhöhter Lage als Pfarrhaus der reformierten Pfarrei Bözen.

## Berner Grenzsteine

Sieben historische Marksteine im Marchwald, an der nördlichen Gemeindegrenze, bezeugen heute noch die ehemalige alte Landesgrenze zwischen dem bernischen Amt Schenkenberg und dem vorderösterreichischen Fricktal (heute Bezirksgrenze Brugg/Laufenburg). Als wichtiges historisches Erbe stehen sie unter Denkmalschutz.

### HISTORISCHES

Das Dorf ist eine alamannische Siedlung (Gräberfunde im Frühsommer 1978). Streufunde reichen aber in die jüngere Steinzeit zurück. Elfingen hatte bis ins Spätmittelalter eine bedeutende Stellung als Sitz des zur Benediktiner-Abtei Murbach im Elsass gehörenden Dinghofes sowie als Pfarreiort (umfassend die heutigen Gemeinden Elfingen, Bözen, Effingen sowie Teile von Zeihen und Linn). 1322 schenkte Königin Agnes von Un-

*Idyllischer Winkel im Spier*

garn den Hof Elfingen dem Kloster Königsfelden. 1415 eroberten die Berner weite Teile des Aargaus, nicht aber die Herrschaft Schenkenberg; diese wurde erst 1460 Bern einverleibt. Der alte Dinghof Elfingen gelangte 1514 käuflich über die Ritter von Rotberg an Bern. Kurz nach der Reformation (1534) wurde die Kapelle in Bözen zum Gotteshaus der drei Dörfer erhoben. Das alte, wohl aus dem 9. Jahrhundert stammende Gottshaus (Patrozinium: Leodegar) zerfiel zusehends.

## GASTRONOMIE UND FREIZEIT

*Weinstube zum Sternen:* Geheimtipp für Bauern- und Wildspezialitäten (Saison); hausgemachtes Holzofenbrot, Elfinger Weine aus Eigenbau. Saal

Gemeindeverwaltung
Telefon 062 876 21 71
www.elfingen.ch
gemeinde@elfingen.ch
– Aus der Geschichte von Elfingen: Jubiläumsschrift «750 Jahre Elfingen» (Dorfchronik), zu beziehen bei der Gemeindeverwaltung

für Familien- und Geschäftsanlässe für 70 Personen, Gartenwirtschaft für 40 Personen.

*Käsers Schloss:* Schnapstheater und Feinkost-Boutique, Buschwirtschaft. Für Firmen-Events, Seminare, Workshops, Privatanlässe von Gruppen von 20 bis 50 Personen (Öffnungszeiten auf Anfrage). www.kaesersschloss.ch

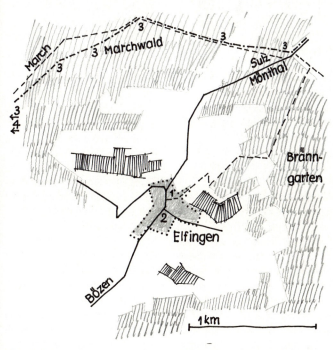

1 Altes Pfarrhaus
2 Weinstube zum Sternen
3 Alte Berner Landesgrenzsteine
4 Naturschutzgebiet Schemel (Orchideenstandort)

## ERLINSBACH – EIN DORF, DREI GEMEINDEN IN ZWEI KANTONEN

**Einwohner:** 3274
**Erste Erwähnung:** 1070 «Ernlispach»
**Besonderheiten:** Orchideenlehrpfad, alte Trotte, Waldreservat
**Verkehrsverbindungen:** Busverbindung (AAR) Aarau–Erlinsbach, Linie 2 Obererlinsbach–Barmelweid. Entfernung von Aarau: 5 km

Die drei Gemeinden Erlinsbach zeigen sich dem auswärtigen Betrachter als Siedlungseinheit. Mitten durch das Dorf führt allerdings der Erzbach, der die Grenze zwischen den Kantonen Aargau und Solothurn bildet. Auf Solothurner Seite finden sich die Nachbargemeinden Niedererlinsbach und Obererlinsbach. Erlinsbach liegt am Jurasüdfuss, direkt vor den Toren der Stadt Aarau, und ist umgeben von einer einzigartigen Landschaft zwischen der Aare (380 m über Meer) und den Höhen des Juras (Geissflue auf 908 m über Meer, höchster Punkt des Kantons Aargau). Im Waldgebiet

Egg-Königstein haben sechs Pflanzenarten ihren einzigen Standort im Kanton. Erlinsbach weist zahlreiche Wander- und Erholungsgebiete auf. Überwältigend ist die Aussicht vom Eggtannli, dem höchsten Punkt auf der Egg. Der Blick reicht von der Talschaft bis zu den Alpen. Mitten im Wandergebiet steht die sagenumwobene Ramsflue mit ihren Höhlen. Die hilfsbereiten Erdmännlein mit ihren Enten- und Ziegenfüssen sind leider verschwunden, weil die Leute derart «gwundrig» waren.

### VIER SEHENSWÜRDIGKEITEN
#### Pfarrkirche und alte Trotte

Sehenswert sind die renovierte Kirche mit Pfarrhaus und Kirchgemeindehaus. Erlinsbach erhielt im Jahre 1565 die erste chorlose Kirche im Kanton Aargau. Zwei runde Standesscheiben aus dem Jahre 1573 zieren das mittlere Südfenster. Moderne Glasmalereien sind bei der Renovation und Erweiterung der Kirche im Jahre 1965 entstanden. Direkt daneben befindet sich die alte Trotte, die von der Gemeinde saniert wurde. Sie steht der Öffentlichkeit für kulturelle und gesellige Anlässe zur Verfügung.

## Orchideenlehrpfad

Den bekannten Orchideenlehrpfad am Südhang der Egg (beim Scheibenstand) erreicht man am besten per Bus ab Aarau (nach Erlinsbach Sagi) und von dort zu Fuss. Automobilisten parkieren im Dorf Erlinsbach (der Weg ist markiert) oder beim Schützenhaus. Der Lehrpfad wird durch die Arbeitsgruppe Einheimische Orchideen Aargau (AGEO Aargau) unterhalten, die auch Führungen anbietet (mehr Informationen unter: www.orchideen.ch).

## Grösstes Waldreservat des Kantons

Seit dem Jahr 2000 ist im Gebiet Egg-Königstein ein Waldreservat von 239 ha (inkl. Anteil im Gemeindegebiet von Küttigen) ausgeschieden. Es handelt sich um das grösste Naturwaldreservat des Kantons. Das Gebiet wird während 50 Jahren nicht mehr bewirtschaftet und dient einzig der Erhaltung und Förderung naturkundlicher Werte. Der Öffentlichkeit steht im Gebiet ein interessanter Waldlehrpfad zur Verfügung.

## Maibaum-Brauchtum und Fasnacht

Der Brauch des Maibaumes gehört zum festen Jahresprogramm von Erlinsbach. In der Walpurgisnacht vom 30. April auf den 1. Mai stellen die 19-jährigen Burschen eine grosse Tanne auf, mit der sie den Mädchen ihres Jahrganges die Ehre erweisen. Der Baum wird entrindet, festlich geschmückt und mit Tafeln versehen, welche die Namen der Jahrgängerinnen enthalten. Die beiden solothurnischen Nachbargemeinden sind die eigentlichen fasnächtlichen Hochburgen der Region Aarau.

*Alte Trotte*

## HISTORISCHES

Von den Ursprüngen der Talschaft Erlinsbach zeugen einige Funde aus der Bronze- und der Römerzeit. Das Kloster Königsfelden war im Spätmittelalter der grösste Landbesitzer in Erlinsbach. Nach der Eroberung des heutigen Aargaus durch Bern (1415) brachte sich dieses 1528 auch in den Besitz der Güter des Klosters. Bern wurde reformiert und teilte die Leute links des Erzbaches der Kirchgemeinde Kirchberg zu. Durch den Wyniger Vertrag zwischen Bern und Solothurn im Jahr 1665 wurde die Kantonsgrenze entlang dem Erzbach endgültig festgelegt. Der damals schon solothurnische Teil des Tals blieb bei der katholischen Konfession. Aus der Bernerzeit sind längs der Kantonsgrenze einige stattliche Grenzsteine mit dem Berner Bär vor-

*Pfarrkirche aus dem Jahr 1565*

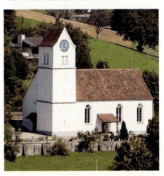

Gemeindeverwaltung
Telefon 062 844 27 27
www.erlinsbach.ch
gemeinde@erlinsbach.ch
– Alle zwei Jahre erscheinende
   Chronik über das Dorf-
   geschehen (zu beziehen bei
   der Gemeindeverwaltung)

handen. In Erlinsbach wurde ab Mitte des 15. bis zum 18. Jahrhundert Bohnerz in beachtlichem Umfang ausgebeutet. Der bedeutendste Abbau fand im Gebiet Hungerberg-Buech statt. Das Erz wurde auf der Aare verschifft und zur Verarbeitung in die Verhüttungswerke gebracht.

### GASTRONOMIE UND FREIZEIT

Die Gastronomie im Erzbachtal lässt keine Wünsche offen und reicht von der währschaften Bauernwirtschaft über traditionelle Dorfwirtschaften bis hin zum Gourmettempel. Überall ist man herzlich willkommen und kann das spezielle Ambiente geniessen und sich kulinarisch verwöhnen lassen.

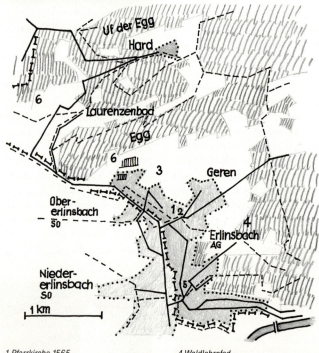

1 Pfarrkirche 1565
2 Alte Trotte
3 Orchideenlehrpfad

4 Waldlehrpfad
5 Sportplatz Kalkhof
6 Naturschutzgebiete Egg und Gälflue

# ETZGEN – ZWISCHEN RHEIN UND METTAUERTAL

Am Eingang des Mettauertals, direkt am Rhein, liegt die Gemeinde Etzgen. Das eigentliche Dorfzentrum befindet sich, verschont vom Durchgangsverkehr, auf einem schmalen Band an den Hang des Eichwaldes angelehnt. Das südwärts gerichtete Dorf bietet einen ruhigen, sonnigen Wohnkomfort mit einer prächtigen Aussicht ins Rheintal und bis zu den Höhen des Schwarzwaldes. Im Norden wird der Gemeindebann vom Rhein begrenzt, dessen einzigartige Flusslandschaft zu einem Ausflug mit dem Schiff oder zu einer gemütlichen Fuss- oder Velo-Wanderung entlang des Ufers einlädt. Nach Süden öffnet sich das Mettauertal mit seinen sanften, grünen Hügeln – ein idealer Ausgangspunkt für herrliche Spaziergänge und Wanderungen durch eine noch intakte, ursprüngliche Juralandschaft. Das Dorf Etzgen

**Einwohner:** 370
**Erste Erwähnung:** 1425 «Eczken» und «Etzkon»
**Besonderheiten:** Schiffsanlegestelle am Rhein, Bruder-Klausen-Kapelle, Gedenkstätte zur Erinnerung an die Grenzbesetzung von 1939 bis 1945, weites Flurwegnetz zum Wandern und Biken
**Verkehrsverbindungen:** Laufenburg–Etzgen–Koblenz–Zurzach Postauto (Linie 140, Fahrplanfeld 700.40); Laufenburg–Etzgen–Gansingen–Brugg Postauto (Linie 142, Fahrplanfeld 700.35). A3-Ausfahrt Eiken (12 Minuten), Rheintalstrasse Stein–Laufenburg–Etzgen–Koblenz. Ortsverbindungsstrasse Laufenburg–Etzgen–Gansingen–Brugg

*Dorfplatz mit Brunnen*

ist als Verkehrsknoten der Postautolinien Laufenburg–Koblenz und Laufenburg–Brugg mit den öffentlichen Verkehrsmitteln gut erschlossen.

### VIER SEHENSWÜRDIGKEITEN
#### Bruder-Klausen-Kapelle
1948 wurde in Erfüllung eines Gelübdes, dass die Schweiz vom Krieg ver-

51

*Bruder-Klausen-Kapelle*

## Prächtige Bauernhäuser

Im Dorfkern selber finden sich sorgfältig renovierte Bauernhäuser.

## Flösserweg

Das Flössen war früher eine wichtige Einkommensquelle. Um vom Rhein zur Aare zu gelangen, wählten die Flösser auf ihrem Rückmarsch damals einen Weg, der von Laufenburg über Etzgen nach Stilli/Brugg führt. Der historische Flösserweg ist gut markiert und lädt zur weiteren Erkundung der kulturell interessanten und prächtigen Gegend ein.

schont blieb, die Bruder-Klausen-Kapelle gebaut. Sie ist Begegnungs- und Besinnungsort nicht nur für die Einwohner von Etzgen. Besondere Anziehungskraft scheint die Kapelle auch auf jüngere Menschen auszustrahlen, da sie gerne zum Trauungsort ausgewählt wird.

## Gedenkstätte zur Erinnerung an die Grenzbesetzung

Einen Ort der Besinnung stellt auch der Platz mit dem schlichten Gedenkstein hinter der Kapelle dar, den die Grenz-Füsilierkompanie II/254 zur Erinnerung an den Aktivdienst in den Jahren 1939 bis 1945 errichtete.

*Schiffsanlegestelle Etzgen*

## HISTORISCHES

Die ältesten Spuren menschlichen Lebens im Gemeindegebiet von Etzgen gehen etwa 5000 Jahre zurück; sie stammen aus der Jungsteinzeit, dem Neolithikum. Aus dieser Zeit wurde bei der «Etzgerhalde» eine sehr schön erhaltene, doppelschneidige Steinaxt gefunden, die sich heute im Stadtmuseum von Aarau befindet. Aus der Römerzeit sind die Fundamente von zwei Wachtürmen gegenüber Hauenstein und Luttingen lokalisiert worden. 1892 fand man beim Bau der Nordostbahn zwischen

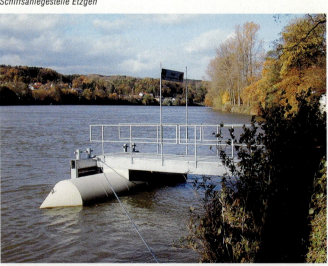

Etzgen und Schwaderloch eine Sandsteintafel mit einer römischen Inschrift, die aus dem Jahre 371 n. Chr. stammt. Wann das Dorf Etzgen entstanden ist, ist unbekannt. Die älteste noch vorhandene Urkunde stammt aus dem Jahr 1448 und besagt, dass im Jahr 1425 der ehrbare Knecht Cuoni Leber von Etzkon vom Stift Säckingen die Rheinfähre, die Etzgen mit dem anderen Rheinufer verband, erworben hatte. Die mit vielen Sagen umwobene Etzger Fähri existiert heute nur noch als Symbol im Gemeindewappen.

Bis 1803 bildete Etzgen zusammen mit den Dorfschaften Mettau, Wil und Oberhofen den Kirchensprengel Mettau. Etzgen war dem Stift Säckingen zinspflichtig und stand unter der Herrschaft des österreichischen Kaiserhauses. 1803, als das Fricktal dem Kanton

Gemeindeverwaltung
Telefon 062 867 20 40
info@etzgen.ch
www.etzgen.ch
– Etzger Infoblatt, erscheint
  zwei- bis dreimal jährlich
  (zu beziehen bei der Gemeindekanzlei)

Aargau zugeteilt wurde, trennte sich Wil ab. 30 Jahre später wurde auch Etzgen eine selbstständige Gemeinde.

### GASTRONOMIE UND FREIZEIT

*Restaurant Sonne:* Zwei Kegelbahnen, grosser Saal für Vereins- und Familienanlässe, Dancing, Bar.

*Restaurant National:* Gutbürgerliche Küche, 80 Sitzplätze. Samstag ab 18 Uhr bis Montag 17 Uhr geschlossen, Vereins- und Familienanlässe auch am Wochenende.

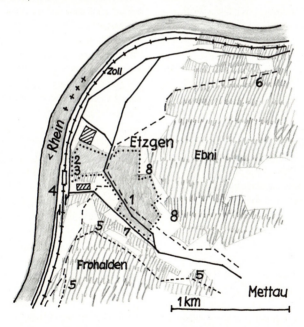

1 Sehenswerter Dorfkern
2 Bruder-Klausen-Kapelle
3 Gedenkstein Aktivdienstzeit (hinter der Kapelle)
4 Schiffsanlegestelle
5 Flösserweg – Hinweisschild Flösserweg
6 Grösstes Dolinenfeld des Tafeljuras (Nackenfelder genannt)
7 Wellenmergel (Bachböschung gegenüber Restaurant National)
8 Naturschutzgebiete Altrüti, Eichwald

# FRICK – SAURIER- UND MARKTORT

**Einwohner:** 4200
**Erste Erwähnung:** 1064 «Fricho»;
bereits 926 als Gauname «Frichgowe». Wohl aus dem römisch-lateinischen «Ferraricia» entwickelt
**Besonderheiten:** «Marktort» und «Sauriermuseum» steht auf den Willkommtafeln an den Ortseingängen. Der erste Begriff verkörpert die jahrhundertealte Tradition des Handels- und Werkplatzes Frick, der zweite wirbt – neuerdings mit dem Saurier im Strassenkreisel – für das örtliche Museum
**Verkehrsverbindungen:** Drehscheibe des öffentlichen und privaten Verkehrs an den direkten Verbindungen zwischen Basel und Zürich (Bahn, Autobahn, Hauptstrasse); der Bahnhof mit Schnellzughalten ist zugleich Zentrum des regionalen Busnetzes

Frick liegt in der grossen Talweitung des Flüsschens Sissle und ist von waldreichen Tafeljurahöhen umrahmt. Am Gabelungspunkt der ins Aaretal führenden Jurapässe Bözberg, Staffelegg und Benken, vereinigen sich mit dem Bruggbach und der Sissle zwei stattliche Gewässer, denen innerhalb des Gemeindegebietes auch der Staffeleggbach und der Feihalterbach zufliessen. Mit ihren Ufergehölzen bilden sie eine bemerkenswerte Bachlandschaft und vermitteln den Eindruck eines durch Grünflächen aufgelockerten naturnahen Siedlungsgebietes. Die bauliche Entwicklung hat das Ortsbild von Frick nachhaltig verändert: zuerst vom Haufendorf am Kirchhügel zum Strassendorf mit geschlossenen Häuserzeilen beidseits der Hauptstrasse, dann innerhalb des Eisenbahnbogens, bevor sich das Wohngebiet auf die Hanglagen des Frickbergfusses ausdehnte. Längst ist die beschauliche Bedächtigkeit des ländlichen Marktfleckens reger Betriebsamkeit in Industrie, Gewerbe und Handel mit rund 2900 Arbeitsplätzen gewichen.

## VIER SEHENSWÜRDIGKEITEN
### Sauriermuseum
Einziges vollständiges Skelett eines Plateosauriers in der Schweiz, zahlreiche Knochenfunde, 220 Millionen Jahre alt. Fossilien und Mineralien aus

der Tongrube Frick und dem Erzberg-werk Herznach. Saurier-Wandrelief und Ichthyosaurierschädel als neue Ausstellungsstücke. Videoschau. Geöffnet am ersten und dritten Sonntag im Monat von 14 bis 17 Uhr. Führungen nach Vereinbarung. Infotelefon 062 865 28 06.

## Jahrmärkte

Die Atmosphäre eines Markttages auf der verkehrsfreien Hauptstrasse kann man im Jahr 2003 an folgenden Montagen geniessen: 3. März, 12. Mai, 11. August, 10. November.

## Pfarrkirche St. Peter und Paul

Der Fricker Kirchhof thront beim südlichen Dorfeingang auf einem kleinen Moränenhügel, der mitten ins offene Tal vorgeschoben ist. In klarer, abgewogener Ordnung präsentiert sich das von einheimischer Bautradition und barocker Baukunst geprägte Ensemble. West- und nordseits der schmucken Kirche von 1716 stehen die Friedhofkapelle, das alte Schulhaus, der Pfarrhof und die Kaplanei, gemeinsam die steilgiebligen Häuser der Ortschaft dominierend.

*Marktbrief vom 22. Januar 1701*

*Dinosaurier, Eisenplastik von Daniel Schwarz, Effingen*

## Forschungsinstitut für biologischen Landbau

Das FiBL in der früheren Landwirtschaftlichen Schule zeigt, wie Nutzungsansprüche und naturnahe Landschaft in Einklang gebracht werden können. Ein sehenswerter landwirtschaftlicher Lehrpfad vermittelt Grundlagen des Landbaus.

## HISTORISCHES

Die Bedeutung der ursprünglich spätbronzezeitlichen Siedlung wuchs mit zunehmender Machtentfaltung der Grafen von Homberg-Tierstein. 1701 wurde die Zentrumsfunktion mit der Verleihung des Marktrechtes durch Kaiser Leopold I. gestärkt. Zum weiteren wirtschaftlichen Aufschwung

trug die 1875 eröffnete Bözbergbahn bei. Während Jahrhunderten bildeten die Dörfer Frick, Gipf und Oberfrick gemeinsam die Vogtei Frick. Erst nachdem das österreichische Fricktal der Schweiz zugeschlagen war, erfolgte 1804 die Trennung in die politisch selbstständigen Ortschaften Frick und Gipf-Oberfrick, die sich zu den bevölkerungsreichsten der 23 Gemeinden des Bezirks Laufenburg entwickelt haben.

**GASTRONOMIE UND FREIZEIT**

Schon 1803 wird Frick als stattlicher Ort beschrieben, in dem Gasthöfe zu freundlicher Bewirtung einladen. Damit sind die historischen Tavernen *Adler*, *Engel* und *Rebstock* angesprochen, die mit dem *Platanenhof* eine grosse Zahl von Hotelbetten und Sälen anbieten. Weitere Gastronomiebetriebe sind *Bahnhof*, *Blumenau*, *Central*, *Coop*, *Güggeli*, *Joy*, *Monti* und *Warteck*.

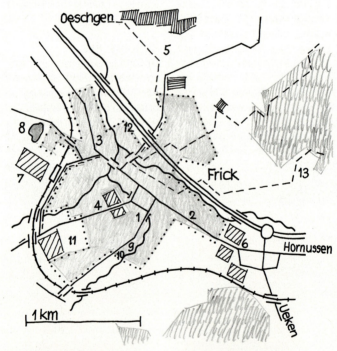

1 Kirchhof mit barocker Pfarrkirche
  St. Peter und Paul (1716)
2 Kernzone Oberdorf/Hauptstrasse
  (nationale Bedeutung nach ISOS)
3 Schaffnereigebäude (17. Jh.)
4 Sauriermuseum
5 Landwirtschaftlicher Lehrpfad, FiBL
6 Saurier im Strassenkreisel
7 Tongrube Tonwerke Keller AG
  (Fossilienfundstelle)
8 Ziegelweiher (Naturschutz)
9 Hallen- und Freibad Vitamare
10 Campingplatz und Tennisplatz
11 Sportanlagen Ebnet
12 Armbrustschützenhaus
13 Golf Bushwood Driving Range

56

# FULL-REUENTHAL – NÖRDLICHSTE GEMEINDE DES KANTONS

Full-Reuenthal liegt eingebettet zwischen dem südlichen Schwarzwald und den nordöstlichen Jura-Ausläufern, westlich der Aaremündung, dort wo der Rhein in einem weiten Bogen nach Norden ausholt. Full ist eine typische Streusiedlung und ist mit 640 Einwohnern die grössere der beiden Ortschaften. Reuenthal ist viermal kleiner, hat 180 Einwohner und liegt rund 80 Meter höher. Die Gemeinde Full-Reuenthal lädt einerseits durch ihre ruhige Lage zum Wohnen und zum Erholen ein, bietet andererseits durch das grosse, abseits vom Wohngebiet liegende Industrie- und Gewerbegebiet Arbeitsplätze an.

## VIER SEHENSWÜRDIGKEITEN
### Festungsmuseum Reuenthal

Das Artilleriewerk Reuenthal wurde vom Frühjahr 1937 bis April 1939 erbaut und dann den Truppen übergeben. Als das Werk im Sommer 1988 militärisch ausgedient hatte, ging es in den Besitz der Einwohnergemeinde Full-Reuenthal über. Der Verein

**Einwohner:** 820
**Erste Erwähnung:** Full: 1303/08 als Wulne (im Habsburger Urbar), Bedeutung: «beim aufgeschütteten Boden». Reuenthal: 1258 Reuwintal (Urkundenbuch Zürich), Bedeutung: «im Tal des Riuwo»
**Besonderheiten:** Festungsmuseum Reuenthal, grenzüberschreitender Radrundweg an herrlicher Rheinuferlandschaft
**Verkehrsverbindungen:** Postautoanschluss zu den Bahnstationen von Koblenz und Döttingen. Rheinfähre nach Waldshut. Fährbetrieb: zwischen 9 und 18 Uhr zu jeder vollen Stunde über den Rhein. Kantonsstrassen Richtung Leibstadt, Koblenz und Leuggern

Festungsmuseum Reuenthal hat die Festung wieder mit der ursprünglichen Ausstattung bestückt. In verschiedenen Räumen der Festung wird eine interessante Ausstellung über Bewaffnung und Ausrüstung der Schweizer Armee sowie ausländischer Streitkräfte aus der Zeit des Zweiten Weltkrieges gezeigt. Weitere Informationen zum Festungsmuseum: www.festungsmuseum.ch. Öffnungszeiten: von Anfang April bis Ende Oktober, jeweils am Samstagnachmittag von 13.30 bis 17.00 Uhr. Reservation und Auskünfte: Telefon 062 772 36 06, Mail: info@festungsmuseum.ch.

*Braunes Langohr*

*Eingang zum Festungsmuseum*

## Radrundweg – Interreg II

Die Gemeinde Full-Reuenthal ist in das Schweizer Radroutennetz ebenso eingebunden wie in den internationalen Radrundweg zwischen Koblenz und Schwaderloch auf Schweizer Seite und Albbruck-Dogern bis Waldshut auf Deutscher Seite. Das Rheinufer lädt zu entspannenden Spaziergängen oder Radtouren ein. Auf diesem Flussabschnitt sind Biber und Eisvogel seit einiger Zeit wieder heimisch. In den nächsten Jahren soll ein Renaturierungsprojekt des Bundes und der Rheinanliegerstaaten von etwa 15 ha Grundfläche auf dem Rhein im Gemeindegebiet von Full-Reuenthal realisiert werden.

## Fledermausquartier

Fledermäuse nutzen das stillgelegte Gipsbergwerk Fullerhalde mit seinem 20 km langen Stollensystem als Winterschlafquartier. Die hier überwinternden Fledermausarten suchen sich vorwiegend Höhlen und natürliche Spalten als Quartiere. Das Braune Langohr bevorzugt als Lebensraum waldreiche Gebiete, und die Wasserfledermaus wasserreiche Gegenden. Fledermäuse sind sehr gute Jäger und wichtige Insektenvertilger. Die knapp 10 g schweren Tierchen fressen ungefähr 300 g Insekten pro Saison.

## Kapelle in Full
## aus dem 18. Jahrhundert

Als Bauten von kunsthistorischem Wert sind die 1794 erbaute Kapelle St. Nepomuk in Full und der spätgotische Mauerbau in Reuenthal aus dem 16. Jahrhundert zu erwähnen.

## HISTORISCHES

Full war seit altersher mit der Grosspfarrei Leuggern verbunden. Die Freiherren von Bernau hatten hier schon im 13. Jahrhundert bedeutenden Grundbesitz und verfügten über die niedere Gerichtsbarkeit, die sie 1230 der Johanniterkomturei in Leuggern weiter gaben. Diese hatten die niedere Gerichtsbarkeit bis 1798 inne. Die hohe Gerichtsbarkeit übten vom 12. bis 15. Jahrhundert die Habsburger aus. 1415 eroberten die Eidgenossen den Aargau und teilten Full und Reuenthal der Grafschaft Baden und dem Amt Leuggern zu. Mit dem Untergang der Alten Eidgenossenschaft kam die Gemeinde an den kurzlebigen Kanton Baden und 1803 zum Kanton Aargau. Die Grossgemeinde des Kirchspiels wurde 1816 in die Einzelgemeinden Böttstein, Leuggern und Oberleibstadt aufgeteilt. 1832 folgte die Abtrennung von Oberleibstadt und Full-Reuenthal. 1902 kam der bisher Leuggern zugeteilte Weiler Jüppen zu Full-Reuenthal.

## GASTRONOMIE UND FREIZEIT
*Gasthaus zum Goldenen Kreuz.*
*Restaurant Pizzeria Feldblume.*
Das *Freibad in Full* ist besonders bei Familien mit kleinen Kindern beliebt. Es wurde vor kurzem saniert und modernisiert.

Gemeindekanzlei
Telefon 056 246 16 00
www.full-reuenthal.ch
gemeindekanzlei@
full-reuenthal.ch
– «Das Kirchspiel Leuggern»
  (Sarah Brian Scherer,
  Dominik Sauerländer,
  Andreas Steigmeier)
– Broschüre des Festungs-
  museums Reuenthal
– Prospekt Radrundweg
  Rheinlandschaft
Die Publikationen können bei der Gemeindekanzlei bezogen werden

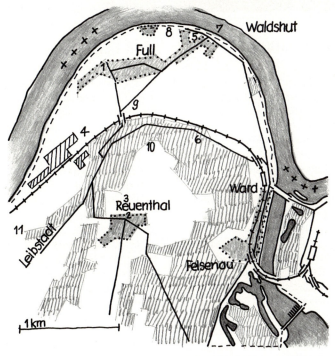

1 Kapelle Full
2 Kapelle Reuenthal
3 Festungsmuseum Reuenthal
4 Wilhelm-Miescher-Halle (Festungsmuseum Reuenthal)
5 Römischer Wachturm
6 Gipsbergwerk Fullerhalde (stillgelegt), Fledermausquartier (Braunes Langohr)
7 Anlegestelle der Fähre nach Waldshut
8 Schwimmbad Full
9 Sportanlagen Full
10 Erdmannlihöhle (Ried, Reuenthal), Aussichtspunkt und Rastplatz
11 Feuchtbiotop (Kreuzkröte, Gelbbauchunke, Geburtshelferkröte)

## GALLENKIRCH – KLEIN, ABER FEIN

**Einwohner:** 130
**Erste Erwähnung:** 1338 «ze
Gallenkilch» (Urkunde des Stifts
Säckingen)
**Besonderheiten:** Die Gemeinde
liegt abseits vom grossen Verkehr.
Ausgedehntes Flurwegnetz zum
Wandern und Biken. Zusammen
mit der Nachbargemeinde Linn
gehört Gallenkirch in Bezug auf die
Bevölkerungszahl zu den kleinsten
Gemeinden des Kantons Aargau
**Verkehrsverbindungen:** Postauto-
linien Brugg–Frick und
Brugg–Linn. A3 Ausfahrt Effingen,
Halbanschluss mit Ein- und Aus-
fahrt Richtung Zürich (ca. 5 Minu-
ten), Vollanschluss Frick Richtung
Zürich und Basel (ca. 10 Minuten),
Bözbergpassstrasse Brugg–Frick

Gallenkirch liegt auf der Bözberghoch-
ebene acht Kilometer vom Bezirkshauptort Brugg entfernt, abseits der
Passstrasse am Rande des Bözberg-
Plateaus, wo der Kettenjura in den Tafeljura übergeht. Im Dorf sind weder
eine Wirtschaft noch ein Laden, we-

der eine Kirche noch ein Schulhaus zu
finden. Die Sonne und die gute Luft
der vielen Wälder ringsum sind ein
Prädikat von Gallenkirch und laden
zum Verweilen ein.

### SEHENSWÜRDIGKEITEN
**Unversehrte Natur
auf dem Plateau des Bözbergs**
Für Gallenkirch typisch sind heute die
Übergänge zwischen reinem Buchenwald und Föhrenwäldern. Sie beherbergen geschützte und seltene Pflanzen, vor allem verschiedene Orchideenarten. Nebst verschiedenen Vogelarten und Amphibien, die in der
Roten Liste der seltenen und gefähr-

*Bogenfragment im Gallushaus*

deten Vogel- respektive der Amphibien- und Reptilienarten der Schweiz zu finden sind, können Rehe, Feldhasen, Wildschweine, Füchse, Dachse, Stein- und Baummarder beobachtet werden. Dort wo sich die Wege von Gallenkirch und Linn vereinigen, fliessen auch die beiden Bäche zusammen, zum Sagimülibach. Die Mühle, die mit seiner Kraft betrieben wurde, ist längst verschwunden, das Sagimülitäli mit seinen Naturschönheiten ist aber erhalten geblieben.

### Römerweg
Nur wenige Meter von der Gemeindegrenze entfernt führt der Römerweg mit den markanten Karrengeleisen vorbei (siehe unter Effingen).

*Idyllische Dorfpartie*

### Blechkunst und Fassadenschmuck
Sehenswert sind die figürlichen Eisenplastiken des einheimischen Spenglermeisters Karl Schär. Vor der Werkstatt an der Dorfstrasse 15 sind Beispiele des Schaffens zu bewundern. Vielleicht ist bei Ihrer Besichtigung des Dorfes der Künstler gerade mit Schweissarbeiten beschäftigt und arbeitet an einer eindrücklichen Tierfigur aus Stahl.

### HISTORISCHES
Auch wenn Gallenkirch eine der kleinsten Gemeinden im Kanton Aargau ist, so hat das Dörfchen doch eine alte Geschichte, die weiter in die Vergangenheit reicht als jene vieler grosser Ortschaften. Der Holzstamm im Gallenkircher Wappen deutet auf die Legende hin, wonach ein Bär dem heiligen Gallus das Holz für seine Einsiedelei herbeigeschleppt habe. Der irische Glaubensbote Gallus soll hier gerastet haben, als er 612 mit Kolumban über den Bözberg Richtung St. Gallen zog. Später ist dann ihm zu Ehren eine Gallus-Kapelle errichtet worden. Die Kapelle befand sich mitten im Dorf und wurde später mit grosser Wahrscheinlichkeit zum heutigen Gallushaus umgebaut. Ein Bogenfragment aus Tuffstein ist heute noch in diesem Haus zu sehen. Gallenkirch wurde im Zuge der Rodungstätigkeit von Hornussen aus urbarisiert. Gallenkirch gehörte dann niedergerichtlich zum stiftsäckingischen Dinghof Hornussen. Die Geschichte Gallenkirchs war seit dem Hochmittelalter und bis in das 19. Jahrhundert hinein aufs Engste mit dem Kloster Säckingen verknüpft. Die erste Be-

Gemeindeverwaltung
Telefon 056 442 41 73
www.gallenkirch.ch
gemeinde@gallenkirch.ch
– Buch «Leben auf dem Böz-
berg», die Geschichte der
Gemeinden Gallenkirch, Linn,
Ober- und Unterbözberg von
Max Baumann (erhältlich bei
den Gemeindekanzleien)

kate, so genannte «Schnürli», für die Freiämter Strohindustrie hergestellt. Das Schnürliflechten war bis nach dem Ersten Weltkrieg ein willkommener Nebenverdienst der Landbevölkerung des Aargauer Juras. Im Freiämter Strohmuseum in Wohlen können die als Hutumrandung verwendeten Halbfertigprodukte heute noch bewundert werden.

zeugung des Dorfes bringt denn auch eine Urkunde des Klosters Säckingen vom 28. Januar 1338. Die Gallenkircher entrichteten bis 1804 Säckingen den Korn- und Weinzehnten, obwohl sie bereits 1460 mit dem schenkenbergischen Gericht Thalheim bernisch geworden waren.

*Ehemaliges Schulhüsli, heute Gemeindehaus*

## Rebbau und Schnürliflechten

Heute zeugen nur noch die Flurnamen «Reben» oder «Rebenacher» davon, dass auch in Gallenkirch einst Rebbau betrieben wurde. Neben dem Rebbau wurden im 19. bis ins 20. Jahrhundert in Heimarbeit Strohhalbfabri-

## MUSEUM

Das von den vier Bözberggemeinden Unter- und Oberbözberg, Linn und Gallenkirch in Kirchbözberg (Gemeinde Unterbözberg) geschaffene Museum beherbergt auch Gegenstände aus Gallenkirch.

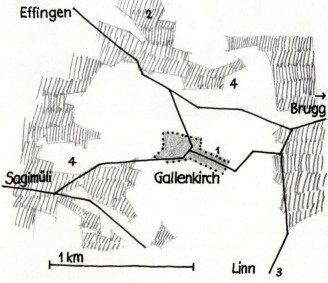

1 Gallushaus (ehemalige Kapelle)
2 Römerweg

3 Linner Linde
4 Naturschutzgebiete Hübel, Reben

# GANSINGEN – LANDSCHAFTLICHES IDYLL IM OBERSTEN METTAUERTAL

Wer den Jura liebt, findet auch das reizvolle Gansinger Tal hübsch. «Gausige», wie ältere Einheimische ihr Dorf nennen, liegt zuhinterst im Mettauertal. Die drei Weiler Büren, Galten und Schlatt bereichern die Landschaft. Typisch sind die Tafeln des Laubbergs, von Gugli oder Wachslig, die steilen Nordhänge von Bürerhorn und Cheisacher als Teile der Mandacher Überschiebung.

Gansingen ist ein richtiges Eldorado für Liebhaber von fossilen Kleinoden im Muschelkalk. Auch die Zeit des Zweiten Weltkriegs hat hier ihre Spuren hinterlassen. Grabensysteme und Tunnels führen zu Bunkern und Befestigungsanlagen, die heute verlassen sind und von Fledermauskolonien bewohnt werden. Die süd- und westwärts gerichteten Berghänge trocknen gerne aus, und seltene Orchideen blühen auf. Der würzige Duft des Feldthymians kitzelt die Nase. Die an Kleintierarten reichen Magerwiesen werden dank Verträgen mit dem Kanton schonend und nach ökologischen Massstäben bewirtschaftet. Vor 40 Jahren hat die Güterregulierung eine

**Einwohner:** 940
**Erste Erwähnung:** 1240 «Gansungen» (Generallandesarchiv Karlsruhe)
**Besonderheiten:** Wandergebiet Laubberg, Pfingstsprützlig, Theatertradition
**Verkehrsverbindungen:** Stündliche Busverbindungen Richtung Brugg und Laufenburg. Mit dem Auto von der Rheintalstrasse Laufenburg–Koblenz oder über den Bürersteig (550 m ü. M) Richtung Remigen–Brugg ins Aaretal

markante Ausweitung der Wald- und Feldwege nach sich gezogen. Wanderer sind begeistert vom einmaligen Panorama auf dem Laubberg oder Gugli. Das ganze Fricktal bis hin zum Chrischonaturm bei Basel liegt vor Ihnen.

## VIER SEHENSWÜRDIGKEITEN
### Altes Schulhaus und Pfarrhaus
1805 rief der bekannte Pfarrer Brentano durch eine Schenkung von 510 Franken eine Mädchenarbeitsschule ins Leben, die eine Arbeitsschule für

alle Mädchen des Dorfes war. Gansingen hatte somit als erste Gemeinde des Kantons eine Arbeitsschule. Sehenswert ist das sich in Privatbesitz befindliche ehemalige alte Pfarrhaus. Der stattliche klassizistische Putzbau mit Walmdach wurde 1815 von Kantonsbaumeister Johann Schneider erbaut.

### Kirche Gansingen
Die heutige katholische Kirche wurde im Jahre 1899 eingeweiht. Im Laufe der Zeit stellte man verschiedene neue Bedürfnisse und Forderungen an das Kirchengebäude und seine Einrichtung. Zusätzlich kamen Abnutzungen und Verschmutzungen hinzu. Aus diesen Gründen nahm man im Jahre 1999 eine Innenrenovation der Kirche vor.

### Pfingstsprützlig
An Pfingsten wird ein junger Bursche ganz mit Buchenzweigen verkleidet. Er wandert im Dorf von Brunnen zu Brunnen. Dort planscht er ins Wasser und bespritzt die Zuschauer. Das kühle Nass gilt vor allem den jungen Mädchen. Dieser Brauch soll auf ein heidnisches Fruchtbarkeitsritual zurückgehen. Der Anlass wird durch die Jugendgruppe organisiert.

### Lochmühle Gansingen
Die in Gansingen erbaute alte Lochmühle wird heute als Theaterbühne des Theatervereins verwendet. Sie bietet eine altertümliche Kulisse.

*Lochmühle als Theaterbühne*

*Drechslerei*

### HISTORISCHES
Die fassbare Geschichte Gansingens beginnt wahrscheinlich zu der Zeit, als sich die Alamannen im 5. oder 6. Jahrhundert südlich des Rheins niederliessen. Eine voralamannische Besiedlung ist unsicher, da nur wenige zufällige Bodenfunde auf römische oder noch ältere Siedlungen hindeuten. Der Ursprung des heutigen Dorfes dürfte auf jene Zeit zurückgehen, als die Sippe des Ganso sich hier ansiedelte und die umfangreichen Wälder des Tales rodete. Dies lässt sich auch aus den heutigen Namensformen Hochrüti, Rüteli, Grüt, Bran, Schlatt schliessen. Ab 1635 gehörte Gansingen den Herren von Roll zu Bernau. Diese Familie starb im Jahre 1800 aus; ihr Vermögen wurde versteigert. Die dem heiligen Georg geweihte Kirche gehörte ursprünglich zum Stift Säckingen. Gansingen wurde von einigen Schicksalsschlägen heimgesucht: Im Dreissigjährigen Krieg (1618–1648) standen nach dem Abzug der Schweden nur noch vier Häuser und eine stark beschädigte Kirche. Die Pestjahre im 17. Jahrhundert rafften einen Grossteil der Bevölkerung dahin. 1814 fielen 29 Häuser des Dorfes einem Brand zum Opfer, und 1829 brannte fast der gesamte Weiler Galten mit etwa 20 Häusern nieder. Die Gemeinde kam 1803 mit dem übrigen Fricktal zum neugeschaffenen Kanton Aargau.

## GASTRONOMIE UND FREIZEIT

*Restaurant/Bäckerei Landhus* mit echten einheimischen Spezialitäten, Gartenwirtschaft, Kegelbahn, grosser Saal.

*Restaurant Gartenlaube* mit Saal.

*Restaurant/Jugendtreff Löwen* im Dorfkern.

*Jährlicher Dorfmarkt* mit hausgemachten Spezialitäten und Angeboten.

*Theatertradition* um Neujahr.

Gemeindeverwaltung
Telefon 062 875 16 55
gemeindekanzlei@gansingen.ch
– Alljährliche Dorfchronik, Dorfprospekt
– Broschüre «Gansingen, Beiträge zur Geschichte». Die Publikationen können bei der Gemeindekanzlei bezogen werden

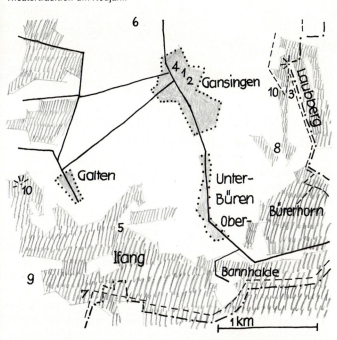

1 Altes Pfarrhaus
2 Pfarrkirche (19. Jh.)
3 Kapelle Laubberg
4 Lochmühle
5 Waldhütte Galten
6 Schilfsandsteinbruch Röt

7 Isengraben (Fossilienfundstelle, Birmenstorfer Schichten)
8 Weiher Bürerberg
9 Magerstandort Cheisacher
10 Naturschutzgebiete Laubberg und Gugli

# GIPF-OBERFRICK – ATTRAKTIVE WOHNGEMEINDE INMITTEN VON KIRSCHBÄUMEN

**Einwohner:** 2950
**Erste Erwähnung:** 1259 «Gipf» als «cubibe», 1271 «Oberfrick» als «obiren vricche» (Basler Urkunde)
**Besonderheiten:** Ruine Tierstein, Dorfteil Gipf mit spätgotischen Mauerbauten, moderner Kirchenbau mit Glasfenstern von Ferdinand Gehr
**Verkehrsverbindungen:** Postauto Frick–Benkerjoch–Aarau. Ortsverbindungsstrasse nach Frick; in Frick Schnellzughalt und Autobahnanschluss A3

Die Gemeinde Gipf-Oberfrick legt sich als breites Band quer über das Tal, steigt westlich hinauf an den Rand des Tiersteinplateaus, südöstlich hinauf zur Kornbergebene, den Rüedisberg und den Fürberg. Das Dorf bietet attraktive Wohnlagen in einer weitgehend intakten Landschaft, die von sanften Jurahöhen, vielen Höfen und zahlreichen Kirschbäumen geprägt ist. Es ist idealer Ausgangspunkt für Wanderungen und Radtou-

ren. Seit den 1980er-Jahren hat sich das Dorf rasant entwickelt, die Einwohnerzahl hat sich in 20 Jahren verdoppelt. Trotzdem ist die Landwirtschaft nach wie vor von grosser Bedeutung. Die Gemeinde gehört zu den Fricktaler Gemeinden mit der grössten Landwirtschaftsfläche, mit besonderem Gewicht auf dem Obstbau. Unter anderem zeugen viele Vereinsaktivitäten und witzige Dekorationen während der närrischen Zeit von einem lebendigen Dorfgeist.

### VIER SEHENSWÜRDIGKEITEN
### Ruine Tierstein

Die Feste Tierstein dürfte vor dem Jahr 1100 erbaut worden sein. Funde aus der Spätbronzezeit belegen, dass die Burgstelle schon in urgeschichtlicher Zeit bewohnt war. Die imposante Burganlage, die vom 12. bis 15. Jahrhundert bewohnt war, bestand aus über 30 Räumen, verteilt auf drei Terrassen. Durch das Erdbeben von Basel im Jahr 1356 wurde die Anlage stark beschädigt, später aber wieder aufgebaut. Kurz vor 1200 verlegten die Grafen von Tierstein ihren Sitz nach Neu-Tierstein bei Büsserach am Passwang. 1418 starb das Geschlecht aus und die Burg zerfiel. 1934/35 wurde die Anlage freigelegt, 1965/66 unter Schutz gestellt und 1989 durch den Zivilschutz saniert.

## Römisch-katholische Kirche St. Wendelin

Die Kirche St. Wendelin wurde 1969 als Ersatz für die zu klein gewordene, baufällige Wendelinskapelle (Baujahr 1707) errichtet. Der vom bekannten Kirchenarchitekten Brütsch geplante Neubau gehört mit seinen Fenstern des Glaskünstlers Ferdinand Gehr zu den eindrücklichsten modernen Sakralbauten im Fricktal. Sehenswert ist unter anderem auch die Figurengruppe der Heiligen Anna Selbdritt vom Ende des 15. Jahrhunderts.

## Dorfteil Gipf

Abseits der Landstrasse liegt der Dorfteil Gipf an alter Verkehrslage. Hier steht noch eine stattliche Zahl spätgotischer Profanbauten, die Ende 16., Anfang 17. Jahrhundert erbaut wurden und den Wohlstand der damals aufstrebenden bäuerlichen Oberschicht dokumentieren. In der ehemaligen Schönauer Mühle von 1600 (Müligass 11) wird noch heute Getreide aufbereitet. Erwähnenswert sind Fassadenmalereien an den 1582 und 1584 erbauten Gebäuden Unterdorf 19 (16./17. Jahrhundert) und Trottgasse 1 (Mitte 18. Jahrhundert).

*Häuserzeile in Gipf*

*Blühendes Kirschenland*

*Kirchenfenster von Ferdinand Gehr*

## «Rössli»-Saal mit spätbarocker Deckenmalerei

In der zweiten Hälfte des 16. Jahrhunderts wurde das Gasthaus Rössli in Oberfrick erbaut. Bei einem Umbau ist im 18. Jahrhundert im Obergeschoss ein Saal mit prächtigen spätbarocken Deckenmalereien eingebaut worden.

## HISTORISCHES

Die günstigen topografischen und klimatischen Bedingungen der sanften Talmulde haben hier schon in ur- und frühgeschichtlicher Zeit Menschen sesshaft werden lassen, wie auch von archäologischen Funden aus jüngster Zeit belegt wird (seit 1987 Entdeckung mehrerer Siedlungsplätze aus der bronzezeitlichen, römischen und frühmittelalterlichen Kulturepoche). Bis 1803 bildeten Frick, Gipf und Oberfrick

**i** Gemeindekanzlei
Telefon 062 865 80 40
www.gipf-oberfrick.ch
gemeindekanzlei@gipf-oberfrick.ch
Dorfzeitung «Usem Dorf – dörfliches Leben und Geschehen»,
erscheint viermal jährlich (erhältlich bei der Gemeindekanzlei)
«Gipf-Oberfrick wird politische
Gemeinde 1803–1806» von
Pfr. Dr. Anton Egloff, 1993 (erhältlich bei der Gemeindekanzlei)

eine einzige Vogtei, die vom Homburger Vogt und zwölf Geschworenen ge-
leitet wurde. Nach der Trennung 1804
bildeten Frick und Gipf-Oberfrick eigenständige politische Gemeinden.
Die katholische Kirchgemeinde blieb
jedoch als Einheit bestehen.

Im 19. Jahrhundert ging die Bevölkerungszahl als Folge von Krankheit,
Hungerjahren, Aus- und Abwanderung stetig zurück und lag um 1900
noch bei 850.

### GASTRONOMIE UND FREIZEIT

*Restaurant Hirschen* mit Pizzeria Argovia, Bar und Gartenwirtschaft.
*Gasthof Adler* mit Gästezimmern,
Saal und Gartenwirtschaft.
*Restaurant Rössli* mit Saal und Gartenwirtschaft.
*Restaurant Krone* mit Bar und Gartenwirtschaft.
*Waldhaus Tierstein:* Beliebtes Waldhaus, unterhalb der Ruine Tierstein
gelegen, bietet Platz für etwa 50 Personen. Vermietung: Finanzverwaltung
Gipf-Oberfrick, Telefon 062 865 80 50.

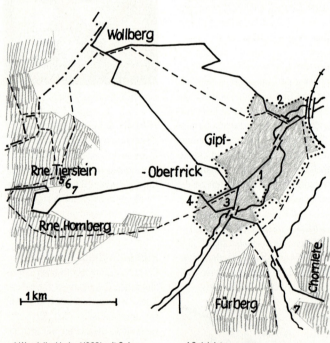

1 Wendelinskirche (1969) mit Gehr-
  Fenstern
2 Alte Bauernhäuser Gipf
3 Restaurant Rössli mit spätbarocken
  Deckenmalereien
4 Spielplatz
5 Ruine Tierstein
6 Waldhaus Tierstein
7 Naturschutzgebiete Äntel und Talhof

# HELLIKON – EIN TYPISCHES,
# ALTES FRICKTALER BAUERNDORF

Fast zu oberst im Wegenstettertal, am Möhlinbach gelegen, trifft man auf das Bauerndorf Hellikon. Entwicklungsgeschichtlich betrachtet, ist Hellikon eine zweipolige Siedlung. Auf der östlichen Talseite, wo die Häuser meist ohne Vorgarten direkt an die Strasse stossen, zeigt sich das Bild eines typischen Strassendorfes. Auf der westlichen Seite, gegen das Baselbiet hin, duckt sich das Oberdorf als Haufendorf am Ausgang eines kleinen Seitentälchens. Hellikon ist ein typisches Fricktaler Bauerndorf geblieben. Die Schlichtheit und Geschlossenheit der Fassaden laden den auswärtigen Besucher zum Betrachten und Verweilen ein.

Steile bewaldete Abhänge umrahmen das Dorf sternförmig. Oberhalb der Waldumkranzung befinden sich auf beiden Seiten des Tales die ebenen Flächen des Tafeljuras. Einige markierte Wanderwege führen vom Rhein durch den Gemeindebann von Hellikon bis in den Kanton Baselland.

**Einwohner:** 760
**Erste Erwähnung:** 1277 «Hellincon» (Urkundenbuch Baselland)
**Besonderheiten:** Kapelle St. Wendelin (16. Jh.) und Kapelle Sebastian (17. Jh.), Mühle, als typisches Fricktaler Giebelhaus, ausgedehntes Wandergebiet zwischen Rhein und Baselbiet
**Verkehrsverbindungen:** Postautolinie Rheinfelden–Möhlin–Zeiningen–Zuzgen–Hellikon–Wegenstetten, Linie 88. A3-Anschluss in Rheinfelden und Eiken (15 Minuten). Ortsverbindungsstrassen nach Obermumpf, Hemmiken und Buus (Baselland)

## VIER SEHENSWÜRDIGKEITEN
### Kapelle St. Wendelin

Nebst dem harmonischen Gesamtortsbild, das von nationaler Bedeutung ist, hat das Dorf einige bauliche Kleinode aufzuweisen. Die aus dem 16. Jahrhundert stammende Kapelle St. Wendelin hat als Ausstattung aus-

*Sebastianskapelle*

*Ehemalige Dorfmühle*

*Typisches Strassendorf*

gezeichnete spätgotische Plastiken. Die prächtigen Figuren stammen ursprünglich aus der Kirche von Wegenstetten.

### Kapelle St. Sebastian

Ebenfalls sehenswert ist die Sebastianskapelle. Sie ist 1679 erbaut worden und soll auf ein Gelübde zweier Gebrüder Waldmeier zurückgehen, die voneinander unabhängig die Pestzeit in Polen und Ungarn überlebt haben.

### Die alte Dorfmühle

Ausserhalb des Dorfes steht die Mühle, ein typisches Fricktaler Giebelhaus mit der Jahrzahl 1815. Die Mühlenanlagen sind längst abgebrochen, geblieben ist der aussen fast unveränderte, harmonische, stattliche Grundbau, der wohl ins 17. Jahrhundert zurück reicht. Die Mühle gehörte ursprünglich dem Kloster Olsberg. Sie wurde im Jahre 1683 an das St.-Martins-Stift zu Rheinfelden verkauft, das sie 1740 an einen Hauptmann Ruti von Rheinfelden verpfändete. Die Mühle ist seit 1965 nicht mehr in Betrieb; das Gebäude wurde 1976 umgebaut und renoviert.

### Alter Kornspeicher

Bei den Gebäulichkeiten gegenüber der Mühle, auf der anderen Talseite, handelt es sich um einen ehemaligen Kornspeicher. Später wurde daraus ein Gasthaus mit dem wohlklingenden Namen «Zu den drei Tannen». Auch diese Gebäude wurden von privater Seite mit viel Aufwand renoviert und umgebaut und bilden einen schönen Anblick, wenn man von Wegenstetten her kommt.

### HISTORISCHES

Die Anfänge der Gemeinde Hellikon reichen in die alamannische Zeit zurück. Der Ortsname selbst, ein typischer Vertreter mit der Endsilbe -ikon, weist auf die frühalamannische Zeit hin und bedeutet soviel wie «bei den Höfen der Sippe des Hello». In den Urkunden taucht Hellikon erst im 13. Jahrhundert auf. Im Jahre 1375 wurde das Dorf der Burggrafschaft Rheinfelden zugewiesen und bildete

*Gedenktafel am Schulhaus*

Gemeindeverwaltung
Telefon 061 871 01 61
gemeindeverwaltung@hellikon.ch
– «Hellikon, Blick in ein Fricktaler Dorf», Kunstbildbuch 1978, von Dieter Müller und Thomas Greber

in österreichischer Zeit als Gemeinde der Landschaft Möhlinbach ein Glied der Herrschaft Rheinfelden. Die niedere Gerichtsbarkeit wurde vom Gericht zu Zeiningen ausgeübt. In früheren Zeiten waren die Verbindungen ins nahe Baselbiet trotz Landesgrenze besonders stark. Man munkelte über verschlungene Schmugglerpfade, die Vorderösterreich und die Schweiz hier verband. 1875 ereignete sich in Hellikon ein schreckliches Unglück. An der Weihnachtsfeier stürzte das Treppenhaus des 1865 erbauten Schulhauses ein. 73 meist junge Menschen verloren bei diesem Unglück ihr Leben. Zwei Gedenktafeln beim Schulhauseingang erinnern an jenen unglückseligen Weihnachtstag.

### GASTRONOMIE

*Restaurant Rössli* an der Hauptstrasse, Sälchen für ca. 30 Personen.

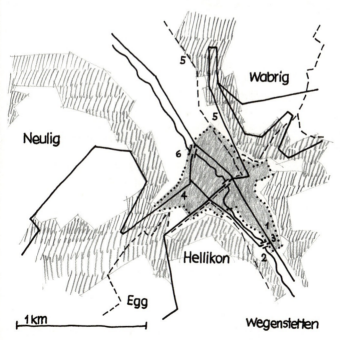

1 Wendelinskapelle
2 Alte Mühle
3 Dreitannenhof, ehemaliger Kornspeicher

4 Sebastianskapelle
5 Naturschutzgebiete Welledall und Zelg
6 Waldweiher

# HERZNACH – MIT EINSTIGEM BEDEUTENDEM EISENBERGWERK

**Einwohner:** 1110
**Erste Erwähnung:** 1097 «Herce-nahc» (Strassburger Urbar)
**Besonderheiten:** In der Übergangs-zone zwischen Tafel- und Ketten-jura gelegen, vielfältige Landschaft, beliebtes Wandergebiet
**Verkehrsverbindungen:** Postauto-linie Aarau–Laufenburg, Herz-nach–Zeihen–Effingen, nächste Bahnstation in Frick. A3 Ausfahrt Frick (5 Minuten), Ausfahrt Effin-gen Halbanschluss mit Ein- und Ausfahrt Richtung Zürich (8 Minu-ten), Ortsverbindungsstrassen nach Frick, Aarau, Zeihen

Die Gemeinde ist an der südlichen Grenze des Bezirks Laufenburg mit-ten im Staffeleggtal zu finden. Dort, wo die Strasse enger wird, liegt das hübsche Dorf eingebettet in einer bis heute intakten Landschaft. Herznach ist mit seinen massiven, steilen Sat-teldächern ein typisches Fricktaler Strassenzeilendorf. Geologisch be-trachtet, befindet sich der Ort in der Übergangszone zwischen Tafel- und Kettenjura. Herznach wird von fünf Nachbargemeinden umgeben; es sind dies im Norden Ueken, im Osten Zeihen, im Süden Densbüren, im Wes-ten Wölflinswil und im Nordwesten Gipf-Oberfrick. Durchflossen wird das Gemeindegebiet von Staffelegg-bach, Zihlbach, Startlebach und Moo-senbächli. Der Ortskern liegt auf einer Höhe von 413 Metern über Meer.

## VIER SEHENSWÜRDIGKEITEN
### Pfarrkirche St. Nikolaus

Die 1718/19 von Johann Pfeiffer er-baute mauerumringte Kirchenanlage in prächtiger Höhenlage gilt als eine der kostbarsten Raumschöpfungen des schweizerischen Spätbarocks und als Denkmal von nationaler Be-deutung. Die Ursprünge der Pfarrkir-che weisen ins hohe Mittelalter. Of-fenbar waren die Frickgaugrafen Gründer des Gotteshauses. Nach dem pfarrherrlichen Willen sollte Herznachs neue Kirche an aufwändi-ger Pracht alle anderen Fricktaler Kirchen übertreffen. Bei seiner Vollendung hatte der kostspielige Neubau fast das Dreifache der vom Kollator bewilligten Bausumme verschlungen.

## Verenakapelle

Die über 1000-jährige Verenakapelle, die sich am nördlichen Ortseingang befindet, wird als ältestes Gotteshaus des Fricktals bezeichnet. Sie ist eine der ersten Stätten für die Verehrung der heiligen Verena. In der heutigen Form stammt sie aus dem Jahre 1516.

*Pfarrkirche St. Nikolaus*

## Josephinischer Sparsarg

Eine Rarität stellt der Sparsarg dar, der aus dem Jahre 1784/85 stammen soll. Er ist aus dicken Tannenbrettern verfertigt und mit Falltüre versehen. Der Sarg befindet sich im Beinhaus neben der Kirche.

## Siloturm des alten Eisenbergwerkes

An der Bergwerkstrasse befindet sich der Siloturm, der als Wahrzeichen des Herznacher Eisenerzbergwerkes gilt. Er erinnert an die Zeit zwischen 1937 und 1967, als in Herznach noch Eisenerz abgebaut wurde (siehe auch unter «Historisches»).

*Siloturm des ehemaligen Eisenbergwerkes*

## HISTORISCHES

Herznach war schon in der jüngeren Steinzeit besiedelt, wie einzelne Funde belegen. Die älteste Urkunde führt ins Jahr 1097 zurück. Es ist bekannt, dass in Herznach einst eine Burg stand. Ihr Standort war wahrscheinlich neben der Verenakapelle (Ausgrabung Anfang der 1990er-Jahre).

Zwischen den Gemeinden Herznach, Ueken, Gipf-Oberfrick und Wölflinswil finden sich grosse Eisenerzlager. Die Frage, ob der Name Herznach mit «Erz» in Verbindung gebracht werden kann, liegt daher auf der Hand. Der Ortsname ist aber ein typischer galloromanischer Name mit der Endsilbe -ach und dürfte in etwa «dem Artinus gehörendes Landgut» bedeuten. Bereits im Mittelalter wurde in Herznach sowohl Erz gegraben wie auch Eisen hergestellt. Ein grosser Teil der Erze wurde zwischen 1200 und 1750 abgebaut. Zu Beginn des 19. Jahrhunderts ruhte der aargauische Bergbau vollständig. 1932 rückte Herznach nach fast 200-jährigem Unterbruch wegen seines nun plötzlich wieder abbauwürdig gewordenen Erzvorkommens in den Mittelpunkt des Interesses. Nach grösseren Bergbauversuchen wurde das Bergwerk 1932 eröffnet. 1967 musste das Werk wegen ungenügender Absatzmöglichkeiten still-

Gemeindekanzlei
Telefon 062 867 80 80
www.herznach.ch
gemeindeverwaltung@herznach.ch
- Herznacher Chronik «Mer luege zrugg» (zu beziehen bei der Gemeindekanzlei)
- Broschüre über den Erzbergbau im Fricktal (zu beziehen bei der Gemeindekanzlei)

wohnergemeinde, die zum Grillieren und Verweilen einlädt. In der Umgebung der Mooshalde ist eine weitere gemütliche Grillstätte platziert.

*Ammonit, Fundstück aus dem Bergwerk*

gelegt werden. In der Zeit von 1937 bis 1950 wurden rund 1 Mio. Tonnen und von 1951 bis zur Stilllegung 622 000 Tonnen Eisenerz gefördert.

## GASTRONOMIE UND FREIZEIT

*Restaurant Jäger.*
*Gasthof zum Löwen.*
*Feuerstelle:* Am schönsten Aussichtspunkt, auf dem Hübstel, befindet sich die prächtige Feuerstelle der Ein-

*Schlafen im Stroh:* Diese besondere Übernachtungsmöglichkeit bietet die Familie Gasser auf dem Eichhof an.

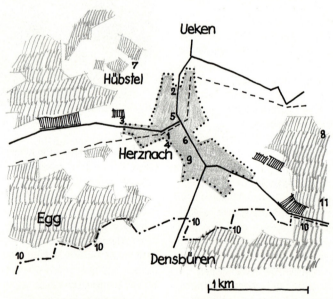

1 *Pfarrkirche St. Nikolaus (1718/19)*
2 *Verenakapelle (romanisch)*
3 *Siloturm Eisenbergwerk*
4 *Josephinischer Sparsarg (18. Jh.)*
5 *Verenabrunnen*
6 *Ammonitenausstellung im Gemeindehaus*
7 *Aussichtspunkt «Hübstel»*

8 *Gedenkstein «im Sarben» (Grenzbesetzung)*
9 *Findling beim Schulhaus (Walliser Granit)*
10 *Alte Landesgrenzsteine Vorderösterreich–Bern*
11 *Naturschutzgebiete Mooshalde/Sarben*

# HORNUSSEN – DURCHGANGSORT MIT GESCHICHTE

Hornussen liegt verkehrsgünstig ziemlich genau in der Mitte zwischen Basel und Zürich. Das Dorf ist eingebettet in eine typische Tafeljuralandschaft, gut geschützt zwischen den dominanten Höhen Frickberg, Wettacher, Müliberg und Hinterberg. Obwohl drei wichtige Verkehrsachsen – Kantonsstrasse, Autobahn, Eisenbahn – den Raum prägen, ist Hornussen ein wohnliches Dorf geblieben. Gut erhaltene und beschauliche Dorfpartien, intakte Naturlandschaften, gepflegte Rebhänge und das sonnige Fricktaler Klima tragen zur Attraktivität bei.

### VIER SEHENSWÜRDIGKEITEN
#### Säckinger Amtshaus
Das Hornusser Ortsbild ist von nationaler Bedeutung und gilt als schützenswert. Der kompakte Hauptstrassenraum ist durchsetzt mit etlichen alten und markanten Bauten. Das schönste Gebäude ist das ehemalige Säckinger Amtshaus. Ein grosses, dreigeschossiges Reihenhaus, erbaut

**Einwohner:** 850 Einwohner
**Erste Erwähnung:** 1281 «Hornescon» (Schriftquellen des Stifts Säckingen)
**Besonderheiten:** Eingebettet zwischen vier Jurahöhen, seit Jahrhunderten ein wichtiger Durchgangsort, typisches Fricktaler Strassendorf, Südhang durch Reben geprägt
**Verkehrsverbindungen:** Postauto nach Frick und Brugg. Anschluss Autobahn Basel und Zürich in Frick (2 Minuten)

im Jahre 1596. Es handelt sich um einen der repräsentativsten spätgotischen Profanbauten im Aargau. Das stattliche Gebäude ist in den Jahren 1990/91 aussen renoviert worden und liegt in der Dorfmitte, direkt an der Hauptstrasse.

#### Berner Grenzsteine
Als die Berner den 1415 eroberten aargauischen Gebieten auch die Herrschaft Schenkenberg hinzufügten, wurden die Nachbargemeinden

Bözen, Effingen und Elfingen bernisch und damit eidgenössisch. Hornussen blieb habsburgisch und österreichisch. Diese Landesgrenze blieb mehr als 300 Jahre lang bestehen. Nach etlichen Grenzstreitigkeiten wurde die Grenze mit markanten Steinen definiert. Diese so genannten Berner Grenzsteine, die noch an ihren ursprünglichen Standorten stehen, sind 1990 restauriert worden.

### Lourdes-Grotte

Als Ort der Begegnung und des Gebetes wurden am 30. Juli 1905 die Lourdes-Grotte und der Kreuzweg eingeweiht. Die gepflegte Grotte liegt reizvoll in einem kleinen Wäldchen. Der besinnliche Platz wird immer wieder von Gästen besucht. Die Lourdes-Grotte ist ab Abzweigung Bahnhofstrasse (Restaurant Schwert) ausgeschildert.

Gelübde der Hornusser zur Verschonung vor einer schlimmen Viehseuche zurück und wurde auf ewige Zeiten versprochen. Die Beteiligung ist in den letzten Jahren stetig angestiegen. Die Wallfahrt findet immer am Montag vor Pfingsten statt. Infos erteilt Pilgerleiter Karl Herzog-Höchli, Telefon 062 871 37 49.

### HISTORISCHES

Hornussen war schon immer ein Durchgangsort. Bereits unter dem römischen Reich wurde die Bözbergroute zu einer strategisch wichtigen Verbindung. Neben der Landwirtschaft war lange Zeit vor allem das Gastgewerbe wichtig. Beim heutigen Restaurant Schwert befand sich die Auswechselstation für die Vorspannpferde der Fuhrwerke. Seine grösste kulturelle und wirtschaftliche Blüte erlebte Hornussen als Dinghof (Gerichtsbezirk)

*Säckinger Amtshaus*

### Todtmooser Wallfahrt

Als ältester und auch wichtigster Brauch, der weit über Hornussen hinaus bekannt ist, hat sich die Wallfahrt nach Todtmoos im Schwarzwald behauptet. Die zweimal 40 km werden betend und meditierend zu Fuss zurückgelegt. Die Wallfahrt geht auf ein

des Klosters Säckingen. Es diente als Appellationsgericht für sämtliche Gerichtsbezirke des Stifts. Die bauliche Substanz des Dorfes, mit seinen hohen alten Häusern, zeugt heute noch von seiner ehemals wichtigen Stellung. Nicht vergessen darf man den Weinbau. Reben wurden in der windgeschützten und von der Sonne verwöhnten Südhanglage vermutlich bereits im 13. Jahrhundert angebaut. Die erste Rebsiedlung des Kantons Aargau wurde 1964 in Hornussen erstellt.

*Berner Grenzstein*

Gemeindeverwaltung
Telefon 062 871 24 24
www.hornussen.ch
gemeinde@hornussen.ch
– Reichbebilderte Dorfgeschichte: «Hornussen, Geschichte eines Fricktaler Dorfes» (Bestellungen bei der Gemeindeverwaltung)

Noch heute wird der Wein der «Stiftshalde» weiterhin sehr geschätzt.

### GASTRONOMIE UND FREIZEIT
*Gasthof Schwert.*
*Restaurant Feldschlössli mit Säli.*
*Restaurant Gotthard.*
*Rebbaubetrieb Daniel und Erika Fürst* (Betriebsführungen, Apéros, Degustationen, Hochzeiten bis 60 Personen, Näheres unter www.fuerst-weine.ch).
*Seifenfabrik Mettler,* feine Seifenprodukte, www.mettler-ag.ch.

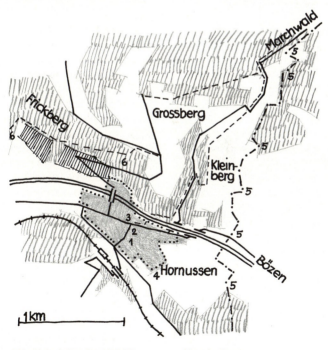

1 Pfarrkirche St. Mauritius (1710/12)
2 Gasthaus zum Schwert (Rokoko-Stuckdecke, um 1750)
3 Säckinger Amtshaus (1596)

4 Lourdes-Grotte
5 Alte Landesgrenzsteine Vorderösterreich–Bern
6 Naturschutzgebiete Rüti und Serstellen

# HOTTWIL – ZUOBERST IM SONNIGEN METTAUERTAL

**Einwohner:** 260
**Erste Erwähnung:** 1150 «Hotiwilare»
**Besonderheiten:** Spätgotische, stattliche Steinhäuser, z. B. Untervogteihaus (1539) mit Giebelwand-Malerei (einer der schönsten Profanbauten des Kantons). Schöne Aussichtspunkte: Geissberg (mit markantem Turm), Laubberg (mit Kapelle), Bürerhorn. Weinbaugemeinde
**Verkehrsverbindungen:** An der Postautolinie Brugg–Laufenburg (noch im TNW-Tarifverbund), nach Zürich und Basel (je ca. 30 Minuten). Strassenverbindungen über das Mettauertal, von Brugg über Remigen (Bürersteig) sowie Raum Zurzach–Baden via Mandach–Villigen (Rotberg)

Hottwil, das oberste Dorf des Mettauertales, wird geografisch zum Fricktal gezählt, gehört aber als nordwestlichste Gemeinde zum Bezirk Brugg. Es liegt im Herzen der Region Geissberg/Oberes Fricktal, inmitten von sanften, grünen Hügeln. Die ursprüngliche Tafeljura-Landschaft ist noch intakt, und sowohl lockere Hecken als auch Hochstammobstbäume prägen das Landschaftsbild. Hottwil ist der ideale Ausgangsort für Wanderungen und Biketouren zu einem der zahlreichen Aussichtspunkte der Region. Unterhalb der Ruine Wessenberg schmiegen sich die Rebberge an den Südhang.

### VIER SEHENSWÜRDIGKEITEN
**Historische Herrschafts- und Bauernhäuser**
In Hottwil sind zahlreiche historische Bauten bis heute gut unterhalten und genutzt. Diese wurden im Jubiläumsjahr «850 Jahre Hottwil» mit Informationsschildern versehen, auf denen Angaben zu Geschichte, Bauart, Besitzverhältnissen und heutiger Nutzung zu finden sind. Ein Dorfrundgang

lohnt sich. Um die Mitte des 16. Jahrhunderts entstanden in kurzer Folge mehrere herrschaftlich anmutende Gebäude, so der Gasthof Bären (ehemaliges Zehntenhaus von 1539) und der Spittel von 1544. Besonders das Untervogtshaus aus dem Jahr 1539, ein markanter, dreigeschossiger Mauerbau, bildet mit Trotte und Speicheranbau sowie zugehöriger frei stehender Ökonomie ein sehenswertes Ensemble. Es wurde 1741 durch Untervogt Samuel Geissmann innen und aussen erneuert. Die Hauptfassade zieren Dekorationsmalereien mit Wappenband der 13 alten Orte (18. Jahrhundert). Die Geissmanns, alte Hottwiler Bürger, residierten hier als Untervögte und ab 1803 als Gemeindeammänner. Das Gebäude war bis in die 1940-er Jahre bewohnt und wird nun seit 1965 als Ferienhaus genutzt.

### Theater «Spielleute Hottwil»

Das Theater hat in Hottwil eine lange Tradition. Seit über 107 Jahren wird engagiert und gekonnt Theater gespielt, wobei sich das Dorf längst über die Kantonsgrenzen hinaus einen guten Namen geschaffen hat. Alljährlich finden im März mehrere Aufführungen statt. Dazu wird praktisch jeder Einwohner benötigt, sei es als Spieler, Techniker, Helfer in der Festwirtschaft oder als Parkplatzeinweiser. Da alle am selben Strick ziehen, darf das Theater jedes Jahr eine grosse Publikumsgunst verzeichnen.

*Restaurant Bären, 1539 erbaut*

### Dem Flösserweg entlang

Das Familien- und Gruppenerlebnis. Wichtig ist die Vernetzung der wunderschönen Landschaft und Natur zwischen Laufenburg, dem Mettauertal und Brugg. Hier können verborgene Schätze entdeckt und kennen gelernt werden. Weitere Informationen: www.floesserweg.ch.

*Untervogtshaus mit Wandmalereien*

### Weindegustationen

Unterhalb der Ruine Wessenberg schmiegt sich der wunderschöne Rebberg an bester Lage an den Südhang. Ideal für Rebbergwanderung mit organisierter Weindegustation. Rebbauverein, Telefon 062 875 10 44.

### HISTORISCHES

Das Dorf gilt als alamannische Siedlung. Auf dem nördlichen Ende des Wessenberges stand die ansehnliche Burg des gleichnamigen Freiherrengeschlechtes, denen die Dorfbewohner auch zinspflichtig waren. Im 15. Jahrhundert zerfiel die Burg langsam; heute sind nur noch Teile des Grundrisses

Gemeindekanzlei
Telefon 062 875 16 16
www.hottwil.ch
hottwil@dialog.ch,
– floesserweg@bluewin.ch
– Dorfprospekt, Hottwiler Dorfchronik (zu beziehen
  bei der Gemeindeverwaltung)

zu erkennen. Im «Wessenberger»,
dem eigenständigen Hottwiler Land-
wein, bleibt das alte Herrscherge-
schlecht jedoch in guter Erinnerung.
Bei ihrem Rückzug von den Waldshuter Wirren 1468 besetzten die Eidgenossen das Dorf und schlugen es
zur Landvogtei Schenkenberg. Zu den
vorderösterreichischen Nachbarn im

Mettauertal bestanden über die Landesgrenze hinaus immer gute Beziehungen. Der Volksmund sagt, dass in
Wil das Handwerk und in Hottwil das
Geld gut vertreten seien, was die ge-
schäftlichen Beziehungen allseits vorteilhaft beeinflusse.

## GASTRONOMIE UND FREIZEIT

*Restaurant Bären:* Schönes Säli, Gartenwirtschaft (gehört der örtlichen
Genossenschaft).
*Gruppenanlässe und Lagerplätze:* Die
tolle Schul- und Mehrzweckanlage
mit der 100-m-Laufbahn sowie diverse Lagerplätze laden Schulen und
Gruppen zu einem Abenteuer in einer
intakten Naturlandschaft ein.

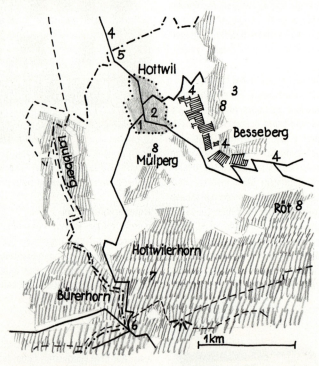

1 Untervogtshaus (1539) mit Fassaden-
  malerei «Standeswappen»
2 Restaurant Bären (1539)
3 Ruine Wessenberg
4 Flösserweg
5 Alter Landesgrenzstein Bern/Vorder-
  österreich
6 Postautohaltestelle Bürersteig
7 Jägerhütte mit Feuerstelle
8 Naturschutzgebiete Besseberg, Röt,
  Mülperg

# ITTENTHAL – BAUERNDORF-CHARAKTER BLIEB ERHALTEN

«Ütlete», wie die Einheimischen sagen, liegt eingebettet in einem Kesseltälchen zwischen den drei Tafeljuraerhebungen Schinberg, Moos und Frickberg auf 404 m. ü. M. Die Gemeinde hat überdurchschnittlich viel Wald (41 Prozent). Stattliche Häuserreihen mit zusammengebauten Wohn und Ökonomiegebäuden bilden zwischen Kirche und dem heutigen Schulhaus den Dorfkern. Durch die Talsohle fliesst ein kleiner Bach. Das Tal öffnet sich nach Norden, von wo auch die Hauptverbindung zum Dorf führt. 2 km nördlich liegt die Nachbargemeinde Kaisten, und 6 km trennen das Dorf vom Bezirkshauptort Laufenburg (Bahnhof SBB) und von der Landesgrenze zu Deutschland. Bis Mitte des letzten Jahrhunderts war Ittenthal fast ein reines Bauerndorf. Seit der Industrialisierung des Fricktals durch Basler Chemiekonzerne hat sich dies aber geändert. Neue Einfamilienhäuser sind entstanden und neue Einwohner sind zugezogen. Diese Neubauten haben zusammen mit

**Einwohner:** 226
**Erste Erwähnung:** 1297 «Uitendal» (Urkundenbuch Basel-Stadt), Bedeutung: im Tal des Uto
**Besonderheiten:** Sehr ländlich und ruhig, zwischen den drei Tafeljurabergen Schinberg, Moos und Frickberg gelegen
**Verkehrsverbindungen:** Postautolinie Ittenthal–Kaisten–Laufenburg. A3 Ausfahrt Frick, Autobahnanschluss Richtung Zürich und Basel (7 Minuten). Ortsverbindungsstrasse nach Kaisten, Hornussen und Frick

dem neuen Mehrzweckgebäude Stalden das Dorfbild zwar verändert, aber der bäuerliche Charakter ist geblieben.

## VIER SEHENSWÜRDIGKEITEN
### Fricktaler Höhenweg
Der Fricktaler Höhenweg führt über den Ittenthaler Gemeindebann. Vom höchsten Punkt des Schinbergs (722 m) geniesst der Wanderer ein

*Dorfkirche*

einmaliges Panorama bis weit hinüber zum Hotzenwald.

### Der Erdrutsch am Schinberg

Noch heute zeugen Narben vom grossen Erdrutsch am Schinberg in den Jahren 1924 bis 1926. Zwischen Obermatt und Eichwäldli löste sich in den Opalinustonschichten auf halber Höhe des Berges eine grossräumige Erdmasse und schob sich durch Wald und Flur Richtung Dorf. 10 ha Wiesland und 3,6 ha Wald wurden durch eine Masse von über 50 000 Kubikmetern zerstört. Dieses Ereignis brachte damals viele Schaulustige ins Dorf. Um den Waldboden zu festigen, wurden einige tausend Erlen angepflanzt und der Hang entwässert. Später wurde der Hang wieder aufgeforstet. Heute zeugen nur noch kleine Narben von diesem Ereignis. Das Tälchen, in dem Ittenthal liegt, gehört zu den Störzonen im nördlichen Tafeljura. Am Aufbau dieser Jurahöhen sind hauptsächlich Anhydrit (ein Mineral), Dogger (Sandstein) und Keuper (roter, sandiger Ton) und Muschelkalk beteiligt. Durch diese instabile Schichtverteilung kam der nordwestliche Abhang des Schinbergs schon mehrmals ins Rutschen.

### Dorfplatz mit Zofinger Lindenstamm

Anlässlich der 700-Jahr-Feier 1997 schenkte die Stadt Zofingen der Gemeinde Ittenthal einen Lindenstamm vom Zofinger Heiternplatz. Der schön gestaltete Dorfplatz mit dem skurrilen Stamm bereichert das Dorfbild.

### Roter Buntsandstein

Ein Schilfsandsteinbruch lieferte bis ins 19. Jahrhundert hinein einen schönen, charakteristischen Stein, der unter anderem beim Bau des gotischen Chors der Laufenburger Kirche und beim Ausbau der Säckinger Münstertürme um 1725 verwendet wurde.

### HISTORISCHES

Das ganze Tal des Kaisterbaches mit Ittenthal und Kaisten gelangte schon früh in den Besitz des Klosters Säckingen. Dieses liess das Tal durch einen so genannten Keller (Gutsverwalter) verwalten, der für das Gotteshaus die Abgaben einzog. Ittenthal hatte bis 1812 keine eigene Pfarrkirche. 1706 wurde von privaten Stiftern eine erste Kapelle errichtet, die Maria und Joseph geweiht wurde. 1811 ersuchte Ittenthal beim Regierungsrat um die politische Abtrennung von Kaisten, nachdem sich bereits 1804 die katholische Grosspfarrei Laufenburg-Kaisten-Ittenthal aufgelöst hatte. Ittenthal wurde in der Folge 1812 politisch wie auch kirchlich selbstständig.

## GASTRONOMIE UND FREIZEIT

*Restaurant Sonne* mit Saal für Gesellschaften, grosse Sonnenterrasse. Spezialität: Cordon bleu.

*Mehrzweckgebäude:* Kann für private Feiern und Geschäftsanlässe gemietet werden (Mehrzweckhalle mit Bühnenanbau, moderner Kücheneinrichtung und WC-Anlagen). Nähere Auskünfte bei der Gemeindekanzlei.

Gemeindekanzlei
Telefon 062 871 24 59
www.ittenthal.ch
gemeinde@ittenthal.ch
– «Üttleter Rägeboge», Informationsbroschüre der Gemeinde, erscheint 6mal jährlich
– Dorfchronik (Neuauflage 1997), kann bei der Gemeindeverwaltung bezogen werden

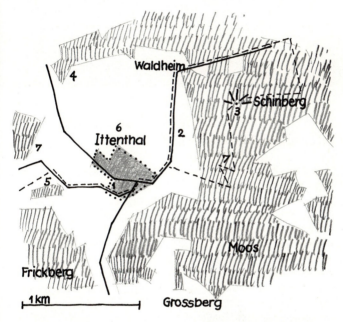

1 Pfarrkirche (1812)
2 Schinbergrutschgebiet
3 Aussichtspunkt Schinberg (722 m ü. M.)
4 Hohlweg Geeren
5 Magerwiese, geologischer Aufschluss Moosmet
6 Magerwiese, geologischer Aufschluss Eichried
7 Naturschutzgebiete Bürgismatt, Höli

## KAISERAUGST – FORTSCHRITTLICHE GEMEINDE MIT RÖMISCHER VERGANGENHEIT

**Einwohner:** 4257
**Erste Erwähnung:** 752 Augusta (Urkundenbuch Abtei St. Gallen), inschriftlich bereits zu römischer Zeit als Augusta Raurica (ca. 20 v. Chr.)
**Besonderheiten:** Vielfältige Zeugnisse der römischen Koloniestadt Augusta Raurica und des Kastells Castrum Rauracense, römische Kastellmauer, Thermen, Handels- und Gewerbehaus; christkatholische Pfarrkirche (barocke Ausstattung und Baptisterium aus dem 4./5. Jahrhundert)
**Verkehrsverbindungen:** Autobahnanschlüsse nach Basel, Zürich und Bern. Gut ausgebautes Netz öffentlicher Verkehrsmittel (Bahn und Bus), Basler Personenschifffahrt Fährschiff Kaiseraugst–Herten, Deutschland

Kaiseraugst gehört zur Region Fricktal und damit zum Kanton Aargau. Andererseits ist die Stadt Basel in unmittelbarer Nähe. Zusammen mit den südbadischen und elsässischen Nachbarn bildet sich die Agglomeration Basel.

Die Lage am Rhein hat die Entwicklung von Kaiseraugst geprägt. Das Dorf ist nicht nur reich an Zeugnissen aus römischer Zeit und einem grossen Naherholungsraum für die Wohnbevölkerung, sondern es verfügt auch über grosse Flächen nutzbaren Raums für nationale und internationale Firmen.

### VIER SEHENSWÜRDIGKEITEN
### Römische Kastellmauer und Thermen

Die «Heidemauer», die von römischem Militär um 300 n. Chr. erbaut wurde, umschliesst heute den Kaiseraugster Dorfkern. Die Festung, das Castrum Rauracense, war ein wichtiges Glied innerhalb des spätrömischen Befestigungssystems an der Rheingrenze. Bei Bauarbeiten im Jahre 1962 wurde unter abenteuerlichen Umständen bei der südlichen Kastellmauer der einzigartige Silberschatz von Kaiseraugst mit Tafelgeschirr und Münzen aus der Zeit um 350 n. Chr. entdeckt (jetzt im Römermuseum Augst). Ein Spaziergang längs des Rheins auf der ehemaligen Nordseite des Castrums gibt Gelegenheit, die Rheinthermen mit Kalt-, Warm- und Heisswasserzonen sowie eindrückliche Reste der Fussbodenheizung (Hypokaust) zu besichtigen.

## Römisches Handels- und Gewerbehaus

Ausserhalb der Kastellmauer laden die gut erhaltenen Reste eines römischen Gewerbehauses und eines römischen Ziegelbrennofens zum Besuche ein. Das aus dem 2. Jahrhundert stammende Gewerbehaus, das heute witterungsunabhängig in einem eigentlichen Schutzhaus besichtigt werden kann, besass an der Verbindungsstrasse zwischen Gallien und Raetien eine ausserordentlich günstige Geschäftslage.

## Kirche und Baptisterium

Eines der markantesten Bauwerke des alten Dorfteils ist die malerisch über dem Rhein gelegene Pfarrkirche St. Gallus mit dem dominanten frühgotischen Turm. Er reicht ins 13. Jahrhundert zurück und erfreut seit ein paar Jahren wieder Alt und Jung mit seinem alljährlich besetzten Storchennest.

Die Kaiseraugster Kirche gilt als erster christlicher Sakralbau der Region

*Pfarrkirche St. Gallus*

Basel. Ein frühchristlicher Taufraum (Baptisterium) aus dem 4./5. Jahrhundert belegt die Existenz einer frühen Christengemeinde in Kaiseraugst. Diese Anlage ist teilweise konserviert und zugänglich; sie befindet sich, in das Rheinufer eingebaut, unterhalb der Kirche.

## Flora und Fauna der Rheinebene

Die Rheinebene ist durch das trockenwarme, wintermilde Klima und die wasserdurchlässigen Schotterböden gekennzeichnet, die einer spezialisierten Tier- und Pflanzenwelt Lebensraum bieten. Viele der hier vorkommenden Tiere und Pflanzen sind an die besonderen Verhältnisse der Rheinebene gebunden und können nur bedingt im angrenzenden Tafeljura leben. Genannt seien Kreuzkröte, Mauereidechse, Gottesanbeterin und Biber.

### HISTORISCHES

Kaiseraugst kann auf eine ununterbrochene Siedlungsgeschichte von rund 2000 Jahren zurückblicken. Sie beginnt mit der Gründung der römischen Kolonie Augusta Raurica um 15–10 v. Chr., die im 2. Jahrhundert bis zu 20 000 Einwohner zählte. Um 300 n. Chr. wurde das Castrum Rauracense als Festung an der spätrömischen

*Restaurant Adler*

Gemeindeverwaltung
Telefon 061 816 90 60
www.kaiseraugst.ch
gemeinde.kaiseraugst@
kaiseraugst.ch
– Geschichte von Augst und
  Kaiseraugst
– Führer historischer Rundgang
  (beides zu beziehen
  bei der Gemeindeverwaltung)

Grenze am Rhein erbaut. Die Geschichte von Augst BL und Kaiseraugst AG verlief parallel, bis 1442 der
östlich der Ergolz und des Violenbachs gelegene Dorfteil unter habs-
burgisch-österreichische Herrschaft
kam, was zum Namen Kaiseraugst
führte.

## GASTRONOMIE UND FREIZEIT

*Landgasthof Adler* (Zimmer).
*Gasthof zur Sonne* (Zimmer).
*Restaurant Bahnhof* (Zimmer).
*Restaurant Raurica.*
*Restaurant Liebrüti* (Kegelbahn).
*Kaffeerestaurant Merkur.*
*Restaurant Tenniscenter.*
*Zivilschutzanlage* als Gruppenunter-
kunft (Vermietung durch Gemeinde-
verwaltung).
*Schwimmbad* am Rhein mit Camping-
platz.
*Stauseewanderung*
Schweiz/Deutschland.
*Hallenbad* Liebrüti.
*Tenniscenter* Liebrüti.
*Reitsportzentrum* Challeren.
*Freizeithof Liner* (Pferdepension).

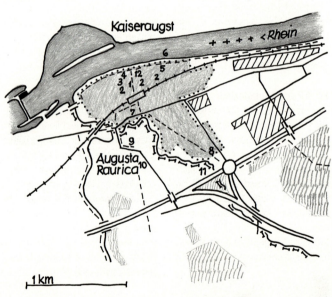

1 km

1 Fundstelle des römischen
  Silberschatzes
2 Kastellmauer
3 Westtor
4 Rheinthermen
5 Alte Dorfkirche
6 Baptisterium

7 Römisches Handels- und Gewerbehaus
8 Ziegelei
9 Römermuseum und Römerhaus Augst
10 Römisches Theater, Forum und Tempel
11 Römischer Haustierpark
12 Gasthaus zum Adler mit Empire-
   Tavernenschild

# KAISTEN – AM NORDRAND DES TAFELJURAS

Windgeschützt und sonnig liegt das Dorf in einer Talweitung auf 335 Metern über Meer, eingebettet in sattes Wiesengrün und gegen Norden versteckt hinter langgezogenen Hügelrücken. Zu Füssen der hochgelegenen Barockkirche reihen sich die niedrigen Bauernhäuser des alten Dorfteils First an First. Zwischen dem steilen Fasnachtsberg und der Chinzhalde führt der Weg hinaus ins Rheintal, aufs flache Kaisterfeld, wo sich neue Quartiere bildeten und auch die Industrie ihren Platz gefunden hat. Es scheint, als ob das Dorf aus den Tälern von Oberkaisten und Ittenthal zusammengeflossen ist.

**Einwohner:** 2150
**Erste Erwähnung:** 1282 de «Keiston» (Urkundenbuch der Stadt Basel)
**Besonderheiten:** Am Nordrand des aargauischen Tafeljuras gelegen, weites Flurnetz zum Wandern und zum Biken, Velowegnetz, Dorfmuseum, Naturschutzweiher, Biotope
**Verkehrsverbindungen:** Postautolinien Kaisten–Frick SBB, Kaisten–Laufenburg SBB–Kaisten–Ittenthal. Autobahnanschlüsse Basel und Zürich in Eiken (10 Minuten). Ortsverbindungsstrassen nach Laufenburg, Ittenthal und Frick

## VIER SEHENSWÜRDIGKEITEN
### Alte Mühle

Als Zeuge der Herrschaft des Klosters Säckingen ist die *Fronmühle* geblieben. Sie ist vor Jahren restauriert worden. Der ehemalige Mahlraum im Untergeschoss beherbergt heute ein Lokal für kulturelle Anlässe. Am Ostgiebel des Mühlengebäudes prangt das Wappenschild der letzten Fürst-

Äbtissin, der Freifrau Anna Maria von Hornstein-Göfingen.

### Barockkirche und Wendelinskapelle

Die Kirche aus der Barockzeit ist dem Erzengel Michael geweiht. Urkundlich wurde sie 1443 erstmals erwähnt. Die jetzige Kirche stammt aus dem Anfang des 18. Jahrhunderts; der Turm trägt die Jahrzahl 1716. Im Innern befinden sich einige schöne Kunstwerke wie die spätbarocke Kanzel, die Kreuzigungsgruppe, die Strahlenmadonna und künstlerisch wertvolle Skulpturen in den Nischen der Seitenaltäre.

Zwischen Kaisten und Laufenburg steht die 1672 erbaute *Wendelinskapelle*. Zu deren Ausstattung gehörten bis vor einigen Jahren die gotischen Statuen der Heiligen Katharina und der Heiligen Barbara. Dies bezeugt, dass diese beiden Heiligen in der Kapelle – neben dem Heiligen Wendelin – vom Volk verehrt wurden. Die Statuen mussten leider wegen Diebstahlgefahr in die Pfarrkirche gebracht werden.

### Lourdes-Grotte

Bis ins 12. oder 13. Jahrhundert stand auf einer Geländeerhebung im hinteren Fasnachtsberg eine Burg oder eine Festung. Bis vor einem halben Jahrhundert waren einzelne Fundamente dieser Anlage noch sichtbar. Heute ist alles überwachsen. An dieser Stelle wurde 1892 die Kapelle mit der Lourdes-Grotte erbaut. Die Gläubigen verrichteten darin Gebete und Bussübungen, um die Sünder zu bekehren.

### Plastiken von Erwin Rehmann

Im Jahre 1988 erbaute der bekannte Gemeindebürger Erwin Rehmann die *Brunnenplastik* in der Dorfmitte. Dies war ein Geschenk der Elektrizitäts-Gesellschaft Laufenburg AG zum Anlass des 25-Jahr-Jubiläums. In Kaisten können noch weitere Kunstwerke von Erwin Rehmann bewundert werden. Vor dem Gemeindehaus befindet sich eine *Bronzekugel*, und auf dem Waldfriedhof Esplen wacht die Skulptur «*Der Ruf*» über die Toten.

### HISTORISCHES

Zahlreiche Bodenfunde wie Münzen, Ziegelstücke, und vor allem der Ziegelofen im Gebiet der heutigen Kläranlage, beweisen die Anwesenheit der Römer. Auch der Ortsname Kaisten weist in die gallo-römische Vergangenheit zurück. Der ursprüngliche Name mit der Endsilbe ach («Cagistinacum») bedeutet dem Cagistinus gehörendes Landgut. Nach der Alamannenzeit ging das Dorf an das Kloster Säckingen über. Die geschichtlichen Niederschriften des Klosters befinden sich heute in verschiedensten Archiven. Bis zum Jahre 1801

*Wendelinskapelle*

stand Kaisten unter österreichischer Herrschaft. Das heutige Gemeindewappen zeigt ein rotes Rebenblatt auf gelbem Grund (Farben des Fricktals). Während einer Übergangszeit galt der Rebstock als Signet. Beides deutet auf den Rebbau hin, der in Kaisten einst in grosser Blüte stand. Der Weinbau spielte früher innerhalb der Landwirtschaft eine wichtige Rolle. An den windgeschützten Südhängen gedieh von altersher der Weinstock. Noch in den 1880er-Jahren gab es drei Trotten, von denen heute noch eine steht. Diese dient jedoch seit langem anderen Zwecken.

Gemeindeverwaltung
Telefon 062 869 10 50
gemeindekanzlei@kaisten.ch

- Die Gemeinde Kaisten gibt jedes Jahr den «Rückspiegel», eine Chronik in gediegener, gebundener Form mit Aktuellem und Historischem heraus.
- Eine fundierte Ortsgeschichte, verfasst von den bekannten Historikern Traugott Fricker, Patrick Bircher und Dr. Linus Hüsser, erscheint 2003 (zu beziehen bei der Gemeindeverwaltung Kaisten).

## GASTRONOMIE UND FREIZEIT
*Restaurant Warteck* mit Säli.
*Restaurant Gambrinus* mit Säli.

*Café/Restaurant Eichhörnli.*
*Restaurant Rütihof* auf dem Heuberg (Ausflugsrestaurant mit Säli).

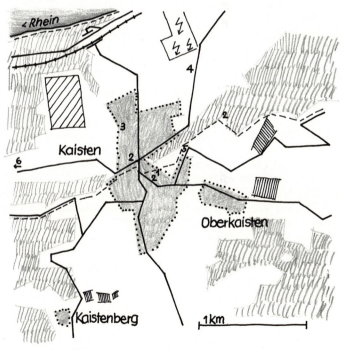

1. Barockkirche St. Michael
2. Bronzeplastik Erwin Rehmann
3. Dorfmuseum Mühle
4. Wendelinskapelle (1672)
5. Lourdes-Grotte
6. Naturschutzgebiet Ankematt

# KOBLENZ – DAS VIER-BRÜCKEN-DORF

**Einwohner:** 1600
**Erste Erwähnung:** 1265 «Cobilz» (Rechtsquellen Kanton Aargau)
**Besonderheiten:** Grenzlage zu Deutschland, Koblenzer Laufen und Auenlandschaft «Giritz», Römische Warte «am kleinen Laufen»
**Verkehrsverbindungen:** SBB-Bahnhof und SBB-Haltestelle Koblenz-Dorf (Verbindungen nach Baden, Zurzach und Waldshut), Postautoverbindung nach Full, Fähre nach Waldshut (Deutschland, Fahrplan siehe Rheinschifffahrt). 7 km vom Badekurort Zurzach entfernt

Koblenz liegt im Winkel zwischen Aare und Rhein unmittelbar oberhalb der Aaremündung. Hier vereinigt sich das Wasser der Ost- mit dem der Zentralschweiz. Koblenz gilt als Verkehrsknotenpunkt, der wichtige Grenzübergang nach Waldshut hat überregionale Bedeutung. So sind es über den Rhein nur wenige Minuten, um in die schönsten Gebiete des Schwarz-

waldes zu gelangen. Im Süden lädt der Achenberg, ein grosses, ruhiges Waldgebiet, zum Wandern ein.

## VIER SEHENSWÜRDIGKEITEN
### Die Brücken

Die elegant gebogene Brücke über den Rhein gilt als ältester Bahnviadukt zwischen Chur und Mainz. Bereits 1859 wurde die Bahnlinie Turgi–Koblenz–Waldshut eröffnet (vor der Bözbergbahnlinie 1875). Die zu diesem Zweck erstellte Eisenbahnbrücke nach Waldshut war damals eine technische Meisterleistung und hatte Pioniercharakter. Die Bahnlinien nach Winterthur (1876) und Stein (1892) sowie die Strassenbrücken über Rhein (1932) und Aare (1936) liessen Koblenz zu einem überregionalen Verkehrsknotenpunkt werden.

### Auenschutzgebiet Giritz

Unterhalb des Kraftwerks Klingnau, unmittelbar bei der Aaremündung, liegt das Auenwaldgebiet Giritz mit seinen alten Silberweiden und monumentalen Eichen. Hier nisten Nachtigall, Pirol und Kuckuck. Zwischen den Überschwemmungszonen liegen wertvolle Lebensräume für Amphibien und Standorte von seltenen Pflanzen wie Sumpfwolfsmilch und Gelbe Wiesenraute. Das Gebiet rund um den Klingnauer Stausee ist das Erholungsgebiet im Unteren Aaretal par excellence. Die Natur bietet hier für jedermann etwas, sei es für Ornithologen, Biker, Wanderer, Skater, Jogger, Spaziergänger oder Naturliebhaber allgemein.

## Koblenzer Laufen

Kennen Sie den Koblenzer Laufen? Die Schwelle im Rhein ist vielleicht nicht so imposant wie der Rheinfall bei Schaffhausen, aber er hat es in sich. Ein Spaziergang dem Rhein entlang ist bei jeder Jahreszeit ein besonderes Erlebnis.

## Spätrömische Warten

Beim «kleinen Laufen» stehen die Reste der bekanntesten Warte der spätrömischen Grenzwehr am Hochrhein. 1906 entdeckte man eine überaus bedeutende Bauinschrift, die als eines der letzten datierbaren Dokumente der römischen Zeit in der Schweiz gilt. Die Inschrift bezeugt, dass der Wachturm «an der oberen Stromschnelle» (SUMMA RAPIDA) im Jahre 371 n. Chr. erbaut worden ist. Die fragmentierte Tuffsteinplatte befindet sich heute im Landesmuseum Zürich. Der Turm wurde 1932 ausgegraben und konserviert, Aussenmas-

*Koblenz – ein wichtiger Grenzübergang*

*Eisenbahnbrücke Koblenz–Waldshut*

se 7,8 × 8,1 m, Mauerdicke 1,6 m. Im Gebiet «Rütenen» wurden 1963 beim Kanalisationsbau die Reste eines weiteren Wachturmes entdeckt (nicht konserviert, nur noch andeutungsweise erkennbar). Die beiden Wachtürme sind Teil der in der zweiten Hälfte des 4. Jahrhundert gegen die Alamanneneinfälle errichteten Grenzsicherung entlang des Rheins.

### HISTORISCHES

Die Lage an der Mündung der Aare in den Rhein gab dem Ort den Namen, lateinisch «confluentia» bedeutet «Zusammenfluss». Neben den bereits erwähnten römischen Warten wurden im Gebiet «Einschlag» die Reste eines römischen Gutshofes mit Badeanlagen entdeckt (ca. 1. bis ins 4. Jahrhundert n. Chr.). Die Herrschaft lag im Hochmittelalter in den Händen der Freiherren von Klingnau und ging 1269 an das Bistum Konstanz über. 1415 gelangte das Dorf unter eidgenössische Herrschaft und stand somit unter der Hochgerichtsbarkeit des Landvogts in Baden. Die Koblenzer lebten bis ins 19. Jahrhundert hinein hauptsächlich vom Fährdienst, als Fischer und Lotsen («Stüdeler» genannt), indem sie die Schiffe durch den Laufen zur Zurzacher Messe brachten. Aufgrund alter Rechte gehört das Koblenzer Fischereirecht heute noch den Ortsbürgern und nicht wie üblich dem Kanton und ist somit eine der letzten Privatfischenzen ent-

Gemeindeverwaltung
Telefon 056 246 12 00
www.koblenz.ch
kanzlei@koblenz.ch
Panoramawanderkarte «Zwischen
Aare und Rhein» (erhältlich bei
der Gemeindeverwaltung)

lang des Aargauer Rheingebietes. Im
Ersten (1917) wie im Zweiten (1945)
Weltkrieg wurde Koblenz von Kampf-
flugzeugen beschossen. Obwohl das
versehentliche alliierte Bombarde-
ment von 1945 beträchtlichen Sach-
schaden anrichtete, wurde wie durch
ein Wunder niemand verletzt.

## GASTRONOMIE UND FREIZEIT
*Restaurant Bahnhof.*
*Restaurant Blume* mit Säli.
*Hotel und Restaurant Engel,* Bar, Fisch-
spezialitäten.
*Hotel und Restaurant Verenahof* mit
Saal und Säli.

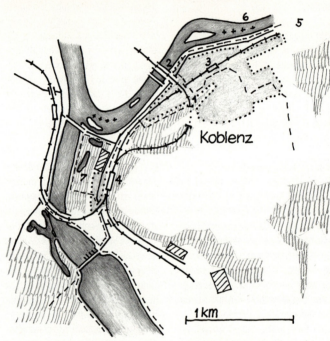

1 Römisch-katholische Pfarrkirche (1959)
  mit spätbarocker Verena-Statue
2 Fähranlegestelle
3 SBB-Haltestelle Dorf
4 Bahnhof SBB

5 Römischer Wachturm am kleinen
  Laufen «SUMMA RAPIDA»,
  661.350/274.050
6 Stromschnellen Laufen
7 Auenlandschaft Giritz (Naturschutzgebiet)

# KÜTTIGEN – VOR DEM TOR DER KANTONSHAUPTSTADT

Die Gemeinde Küttigen grenzt an die Stadt Aarau und an die Gemeinden Rohr, Biberstein, Thalheim, Densbüren, Oberhof und Erlinsbach. Der Dorfteil Küttigen liegt in einer leichten Mulde vor dem Jura-Südhang mit seiner weitgehend intakten Landschaft und einer vielfältigen Flora und Fauna. Von den Höhen des Kettenjuras aus kann man an klaren Tagen über das Mittelland hinweg den Alpenkranz vom Säntis bis zu den Berner Alpen bewundern. Der Dorfteil Rombach grenzt an die Kantonshauptstadt. Küttigen liegt also auch an den grossen Verkehrsadern von Bahn und Strasse. Küttigen ist von einem Bauerndorf zu einer der grössten Vorortsgemeinden von Aarau mit über 40 Industrie- und Gewerbebetrieben herangewachsen.

**Einwohner:** 5100
**Erste Erwähnung:** 1036 «Chutingen» (Schenkung der Grafen von Lenzburg, Beromünster Urkunde)
**Besonderheiten:** Naherholungsgebiet der Region Aarau, altes Spittel als Kulturtreffpunkt, spätgotische Pfarrkirche, zwei Burgruinen (Horen und Königstein)
**Verkehrsverbindungen:** Postautolinien Aarau–Küttigen–Staffelegg–Frick–Laufenburg und Aarau–Küttigen–Benken–Oberhof–Frick. Ab Aarau von zwei BBA-Linien bedient. An drei Kantonsstrassen: Staffeleggstrasse Aarau–Frick, Benkenstrasse nach Oberhof–Frick und Bibersteinerstrasse nach Biberstein

## VIER SEHENSWÜRDIGKEITEN
### Spittel
Das Spittel-Gebäude aus dem 16. Jahrhundert diente bis 1946 als Küttiger Armenhaus. Nachdem das historische Gebäude bei der Schulanlage Dorf während Jahrzehnten leer stand und immer mehr zerfiel, wurde es Ende der 1980er-Jahre vollständig saniert. Seither dient der «Spittel» der Schule und den Vereinen und wird rege für kultu-

*Kirche Kirchberg*

relle Veranstaltungen und Ausstellungen benützt.

### Kirche Kirchberg

Die spätgotische Landkirche auf Kirchberg wurde bereits 1045 als Besitz des Stiftes Beromünster erwähnt. Küttigen bildet zusammen mit Biberstein die reformierte Kirchgemeinde Kirchberg. Der Kirchturm ist romanischen Ursprungs, Schiff und Chor dürften kurz nach 1500 erbaut worden sein. Ihre Ausstattung ist vorwiegend barock.

### Geo-Wanderweg

Auf einer einfachen Wanderung von Küttigen hinauf zur Staffelegg oder umgekehrt (ca. 2,5 km und 175 m

*Spittel aus dem 16. Jahrhundert*

Höhendifferenz) sind mit Hilfe von verständlichen Informationstafeln die wichtigsten Stationen der Kettenjura-Entstehung, seiner Gesteine und Fossilien zu erfahren. Zum Geo-Wanderweg ist auf der Gemeindeverwaltung ein Informationsblatt erhältlich.

### Ruinen Horen und Königstein

Östlich des Dorfes am Nordende des bewaldeten Hügels zwischen Horen und Kirchberg sind die Ruinen einer Burg (rechteckiger Wohnturm und Teile einer Ringmauer) aus dem 12. Jahrhundert sichtbar. Nach den Funden zu schliessen, wurde die Burgstelle bereits um 1200 aufgegeben. Die Ausgrabung der Burgruine Horen (oder Rosenberg genannt) förderte 1960 Spuren einer bronzezeitlichen Siedlung zu Tage. Gründer und Bewohner dieser Burg sind unbekannt.

Hoch über der Benkerklus auf einem Felskopf erhob sich die ehemalige Doppelburg Küngstein (Königstein). Auf dem Burghügel sind Mauerreste mit zwei Wällen und Gräben erkennbar. Die Burg wurde um 1270 durch die Herren von Kienberg erbaut.

### Rebbau und Orchideenwiesen

Am Südhang des Achenberges liegt an sonniger Lage der Küttiger Rebberg. Dieser ist zu rund zwei Dritteln mit Blauburgunder- und zu einem Drittel mit Riesling×Sylvaner-Reben bestockt. An diesem Hang und im Gebiet Brunnenberg sind zahlreiche Orchideenstandorte zu finden.

### HISTORISCHES

Die fruchtbare Gegend des heutigen Dorfes war, wie steinzeitliche Funde zeigen, schon früh Menschen zur Heimat geworden. Den Nachweis eines römischen Gutshofes hatten im Bollacker vorgenommene Grabungen erbracht. Die eigentliche Siedlung «Chuttingen» dürfte alamannisch sein, wie Gräberfunde bezeugen. Die Herren von Kienberg statteten die Burg Königstein mit der Herrschaft über Küttigen und Erlinsbach aus. Das Stift Beromünster hatte ebenfalls Besitz und Rechte. 1535 kam die seit 1415 zum bernischen Staatsverband gehörende Herrschaft Königstein direkt an Bern und wurde Bestandteil der Landvogtei Biberstein. Das Stift Beromünster hatte seine Rechte bereits ein Jahr zuvor an Bern abgetreten. Nur das Recht zur Einsetzung des Pfarrers blieb ihm noch erhalten, das erst 1853 durch Tausch an den Kanton Aargau wegfiel.

Gemeindeverwaltung
Telefon 062 839 93 40
www.kuettigen.ch oder
www.rombach.ch
gemeindekanzlei@kuettigen.ch
– «Küttigen – Geschichte einer
  Vorortsgemeinde» von
  Dr. Alfred Lüthi

### GASTRONOMIE UND FREIZEIT

Neun Gaststätten, davon ein Café sowie ein Hotelbetrieb sind auf die Dorfteile Küttigen und Rombach verteilt. Eine Sport- und Tennisanlage sowie das reizvoll gelegene Schwimmbad dienen der Fitness und Gesundheit von Jung und Alt.

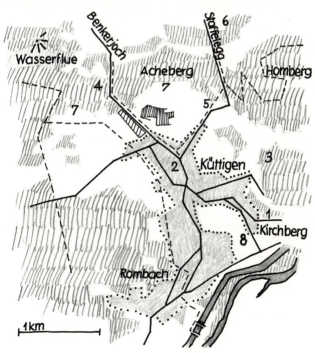

1 Pfarrkirche Kirchberg (16. Jh.)
2 Alter Spittel (16. Jh., kulturelle Begegnungsstätte)
3 Ruine Horen
4 Ruine Königstein
5 Start Geoweg (Postautohaltestelle Giebel)
6 Rastplatz Stägelimatt mit Gipsaufschluss
7 Naturschutzgebiete Acheberg und Brunnenberg
8 Schwimmbad

# LEIBSTADT – EIN LEBENSWERTES DORF ZWISCHEN WANDFLUH UND RHEIN

**Einwohner:** 1300
**Erste Erwähnung:** 1240 «Leibesteit» (Urkundenbuch Zürich)
**Besonderheiten:** Loretokapelle von 1672, Schiffsanlegestelle, Radrundweg
**Verkehrsverbindungen:** Postautolinien Döttingen–Leuggern–Laufenburg und Koblenz–Leibstadt (mit Anschlüssen nach Basel, Baden, Zürich, Zurzach und Waldshut), an Rheintalstrasse K 130/J7 (Basel–Winterthur) und K 285 (Richtung Baden), Ortsverbindungsstrasse nach Wil, Bahnhof nur noch für den Güterverkehr geöffnet

Das Dorf liegt an der Rheintallinie Basel–Winterthur und ist wohl des Kernkraftwerkes wegen weit über die Grenzen hinaus bekannt. Der Gemeindebann erstreckt sich von den aussichtsreichen Höhen der Wandflue, Brüehalde und Neuwelt über das Gebiet Bernau bis hinunter zu den unberührten Uferlandschaften des Rheins. Die nahen Waldgebiete und Hanglagen sowie das Rheinufergebiet machen die Gegend um Leibstadt besonders attraktiv und eignen sich ausgezeichnet zum Wandern und Biken. Zudem kann eine artenreiche Pflanzen- und Tierwelt beobachtet werden. Im Sommer ist das idyllische Inseli im Rhein unterhalb des Stauwehrs ein echter Geheimtipp für Badefreudige.

## VIER SEHENSWÜRDIGKEITEN
### Erlebnislandschaft Rhein
Erleben Sie den Rhein als Verbindung zweier Länder. Fahrradtouren von Ost nach West, grenzüberschreitende Wanderungen oder ein Ausflug mit dem Fahrgastschiff sind nur einige der vielen Attraktionen, welche die wunderschöne Rheinlandschaft zu bieten hat.

### Loretokapelle
Die Loretokapelle wurde im Jahr 1672 als Schloss- und Begräbniska-

pelle der Familie von Roll erbaut und befindet sich heute im Eigentum der Ortsbürgergemeinde. Die unter Denkmalschutz stehende Kapelle ist reich ausgestattet; sie ist in einen Vorraum und die «Casa Sancta» unterteilt. Vom Zerfall bedroht, musste sie bereits zwei Mal renoviert werden. Öffnungszeiten: Sonntag 10 bis 17 Uhr von Ostern bis November.

### Hochstudhaus

Beim sogenannten «Rettich-Hus» handelt es sich um ein ehemals strohgedecktes Kleinbauern- und Taglöhnerhaus. Es stammt aus dem Jahr 1697 und steht unter Denkmalschutz. Das Hochstudhaus wurde inzwischen fachgerecht restauriert und in seine ursprüngliche Form zurückgeführt. Es ist heute wieder bewohnt.

### Kernkraftwerk

Das Kernkraftwerk ist seit 1984 in Betrieb und produziert ca. 1/6 des jährlichen Stromverbrauchs der Schweiz. Mehr zum Thema Kernenergie erfährt man beim Besuch der Ausstellung im Informations- und Ausbildungszentrum (Informationen zum Besuch: Telefon 056 267 72 50, www.kkl.ch).

*Loretokapelle*

## HISTORISCHES

Der Name der Gemeinde verrät zwar den alamannischen Ursprung – der genaue Zeitpunkt der Siedlungsgründung ist jedoch nicht belegbar. Der heutige Dorfbach, welcher streckenweise wieder renaturiert ist, war früher ein bedeutender «Grenzfluss». Er trennte die beiden Gemeinden Unter- und Oberleibstadt und gleichzeitig auch das eidgenössische Untertanengebiet Grafschaft Baden und das österreichische Fricktal voneinander. Grenzsteine im Gebiet «Bernau» und «Grütt» zeigen noch heute auf der einen Seite das Wappen der eidgenössischen Grafschaft Baden und auf der anderen das österreichische Schild. Als 1803 auch das Fricktal zum neu gegründeten Kanton Aargau kam,

*«Rettich-Hus» (Hochstudhaus)*

Gemeindeverwaltung
Telefon 056 247 13 30
www.leibstadt.ch
kanzlei@leibstadt.ch
– Buchpublikation «Das Kirchspiel Leuggern» (zu beziehen
  bei der Gemeindekanzlei, siehe
  auch Gemeinde Leuggern)

verschwand die Landesgrenze. Am
3. Mai 1866 wurde die Vereinigung
der Gemeinden Unter- und Oberleibstadt beschlossen. Geschichte geschrieben haben auch die Burg Bernau mit den Freiherren zu Bernau und
das spätere Schloss Bernau mit dem
Geschlecht der von Roll. Dieses
Schloss brannte im Jahre 1846 nieder. Heute erinnern lediglich noch

einige Fundamentteile und ein kleiner
Rest eines Ökonomiegebäudes an
jene Zeit.

### GASTRONOMIE UND FREIZEIT
*Restaurant Schützen* mit zwei kleinen
Sälen für 20 und 50 Personen, Bar
und Minigolf-Anlage.
*Restaurant Warteck* mit Bühnensaal
für 120 Personen.
*«Rock Café» Adler:* Der Treffpunkt im
Dorfzentrum.
*Rheinrundfahrten und Fährbetrieb:*
Information und Buchung bei Rhein-
Schiffahrt Waldshut-Tiengen (www.
rhein-schiffahrt.de).
*Militärunterkunft* für Übernachtun-
gen bei Wanderungen, Velotouren
oder Lagern.

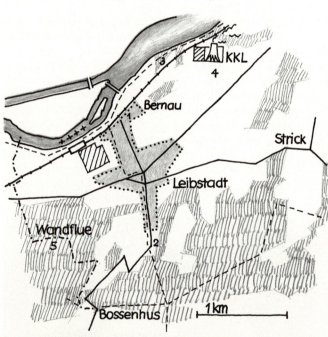

1 *Loretokapelle (1672)*
2 *Hochstudhaus «Rettichhus» (1697)*
3 *Erlebnis Rheinlandschaft (Schiffsanlegestelle und Radrundweg)*
4 *Informationszentrum Kernkraftwerk*
5 *Aussichtspunkt/Feuerstelle Wandflue
  (534 m ü. M.)*

# LEUGGERN – DAS ZENTRUM IM KIRCHSPIEL

Der Gemeindebann von Leuggern umfasst die acht Ortsteile Felsenau, Gippingen, Leuggern, Hetterenschwil, Fehrenthal, Schlatt, Etzwil und Hagenfirst. Die Gemeinde liegt auf der Westseite des unteren Aaretals. Die Landschaft um Leuggern ist geprägt von verschiedenen Schotterebenen der Eiszeiten. Die nacheiszeitlichen Flüsse Aare und Rhein frassen sich in ständig wechselndem Lauf in diese Schotterebenen ein und prägten so die Terrassenlandschaft um Leuggern.

## VIER SEHENSWÜRDIGKEITEN
### Schwedenkreuz
### oberhalb Hettenschwil

Das Schwedenkreuz findet man kurz nach dem Eingang zum Schwedenwald (Zugang beschildert). Vermutet wird eine Verbindung mit den Kämpfen während dem Dreissigjährigen Krieg (1618–1648). Es könnte sich um eine Grabstätte handeln oder aber um ein Dankeszeichen dafür, dass die plündernden Horden nicht ins Kirchspiel eingefallen sind. Das heutige Schwedenkreuz wurde 1935 auf Initiative von Professor Josef Businger

**Einwohner:** 2150
**Erste Erwähnung:** 1231 «Lutgern», dies bedeutet leichter Abhang des Liutger (Personenname)
**Besonderheiten:** Naherholungsgebiet Klingnauer Stausee, Tennis- und Sportcenter Leuggern, 2-mal jährlich Markttag (Josefs- und Warenmarkt), Gippinger Radsporttage, Regionalspital (mit Torhaus der ehemaligen Johanniterkommende)
**Verkehrsverbindungen:** Rheintalachse Basel–Schaffhausen (Felsenau). Postautoverbindungen: Bahnhof Koblenz und Döttingen/Klingnau (Linien 147 Leuggern–Koblenz, Fahrplanfeld 701.20) und Linie 149 Döttingen–Schwaderloch, (Fahrplanfeld 701.11) und Linie 148 Mandach–Klingnau (Fahrplanfeld 701.10). Fährbetrieb ab Bahnhof Felsenau nach Waldshut, Deutschland

erstellt. Die Inschrift am Kreuz lautet: *«Mein Volk, was hab ich Dir getan? Womit ich Dich betrübt? Antworte mir!»*

*Lourdes-Grotte*

*Portal der ehemaligen Johanniter-kommende*

## Lourdes-Grotte Leuggern

Die Lourdes-Grotte ist eine original-getreue Nachbildung und ein be-kanntes religiöses Ausflugsziel. Die Grotte wurde im Juli/August 1929 eingeweiht und geht auf die Initiative von Pfarrer Franz Xaver Knecht zu-rück. Für den Bau wurden 10 000 Fron-dienststunden geleistet. Viele ge-brauchte Backsteine wurden gespen-det, die von Pflasterresten gereinigt werden mussten. Dies übernahmen Schüler des Kirchspiels; statt zu tur-nen, reinigten sie die Backsteine.

## Die Kapellen in Gippingen und Hettenschwil

Ausdrucksvolle Gebäude sind neben der neugotischen Pfarrkirche «Peter und Paul» (erbaut 1850) auch die Ka-pelle von Gippingen (1669) und die Kapelle St. Sebastian von 1642 von Hettenschwil, die eine sehenswerte barocke Ausstattung aufweist.

## Friedhofmauer als Teil der Landesverteidigung

1939 wurde beschlosssen, die hinte-re Linie der Grenzbefestigung Aaretal zu errichten. Ein wesentlicher Teil da-von war der Einbezug der massiven Friedhofmauer von Leuggern. Die 50 cm dicken Bruchsteinmauern wurden zusätzlich mit 60 cm Beton und Eisenbahnschienen verstärkt. Daneben wurden 12 Schiessscharten in die Friedhofmauer eingebaut.

## HISTORISCHES

Funde aus der Jungsteinzeit und aus der Bronzezeit deuten auf frühe menschliche Tätigkeit in der Gegend hin. Die bedeutendsten Grundbesit-zer in Leuggern waren im Mittelalter die Herren von Bernau (Leibstadt) und von Böttstein. Nach dem Aus-sterben der Freiherren von Böttstein 1230 kam das Patronat über die Pfarrkirche und verschiedene Güter in den Besitz der Johanniterkomturei von Bubikon (Kanton Zürich), die hier eine Kommende errichtete. Aus den Gebäudekomplexen entstand 1885 das heutige Regionalspital. Das Spital wurde 1996 bis 1998 vollständig sa-niert; es dient der medizinischen Grundversorgung im Bezirk Zurzach. Das wappengeschmückte Einfahrts-tor mit der Jahrzahl 1592 der ehe-maligen Kommende ist in der ur-sprünglichen Form erhalten geblie-ben. 1467 übernahmen die acht alten Orte der Eidgenossen die Kastvogtei über das Johanniterhaus. Nach dem Untergang der alten Eidgenossen-schaft 1798 kam das Amt Leuggern zur Zeit der Helvetik an den neuge-

*Gippinger Grien*

schaffenen Kanton Baden und dann 1803 zum Kanton Aargau. Leuggern wurde damals als Grossgemeinde konstituiert, die bis 1816 Bestand hatte. Dann wurde Böttstein mit Eien und Kleindöttingen abgetrennt, ebenso Oberleibstadt mit Full und Reuenthal.

## GASTRONOMIE UND FREIZEIT

*Restaurant Sonne* mit Saal für über 200 Personen, Bühne (altes historisches Haus, erbaut 1661).
*9 Restaurants* in den verschiedenen Dorfteilen.
*Vitaparcours* mit Start und Ziel in Leuggern.
*Tennis- und Sportcenter Leuggern.*

Gemeindeverwaltung
Telefon 056 268 60 60
www.leuggern.ch
gemeindekanzlei@leuggern.ch
– «Das Kirchspiel» Leuggern
  (Sarah Brian Scherer,
  Dominik Sauerländer,
  Andreas Steigmeier)
– Das Schwedenkreuz oberhalb
  Hettenschwil, Broschüre
  von Leo Erne
– Der befestigte Friedhof
  Leuggern, Broschüre von
  Dr. Robert Vögeli
Diese Publikationen können bei
der Gemeindekanzlei Leuggern
bezogen werden

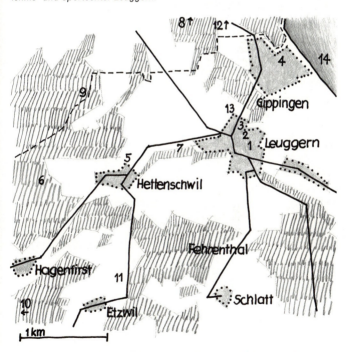

1 Pfarrkirche Peter und Paul (1850, neugotisch)
2 Spital (ehemalige Johanniterkommende)
3 Friedhofmauer, Tanksperre aus der Zeit des Zweiten Weltkriegs
4 Kapelle Gippingen (1669)
5 Kapelle St. Sebastian, Hettenschwil
6 Schwedenkreuz
7 Lourdes-Grotte
8 Fähre ab Bahnhof Felsenau nach Waldshut

9 Hochwacht (Wallanlage unbekannter Zeitepoche)
10 Langer Markstein (ehemalige Herrschaften Baden, Schenkenberg, Laufenburg)
11 Alter Berner Grenzstein bei Holzschopf Etzwil (Jahrzahl 1600)
12 Fünf alte Johanniter-Grenzsteine am Waldrand Gischberg
13 Tennis- und Sportcenter
14 Klingnauer Stausee

# LINN – DAS DORF MIT DER SAGEN-UMWOBENEN LINDE

**Einwohner:** 125
**Erste Erwähnung:** 1306 ze «Linne» (Habsburger Urbar)
**Besonderheiten:** Linn liegt auf dem Bözberg-Plateau, rund 560 m ü. M., am Übergang vom Ketten- zum Tafeljura; Strassendorf mit Ortsbild von nationaler Bedeutung; Pestlinde (ca. 800 Jahre alt); Kreuzungspunkt verschiedener Wanderrouten; Sagimülitäli mit Wasserfällen
**Verkehrsverbindungen:** Postautolinie Brugg–Linn. Autobahn-Halbanschluss Effingen mit Ein- und Ausfahrt Richtung Zürich (6 Minuten)

Linn, die kleinste politisch selbstständige Gemeinde im Aargau, liegt 8 km vom Bezirkshauptort Brugg entfernt. Das idyllische Strassendorf hat seinen bäuerlichen Charakter weitgehend bewahrt. Linn bietet sich als ausgezeichneter Ausgangspunkt für Wanderungen in einer intakten Landschaft geradezu an. Das Wahrzeichen von Linn, die rund 800 Jahre alte Pestlinde, hat einen Stammumfang von rund 11 Metern; sie zählt damit zu den eindrücklichsten Naturdenkmälern der Schweiz. Der sagenumwobene Baumriese ist äusserst beliebt als Kraft- und Ruhespender. Von diesem romantischen Aussichtspunkt aus bietet sich ein herrlicher Ausblick auf das Aaretal mit Brugg/Windisch und auf Schloss Habsburg. An Föhntagen ist das Alpenpanorama zu bewundern.

## VIER SEHENSWÜRDIGKEITEN
### Pestlinde

Über den Ursprung der Linde am Dorfeingang existieren verschiedene Versionen. So soll der irische Mönch und Missionar Gallus die Linde im 6. Jahrhundert gepflanzt haben. Eine andere Version besagt, dass Gallus unter der Linde gepredigt habe. Die bekannteste Version ist indessen die Erklärung, dass die Linde über einem Pestgrab gepflanzt worden ist. 1979 ist die Linde baumchirurgisch saniert worden; seither wird der Gesundheitszustand alljährlich durch einen

Baumpfleger überprüft. Bei insgesamt drei Brandfällen – 1863, 1908 und 1979 – hat der Baumriese Schaden genommen, sich danach jedoch stets wieder erholt. Auch einen Giftanschlag hat die Linde überstanden.

## Strassendorf

Das Ortsbild von Linn ist von nationaler Bedeutung (ISOS). Ein Vergleich mit der Siegfriedkarte von 1878 zeigt, dass sich das Dorf während 100 Jahren kaum verändert hat. Nebst dem Schul- und Lehrerhaus sowie dem Mehrzweckgebäude mit Turnhalle, das 1991 errichtet wurde, sind im 20. Jahrhundert nur zwei Einfamilienhäuser entstanden. Linn konnte dadurch seinen einmalig ursprünglichen Zustand bewahren. Mit der Erschliessung der Schulstrasse sind 2001 weitere Neubauten möglich geworden.

Drei Bauernhäuser stehen unter Substanzschutz und sind somit bauhistorisch von besonderer Bedeutung. Das Haus Nr. 19, welches vor Jahren das Restaurant Linde beherbergte, ist um 1900 als spätbiedermeierliches Bauernhaus errichtet worden. Das markante Bauernhaus Nr. 11 mit den beiden Korbbogen-Tenntoren nimmt in der nördlichen Häuserzeile eine wichtige Stellung ein. Das ehemalige Bauernhaus Nr. 8 steht als einzige Wohnliegenschaft in zweiter Reihe der talseitigen Strassenbebauung. Anlässlich der Restaurierung (1990/91) kam an einem Deckenbalken die Jahrzahl 1713 zum Vorschein. Eine Ofenkachel mit der Inschrift «Heinrich Bleuer Loch Bauer zu Lind 1819» befindet sich im Dorfmuseum Schinznach-Dorf.

## Sagimülitäli

Das Sagimülitäli, das seinen Namen von der in der ersten Hälfte des 20. Jahrhunderts abgebrochenen Säge erhielt,

*Linde von Linn*

stand bei der Auseinandersetzung um die Linienführung der Autobahn A3 jahrelang im Mittelpunkt. Dank einer Projektänderung – Verlängerung des Bözbergtunnels um rund 600 Meter – konnte das idyllische Tälchen mit dem natürlich mäandrierenden Bach als Kleinod erhalten werden. Besonders reizvolle Anziehungspunkte sind die beiden Wasserfälle, ein Biotop, der ehemalige Sagiweiher sowie der alte Steinbruch, ein Refugium für Tiere und Pionierpflanzen.

*Wasserfall im Sagimülitäli*

Gemeindeverwaltung
Telefon 056 441 60 89
www.linn.ch
gemeindeverwaltung@linn.ch
– «Leben auf dem Bözberg», die
  Geschichte der vier Bözberggemeinden von Dr. Max Baumann (zu beziehen bei der
  Gemeindeverwaltung)

**Ausgangspunkt für Wanderungen**
Die Linner Linde ist Ausgangspunkt für Wanderungen in alle vier Himmelsrichtungen. Nach Norden Richtung Römerweg und Oberbözberg, nach Süden zum Linnerberg mit den Aussichtspunkten Zimmernbänkli (Sicht ins Seetal und bis zum Hallwilersee) und Ibergfluh (Sicht ins Fricktal); nach Osten Richtung Villnachern; nach Westen ins Sagimülitäli.

## HISTORISCHES
Ob die Besiedlung Linns in frühgeschichtliche Zeit zurückreicht, ist ungewiss. Angeblich stiess man im 19. Jahrhundert auf Mauerreste, die damals als römisch interpretiert wurden. Es wird angenommen, dass das Benediktinerkloster Murbach (Elsass) ungefähr im 11./12. Jahrhundert vom Dinghof Elfingen aus den Wald im Bereich der heutigen Gemeinde roden liess und eine kontinuierliche Besiedlung somit erst im Hochmittelalter einsetzte. Im Habsburger Urbar (1305) war Linn dem habsburgischen Amt Elfingen-Rein zugeteilt. Die Linner waren sodann Zinsbauern des Geschlechts von Mülinen, Zehntleute des Klosters Königsfelden und Untertanen der Grafen von Habsburg und ihren Gefolgsleuten auf der Burg Schenkenberg. Später gelangte Linn zum habsburgischen Amt Bözberg und 1460 mit der Herrschaft Schenkenberg an Bern. Kirchgenössig war Linn bis 1649 nach Elfingen und seither nach Kirchbözberg.

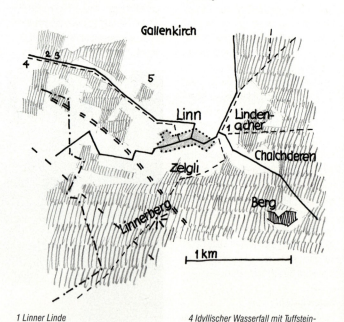

1 Linner Linde
2 Naturschutzgebiet Sagimülitäli
3 Malmkalksteinbruch
4 Idyllischer Wasserfall mit Tuffstein-
  bildung
5 Dogger-Aufschluss im Zelgli
  (alte Mergelgrube)

# MAGDEN – SCHON VON NEANDERTALERN GERNE AUFGESUCHT

Die Gemeinde liegt zwischen Rheinfelden im unteren Fricktal und Maisprach im oberen Baselbiet, in klimatisch und topografisch günstiger Lage in einer geschützten Mulde. Magden ist durch die einmalige Umgebung mit den sanften Hügeln und den zahlreichen Obstbäumen sowohl als Wohngemeinde wie auch als Naherholungsgebiet gleichermassen geschätzt.

### VIER SEHENSWÜRDIGKEITEN
#### Iglingerhof mit St.-Niklaus-Kapelle
Das Hofgut Iglingen an der Strasse nach Wintersingen war bis 1561 eine abgeschiedene klösterliche Niederlassung (zuletzt der Klarissinnen). Heute gehören die Kapelle und das Hofgut der Christoph-Merian-Stiftung, Basel. Die Kapelle St. Niklaus mit spätgotischem Raum um 1470 und reichen Masswerkfenstern und reliefgeschmücktem Sakramenthäuschen ist ein Bijou. Die Kapelle ist besonders als Hochzeitskirchlein beliebt. Das Pächterhaus gegenüber der Kapelle ist ein fein proportioniertes Biedermeierhaus mit rückseitiger Holzlaube.

**Einwohner:** 3150
**Erste Erwähnung:** 804 «Magaduninse» (St. Galler Urkunde)
**Besonderheiten:** Christkatholische Pfarrkirche St. Martin (1620); Ensemble Iglingerhof mit Kapelle St. Niklaus (um 1470). Dorfbrunnen mit schwefelhaltigem Wasser der Magdalena-Mineralquelle
**Verkehrsverbindungen:** Postautolinie Gelterkinden–Rickenbach–Buus–Maisprach–Magden–Rheinfelden (Fahrplanfeld 100), innerhalb von 10 Minuten an den SBB-Bahnhof Rheinfelden. Hauptstrasse Rheinfelden–Sissach oder Rheinfelden–Gelterkinden. A3-Anschluss in Rheinfelden (5 Minuten)

### Kirchen
Die christkatholische Pfarrkirche St. Martin befindet sich in prächtiger Höhenlage. Der spätgotische Bau von

1620 mit mittelalterlichem Turm hat im barockisierten Innern Rokoko-altäre aus der Kapuzinerkirche Rheinfelden. Nebenan befindet sich das Pfarrhaus aus dem Jahre 1740, ein schlichter Kubenbau mit Walmdach. Die Bildung der christkatholischen Kirchgemeinde Magden erfolgte in der Zeit des Kulturkampfes (1872). Um diese Kirche herum befindet sich der Friedhof, die letzte Ruhestätte der Verstorbenen aller Glaubensrichtungen. Die Marienkirche der römisch-katholischen Kirchgemeinde Rheinfelden-Magden-Olsberg wurde 1969 eingeweiht, und das evangelisch-reformierte Kirchgemeindehaus «Gässli» folgte im Jahr 1976.

### Mondsichel-Madonnenfresko

Die kunstvoll gemalte Mondsichel-Madonna mit Segensspruch an der Fassade des Hauses Rui im Maiengässli aus dem Jahre 1718 wird von Kennern als einzigartiges Kunstwerk an einem ländlichen Profanbau bezeichnet.

*Madonnenfresko im Maiengässli*

### Waldlehrpfad

Im Gebiet Niederwald beginnt der leicht begehbare Waldlehrpfad der Gemeinde Magden mit zum Teil seltenen einheimischen Bäumen, Sträuchern und Pflanzen.

*Pfarrkirche St. Martin*

### HISTORISCHES

Ein Faustkeilschaber und Funde von verschiedensten Steinwerkzeugen sowie eine systematische Grabung auf dem «Strick» (1993) bezeugen, dass die Gegend schon vor über 100 000 Jahren (im Mittelpaläolitikum, mittlere Altsteinzeit) von sammelnden und jagenden Neandertal-Menschen besucht worden ist. Die grosse Zahl der auf dem «Strick» auf einer Fläche von drei Hektaren gefundenen Steinwerkzeuge für Holzbearbeitung und Getreidebau zeugen von jungsteinzeitlichen Ackerbauern, die hier schon vor 6000 Jahren siedelten. Der Dorfname Magden ist keltischen Ursprungs und setzt sich aus den Worten «magos» (Feld, Ebene) und «dunon» (umzäunte Siedlung, befestigte Anlage, umwallte Burg) zusammen. Das Magdener Wappen erinnert daran, dass hier früher bedeutender Wein- und Obstbau betrieben worden ist (Apfelbaum in der Mitte, je mit einem Weinstock zur Seite). Heute werden auf rund 10 ha Reben gehegt. Im 19. Jahrhundert waren es stattliche 70 ha. Der Gastwirt Theophil Roniger braute von 1868 bis 1872 im Restaurant Sonne sein erstes Bier, bevor er in Rheinfelden die weltbekannte Brauerei Feldschlösschen gründete. Heute noch wird Magdener Wasser als Brauwasser für das Feldschlösschen-Bier verwendet. An allen Dorfbrunnen fliesst stark mineralhaltiges Wasser aus der Magdalenaquelle. Magden kann somit auswärtigen Besuchern wirklich eine Gratistrinkkur anpreisen.

## GASTRONOMIE UND FREIZEIT

*Gasthaus zum Adler:* Pizzeria und bürgerliche Küche.

*Gasthaus zur Blume:* Säli für 100 Personen; gutbürgerliche Küche, Kegelbahn, Gästezimmer.

*Restaurant Dornhof:* Ausflugsrestaurant etwas ausserhalb von Magden, grosser Kinderspielplatz.

*Gasthof Pöschtli:* Gourmetrestaurant, Gästezimmer.

Gemeindekanzlei
Telefon 061 841 11 08
gemeindekanzlei@magden.ch
Beiträge zur Geschichte von Magden von Dr. Werner Rothweiler in der Jahreszeitschrift der Fricktalisch-Badischen Vereinigung für Heimatkunde (Jahrgang 75, Möhlin 2001). Eine Dorfchronik zum Jubiläumsjahr «1200 Jahre Magden» erscheint im Jahre 2004

*Landgasthof zur Sonne:* Säli für 80 Personen, gutbürgerliche Küche, Gästezimmer.

*Kaffee Hirschen:* Nur Donnerstagnachmittag geöffnet (betreut durch den Frauenverein).

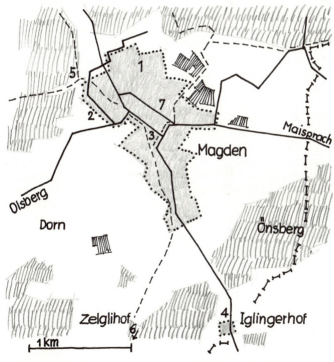

1 Christkatholische Kirche St. Martin (1620)
2 Römisch-katholische Kirche (1969)
3 Mondsichel-Madonnenfresko (1718)
4 Iglingerhof (Biedermeierhaus und St.-Nikolaus-Kapelle (1470)
5 Waldlehrpfad Niederwald
6 Naturschutzgebiet Talhof
7 Reformiertes Kirchgemeindehaus «Gässli»

# MANDACH – SCHÖNST GELEGENES AARGAUER JURADORF

**Einwohner:** 314
**Erste Erwähnung:** 1218 Mandacho
**Besonderheiten:** Aargauer Heimatschutzpreis 1992 für Anstrengungen zur Erhaltung des Ortsbildes, höchstgelegenes Weinbaudorf im Kanton Aargau (Reblagen über 500 m über Meer)
**Verkehrsverbindungen:**
Postautolinie Mandach–Leuggern–Döttingen. Strassenverbindungen über den Rotberg nach Villigen und Brugg (12 km), Richtung Hottwil ins Mettauertal. Weitere Ortsverbindungsstrassen nach Böttstein und Leuggern

Mandach liegt am nördlichsten Ausläufer des ehemaligen Berner Aargaus, bereits nordseits der Jurawasserscheide im obersten waldlosen Becken des Leuggerntales.
Es ist umgeben von den Höhen der Egg, des Rotberges, des Berges (Rebbau), der Oberrüti und des Besseberges (Rebbau, Ruine Wessenberg).

Das Bauerndorf hat seinen ländlichen Charakter weitgehend bewahrt und gehört wegen seines Ortsbildes zu den sehenswertesten Dörfern des Aargaus. Die vielgestaltige Natur lädt zum Wandern über Wiesen und durch Wälder ein. Bei genauerem Betrachten können viele seltene Orchideen entdeckt werden, und wer ruhig wandert, wird vom vielseitigen Wildbestand überrascht. An einigen Rastplätzen lässt gemütliches Verweilen den Erholungssuchenden innehalten.

## VIER SEHENSWÜRDIGKEITEN
### Pfarrkirche
Die Pfarrkirche von Mandach war ursprünglich ein romanisches Gotteshaus, wohl aus der zweiten Hälfte des 11. Jahrhunderts, und ist in die Ruinen eines römischen Gutshofes gestellt worden. Die Kirche ist nach neueren Forschungen wahrscheinlich eine Gründung des Damenstifts Säckingen und schon früh den Herren von Wessenberg als Lehen ver-

geben worden. Im Laufe der Jahrhunderte wurden verschiedenste Erneuerungs- und Vergrösserungsarbeiten an der Kirche durchgeführt, sodass sie heute Elemente verschiedenster Stilepochen aufweist. Sie enthält einen einfachen Predigtsaal aus dem 17./18. Jahrhundert und ein spätgotisches Fresko um 1520 mit der Ölberg-Darstellung (freigelegt 1962/63). Zum Pfarrsprengel Mandach gehört auch Hottwil.

## Landesgrenzsteine

Eine Wanderung auf dem historischen Flösserweg durch das Naturschutzgebiet zur Ruine Wessenberg und zu den Bernersteinen im Ranspel und Langenmarkstein, Dreiländersteine genannt, und zurück ins Dorf ist ein besonderes Erlebnis.

## Weinbau

Die Landwirtschaftliche Genossenschaft führt einen Keltereibetrieb, in dem die heimischen Riesling×Sylvaner- und Blauburgunder-Trauben zu köstlichen Weinen verarbeitet werden. Auf Anfrage wird Ihnen gerne eine Degustation geboten (Tel. 056 284 18 40). Im Verkaufsladen bei der Kirche können die feinen Tropfen erworben werden.

## Ruine Wessenberg

Zwischen Mandach und Hottwil, auf einem langgestreckten, in nord-südlicher Richtung verlaufenden bewaldeten Kamm, finden sich spärliche Überreste einer mittelalterlichen Burg, die wahrscheinlich im 13. Jahrhundert von den Freien von Wessenberg erbaut worden war. Die Burg hatte eine ungefähre Ausdehnung von 40 m Länge und 9 m Breite. Am Südrand ist ein zirka 3 bis 5 m tiefer Halsgraben noch deutlich sichtbar. Wahrscheinlich wurde die Burg bereits im 15. Jahrhundert aufgegeben.

*Romanische Pfarrkirche*

## HISTORISCHES

Im Gebiet Rengg kam um 1850 beim Strassenbau östlich des Dorfeingangs ein keltisches Kriegergrab aus der La-Tène-Zeit (ca. 150 v. Chr.) mit Schwert, Schwertscheide, Lanzenspitze und Schildbuckel zu Tage (Aufbewahrungsort: Schweizerisches Landesmuseum in Zürich). Der Ortsname selbst, ein typischer Vertreter mit der Endsilbe «ach», weist auf die galloromanische Vergangenheit hin und bedeutet soviel wie «dem Manducus gehörendes Land». Das Gebiet um Mandach gehörte zum ältesten Besitz des Damenklosters Säckingens. Das Stift hatte in Mandach einen eigenen Dinghof (Gerichtshof), dem auch die Orte Hottwil und Böttstein zugeteilt waren. Die Habsburger vergaben 1316 Hochgerichtsrechte an die Herren von Wessenberg, die seit dem 13. Jahrhundert auf der gleichnamigen Burg oberhalb des Dorfes residierten. 1437 verkaufte Rudolf von Wessenberg seinen Anteil an der Burg Wessenberg und die Gerichte zu Mandach und Hottwil dem Stift Säckingen. Anlässlich des Waldshuterkrieges 1468 wurde die Herrschaft Wessenberg von den Bernern besetzt und dem Amt Schenkenberg einverleibt.

Gemeindeverwaltung
Telefon 056 284 11 41
gemeindekanzlei@mandach.ch
– Beiträge zur Dorf- und Kirchen-
geschichte von Mandach
(zu beziehen bei der Gemeindeverwaltung)

Die niedere Gerichtsbarkeit übernahm Bern 1523 vom Stift Säckingen.
Der Kellerhof mit dem Besetzungs-
recht der Kirche trat das Stift Säckingen erst 1665 an Bern ab. Der ehemalige Kellerhof des Klosters Säckingen
mit Baujahr 1566 ist immer noch erhalten (Gebäude Nr. 61 a und 61 b).

### GASTRONOMIE UND FREIZEIT
*Gasthof Hirschen:* Gutbürgerliche Küche mit einheimischen Produkten.
*Kutschenfahrten* durch die schöne
Juralandschaft, *Pferdeerlebnistage*
für Kinder vom Freiberger Rösseler-
hof von Maya Stürmer.

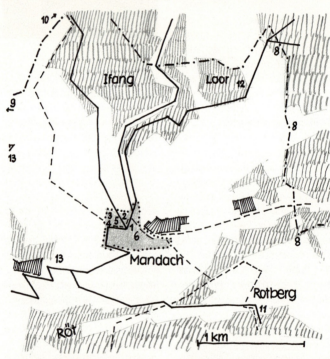

1 Kirche mit gotischem Fresko (1520)
2 Pfarrhaus mit Sonnenuhr (16. Jh.)
3 Altes Zehnthaus mit Wandspruch
4 Ehemaliger Kellerhof des Stifts Säckingen (spätgotische Bausubstanz)
5 Weinkellerei Landw. Genossenschaft
6 Findling aus Mandacher Kiesgrube
(beim Schulhaus)
7 Burgruine Wessenberg
8 Alte Grenzsteine Grafschaft Baden–
Berner Aargau

9 Alter Grenzstein Berner Aargau–
Vorderösterreich
10 Langenmarkstein oder auch «Dreiländerstein» genannt (Berner Aargau–
Grafschaft Baden–Vorderösterreich)
11 Doggeraufschluss
12 Waldhütte Loor mit Feuerstelle
13 Naturschutzgebiete Ölberg und Wessenberg

# METTAU – AUSGANGSPUNKT DES FRICKTALER HÖHENWEGES

Wer die Rheintalstrasse bei Etzgen verlässt, um über den Rotberg oder den Bürersteig ins untere Aaretal zu gelangen, erreicht Mettau. Das Dorf liegt im Zentrum, respektive Teilungspunkt in einem Talkessel, dort wo sich das Tal nach Gansingen und Hottwil aufteilt. Die Nordhanglage ist bewaldet und die Südhanglage ist mit Reben bestockt. Durch den Rebberg gelangt man auf ein Hochplateau, den Mettauerberg. Die kleine Gemeinde hat eine beachtlich gute Infrastruktur. Neben der Post, dem Lebensmittel-, Elektro-, Wein- und Blumenladen gibt es einen Arzt, Coiffeur, zwei Restaurants und verschiedene Handwerksbetriebe.

**Einwohner:** 300
**Erste Erwähnung:** 1254 «Mettow» (Solothurner Urkundenbuch)
**Besonderheiten:** Die spätbarocke Pfarrkirche (1775) gilt als eine der schönsten Kirchen im Fricktal. Mettau ist der Ausgangs- oder Endpunkt des Fricktaler Höhenweges (Mettau–Rheinfelden)
**Verkehrsverbindungen:** Postautolinie Brugg–Mettau–Laufenburg (verkehrt im Stundentakt, Linie 142, Fahrplanfeld 700.35). Kantonsstrasse über den Bürersteig nach Brugg und an den Rhein nach Laufenburg

## VIER SEHENSWÜRDIGKEITEN
### Pfarrkirche St. Remigius

Die schöne und reizvolle Talkirche St. Remigus liess das Kloster Säckingen anstelle einer älteren Kirche durch den Vorarlberger Baumeister Johann Schnopp 1773 bis 1775 im kunstreichen Barockstil errichten. Der Turm mit den gotischen Schalllöchern stammt hingegen schon aus dem Jahre 1670. Das Gotteshaus weist eine einheitliche Ausstattung mit vorzüglichen Rokokostukkaturen des Vorarlberger Stukkateurs Gams, kunstreichen Deckenmalereien des Rheinfelder Künstlers Fidel Bröchin und ebensolche Altäre auf. Wohl weil die Fürstäbtissin von Säckingen in der Nachbargemeinde Etzgen ihren Sommersitz hatte, liess sie die Mettauer Kirche so reich ausstatten. Über der Sakristei im linken Chor befindet sich heute noch der kleine Gebetsraum für die Äbtissin. Die Barockkirche mit den theologisch korrekt gemalten Gewölbefresken ist eine der schönsten Kirchen des Fricktals; ein Rundgang ist ein «Muss».

## Weinbau

Der Weinbau wurde 1988 nach etwa 100-jährigem Unterbruch wieder frisch von fünf Rebbauern aufgenommen. Auf der 2,4 Hektaren grossen Rebfläche werden drei Rebsorten mit folgender Aufteilung angebaut: 75 % Blauburgunder, 20 % Riesling×Sylvaner, 5 % Gewürztraminer. Der Verkauf der Weine erfolgt grösstenteils vor Ort.

*St. Fridolin mit dem toten Ursus*

*Chor mit prächtiger Rokokoausstattung*

## Naturlandschaften

Die Gemeinde hat drei Gebiete als Naturlandschaften ausgeschieden. Diese werden durch den Natur- und Vogelschutzverein Güch unterhalten und gepflegt. Für alle gut ersichtlich ist der Biotop auf der westlichen Gemeindeseite, nahe an der Talstrasse, wo Lurche wie Kröten und Frösche sich tummeln.

## Sodbrunnen

Hinter dem Restaurant Linde wurde 1993 ein bereits zugeschütteter, 5 m tiefer Sodbrunnen wieder ausgehoben und aktiviert. Obwohl sich dieser in der Nähe des Baches befindet, stammt das Wasser von einer Quelle, denn der Wasserspiegel ist höher als der Bachlauf.

## HISTORISCHES

Das ganze Mettauertal gehörte zum Urbesitz des Frauenklosters Säckingen und wurde durch dieses gerodet. Die Talschaft war in den oberen Dinghofbezirk eingegliedert. Der alte Rodungsverband war schon Anfang des 15. Jahrhunderts zerfallen. Zuerst schied Mandach im Bezirk Brugg aus, dann folgten Hottwil im selben Bezirk und später Gansingen mit Büren und Galten im Bezirk Laufenburg. Mettau stand beim St. Fridolins-Stift Säckingen in besonderer Gunst. Das Dorf bildete einen klösterlichen Dinggerichtkreis für Freie und Hörige. Das sich aus den Bewirtschaftern der verstreuten Gütern zusammensetzende so genannte «Freiding» Mettau (Gerichtsversammlung der Freien) übte indes nur niedergerichtliche Funktionen aus. Ihm mochten hauptsächlich rodende Klosterleute und Zugezogene angehört haben. Verschiedene Höfe

Gemeindeverwaltung
Telefon 062 875 26 20
www.mettau.ch
gemeindekanzlei.mettau@
fricktal.ch
– Pfarrkirche St. Remigius
Mettau, Schweizerischer Kunstführer Serie 37, Nr. 365

wie Rheinsulz usw. mussten dem Mettauer Freiding einen Sonderzins leisten. Die seit 1803 und 1832 politisch selbstständigen Gemeinden Wil und Oberhofen wurden von Mettau aus angelegt und gehörten bis zu diesem Zeitpunkt zu dieser Gemeinde. Der grösste Teil des Dorfes fiel 1827 einem verheerenden Brand zum Opfer.

## GASTRONOMIE UND FREIZEIT

*Restaurant Linde* mit Säli für 20 bis 50 Personen.
*Restaurant Sternen* mit Gartenwirtschaft und Säli für 15 Personen.

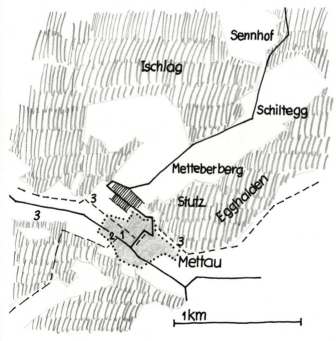

1 Pfarrkirche St. Remigius (1773/75)
2 Alter Sodbrunnen

3 Naturschutzgebiete Chilhalden, Brunnenmatt und Egghalden

# MÖHLIN – DORF DER DREI KIRCHEN

**Einwohner:** 8400
**Erste Erwähnung:** 794 (Urkunden-buch der Landschaft Basel)
**Besonderheiten:** Sonnenberg-turm, Storchenstation, Dorf-museum, überregional bekanntes Lehrertheater, Fasnachtstradition
**Verkehrsverbindungen:** Bahn: Basel–Zürich. Postautokurse: Möhlin–Rheinfelden; Möhlin–Wegenstetten; Möhlin–Wallbach–Mumpf–Obermumpf–Schupfart. Autobahn A3: Ausfahrt Rheinfelden (W) oder Eiken (O). – Kantonsstrassen: Basel–Zürich

Möhlin liegt auf 308 m ü. M. in einem grossen, markanten Rheinbogen. Der Gemeindebann erstreckt sich haupt-sächlich auf zwei fast ebenen Terras-sen. Der Übergang von der oberen zur unteren Terrasse wird durch eine erd-geschichtlich interessante Endmorä-ne gebildet. Sie ist durch den Möhlin-bach durchschnitten. An dieser Stelle haben sich wohl die ersten Siedler niedergelassen. Im Norden des Ban-nes liegt ein grosses, an den Rhein grenzendes Waldgebiet, im Süden der ebenfalls bewaldete Sonnenberg mit seinem Aussichtsturm auf 632 m ü. M. Markant wird das langgestreckte Dorf von Ost nach West durch den Bahn-damm der Eisenbahnlinie Zürich–Ba-sel durchtrennt. Auf Grund seiner günstigen Lage in einer «Möhlin-Jet» genannten Windströmung, welche den Nebel wegbläst, weist Möhlin mehr Sonnentage auf als die meisten andern aargauischen Gemeinden. Möhlin gehört zum unteren Fricktal. Es ist wirtschaftlich, kulturell, verkehrs-mässig und auch auf sportlichem Ge-biet stark mit der Region Basel ver-bunden. Möhlin ist mit 1879 Hektaren flächenmässig die zweitgrösste Ge-meinde des Kantons Aargau.

*Dorfbrunnen bei Bushaltestelle Obermatt*

## VIER SEHENSWÜRDIGKEITEN
### Dorf der drei Kirchen

Möhlin gilt als das Dorf der drei Kirchen. Dies deshalb, weil alle drei Landeskirchen (Christkatholiken, Reformierte und Römischkatholiken) hier friedlich neben- und miteinander wirken und alle ein eigenes Gotteshaus haben. Der Poststempel trägt diesen Titel in alle Welt. Der ökumenische Arbeitskreis Möhlin bietet immer wieder gemeinsame Veranstaltungen und Gottesdienste an, zum Beispiel am Bettag oder beim Jahreswechsel.

*Storchenfamilie in der Storchenstation*

### Sonnenbergturm

Der von weitem sichtbare, 22 m hohe Aussichtsturm auf dem Sonnenberg wurde im Jahre 1913 errichtet. Bei guter Fernsicht reicht der Rundblick über die ganze Nordwestschweiz bis in die Alpen, den Schwarzwald und die Vogesen. Der Sonnenbergturm markiert die Kantonsgrenze Aargau/Basel-Landschaft, beziehungsweise die Gemeindegrenze Möhlin/Maisprach. Der Turm ist der Öffentlichkeit das ganze Jahr jederzeit zugänglich. Wer nicht so hoch hinaus will, dem steht das «Turmstübli» sowie die gesamte Aussenanlage mit Grillplätzen und einem Kinderspielplatz zur Verfügung. An jedem Sonn- und Feiertag ist das «Turmstübli» von 9.30 bis 17.30 Uhr geöffnet.

*Steinkauz*

### Storchenstation

Im Jahre 1970 wurde die Storchenstation Möhlin gebaut, um beim Wiederansiedlungsprojekt des Weissstorches in der Schweiz aktiv mitzuarbeiten. Alljährlich ziehen bis zu 12 Brutpaare ihre Jungen in Möhlin gross. Im Herbst verlassen die Vögel das Fricktal in Richtung Afrika. Gleich alt wie die Storchenstation ist die Pflegestation, wo kranke und verletzte Vögel gesund gepflegt werden. 1989 wurde sie zur kantonalen Pflegestation ernannt. Die Storchen- und Pflegestation wurde zum Informationszentrum für das seit dem Jahr 2000 laufende internationale Wiedereinbürgerungsprojekt für den Steinkauz erweitert. Der Öffentlichkeit ist die Storchenstation jederzeit zugänglich.

### Dorfmuseum

Das Dorfmuseum ermöglicht mannigfaltige Einblicke in die Vergangenheit der Gemeinde. Das Museum ist in einem Fricktaler Bauernhaus eingerichtet, dessen älteste Bauteile aus dem 18. Jahrhundert stammen. Geöffnet von April bis November: 1. Sonntag im Monat, 14.00 bis 16.00 Uhr oder für Gruppen nach Vereinbarung (Telefon 061 851 23 46 oder 061 851 23 46).

## HISTORISCHES

Die erste urkundliche Erwähnung stammt aus dem Jahr 794. Die Urkunde wurde damals in der schon bestehenden Kirche von Melina verfasst.

Gemeindeverwaltung
Telefon 061 855 33 33
www.moehlin.ch
gemeinde@moehlin.ch
- Ortsgeschichte von
  Prof. Dr. Karl Schib
- Broschüren «Natur in Möhlin»
  und «Willkommen in Möhlin».
  Diese sind kostenlos bei der
  Gemeindekanzlei erhältlich

Das Dorf ist aber wesentlich älter; auf Grund archäologischer Funde darf angenommen werden, dass bereits vor mindestens 10 000 Jahren Menschen hier gewohnt haben. Zur Römerzeit waren Gutshöfe und verschiedene Befestigungen anzutreffen, die zum nahen Augusta Raurica Verbindung hatten. Im Mittelalter herrschten zuerst die Burgunderfürsten in dieser Gegend, später die Habsburger. Bis 1803 gehörte die Gemeinde mit dem übrigen Fricktal zu Vorderösterreich. Im vorgeschobenen Grenzgebiet Österreichs hatte das Dorf nicht selten unter Kriegswirren schwer zu leiden. Früher bestand die Gemeinde aus acht Weilern.

### GASTRONOMIE UND FREIZEIT
*Zahlreiche Gastronomiebetriebe.*
*Freibad.*
*Campingplatz.*

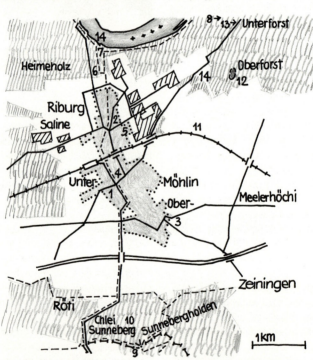

1 Christkatholische Pfarrkirche
  St. Leodegar (1607)
2 Fridolinskapelle (1711/19)
3 Wendolinskapelle (1688)
4 Dorfmuseum
5 Storchenstation
6 TCS-Campingplatz
7 «Bürkli» Riburg, römischer Wachturm
  mit Wallanlagen (frühmittelalterlich)
8 Römischer Wachturm im Fahrgraben

9 Sonnenbergturm (632 m ü. M.)
10 Eichenwaldreservat Sonnenberg
   (216 ha)
11 Bahndamm mit seltenen Reptilien,
   Amphibien und Brutvögeln
12 Breitsee (Flachmoor), Naturschutzgebiet
13 Auenschutzgebiet Haumättli
14 Naturschutzgebiete Burstel und Bachtalen

# MÖNTHAL – EINGEBETTET IN DIE JURAHÖHEN

«Müendel», wie Einheimische das Dorf nennen, liegt in der obersten Mulde der Ampfernhöhe, einem wenig bekannten Juraübergang, der vom Aare- ins Rheintal führt. Rings umkränzt von den waldigen Jura-Aufschichtungen der Burghalde, der Egg, des Hoomels und der Winterhalde am obersten Lauf des Schmittenbaches, der bei Villigen in die Aare fliesst, liegt auf 479 m. ü. M. die geschlossene Siedlung. Zu Mönthal gehören auch der Weiler Ampfern sowie einige Einzelhöfe. Besucher und Wanderer erfreuen sich immer wieder an den vielen Naturschönheiten des Tales. Zahlreiche Ruhebänke laden zum Verweilen ein. Für Biker bietet die Landschaft optimale Bedingungen. Der Radweg Richtung Remigen bildet eine sehr schöne Route fernab des hektischen Verkehrs. Das Dorf ist verkehrstechnisch Richtung Brugg orientiert.

## VIER SEHENSWÜRDIGKEITEN
### Romanisch-gotische Pfarrkirche
Das Gotteshaus wird im Jahre 1273 erstmals urkundlich erwähnt. Als Ka-

**Einwohner:** 450
**Erste Erwähnung:** 1275 «Muenuntal» (Habsburger Urbar)
**Besonderheiten:** Romanisch-gotische Pfarrkirche, eine prächtige Landschaft und eine intakte Natur laden zum Wandern und Biken ein, Juraübergang Ampfernhöhe
**Verkehrsverbindungen:** Postauto ab SBB-Bahnhof Brugg (ca. 20 Minuten). Mit dem Auto über die Ortsverbindungsstrasse Remigen–Sulz (Ampferenhöhe)

pelle hat das dem Heiligen Georg geweihte Kirchlein wahrscheinlich schon früher bestanden. Zwischen 1380 und 1860 hatte die Stadt Brugg den Kirchensatz inne und das Recht, den Pfarrer zu bestellen. An das rechteckige Kirchenschiff wurde um 1480 ostseits der Achse ein neuer, gewölbter Chor angefügt, dessen Pultdach sich an den älteren, massigen Käsbissenturm anlehnt. Zur Ausstattung der Kirche gehören ein spätgotischer Taufstein aus dem 15. Jahrhundert, eine frühbarocke Kanzel (1613), die

*Kirche Mönthal*

*Alter Berner Grenzstein mit österreichischem Bindenschild*

1688 «ZU LENZBURG» und 1966 in Aarau. Gegenwärtige und frühere Renovationen geben dem Kirchlein weiterhin mittelalterliches Gepräge und zeugen von grossem Bemühen um Erhaltung des schönen, schmucken Gotteshauses.

### Rebberg und Trockenstandort an der Burghalde

Verschiedene Rebbauern bieten ihre Weine jährlich in den Rebhäusern zum Verkosten an. Neben den bekannten Sorten Blauburgunder (rot) und Riesling × Sylvaner(weiss) werden heute vermehrt Spezialitäten wie Gewürztraminer, Gamay × Reichensteiner und Pinot gris gekeltert. Am selben Hang wie die Reben gedeihen, stehen in den Gebieten Neuberg und Neumatt wunderschöne Magerstandorte mit Orchideen unter Schutz.

### Fossilien

Das Gebiet um Mönthal ist für seinen Fossilienreichtum bekannt. In den Schichten des ehemaligen Jurameeres (Birmenstorfer Schichten, Malm und Dogger, vor ca. 150 Mio. Jahren) kommen sehr schöne Trigonien, Brachiopoden (Muschelarten), Ammoniten und Schwämme vor. Sammler, die hier tätig sind, werden darauf aufmerksam gemacht, dass keine Werkzeuge mitgeführt werden dürfen und dass das Graben untersagt ist. Auch ohne zu graben, können sehr schöne Funde gemacht werden.

### Historische Grenzsteine

An der Grenze zur Gemeinde Sulz können drei Grenzsteine mit Berner und Österreicher Wappen entdeckt werden. Der Berner Mutz ist leider nur noch andeutungsweise erkennbar. Die Steine stammen aus der Zeit, als die nördliche Gemeindegrenze von Mönthal zugleich Landesgrenze zum vorderösterreichischen Fricktal war.

1641 eingebaute Holzempore, im Ostfenster des Chors eine prächtige Rundscheibe mit Lamm Gottes und Wappen der Ratsherren von Brugg (1590). Erwähnenswert sind die Glocken, gegossen 1587 «ZU BRUGG»,

## HISTORISCHES

Die bei Ausgrabungen entdeckten Funde aus verschiedenen Epochen beweisen, dass «Muenuntal» seit der jüngeren Steinzeit (ca. 15 000 bis 2500 v. Chr.) ständig besiedelt war. Auf dem Mönthaler Hausberg, der Burghalde, soll eine spätbronzezeitliche befestigte Höhensiedlung gestanden haben. Während des Alten Zürichkrieges, im gleichen Jahr 1444, in welchem Brugg seine Mordnacht erlebte, wurde das Dorf gebrandschatzt. 1460 gelangte die Siedlung mit der Herrschaft Schenkenberg an Bern. 1683 war Mönthal «ein dorff von 8 heüseren» und wenigen Einzelhöfen. 1718 brannte ein Teil des Dorfes nieder. Weinbau und Baumwollweberei brachten gegen Ende des 18. Jahrhunderts einen gewissen Wohlstand. Die Krise in Landwirtschaft und Baumwollindustrie führte zu einer Abnahme der Bevölkerungszahl bis auf 239 Dorfbewohner im Jahre 1970.

Gemeindekanzlei
Telefon 056 284 14 73
moenthal@pop.agri.ch

## GASTRONOMIE UND FREIZEIT

*Restaurant/Pizzeria Romana:* Säli und grosse Gartenwirtschaft.

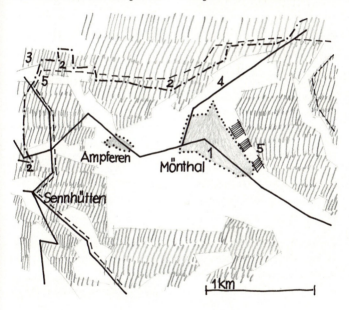

1 Romanisch-gotische Pfarrkirche
2 Alte Berner Grenzsteine
3 Isengraben (Fossilienfundstelle, Birmenstorfer Schichten)

4 Kalksteinbruch Oberegg
5 Trockenstandorte und Naturschutzgebiete Neuberg und Neumatt

# MUMPF – EINGEBETTET ZWISCHEN RHEIN UND MUMPFERFLUE

**Einwohner:** 1180
**Erste Erwähnung:** 1218 «Mumpher»
**Besonderheiten:** Rheinpromenade, Campingplatz am Rhein, Aussichtspunkt Mumpferflue
**Verkehrsverbindungen:** Postautolinie Schupfart–Mumpf–Möhlin; Bahnstation SBB. A3-Anschluss in Eiken (5 Minuten) oder Rheinfelden (10 Minuten)

Mumpf liegt am Eingang des Fischingertales, das die Gemeinden Obermumpf, Schupfart und Mumpf umfasst. Das Dorf ist an einem Engpass zwischen dem Ufer des Rheins und dem Jurafuss mit der Mumpferflue eingebettet. Die Gemeinde ist vom Rhein sowie von den verschiedenen Verkehrsträgern geprägt. So durchqueren die Kantonsstrasse, die Nationalstrasse und die Eisenbahnlinie auf engstem Raum das Nadelöhr von Mumpf. Anziehungspunkt der Gemeinde ist sicherlich der Rhein, der im Sommer Jung und Alt zum Baden oder zu Bootsfahrten einlädt.

## VIER SEHENSWÜRDIGKEITEN
### Der Rütlischwur

Bei der Liegenschaft Säckingerhof befindet sich an der Ostfassade ein ca. 15 Quadratmeter grosses Wandbild, das den Rütlischwur der drei Eidgenossen von 1291 zeigt. Das Bild wurde 1907 erstellt und im Jahre 1993 liebevoll restauriert.

### Rheinfähre

Die Rheinfähre wird vom Pontonierfahrverein betrieben und verbindet

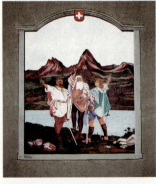

*Rütlischwur beim Säckingerhof*

Mumpf mit Bad Säckingen. Sie fährt vom 1. Mai bis 30. September jeweils an Sonn- und Feiertagen über den Mittag und am Abend. Eine Fährverbindung in Mumpf besteht bereits seit dem Mittelalter. Im Gemeindearchiv befindet sich eine Urkunde aus dem Jahre 1535, in der das Recht der Gemeinde zum Betrieb einer Fähre verbrieft ist.

## Kirchliche Bauten und Lourdes-Waldkapelle

Die katholische Pfarrkirche St. Martin soll in ihren Grundmauern in die karolingische Zeit (ca. 9. Jahrhundert) zurückgehen. Die Kirche wurde im Laufe der Jahrhunderte mehrmals erweitert (letztmals 1957). Das Rundbogenportal des Frontturms trägt die Jahreszahl 1541. Sehenswert sind ebenfalls das alte Pfarrhaus von 1812, ein schlichter klassizistischer Bau, und das Friedhofkreuz aus dem 18. Jahrhundert; beide stehen unter Denkmalschutz. Oberhalb des Dorfes befindet sich am Waldweg Mumpf–Stein die Lourdes-Kapelle, die sehr gerne von den Gläubigen zum Innehalten aufgesucht wird.

*Lourdes-Waldkapelle*

## Spitzgrabenbach

Beinahe 70 Jahre lang war der Spitzgrabenbach eingedolt. Durch den Bau der Gasleitung von Zuzgen nach Winterthur wurde die Bauherrschaft verpflichtet, den Bach wieder freizulegen und zu renaturieren. Nach längeren Bauarbeiten konnte der Bach am 9. Juni 2000 wieder eröffnet werden. Durch die Offenlegung des Gewässers fand eine Vielzahl von Tieren und Pflanzen ihren natürlichen Lebensraum wieder.

## HISTORISCHES

Stein- und bronzezeitliche Funde im Dorf, am Spitzgraben und auf dem Kapf beweisen, dass Menschen schon vor rund 5000 Jahren in Mumpf haus-

ten (Funde im Fricktaler Museum in Rheinfelden). Im Baugrund des Hotels Anker wurde 1912 ein mächtiger, mit einem Befestigungsgraben umgebener römischer Magazinbau aus der zweiten Hälfte des 4. Jahrhunderts entdeckt. Sichtbar ist heute noch ein Mauerstück an der Hauptstrasse nordwestlich des «Ankers» (vor dem Schuppen) sowie Fragmente im Keller des Hotels Anker. Im Fricktaler Museum befindet sich ein römischer Meilenstein (ca. 150 n. Chr.), der an der Grenze zu Stein gefunden wurde. 1535 wurde für Mumpf, damals «Nidere Mumpf» genannt, ein spezielles Dorfrecht aufgezeichnet. Ursprünglich gehörte das Dorf zum habsburgischen Amt Säckingen, unterstand in österreichischer Zeit dem Amt Möhlinbach und teilte somit die Geschicke des übrigen Fricktals. Mumpf und Wallbach bildeten bis 1803 eine Vogtei der Kameralherrschaft Rheinfelden. Im Jahre 1612 brach in Mumpf ein bewaffneter Aufstand der Fricktaler Bauern gegen eine Steuererhöhung aus. Der Aufstand fand unter dem Namen «Rappenkrieg» Eingang in die Geschichtsbücher. Im Dreissigjährigen Krieg (1618 bis 1648) wurde Mumpf mehrere Male geplündert, so 1634 und

Gemeindeverwaltung
Telefon 062 873 12 65
gemeindekanzlei@mumpf.ch
– «Geschichte der Gemeinde
Mumpf», 1971, von Historiker
Fridolin Jehle (Neuauflage
2003/04 geplant)
– «Mumpfer Fähri» (erscheint
jährlich)

1638. Haupterwerbsquellen waren bis ins 19. Jahrhundert neben der Landwirtschaft die Fischerei und die Flösserei. Heute arbeitet ein Grossteil der Einwohner auswärts in den Chemieunternehmen des Fricktals oder in Industriebetrieben in der Region Basel. Im Hotel Sonne wurde die bekannte französische Tragödin Elise Rachel geboren (1821–1858). Sie war eine Schauspielerin von Weltruhm, ihre Kinder wurden von Napoleon III sogar in den Adelsstand erhoben. Das Hotel brannte 1988 ab und wurde anschliessend abgebrochen. Heute befindet sich an dieser Stelle eine moderne Wohnüberbauung.

**GASTRONOMIE UND FREIZEIT**
*Gasthaus Glocke,* Säli und Kegelbahn; Gartenrestaurant direkt am Rhein. *Gasthof zum Anker* mit Säli.

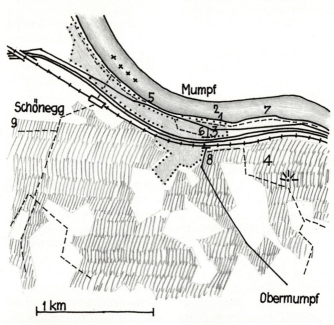

⌞1 km

1 Pfarrkirche St. Martin
  mit klassizistischem Pfarrhaus
2 Rheinfähre nach Bad Säckingen
3 Säckingerhof mit Wandbild Rütlischwur
4 Lourdes-Grotte
5 Restaurant Anker, römische Ruinen

6 Alte Mosterei
7 Campingplatz
8 Buntsandstein «Bachtalen» (Rot-
  liegendes)
9 Spitzgraben, Naturschutzgebiet

Romanisches Fenstergewände
an der Aussenmauer der
St. Ursula - Kapelle    140
Treppenweg benützen

# MÜNCHWILEN – IM HERZEN DES FRICKTALS

Münchwilen liegt am Nordhang des Tafeljuras auf einer Terrasse unweit des Rheins. Der tiefste Punkt befindet sich 302 m ü. M., der höchste 461 m ü. M. Das eigentliche Dorf mit ländlichem Charakter liegt am Hang und ist vom Industriegebiet im Sisslerfeld optimal getrennt. Auf dem Berg laden Wege abseits der Hektik zu Wanderungen und Spaziergängen ein. Dort hat man auch die Möglichkeit, die geografische Mitte des Fricktals zu entdecken, die mit einem Stein markiert ist.

### VIER SEHENSWÜRDIGKEITEN
#### Kapelle St. Ursula
Kapelle St. Ursula, Wohnhaus und Ökonomiegebäude (heute: Café-Bistro Chäppeli) bilden einen Gebäudekomplex einer ehemaligen, mittelalterlichen Einsiedelei und gelten als Wahrzeichen Münchwilens. Das St.-Ursula-Kirchlein soll aus dem 12./13. Jahrhundert stammen. Die am Ende des 16. Jahrhunderts beinahe zerfallene Einsiedelei, die damals

**Einwohner:** 605
**Erste Erwähnung:** um 1306 «ze Munchwille» (Habsburger Urbar)
**Besonderheiten:** Kapelle St. Ursula, Friedenslinde, schöner Dorfkern, Bürgerort von Sebastian Fahrländer (dem Gründer des ehemaligen Kantons Fricktal)
**Verkehrsverbindungen:** Postauto ab Bahnhof Stein-Säckingen. A3 Ausfahrt Eiken, Kantonsstrasse K292, Richtung Stein

dem St. Martinsstift in Rheinfelden gehörte, wurde um 1719 durch den letzten Einsiedler, Johann Werner (gestorben 1791), wieder hergestellt. Er ist vor der Kapelle bestattet worden. Die Kapelle ist mit einem hübschen Barockaltar ausgestattet, der um 1718 in der Werkstatt des bekannten Rheinfelder Künstlers Hans Freitag entstanden ist. In der Nordfassade ist ein reich skulpturiertes romanisches Fenstergewände erhalten. Die rundbogige Nische aus gelbem Kalkstein mit Wellenranken und einem Kerb-

123

*Kapelle St. Ursula*

*Romanisches Fenstergewände*

schnittmuster gilt als eines der ältesten Architekturdenkmäler des Fricktals. Heute kümmert sich ein Verein um die Kapelle. Sie bildet einen schönen Rahmen für romantische Hochzeiten und besinnliche Stunden.

### Friedenslinde

Die Friedenslinde wurde am 1. August 1919 von der Schuljugend Münchwilens zum Gedenken an das Ende des Ersten Weltkrieges gepflanzt. Sie steht auf dem nach ihr benannten Lindenplatz, wo ein Gedenkstein an die Grenzbesetzung von 1939 bis 1945 erinnert.

### Biotop Rotmätteli

Der Natur- und Vogelschutzverein hat das schöne Biotop am Waldrand im Jahr 2000 erstellt. Es ist zu Fuss erreichbar, bildet einen angenehmen Ort für die Erholung und ist zugleich ein idealer Aussichtspunkt. Man kann das Oberdorf Münchwilen überblicken und geniesst die Fernsicht über den Rhein.

### Gedenkstein Sebastian Fahrländer, Gründer des Kantons Fricktal

Die Gemeindeversammlung Münchwilen hat am 22. September 1798 Dr. Sebastian Fahrländer und seinen Bruder Karl Fahrländer in das Bürgerrecht von Münchwilen aufgenommen. Erst die Einbürgerung ermöglichte es Sebastian Fahrländer, im damals österreichischen Fricktal politisch aktiv zu werden und die Gründung des Kantons Fricktal zu realisieren. Er war der einzige Präsident des Kantons Fricktal. Zur Erinnerung an die Einbürgerung hat die Gemeinde jüngst einen Gedenkstein gesetzt, der vor dem Gemeindehaus platziert ist.

### HISTORISCHES

Das Gemeindegebiet von Münchwilen war bereits in römischer Zeit besiedelt. 1963/64 kam bei Bauarbeiten in der Ebene zur Gemeinde Stein eine Villa rustica mit den Massen von 25 × 19 m zu Tage. Im südlichen Dorfteil wurden schon mehrmals die Reste einer römischen Wasserleitung angeschnitten. Das eigentliche Dorf soll nach dem Bau der einstigen Eremitage um 1100 in der Zeit des Münsterbaues in Säckingen entstanden sein und dem Dorf auch den Namen gegeben haben. Vom Mittelalter bis zur Abtrennung von Säckingen (1803) gehörte Münchwilen zum stiftsäckingischen Dinghof Stein. Bis 1760 bildete denn Münchwilen zusammen mit Stein eine Gesamtgemeinde. Die Trennung bahnte sich an, als unter anderem Unstimmigkeiten über den gegenseitigen Bürgereinkauf, die Bestellung und Besoldung der Geschworenen und des Statthalters entstanden.

## GASTRONOMIE UND FREIZEIT

*Café-Bistro Chäppeli,* im ehemaligen Ökonomiegebäude neben der Kapelle St. Ursula, schöne Aussicht auf das Sisslerfeld und den südlichen Schwarzwald.

*Restaurant Post:* Urchige Dorfbeiz, gemütliche Gartenwirtschaft, Sälchen für ca. 50 Personen.

*Regionale Leichtathletikanlage:* Die weitherum bekannte Anlage liegt auf Münchwiler Boden bei den Sportanlagen in Stein.

*Schiessanlage:* In der modernen Anlage kann auf Distanzen von 25, 50 und 300 Meter geschossen werden. Die Schützenstube wird auch für private Anlässe vermietet.

Gemeindeverwaltung
Telefon 062 866 60 30
www.muenchwilen-ag.ch
gemeindekanzlei@
muenchwilen-ag.ch

Lindenplatz

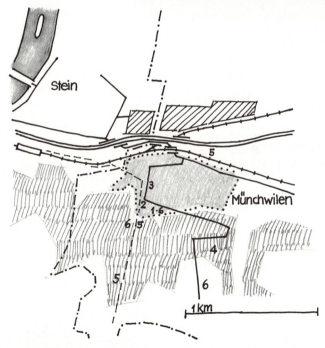

1 Chäppeli
2 Lindenplatz
3 Alter Dorfkern am Bach
4 Alter Weg nach Schupfart

5 Biotope auf dem Berg, Rotmätteli, alte Kiesgrube
6 Aussichtspunkte Rotmätteli, Chäppeli, Wegkreuz

# OBERBÖZBERG – PANORAMASICHT AUF DER HOCHEBENE

**Einwohner:** 540
**Erste Erwähnung:** 1189 «Predium Bozeberch» (Urkunde des Klosters Muri)
**Besonderheiten:** Hochebene mit Panoramasicht, besonders für leichte Spaziergänge geeignet; Erzabbaulöcher im Gebiet Adlisberg; Langlaufloipe bei genügendem Schnee
**Verkehrsverbindungen:** Postauto ab Brugg. Die neue Autobahn hat die Bözberg-Passstrasse entlastet und den Autofahrern in Effingen eine nahe Ein- und Ausfahrt Richtung Zürich erschlossen

Oberbözberg liegt auf dem Hochplateau des Bözbergpasses. Das sanft hügelige Gelände lockt Spaziergänger und Biker von weit an. Besonders im Winter schätzen es die Grossstädter, im Gebiet von Oberbözberg auf 540 m Höhe einen Spaziergang an der Sonne mit Blick auf das Nebelmeer zu machen. Auf dem Wolfgrubenweg kann bei schönem Wetter und klarer Sicht die ganze Alpenkette vom Säntis bis zur Blüemlisalp gesehen werden. Aussichtspunkte: Riedacher, Binzacher, Lanzchnächt, Rötli.

Oberbözberg ist ein eigentliches Strassendorf mit den weit verstreuten Weilern Riedacher, Aebertsmatt, Adlisberg, Ueberthal, Eiholz und Itele. Das Dorfbild wird von den durchgehend gemauerten alten Bauernhäusern mit Satteldach und verzierten

*Frühling auf dem Bözberg*

Rundbögen des Ökonomieteils aus dem Anfang des 19. Jahrhunderts geprägt.

Der Weiler Überthal ist im ISOS-Inventar der schützenswerten Ortsbilder der Schweiz aufgeführt. Er besteht aus vier Bauernhäusern, einem Wohnhaus und verschiedenen Ökonomiegebäuden; in seinem Charakter ist er noch grösstenteils erhalten.

## VIER SEHENSWÜRDIGKEITEN
### Polenmauer
Die sogenannte Polenmauer, eine aus Jurakalk-Bruchsteinen aufgeschichtete Stützmauer von gut 200 m Länge an der zum Weiler Ueberthal führenden Strasse wurde 1943 von internierten polnischen Soldaten errichtet. Sie stellt als sprechender Beleg für den von den Internierten geleisteten Arbeitseinsatz während des Zweiten Weltkriegs ein wichtiges Dokument zeitgenössischer Geschichte dar.

### Militäranlagen
Übermittlungszentrale (Unikat) mit Regiments-Kommandoposten aus dem Zweiten Weltkrieg in Ueberthal. Besichtigung nach Absprache mit dem Verein Festungsmuseum Reuenthal, Telefon 062 772 36 06.

### Erzlöcher Adlisberg/Aenzacher
Von 1685 bis 1753 wurde im Gebiet Adlisberg/Aenzacher Eisenerz in grösserer Quantität abgebaut und nach Brugg geführt, wo es bei der Schifflände auf Transportschiffe verladen wurde. In den Blütezeiten des Erzabbaus wurden pro Jahr mehr als 250 Tonnen Bohnerz abgebaut. Die Löcher sind heute noch im Wald sichtbar.

### Wasserversorgung
Die Vereinigte Wasserversorgung Bözberg darf als eine der fortschrittlichsten und modernsten Wasserver-

*Sicht auf Pilatus bis Berner Alpen*

sorgungen im Kanton Aargau bezeichnet werden. Die Anlagen erstrecken sich über fünf Gemeinden mit einem Hauptleitungsnetz von rund 34 km Länge und Reservoiranlagen in Linn, Oberbözberg und Mönthal. Die Anlagen werden mit modernstem Prozessleitsystem ab der Leitzentrale in Oberbözberg gesteuert. Anfragen für Besichtigungen an: VWV Bözberg, Geschäftsstelle: Gemeindekanzlei, 5225 Oberbözberg, Telefon 056 441 68 27, Mail: vwv@oberboezberg.ch.

## HISTORISCHES
Der Bözberg wurde sicherlich schon in frühgeschichtlicher Zeit als bequemer Juraübergang vom Aaretal in die oberrheinische Tiefebene benutzt. Es ist nicht sicher, ob auf dem Gebiet des heutigen Oberbözbergs damals bereits Menschen lebten. Die Höfe und Weiler der Bözberger Hochebene gehörten im Hochmittelalter zur althabsburgischen Grundherrschaft. Gegen Ende des 14. Jahrhunderts wurden die Rechte in diesem Gebiet dem habsburgischen Dienstadel verpfändet. 1377 erhielten die Herren von Schönau auf der Burg Schenkenberg das Gebiet als Lehen. Fortan teilte es die Schicksale des jeweiligen Besitzers dieser Burg ob Thalheim. 1451 gelangte das ehemalige Amt Bözberg

Gemeindeverwaltung
Telefon 056 441 68 27
www.oberboezberg.ch
verwaltung@oberboezberg.ch

– «Leben auf dem Bözberg» –
  Die Geschichte der Gemeinden
  Gallenkirch, Linn, Ober-
  und Unterbözberg, 1998,
  von Max Baumann
– «Oberbözberg im Wandel der
  Zeiten», 1972, von Fritz Kohler
– Dorfmuseum Kirchbözberg
  (Gallenkirch, Linn, Ober-
  und Unterbözberg) kann auf
  Voranmeldung besichtigt
  werden.
  Kontaktadresse:
  Gemeindekanzlei
  5224 Unterbözberg
  Telefon 056 441 32 57
  (siehe auch unter Unterbözberg)

mit der Burg Schenkenberg von den
Freiherren von Aarburg an die Ritter
von Baldegg. Bern nahm Burg und
Herrschaft Schenkenberg 1460 ge-
waltsam ein und errichtete das Amt
Schenkenberg. Der Bözberg war zuerst dem bernischen Vogt auf der
Schenkenberg (bis 1720) und später
bis zum Untergang der Alten Eidgenossenschaft dem Landvogt auf dem
Schloss Wildenstein (Veltheim) un-
tertan. Die Gemeinde Oberbözberg
entstand erst 1872, als die damalige
Gesamtgemeinde Bözberg in die zwei
Gemeinden Unter- und Oberbözberg
geteilt wurde.

**GASTRONOMIE UND FREIZEIT**
*Restaurant Sternen,* Saal und Säli,
Gartenwirtschaft, Apérokeller.
*Langlaufloipe.*

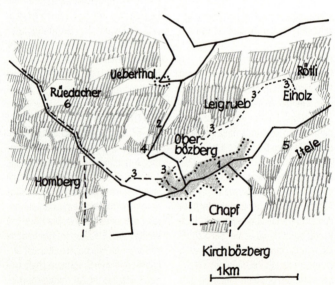

1 Leitzentrale VWV Bözberg (Regionale
  Wasserversorgungsleitzentrale)
2 Polenmauer
3 Panoramaweg (IVS, historischer Verkehrsweg von nationaler Bedeutung)
4 Bohnerzlöcher Adlisberg/Aenzacher
5 Wasserfall und Naturschutzgebiet
  Itelehalde
6 Naturschutzgebiet Rüedacherloch

# OBERFLACHS – REBBAUGEMEINDE IM SCHENKENBERGERTAL

Oberflachs ist ein kleines, idyllisches Weinbauerndorf im Herzen des Schenkenbergertals. Das Schenkenbergertal ist ein Ausläufer des Aaretales. Es liegt zwischen dem Aarelauf und der Staffelegg-Passhöhe. Am sonnigen Südhang wachsen fruchtige Trauben, die zu edlen Weinen verarbeitet werden. Am Fusse des Rebberges befindet sich eine prächtige Wohnlage. Im Dorfkern von Oberflachs stehen heute noch zwei Zehntenstöcke, einer dient als Wohnraum, der andere wird kulturell genutzt. Der Nordhang ist eine Juralandschaft mit Wäldern und Wiesen.

**Einwohner:** 440
**Erste Erwähnung:** 1301 «Obren Flacht». Bedeutung: bei der oberen flachen Stelle
**Besonderheiten:** Schloss Kasteln, Zehntenstock, Gisliflue, Weinbau
**Verkehrsverbindungen:** Postauto ab den SBB-Bahnhöfen Brugg und Wildegg. Mit dem Auto 9 km von Brugg über die linke Aaretalstrasse

## VIER SEHENSWÜRDIGKEITEN
### Schloss Kasteln

Schloss Kasteln liegt im Westen von Oberflachs und ist ein Schulheim für Kinder mit besonderen pädagogischen Bedürfnissen. In vier Wohngruppen werden für 32 Kinder Plätze angeboten. Ein Team von jeweils vier bis sechs Sozialpädagoginnen und Sozialpädagogen begleitet und fördert die Kinder, die in einer internen Sonderschule unterrichtet werden, ausserhalb der Schulzeit. Zum Schloss Kasteln gehört auch ein Landwirtschaftsbetrieb, der seit Frühling 2002 verpachtet ist. Alle Gebäude – Schloss und Gutsbetrieb – stehen unter Denkmalschutz. Auf Anfrage können Besichtigungen vereinbart werden. Weitere Auskünfte unter Telefon 056 443 12 05.

### Zehntenstock

Im alten Dorfteil von «Adelboden» erinnern zwei Zehntenstöcke mit einfach gemauerten Giebelbauten an die Zeiten der Landvögte. Auf dem

steinernen Torbogen steht einge-
meisselt die römische Jahrzahl 1720.
Dieses kleinere Gebäude ist heute
bewohnt. Der grössere Zehntenstock
mit dem hölzernen Stabgitter wurde
1732 erbaut. 1974 erwarb und renovierte die neu gegründete Vereinigung Pro Oberflachs das Gebäude.
Sie organisiert im Jahr drei bis vier
Bilderausstellungen, die jeweils mit
einer Vernissage eröffnet werden.
Die reformierte Kirchgemeinde Velt-
heim-Oberflachs geniesst das Gast-
recht für ihre regelmässigen Abend-
gottesdienste.

*Schloss Kasteln*

### Rebmauern
Bei einem Rundgang durch den
Oberflachser Rebberg können alte
Trockenmauern entdeckt werden.
Die Bruchsteinmauern bieten vielen
Eidechsenarten und Kleintieren Unterschlupf. Der Förderverein Schenkenbergertal unterstützt die Renovation und die Instandstellung dieser
schützenswerten Objekte. An den
Sonnenhängen des Rebbergs sind
die Rebmauern von Kasteln ein besonderer Anblick.

### Weinbau
Weine von seltener Güte zeugen
von den vortrefflichen klimatischen
Bedingungen dieser Gegend. Überzeugen Sie sich von der Qualität
der Oberflachser Weine aus den
weissen Rebsorten Riesling×Sylva-

ner, Kerner, Gewürztraminer, Sauvignon blanc, Seyval blanc, Semillon,
Solaris, Pinot blanc, Pinot gris, Kalina, Morio muskat sowie den roten Rebsorten Blauburgunder, Früh-
burgunder, Gamay×Reichensteiner,
Regent, Dornfelder, Dunkelfelder,
Rondo, Marechal foch, Baco noir,
Triumpf vom Elsass, Cabernet Sauvignon. Beim nächsten Ausflug ins
sonnige Schenkenbergertal gibt es
sicher Gelegenheit, die Rebensäfte
zu geniessen.

### HISTORISCHES
Ein Fund aus der jüngeren Steinzeit
(15 000 bis 2000 v. Chr.) auf dem Gemeindegebiet beweist die sehr frühe
Anwesenheit von Menschen in dieser
Gegend. Am 29. November 1301 verkaufte der Schenk Berchtold von Kasteln vor dem Brugger Stadtgericht
das Dorf Oberflachs mit Leuten, Ge-
richten und allen übrigen Rechten an
die Herren Albrecht von Mülinen und
Egbrecht Vetterli. Die Siedlung war
damals wie die ehemalige Doppelburg Kastel-Ruchenstein habsburgischer Besitz. Nach 1460 stand die hohe Gerichtsbarkeit der bernischen
Herrschaft Schenkenberg zu, die nieder den Twingherren von Kasteln. Mit
dem Untergang der alten Eidgenos-

*Zehntenstock, 1732*

senschaft und der Gründung des Kantons Aargau im Jahr 1803 erlosch auch der Machteinfluss von Kasteln. In der Nacht auf den 14. Juni 1817 zerstörte ein Brand einen grossen Teil des Dorfes. 15 Häuser wurden in kurzer Zeit in Asche gelegt, 25 Haushaltungen mit 150 Personen verloren damals ihr Hab und Gut.

## GASTRONOMIE UND FREIZEIT

*Gasthof Linde,* Saal und Säli, kleine Gartenwirtschaft.
*Familie Käser,* Bächlihof, Buschwirtschaft.

Gemeindeverwaltung
Telefon 056 443 11 46
www.brugg-online.ch
gemeindekanzlei@oberflachs.ch
– «Oberflachs und seine
  Geschichte», Dorfchronik
  1968/2000, 63 Seiten, reich
  illustriert (zu beziehen
  bei der Gemeindeverwaltung)

*Verschiedene Rebbaubetriebe* bieten ihre Weine in eigenen Degustationsräumen zum Verkosten an. Einige Landwirtschaftsbetriebe verkaufen ihre Produkte direkt ab Hof.

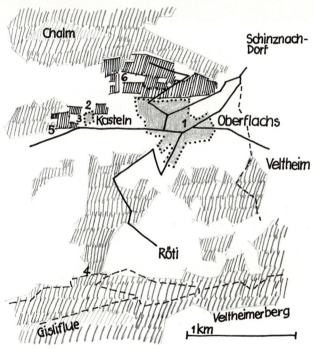

1 *Zehntenstock von 1732 (Galerie)*
2 *Schloss Kasteln*
3 *Ruine Ruchenstein*
4 *Naturfreundehaus Gisliflue*

5 *Schnäggehübel, mit Trockenmauern*
   *terrassiertes Rebgebiet (Reptilien)*
6 *Magerwiese im Rai*

# OBERHOF – AM FUSSE DES BENKERJOCHS

**Einwohner:** 540
**Erste Erwähnung:** 1630 «Ober-
hoff» (Urkunde der Stadt Laufenburg), Bedeutung: «das obere
Gehöft»
**Besonderheiten:** Geschlossene
Siedlung mit eindrücklich einheit-
licher Dachlandschaft, Eierleset
(jeweils am Auffahrtstag), ausgedehntes Flurwegnetz zum Wandern und Biken
**Verkehrsverbindungen:** Postautobuslinie Frick–Benkerjoch–Aarau.
Mit dem Auto: an der Benkenstrasse gelegen, nach Frick sind es
8 km und nach Aarau 10 km

Die Gemeinde liegt zuoberst im Talkessel, umschlossen von ausgedehnten Wäldern bis zur Wasserflue und
zum Teil noch dichtem Streuobst-
bestand in der Flur. Neben dem Obstbau sind in der Landwirtschaft die
Viehhaltung und die Spezialkulturen verbreitet. In den höheren Lagen
(Benken, Pilger, Harget und Schwe-
felschür) ist der Weidebetrieb von Bedeutung. Das örtliche Gewerbe ist vor
allem in den Baubereichen tätig. Zwei
Gewerbetreibende in Viehhandel und
Landtechnik haben überregionale
Bedeutung. Ein entscheidender Im-
puls für das Dorf war der Neubau der
Benkenstrasse, die 1977 eröffnet wurde und die neue Busverbindung direkt über das Benkerjoch nach Aarau
ermöglichte. Da Oberhof abseits der
Hauptstrasse liegt, ist es heute als
Wohndorf beliebt.

## VIER SEHENSWÜRDIGKEITEN
### Naturschutzgebiete

Im Gebiet der ehemaligen Waldro-
dung Strihen ist ein Naturschutzgebiet mit seltener Flora ausgeschieden.
Wenn die Wiesensalbei blüht, liegt ein
blauer Schimmer über dieser «Traum-
wiese». Sie ist direkt vom Jurahöhenweg Benkerjoch–Frick einsehbar. Dieser Wanderweg führt auch bei den
Stockmatthöfen vorbei, wo am Südhang jeweils schon im April die
Küchenschelle (Frühlingsanemone)
blüht. Eine mindestens aargauweite
Rarität. Die beiden Wittelweiher wurden 1976 angelegt und werden nur

mit Meteowasser gespiesen. Sie bilden inmitten der Waldklus ein ideales Feuchtbiotop. Rastplatz mit Feuerstelle sind im Nahbereich der Weiher vorhanden.

## Waldreservat

Im Gebiet «Einolte» und «Summerhalde» haben sich die Ortsbürger einvernehmlich mit dem Kanton für ein Waldreservat entschieden. Hier sind die weiten Buchenwaldflächen im Aargauer Jura erfahrbar und ein Stück Einsamkeit, die zwischen der Mittelland/Agglomeration Aarau und dem Raum Frick/Sisslerfeld diesem Juragebiet als besonderer Reiz innewohnt.

*Spätbarocker Altar in der St.-Josef-Kapelle*

## Historische Grenzsteine

Am Weg zwischen den Stockmatthöfen und dem Benkerjoch steht der alte «Bernerstein». Hier verläuft die Grenze zwischen dem Berner Aargau (Bezirk Aarau) und dem Fricktal (Bezirk Laufenburg).

Auf der Salhöhe bezeichnet der Dreiländerstein den Punkt, an dem vor 1802 die Territorien der eidgenössischen Stände Bern und Solothurn mit

dem vorderösterreichischen Fricktal zusammenstiessen. Ein markanter Grenzstein aus dem Jahre 1628 findet sich auch auf dem Strihengrat.

## St.-Josef-Kapelle

In der 1818/19 errichteten St.-Josef-Kapelle in der Dorfmitte findet sich ein spätbarocker Altar. Die Kreuzigungsgruppe stammt vom bekannten Künstler-Duo, den Gebrüdern Heinrich und Melchior Fischer.

*Dorfpartie mit Vorgärten*

Gemeindekanzlei
Telefon 062 867 60 40
www.oberhof.ch
gemeindekanzlei@woelflinswil.ch
– «Zwei Dörfer – ein Tal», Heimat-
kundliche Betrachtung, 1991.
Seit über 30 Jahren erscheint
die Dorf-Jahreschronik, die
«Rückblende» (zu beziehen bei
der Gemeindekanzlei)

Fall ist. Bis 1803 bildete das Dorf –
wie der Name schon sagt, gruppiert
um den «oberen Hof» – einen Teil der
Gesamtgemeinde Wölflinswil. Oberhof wurde dann in den Wirren der aargauischen Kantonsgründung zusammen mit dem Weiler Benken von Wölflinswil abgetrennt und somit politisch
selbstständig.

## HISTORISCHES

Erstaunlicherweise wurde Oberhof
von den Bernern nicht erobert, wie
dies sonst an der gesamten Jura-
nordflanke mit Densbüren-Asp, dem
Talkessel von Bözen und Hottwil der

## GASTRONOMIE UND FREIZEIT

*Landgasthof Adler,* direkt an der Benkenstrasse, mit separatem Sitzungs-,
bzw. Essraum (Schloss-Saal genannt).
*Schützenhaus im Weidli* mit Schützenstube. Vermietung über Telefon
062 877 15 21.

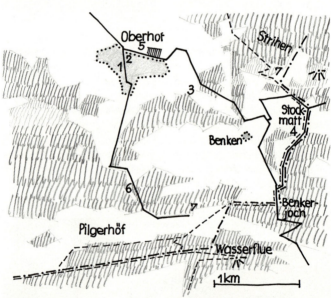

1 Barockkapelle St. Josef
2 Gasthof Adler
3 Schützenstube Weidli
4 Alter Benken-Grenzstein (1781)
5 Findling «Reben»
6 Weiher Wittel mit Rastplatz
7 Naturschutzgebiete Summerhalde und
  Strihen

# OBERHOFEN – IM HERZEN DES METTAUERTALES

Die Gemeinde liegt mitten im Mettauertal und reicht vom Laubberg bis beinahe an den Rhein. Das eigentliche Dorf befindet sich an der schmalen Talseite, an die sich dann weiter südlich die Gemeinde Gansingen anschliesst. Die mittlere Höhe des Dorfes beträgt 300 m über Meer, der höchste Punkt liegt auf 562 m über Meer auf Meiershalde. Zwischen dem tiefsten und dem höchsten Punkt befinden sich Hänge mit mittlerer bis starker Neigung. Im oberen Teil sind die meisten Hänge bewaldet, im unteren Teil werden sie landwirtschaftlich genutzt. Der Boden ist für die landwirtschaftliche Nutzung im allgemeinen gut geeignet; es wird vor allem Obstbau betrieben. Das schöne Tal mit einzelnen Rebhängen lädt zum Verweilen und Erholen ein. Wandernd oder mit dem Fahrrad kann die Gegend erkundet werden.

## SEHENSWÜRDIGKEITEN
### Steinsägewerk

In Oberhofen ist eine Steinsäge ansässig. Verarbeitet wird hier so ge-

**Einwohner:** 320
**Erste Erwähnung:** 1705 «Oberhoffen» (Laufenburger Urkunde)
**Besonderheiten:** Sandsteinsägewerk
**Verkehrsverbindungen:** Postautolinie Brugg–Mettau–Laufenburg (verkehrt im Stundentakt, Linie 142, Fahrplanfeld 700.35). Kantonsstrasse über den Bürersteig nach Brugg und an den Rhein nach Laufenburg (8,5 km)

nannter Schilfsandstein aus der Triaszeit (ca. 210 Mio. Jahre). Der Steinbruch befindet sich allerdings im Gansinger Gemeindebann, unmittelbar an der Grenze zu Oberhofen, im Gebiet Röth. Die Streifen des rötlich-grünen Sandsteines stammen von fossilem Riesenschachtelhalm und nicht von Schilf, wie der Name des Sandsteines annehmen lässt. Der Oberhöfner Schilfsandstein ist weit über das Fricktal hinaus bekannt und wird auch exportiert. Er wird vorwiegend im Kunst- und Ofenbau sowie für Cheminéeanlagen verwendet. Der Oberhöfner Sandstein ist früher für Kreuzstöcke und Scheunentore in der unmittelbaren Nachbarschaft eingesetzt worden. Bekanntere Bauwerke wie die Laufenburger Kirche, ein stattliches Gebäude in Hottwil aus dem Jahre 1678 und die wundervolle Rokokokirche von Mettau sind mit Oberhöfner Sandstein ausgestattet. Der heutige Steinbruch wurde durch den Grossvater der jetzigen Inhaber, der Gebrüder Obrist, eröffnet. Früher baute man den Stein in zwei Brüchen im Gemeindebann Oberhofen ab.

## Alter Gipsabbau

In den weichen Keupermulden im Mettauertal wurde früher Gips abgebaut, der besonders als Düngemittel verwendet wurde. In Oberhofen gab es von 1880 bis 1902 unter dem Munibuck, südöstlich des Dorfes, eine Gipsgrube. Diese ist heute leider grösstenteils überwachsen. Verarbeitet wurde der Gips in der Gipsstampfi. Bis zu 30 Arbeitskräfte wurden bei der Gipsgewinnung einge-

setzt. 1903 musste die Gipsgrube wegen wirtschaftlicher Probleme geschlossen werden.

Erst im Jahr 1964 entschied sich die Gemeinde für das heutige Wappen, welches auf das Steinhauergewerbe hinweist. Es zeigt auf gelbem Grund die ältesten Steinhauerwerkzeuge, einen schwarzen Zweispitz und zwei gekreuzte Handfäustel. Das Wappen erinnert somit an das für Oberhofen heute noch wichtige alte Gewerbe.

### HISTORISCHES

Der Fund römischer Münzen auf Oberhöfner Gebiet belegt die Anwesenheit der Römer in dieser Gegend. Oberhofen wurde erst 1832 von Mettau abgetrennt und politisch selbständig. Bis zu diesem Zeitpunkt teilte es die Geschichte mit Mettau und damit bis 1803 auch jene der Stadt und der Herrschaft Laufenburg. Mettau bildete damals mit den heute eigenständigen Gemeinden Schwaderloch, Etzgen, Wil und Oberhofen eine einzige Gemeinde. Oberhofen gehörte zum Dinghofgerichtskreis Mettau des adligen Damenstifts Säckingen.

*In der Steinsäge wird Schilfsandstein verarbeitet*

*Fossiler Riesenschachtelhalm*

Gemeindeverwaltung
Telefon 062 867 20 30
gem.oberhofenag@bluewin.ch

**GASTRONOMIE UND FREIZEIT**
Leider gibt es in der Gemeinde Oberhofen seit 1985 *keine Gastwirtschaft*
mehr.
*Saal* im umgebauten und neu renovierten Gemeindehaus.

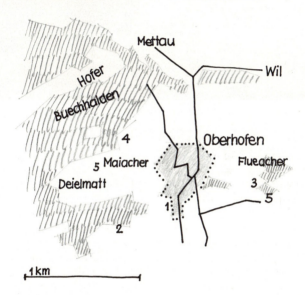

1 Sandsteinsägewerk Gebrüder Obrist
2 Schilfsandsteinbruch Röt
3 Alte Gipsgrube (Keuper, beim Schiess-
stand)
4 Alter Plattensteinbruch (Trigonodusdolomit)
5 Naturschutzgebiete Hasenmatt und
Maiacher

# OBERMUMPF – ATTRAKTIVE WOHNLAGE UND VIELFÄLTIGE NATUR

**Einwohner:** 1042
**Erste Erwähnung:** 1302/04 «Obermumphier» (Pfarreienverzeichnis des Bistums Basel)
**Besonderheiten:** Obermumpf liegt im Schnittpunkt mehrerer Wanderrouten und hat bedeutende Pflanzenschutzreservate, spätbarocke Pfarrkirche
**Verkehrsverbindungen:** Postautolinie Möhlin–Mumpf–Schupfart, Linie 90, Fahrplanfeld 700.20. Ortsverbindungsstrassen nach Mumpf und Schupfart.
A3-Anschluss in Eiken (5 bis 7 Minuten)

Mit Mumpf und Schupfart zusammen gehört Obermumpf zum Fischingertal. Der Name Fischingertal geht auf Johann Baptist Ignaz Fischinger (1768–1844) zurück. Nach dem Anschluss des Fricktals an den Aargau 1803 wurde Fischinger erster aargauischer Oberamtmann (Bezirksamtmann) des Bezirks Rheinfelden. Im gleichen Jahr hatte er das Bürgerrecht von Mumpf erworben. Gemäss der Überlieferung hatte er den Bach gepachtet, der später seinetwegen Fischingerbach genannt wurde.

## Vielgestaltige Topografie und Pflanzenkleid

Die beiden Talseiten von Obermumpf unterscheiden sich stark. Die südwestexponierte «Sommerseite» bietet attraktive Wohnlagen. Sie beherbergt floristisch reichhaltige Trocken- und Magerstandorte und Reben. Die tiefgründigen, tonhaltigen Böden der «Winterseite» werden landwirtschaftlich intensiv genutzt. Beide Talflanken werden in ihren oberen Partien von Wald gesäumt. Die Wälder stocken auf Muschelkalk. So wie die Schichten allmählich nach Südosten abfallen, steigt auch der Wald ins Tal hinunter. Im Gebiet der Schupfarter Mühle erreichen die Schichten und damit auch der Wald den Talboden. Ein geomorphologisch bemerkenswertes Objekt stellt die Verwerfung im Gebiet der Trumleste dar. Hier hat sich ein Grabenbruch ereignet. Die Muschelkalkschichten sind versunken. Im Grabenbruch haben sich Ablagerungen des Keupers erhalten, während sie auf der Fluh und auf dem Eikerberg fast vollständig abgetragen sind. Der Graben findet seine Fortsetzung im Jättetal südlich des Dorfes, einem kühlen Waldtälchen mit reicher Farnflora.

## VIER SEHENSWÜRDIGKEITEN
### Die Mumpferflue
Im Gemeindebann von Obermumpf liegt die Mumpferflue, ein bekannter Aussichtsberg und ein beliebtes Schulreiseziel, mehr als 200 Meter über dem Rhein. Man glaubt, fast senkrecht über dem Fluss zu stehen. Der Blick geht weit stromauf- und abwärts und über Bad Säckingen hinüber zum Hotzenwald.

### Reservate
Im Zuge der Güterregulierung konnten vier Reservate geschaffen werden: Weiher- und Feuchtbiotop: Steimatt-Heltler; Magerwiesen: Bermfelse, Malzrüti, Studematt.

### Waldlehrpfad
Er beginnt am Waldrand östlich der Chürzi. An der südwestexponierten Partie geben wärmeliebende Gehölze und Pflanzen dem Waldrand einen mediterran anmutenden Aspekt. Die Fortsetzung führt hinter die Fluh in einen schattigen, kühlen Bereich. Bemerkenswert ist hier der unter Schutz stehende Hirschzungen-Ahornwald mit seinen ausgedehnten Beständen an Hirschzungenfarn.

### Christkatholische Pfarrkirche
Das heutige Gotteshaus stammt aus dem Jahr 1738 (Turm von 1494) und besitzt einen bemerkenswerten farbigen Deckenschmuck im Régence-Stil sowie hübsche Rokoko-Altäre.

Der Anfang der 1870er-Jahre ausgebrochene Kulturkampf erfasste auch Obermumpf und führte zur Bildung der christkatholischen Kirchgemeinde Obermumpf-Wallbach, welcher die Dorfkirche zufiel. Die moderne Kirche der römisch-katholischen Kirchgemeinde wurde 1962 geweiht; sie verfügt über eine wertvolle Josefsstatue aus der Übergangszeit vom Rokkoko zum Klassizismus.

## HISTORISCHES
Das Dorf gehörte zur frühen Ausstattung des im 7. Jahrhundert gegründeten Klosters Säckingen, das in Obermumpf auf dem Areal eines ehemaligen römischen Gutshofes ein den Aposteln Petrus und Paulus geweihtes Kirchlein errichtete. Im Laufe des Spätmittelalters löste sich das Dorf aus dem stift-säckingischen Grundherrschaftsverband und geriet unter den Einfluss der Habsburger, die Obermumpf der Vogtei Eiken zuteilten. Das Stift Säckingen blieb jedoch bis 1803 Patronatsherr der Obermumpfer Kirche und besass hier zudem umfangreiche bodenzinspflichtige Güter. Nebst der Landwirtschaft bildete vor allem im 18. und 19. Jahrhundert der Rebbau die wich-

*Dorfplatz mit Brunnen*

Gemeindeverwaltung
Telefon 062 873 14 09
gde.obermumpf.ag@bluewin.ch
– Dorfchronik: «Obermumpf –
  Ein Dorf im Wandel der Zeit»,
  320 S., 2002, reich illustriert,
  zu beziehen bei der Gemeindeverwaltung

tigste Einkommensquelle der Dorfbewohner. In der zweiten Hälfte des
20. Jahrhunderts wurde das Bauerndorf zu einer beliebten Wohngemeinde, was zu einem markanten Anstieg
der Einwohnerzahl führte.

## GASTRONOMIE UND FREIZEIT

*Auf der Mumpferflue in der warmen
Jahreszeit jeweils am Sonntag Wirt-
schaftsbetrieb.*

*Gasthaus Engel* mit Sälchen für 30
und 60 Personen, Doppelkegelbahn,
grosse Gartenwirtschaft.

*Restaurant Rössli* mit Sälchen für
20 und Saal für 70 Personen, schöne
Gartenwirtschaft.

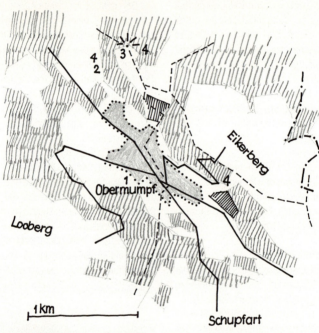

1 Christkatholische Pfarrkirche (1738)
2 Waldlehrpfad
3 Mumpferflue mit Überresten
  eines Refugiums (Abschnittsgraben
  unbekannter Zeitepoche)

4 Naturschutzgebiete Mumpferflue,
  unterem Berg und Chürzi

# OESCHGEN – SCHMUCKER ORTSKERN MIT SCHÖNAUER-SCHLÖSSLI

Die Gemeinde Oeschgen liegt an bevorzugter Wohnlage nördlich der Zentrumsgemeinde Frick. Markant ist der gut erhaltene kompakte Ortskern. Im Zentrum der Gemeinde finden sich das historische Schlössli (Baujahr 1597) sowie Kirche, Gemeindehaus und Post. In den letzten Jahren wuchs das Dorf vor allem im neu erschlossenen Gebiet Mühlerain. Dank der gut ausgebauten Kantonsstrasse Frick–Eiken ist der Hauptteil der Ortschaft nicht von einer Durchgangsstrasse betroffen, was sich positiv auf die Lebensqualität auswirkt.

**Intakte Natur**

Der naturnah belassene Starzlebach sucht seinen Weg vom Gebiet Chilholz durch das sogenannte Tal, bevor er im Ortskern in den Sisslebach mündet. Neben dem Starzlebach beherbergt das Tal eine Vielzahl von Amphibien und Hecken und bietet so unzähligen Tier- und Pflanzenarten einen Le-

**Einwohner:** 820
**Erste Erwähnung:** 1234 «Escecon»
**Besonderheiten:** Nördlich der Zentrumsgemeinde Frick gelegen, kompakter Ortskern, Zentrum mit historischem Schönauer-Schlössli, Velomuseum Theodor Frey, Circusmuseum und Winterquartier Circus Nock, Schwedenhaus, Rebbau an gut besonnter Südhanglage
**Verkehrsverbindungen:** Postautolinie Frick–Oeschgen (10 Kurse), Anschluss an die Schnellzugsverbindungen nach Basel und Zürich sowie die Postautokurse nach Aarau und Brugg. A3 Ein-/Ausfahrt Eiken und Frick je Richtung Basel und Zürich (je 5 Minuten)

bensraum. Oberhalb des Gebietes Chilholz ist eine Orchideenwiese zu finden, die vom örtlichen Natur- und Vogelschutzverein gepflegt wird. Oeschger Flur und Wald bieten einen einmaligen Naherholungsraum, der sowohl zu einem ruhigen Spaziergang wie auch zu anderen Freizeitaktivitäten einlädt. Charakteristisch ist ein abwechslungsreiches Landschaftsbild mit einer reichen Natur, die durch Hecken in hügeliger Umgebung geprägt ist.

## Rebbau

Auf einem Gebiet von rund 7,5 ha pflanzen zwei Dutzend Winzer zumeist nebenberuflich Reben an. Die meisten Winzer sind Mitglieder im Rebbauverein, der 1977 gegründet wurde. Nebst dem Blauburgunder als Spitzenreiter werden auch Riesling×Sylvaner, Gewürztraminer, Pinot gris, Gamay×Reichensteiner sowie Cabernet Sauvignon und Sauvignon blanc angepflanzt. Alle zwei Jahre findet ein Rebbaufest statt. Durch ständige Qualitätssteigerung machte sich der Oeschger Wein über die Gemeindegrenze hinaus einen Namen.

## VIER SEHENSWÜRDIGKEITEN
### Schlössli

Das im Jahr 1597 erbaute Schönauer-Schlössli wurde Anfang 1968 von der Einwohnergemeinde Oeschgen übernommen und renoviert. Besonders bekannt ist die Felderdecke, welche das Familienwappen der ehemaligen Besitzerfamilie Schönau zeigt. Das Schlössli, das heute unter Denkmalschutz steht,

*Schönauer-Schlössli*

beherbergte bis Ende 2001 die Gemeindeverwaltung sowie zwei Wohnungen, die durch die Gemeinde vermietet werden. Seit Anfang 2002 befindet sich die Gemeindeverwaltung im gleichen Gebäude wie die Post und die Feuerwehr in unmittelbarer Nachbarschaft zum Schlössli an der Mitteldorfstrasse.

### Velomuseum Theodor Frey

Theodor Frey sammelte zeit seines Lebens Fahrräder. Bei seinem Hinschied im Jahr 1996 hatte er über 100 verschiedenste Velos beisammen, die heute in der Zivilschutzanlage bewundert werden können. Die Museumsverwaltung erfolgt durch die Familie Heinz und Gaby Wieser (Telefon 062 871 42 36).

### Circusmuseum Nock

Nicht mehr aus Oeschgen wegzudenken ist der Circus Nock, der seit 1970 sein Winterquartier hier hat. Alain Flotiront, der Archivar und ehemalige Zeltmeister des Circus Nock, hat in jahrelanger Arbeit unzählige Exponate gesammelt, die im Winterquartier besichtigt werden können. Führungen können mit der Verwaltung des Circus Nock, Telefon 079 647 30 03, vereinbart werden.

### Schwedenhaus

Auf der Nordseite des Sisslebachs ist das unter Denkmalschutz stehende sogenannte Schwedenhaus zu finden. Das herrschaftliche Haus wurde um 1600 errichtet. Der Zahn der Zeit nagt zusehends am Gebäude, sodass im Jahr 1997 ein Notdach angebracht werden musste. Die weitere Nutzung des Gebäudes steht derzeit offen.

## HISTORISCHES

Funde im Gebiet Bündten lassen eine Siedlung der Spätbronzezeit um 1000 v. Chr. auf der Oeschger Südterrasse vermuten. Im Mitteldorf vis-à-vis des Gasthofs Schwanen konnten Spuren vorrömischer Besiedlung festgestellt werden. Die Funde belegen, dass die bevorzugte Wohnlage Oeschgens schon sehr früh erkannt wurde.

Gemeindekanzlei
Telefon 062 865 60 20
www.oeschgen.ch
gemeinde@oeschgen.ch
– Schlössli-Post (erscheint jährlich im Frühjahr)
– Oeschger Dorfbuch (erschienen 1997), zu beziehen bei der Gemeindekanzlei

## GASTRONOMIE UND FREIZEIT

*Gasthof Schwanen,* mit Saal (Dorfschüür) für ca. 100 Personen, grosse Gartenwirtschaft mit Kinderspielplatz, Boccia-Bahn und Kleintierzoo. *Trattoria Rustichello,* italienische Spezialitäten, Pizzeria, gedeckter Gartensitzplatz.
*Atelierhaus* Franziska Gloor, Malerin, und Mathies Schwarze, Töpfer.

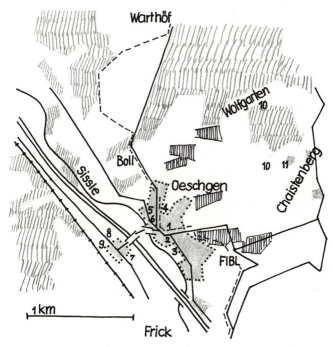

1 km

1 Schönauer Schlössli
2 Pfarrkirche
3 Gasthof Schwanen
4 Velomuseum
5 Schwedenhaus
6 Kunstatelier Gloor und Schwarze
7 Bildstöckli Nepomuk
8 Trattoria Rustichello Pizzeria
9 Winterdomizil Zirkus Nock mit Zirkusmuseum
10 Naturschutzgebiete Chaistenberg und Hanfgraben
11 Widder (historische Pumpmaschine)

**143**

# OLSBERG – DAS DORF IN ZWEI KANTONEN

**Einwohner:** 335
**Erste Erwähnung:** 1236 «Olsperg»
**Besonderheiten:** Kloster, Violenbach teilt das Dorf in AG und BL, Tiger auf der Sennweide
**Verkehrsverbindungen:** Postautolinie 100a Magden–Olsberg–Giebenach (nach Magden mit der Linie 100, Rheinfelden–Gelterkinden). Achtung: Am Sonntag verkehrt die Linie 100a nicht. A3 Fahrtrichtung Basel: Ausfahrt Rheinfelden über Magden nach Olsberg; Fahrtrichtung Zürich: Ausfahrt Augst über Giebenach nach Olsberg

«Ländli», das seit 1860 politisch zur Baselbieter Gemeinde Arisdorf gehört.

### VIER SEHENSWÜRDIGKEITEN
### Kloster

«Hortus Dei» – Garten Gottes, nannte der Orden der Zisterzienserinnen das Kloster in Olsberg, das 1234 erstmals urkundlich erscheint. Seit 1860 als «Staatliche Pestalozzistiftung» dem Kanton Aargau unterstellt, beherbergt es heute ein Erziehungsheim. Die prächtigen alten Gebäude stehen unter Denkmalschutz.

Abseits von grossen Durchfahrtsstrassen liegen Olsberg und sein Kloster eingebettet in das idyllische Violental. Die von Kirschbäumen übersäte Talmulde erstreckt sich von Giebenach her nach Nordosten. Die schöne Natur und die wunderbare Aussicht auf der Höhe locken zahlreiche Wanderer nach Olsberg. Der Violenbach trennt die politisch selbstständige Aargauer Gemeinde, das «Dorf» vom

*Dorfbrunnen*

144

Die Klosterkirche, ebenfalls dem Kanton Aargau unterstellt, steht allen drei Landeskirchen offen. Zur Tradition ist ein ökumenischer Gottesdienst am Heiligen Abend geworden.

### Alter Dorfkern
Gut in Stand gehaltene Bauernhäuser aus dem 16. bis 19. Jahrhundert prägen den Dorfkern. Der ehemalige Meierhof des Klosters ist das historisch bedeutsamste Haus. Erbaut im 16. Jahrhundert, fällt der Meierhof durch seine stattliche Dimension und das alte, gemauerte Stöckli als vorrangig auf.

### Tiger auf der Sennweide
Jeden Sonntag findet um 11 Uhr auf der Sennweide eine öffentlich kommentierte Probe von Tigern und Leoparden mit Dompteur Jürg Jenny statt. Jenny geht mit seiner Grosskatzenhaltung neue Wege, indem er seinen Tieren, anders als im Zirkus, weitläufige Gehege bietet und sie in Dressurstunden beschäftigt und fordert. Auf diese Weise entstand eine enge, freundschaftliche Beziehung zwischen Jürg Jenny und seinen Raubtieren. *Jeweils am Sonntag um 11 Uhr.*
*Für private Anlässe, Firmenausflüge, Schulklassen usw. nach Vereinbarung unter Telefon 061 811 15 70.*

### Rundwanderung
Auf der Höhe rund um Olsberg kann man auf einer Wanderung die wunderbaren Aussichten in den Schwarz-

*Klosterkirche*

wald, nach Basel und in die Rheinebene geniessen. *Wandervorschlag:* Öffentlicher Parkplatz beim Kloster. Überquerung des Violenbachs und Aufstieg am Waldrand bis zur Anhöhe, dann auf der Krete Richtung Sennweide (siehe auch *Tiger auf der Sennweide*) und von dort Richtung Dornhof. Vor dem Restaurant Dornhof links bis zum Hölzli. Auf dem Weg zurück zum Kloster wird ein Abstecher ins *Restaurant Rössli* am Dorfplatz empfohlen. Mehrere Ein-/Ausstiege auf den Rundweg sind möglich. Der Weg ist kinderwagentauglich.
*Ohne Auto:* Mit der Buslinie 100a oder vom Bahnhof Rheinfelden durch den Wald nach Olsberg spazieren.

### HISTORISCHES
Bereits aus der Jungsteinzeit, also etwa 2000 v. Chr., stammen die ersten Siedlungsspuren auf dem «Hölzli». Ziegel aus römischer Zeit lassen auf Villen und Einzelhöfe schliessen, die im 1. Jh. n. Chr. ausserhalb von Augusta Raurica erbaut wurden. Zur dauernd bewohnten Siedlung wurde Olsberg erst im 8. oder 9. Jahrhundert.

*Tiger auf der Sennweide*

Gemeindekanzlei
Telefon 061 841 13 63
christine.leuenberger@olsberg.ch
lotti.buergi@olsberg.ch
– Olsberger Nachrichten
  (erscheinen viermal pro Jahr)

Es erscheint als «Olsperg» 1236 erstmals urkundlich im Zusammenhang mit der Gründung des Zisterzienserinnen-Klosters. Der nördlich des Violenbachs gelegene Dorfteil gehörte vom 10. Jahrhundert an zur Grafschaft Rheinfelden und damit später zu Vorderösterreich. Die Häuser am südlichen Ufer, seit dem Frühmittel-alter Teil des Sisgaus, gingen 1461 an die Stadt Basel über. So liegt das Dorf auch heute noch in zwei Kantonen.

### GASTRONOMIE UND FREIZEIT
*Restaurant Rössli* am Dorfplatz, Säli für ca. 30 Personen.
*Vereinigung Hortus Dei* veranstaltet Konzerte in der Klosterkirche und kulturelle Ausstellungen im Pfarrhaus.
*Waldlehrpfad* (zusammen mit der Gemeinde Kaiseraugst). Die beiden Starts mit Informationstafeln befinden sich bei der Kalfonihütte Olsberg und bei der Roche in Kaiseraugst.

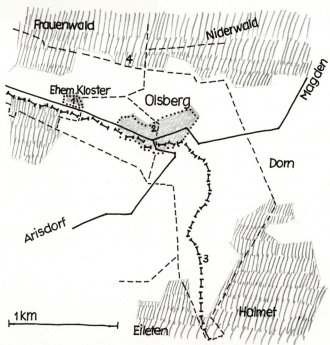

1 Ehemaliges Zisterzienserkloster
2 Meierhof (16. Jh.)

3 Tiger auf der Sennweide
4 Waldlehrpfad Kalfonihütte

# REMIGEN – EINGEBETTET ZWISCHEN BÖZBERG UND GEISSBERG

Remigen liegt unweit des bekannten Wasserschlosses (Zusammenfluss Aare, Reuss, Limmat) und ist aus allen vier Himmelsrichtungen erreichbar. Im einstigen Bauern- und Rebbauerndorf haben sich in den letzten Jahren verschiedene Gewerbe- und Fabrikationsbetriebe angesiedelt. Für Naturbegeisterte entpuppt sich der Geissberg als ein Eldorado in Bezug auf Vielfalt und Seltenheit in Fauna und Flora.

### VIER SEHENSWÜRDIGKEITEN
### Kirche St. Peter

In den Rebhängen von Remigen steht ein Kleinod mittelalterlicher Kirchenbaukunst, die 1347 urkundlich erstmals erwähnte, dem Apostel Petrus geweihte, ehemalige Filialkirche. Die Erbauung fällt ins 11. oder 12. Jahrhundert. Im Innern sind Wandmalereien aus romanischer Zeit erhalten. Ein Fenster in Glasmalerei, mit dem Petrusmotiv «Petrus mit erhobenem Mahnfinger und dem krähenden Hahn», ziert die Ostseite. Die Turmuhr

**Einwohner:** 1050
**Erste Erwähnung:** 1064 «Ramingen»
**Besonderheiten:** am Südfuss des Tafeljuras gelegen, umsäumt von schön gepflegten Weinbergen (naturnahes Weinerlebnis); romanisch-gotische Kirche, Zehntenhaus, Schulwandbild «Universum» von Wilhelm Schmid, alte Mühle, Zoo Hasel
**Verkehrsverbindungen:** Postautolinien von Brugg nach Gansingen und Mönthal. Mit dem Auto 10 Minuten von Brugg (6 km)

stammt aus der Werkstatt des berühmten Winterthurer Uhrmachers Laurentius Liechti. In einem Eckpfeiler des ganz aus Eisen gearbeiteten Werkes finden wir die Jahrzahl 1535 sowie seine Meistersignatur LL W und einen sechseckigen Stern. Aufgrund erheblicher Störungen wurde vor gut 20 Jahren der Einbau einer elektronischen Uhr realisiert. Das alte Uhrwerk ist jedoch an seinem ur-

*Kirche St. Peter*

gestreuten Schotterfeldern bietet Lebensraum für Reptilien, Rehe und Gämsen, welche sich bis zu den obersten Jurafelsen wagen. Diese verschiedenen Biotope bieten Gewähr für die Existenz vieler seltener, geschützter Tiere und Pflanzen, von denen etliche auf der Roten Liste stehen.

– Reptilien: Juraviper, Schlingnatter, Mauer- und Zauneidechse.
– Vögel: Rotmilan, Kolkrabe, Wanderfalke, Berglaubsänger.
– Schmetterlinge: Krainisches und Bergkronwicken-Widderchen, Kleiner Waldportier, Waldteufel, Kaisermantel, Russischer Bär.
– Pflanzen: Flaumeiche, Felsenmispel, Speierling, Alpengeissblatt, Graufilzige Primel, Trauben- und Berggamander, Bergkronwicke, 23 verschiedene Orchideenarten.
– Pfeifengras-Föhrenwald.

## Der Freiberger – ein Pferd für alle Fälle

Im Oberen Itelen macht ein Zucht- und Ausbildungsstall für Freiberger auf sich aufmerksam. Der Freiberger als einzige urtümliche Schweizer Pferderasse ist heute der letzte Vertreter des leichten Kaltblutpferdes in Europa. Die wohl hervorstechendste Eigenschaft dieser Pferde ist der ausgezeichnete Charakter wie auch ein ruhiges, freundliches Wesen, Nervenstärke und Verlässlichkeit. Der Freiberger eignet sich daher sowohl als Fahr- und Reitpferd (Wettkämpfe/Fahrturniere) wie auch als Freizeitpferd.

### HISTORISCHES

Der Ortsname «Remigen» wird im Zusammenhang mit dem Hof Rein erstmals 1064 erwähnt. Der Hof Rein war ein stattliches Geschenk, welches die elsässische Benediktinerabtei Murbach aus dem fränkischen Königsgut

sprünglichen Standort verblieben. Ein Merkmal der Dynastie Liechti ist auch das schöne Zifferblatt mit nur einem Zeiger, in vergoldeter Ausführung mit Sonne und Mond. Seit 1999 klingt eine zweite Glocke aus dem Käsbissenturm. Sie trägt die Inschrift: «Geh' mit der Zeit, aber vergiss nicht, wohin du willst».

## Rebberg als Lebensraum

Schon sehr früh hat der Rebbau in Remigen Fuss gefasst. Er erreichte um 1870 seine grösste Ausdehnung, um dann mit dem Auftreten der gefürchteten Reblaus im Jahre 1907 sehr rasch abzusinken. Auf der verbliebenen Fläche wird der integrierten Produktion grösste Aufmerksamkeit geschenkt. Um den strengen Richtlinien von Vinatura gerecht zu werden, ist eine umweltschonende und naturnahe Produktion Bedingung.

## Natur pur – vom Sonnenberg zur Bürersteig

Über dem Dorfe schliessen südexponierte Magerwiesen, Reben und ein Waldrand das Kulturgelände ab. Der steile, teils lückenhafte Wald mit ein-

erhielt. Als Hof bezeichnete man nicht nur einen Bauernhof, sondern die Grundherrschaft über das ganze Gebiet. Als Grundherr besass der Fürstabt von Murbach umfassende Hoheitsrechte. Eine ganz besondere Bedeutung hatte der Hof Rein durch seine Lage an der uralten Handelsstrasse, die über den Bözberg führte und Frankreich und die Westschweiz mit Süddeutschland verband. Zum Hof Rein gehörte auch die Kontrolle über die Aareübergänge bei der Freudenau und von Brugg. Bis in die heutige Zeit hat sich in Remigen der Name Säumerweg erhalten, der vom Bözberg herkam und unten bei Stilli

Gemeindeverwaltung
Telefon 056 297 82 82
www.remigen.ch
gemeindekanzlei@remigen.ch
– Dorfzeitung

mittels einer Fähre die Aare überquerte.

### GASTRONOMIE UND FREIZEIT

*Gasthof Bären* mit Hotellerie.
*Restaurant Märki.*
*Restaurant und Zoo Hasel.*
*Weinbau Hartmann:* Rebberg- und Kellerführungen, Degustation.
*Familie Joe Näf:* Fahrten mit Pferd und Wagen.

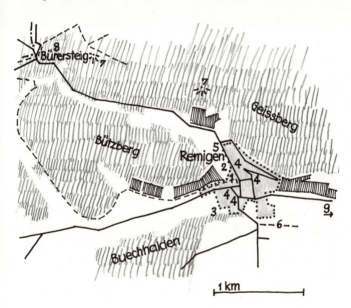

1 Kirche St. Peter (11./12. Jh.,
   mit romanischer Wandmalerei)
2 Zehntenhaus (spätgotischer Mauerbau)
3 Ehemalige Mühle (1637/1760)
4 Bauernhäuser (19. Jh.)
5 Dorfbrunnen aus Muschelkalk (1871)

6 Alter Säumerweg
7 Aussichtspunkt Rütifels und
   Chamerefels
8 Naturschutzgebiet Stieremmatt,
   Bürersteig
9 Zoo Hasel

# RINIKEN – ATTRAKTIVE WOHNGEMEINDE IN STADTNÄHE

**Einwohner:** 1400
**Erste Erwähnung:** 1253 als «Hof Rinichon in monte Boceberc» (Urkunde des Klosters Wettingen)
**Besonderheiten:** Naturschutzgebiet Krähtal, Ruine Iberg
**Verkehrsverbindungen:** Postautoverbindungen ab SBB-Bahnhöfen Brugg und Laufenburg

Das Juradorf liegt eingebettet in einem kleinen Tal zwischen den bewaldeten Anhöhen des Iberges im Westen und des Bruggerberges im Osten. Der alte Ortskern mit einfachen Häusern unter hochaufragenden Steildächern ist heute umrahmt von Ein- und Mehrfamilienhäusern. Das Neuquartier mit vielen Einfamilienhäusern und einigen Mehrfamilienhäusern bildet architektonisch und ortsplanerisch eine selbständige Einheit. Wegen der Nähe zur Stadt Brugg, dem ländlichen Charakter und der Ruhe abseits der Hauptverkehrs-

strassen wird Riniken als Wohngemeinde sehr geschätzt. Daneben haben sich in den letzten Jahren aber auch einige Gewerbe- und Dienstleistungsbetriebe niedergelassen. Vom ehemaligen Bauerndorf ist nicht mehr viel übrig geblieben. Das Kulturland wird heute nur noch von einer Handvoll Landwirten bewirtschaftet, die mehrheitlich ausserhalb des Dorfes angesiedelt sind.

## VIER SEHENSWÜRDIGKEITEN
### Ländliches Ortsbild

Mit entsprechenden Dorfzonenvorschriften konnte das herkömmliche Ortsbild mit seinen stattlichen Bauernhäusern entlang der Hauptstrasse im alten Dorfteil weitgehend erhalten werden. Besonders zu erwähnen ist das 400 Jahre alte «Märkihaus», ein typischer Aargauer Vielzweckbau mit einem mächtigen Giebeldach über einer imposanten Hochstudkonstruktion. Auch der «Hirschen», ein ehemaliges Wirtshaus aus dem 17. Jahrhundert, prägt als sehr dominantes Gebäude das Dorfbild.

### Ruine Iberg

Auf dem nördlichen Ausläufer des Ibergs findet man eine Burgruine. Über die Burg und ihre Bewohner liegen keine schriftlichen Nachrichten vor. Informationen zu ihrer Bau- und Siedlungsgeschichte lieferten die 1997 durchgeführten archäologischen Untersuchungen. Die Gründung der Burg geht vermutlich auf das 11. Jahrhundert zurück. Sie wurde wahrscheinlich von den Grafen von Habsburg als herrschaftlicher Mittelpunkt einer ausgedehnten Rodungszone am Bözberg gegründet. Von der Ruine ist heute nicht mehr viel zu sehen. Ein Mauerüberrest wurde restauriert. Aufgrund der Grabungsergebnisse konnte die Burganlage einigermassen rekonstruiert werden. Eine Tafel am Ruinenstandort gibt darüber Auskunft.

### Naturschutzgebiet Krähtal

Wegen der militärischen Belegung blieb das Areal des Schiessplatzes Krähtal vor einer intensiven landwirtschaftlichen Nutzung weitgehend verschont. Heute ist es ein Naturschutzgebiet von kantonaler Bedeutung. Ein Pflegekonzept sorgt dafür, dass die vielfältigen Tier- und Pflanzenarten erhalten bleiben. Die Besonderheiten des «Chrendels» werden wie folgt beschrieben: Abwechslungsreich gegliederte Landschaftskammer mit Magerwiesen, Hecken, Trockenmauern und Obstbaumbeständen, auf drei Seiten von Wald umgeben.

### Kirchliches Zentrum Lee

Das 1978 gebaute Zentrum Lee ist ein Flachdachbau in Sichtmauerwerk mit separatem Glockenturm. Es steht auf dem Lee und damit auf dem höchsten Punkt des alten Dorfteils. Das Haus gehört der reformierten Kirchgemeinde Umiken, wird aber ebenfalls von der katholischen Kirchgemeinde Brugg-Nord und von der Einwohnergemeinde regelmässig benützt. Es ist zu einem wichtigen Begegnungszentrum geworden. Neben Gottesdiensten finden im «Lee» auch kulturelle Veranstaltungen, Versammlungen und vieles mehr statt.

*Märkihaus mit Hochstudkonstruktion*

Gemeindeverwaltung
Telefon 056 441 14 16
www.riniken.ch
gemeindeverwaltung@riniken.ch
– «Geschichte der Gemeinde
  Riniken» (von Karl Obrist und
  Dr. Martin Vögtli)

## HISTORISCHES

Der Name Riniken geht vermutlich auf den alamannischen Personennamen «Rino» zurück. Im 13. Jahrhundert wurde die hohe Gerichtsbarkeit in Riniken von der Herrschaft Habsburg-Österreich ausgeübt, wobei das Niedergericht in den Händen von Dienstleuten lag, die zeitweilig auf der heute fast gänzlich verschwundenen Burg Iberg residierten. Später gelangten die meisten Güter in Riniken in den Besitz des habsburgischen Haus- und Gedächtnisklosters Königsfelden, das bis 1528 auch «Twing und Bann», also die niedere Gerichtsbarkeit, über das Dorf ausübte. Ab 1460 bis 1798 unterstand Riniken der Landeshoheit von Bern und gehörte zum Amt Schenkenberg.

### GASTRONOMIE UND FREIZEIT

*Restaurant Tannegg:* Speiserestaurant mit Säli (www.tannegg-riniken.ch). *Laden-Galerie Doppel-Bogen,* Kunsthandwerk.

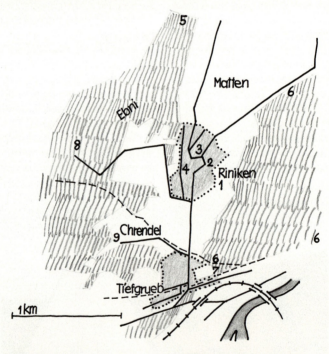

1 Kirchliches Zentrum Lee
2 Hirschenplatz mit Sodbrunnen
3 Märkihaus (Hochstudkonstruktion, 17.Jh.)
4 Alter Rothausbrunnen von Brugg (1865)
5 Burgruine Iberg, Grillplatz und Aussichtspunkt
6 Alte Grenzsteine aus der Bernerzeit (1773)
7 Stäbliplatz
8 Waldhaus Ebni
9 Militärschiessplatz «Chrendel» (Krähtal), Naturschutzgebiet

# RÜFENACH – MIT DEN ORTSTEILEN RÜFENACH, HINTERREIN UND VORDERREIN

Rüfenach ist in seinem Wesen ein Bauerndorf geblieben. Neben Ackerbau und Viehzucht spielen Obst- und Weinbau eine bedeutende Rolle. Die Rüfenacher besitzen an bester Südhanglage am Geissberg und vom Hasel bis zum «Boden», allerdings bereits im Gemeindebann von Remigen gelegen, wieder einen geschlossenen Rebberg von 12,5 ha Grösse und stehen damit flächenmässig an siebter Stelle unter den aargauischen Rebbaugemeinden. Angebaut werden unter anderem Riesling × Sylvaner und Blauburgunder. Der Rüfenacher Wein hat bei Liebhabern einen guten Namen.

**Einwohner:** 720
**Erste Erwähnung:** 1227 «Rufinach» (Urbar des Klosters Wettingen)
**Verkehrsverbindungen:** Busverbindungen nach Brugg (Buslinie Brugg–Mönthal)
**Besonderheiten:** Naherholungsgebiet der Region Brugg zwischen dem Bruggerberg und dem Geissberg. Ideal für leichte Wanderungen

### VIER SEHENSWÜRDIGKEITEN
#### Kirche Rein
Eine Sehenswürdigkeit ist die bekannte Kirche Rein, die mit ihrer besonderen Lage über dem Wasserschloss von weit her sichtbar ist. Eine erste, St. Leodegar geweihte Kirche dürfte bereits im 9. Jahrhundert bestanden haben.

Mitte des 19. Jahrhunderts war sie aber nicht nur zu klein geworden, sondern baulich in einem so schlechten Zustand, dass man sich für einen Neubau entschied. Die heutige, imposante Kirche mit neuromanischen und neugotischen Elementen wurde am 5. Mai 1864 eingeweiht.

#### Wasserschlossblick
Ein Besuch des «Wasserschlossblickes» auf dem Bruggerberg mit seiner unvergleichlichen Aussicht lohnt sich immer.

*Kirche Rein*

### Der Blaue Engel

Sehr bekannt ist der «Blaue Engel», das Restaurant Vogt. Es handelt sich um die ehemalige Untervogtei und ist eines der ältesten Häuser Rüfenachs (erbaut 1604).

### Zoo Hasel

Obwohl der beliebte Kleinzoo im Gemeindebann Remigen liegt, wird er stets als «Zoo Hasel, Rüfenach» genannt. Er gehört aber nur postalisch zur Gemeinde Rüfenach. Der Zoo mit exotischen Wildtieren ist ein beliebtes Ausflugsziel, dem auch ein attraktives Restaurant angegliedert ist. Der Zoo ist besonders bei Schulklassen beliebt und ist ein dankbares Ausflugsziel für Familien.

### HISTORISCHES

Der Ortsname Rüfenach mit der typischen Endsilbe «ach» dürfte auf galloromanische Besiedlung hinweisen. Eine neolithische Axt und eine römische Villa bezeugen ebenfalls die frühe Besiedlung des Gebietes. Im Mittelalter gehörte Rüfenach zum Dinghof Rein, der wiederum dem Benediktiner Klosterstaate Murbach-Luzern unterstellt war. 1291 kamen die Habsburger in den Besitz des Hochgerichtes. Das Niedergericht war bereits im 13. Jahrhundert im Besitz der Schenken von Wildegg (Gefolgsleute von Habsburg), ging dann 1246

*Blick auf Vorderrein mit Kirche*

an das Kloster Wettingen über. 1460 kam Bern in den Besitz der Hoheitsrechte. 1598 erwarb Bern über die «von Effingern auf Wildegg» auch die Twingrechte (dörfliche Gerichtsrechte). Die Gemeinde Rüfenach besteht in ihrem heutigen Umfange aber erst seit etwas über 100 Jahren. Auf den 1. Januar 1898 sind durch grossrätliches Dekret die bisher selbstständigen Gemeinden Rüfenach und Rein, das seinerseits wiederum aus den Dorfteilen Vorder- und Hinterrein besteht, verschmolzen worden. Die damals selbstständigen Teilortschaften sträubten sich heftig gegen eine Vereinigung. Als aber selbst Beschwerden ans Bundesgericht nichts fruchteten, fügten sie sich grollend. Heute ist von den einstigen Querelen nichts mehr zu spüren, denn Rüfe-

Gemeindekanzlei
Telefon 056 284 16 12
info@ruefenach.ch
www.ruefenach.ch
– Dorfchronik des Historikers Max Baumann «Rein und Rüfenach. Die Geschichte zweier Gemeinden und ihrer unfreiwilligen Vereinigung» (zu beziehen bei der Gemeindekanzlei Rüfenach).

nacher und Reiner verstehen sich jetzt ausgezeichnet.

### GASTRONOMIE UND FREIZEIT

Das *Restaurant Vogt* und die «*Heimat*» laden zu einem feinen Zobigplättli und einem guten Glas Rüfenacher ein.

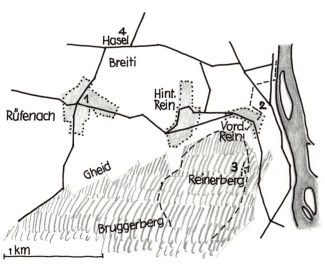

1 Altes Vogthaus und Restaurant Blauer Engel
2 Kirche Rein
3 Wasserschlossblick
4 Zoo Hasel

## SCHINZNACH-DORF – REBBAUGEMEINDE IM SCHENKENBERGERTAL

**Einwohner:** 1700 Einwohner
**Erste Erwähnung:** 1189 «predium schincennacho» (Urkunde des Klosters Muri)
**Besonderheiten:** Erstreckt sich vom Aaretal bis fast zuhinterst ins Schenkenbergertal. Die Reben prägen das Landschaftsbild. Sauserfreinächte mit Metzgete an drei Wochenenden im September und Oktober; Mittlere Mühle (geführte Besichtigungen); Erlebniswerkstatt Bäckerei für die Getreidesorten Emmer, Einkorn und Dinkel)
**Verkehrsverbindungen:** Postauto ab den SBB-Bahnhöfen Brugg und Wildegg

Wer Schinznach-Dorf mit dem Auto besuchen will, verlässt in Schinznach-Bad die Hauptstrasse im Aaretal und fährt in Richtung Staffelegg. Schon bald zeugt der markante Kirchturm vom nahen Ziel. Vom Bahnhof Schinznach-Bad kann Schinznach-Dorf in einer etwas mehr als halbstündigen Wanderung erreicht werden.

In Schinznach-Dorf ist nicht nur gut wohnen, arbeiten und einkaufen. Schinznach-Dorf und seine abwechslungsreiche Umgebung laden auch ein, sich zu erholen. Wandernd oder mit dem Fahrrad kann die vielseitige Gegend erkundigt werden. Die Sonnenhänge des Schenkenbergertales mit den gepflegten Rebbergen laden zu Spaziergängen ein. In den Jurawäldern oder entlang der Aare können Naturfreunde sich am Wechsel der Jahreszeiten erfreuen und die einheimische Pflanzen- und Tierwelt beobachten. Wer Überblick gewinnen will, ersteige an einem klaren Tag die 772 Meter hohe Gisliflue. Eine herrliche Aussicht auf das Dorf, die Alpen, auf Schlösser, Burgen und Ruinen wird die Mühe lohnen.

### VIER SEHENSWÜRDIGKEITEN
#### Weinbau

Verschiedene Rebbau- und Keltereibetriebe bieten ihre Weine in eigenen Degustationsräumen zum Verkosten an. Überzeugen Sie sich von der Qualität der Schinznacher Weine aus den traditionellen Sorten Riesling×Sylvaner (weiss), Blauburgunder (rot), oder den Spezialitäten Räuschling, Chardonnay, Charmont, Gewürztraminer, Kerner, Pinot gris (weiss), Gamay×Reichensteiner, Kalina, Dunkelfelder, Regent (blau), und Direktträger (für Traubensaft).

## Heimatmuseum

Weltweit einmalige Echinodermen-Ausstellung (versteinerte Seesterne, Seeigel und Seelilien) und ländliches Kulturgut aus Schinznach-Dorf, dem Schenkenbergertal sowie dem Kanton Aargau. Geöffnet jeden 1. Sonntag im Monat zwischen Mai und November von 10 bis 12 Uhr. Weitere Öffnungszeiten auf Anfrage bei Emil Hartmann-Zurflüh, Präsident (056 443 21 54) oder Dorothea Rothenbach, Museumsleiterin (056 443 25 04).

## Reblehrpfad

Der Start befindet sich beim Gemeindehaus (Wegweiser) und führt über eine Länge von rund 3 km durch Teile der Rebberge von Schinznach-Dorf. Bei einem Höhenunterschied von rund 100 m wird der Wanderer mit Informationstafeln über die Besonderheiten des Reb- und Weinbaus informiert.

*Informativer Reblehrpfad*

*Heimatmuseum*

## Baumschulbahn

Die Feldbahn mit einer Spurweite von 600 mm führt durch das Areal der Baumschule Zulauf AG. Sie wird betrieben vom Verein Schinznacher Baumschulbahn und nennt 9 Dampf- und 5 Diesellokomotiven ihr Eigen. Dampfbahnfahrten finden in der Zeit zwischen 14. April und 15. Oktober statt. Weitere Auskünfte sind erhältlich unter www.schbb.ch.

## HISTORISCHES

Bis 1938 gab es die zwei politischen Gemeinden Schinznach auf der linken und Birrenlauf auf der rechten Aareseite. Die berühmte Schwefelquelle wurde 1654 im Gemeindebann von Schinznach entdeckt, aber schon 1670 durch einen Laufwechsel der Aare verschüttet. 1691 wurde sie auf der rechten Aareseite, also im Gemeindebann von Birrenlauf, wieder entdeckt. Aber getauft ist getauft. Das Bad behielt den Namen Schinznach. Das im Jahre 1858 noch kleine Dorf Birrenlauf erhielt nur wegen des berühmten Bades eine Bahnstation mit dem Namen Schinznach-

Gemeindekanzlei
Telefon 056 463 63 15
gemeinde@schinznach-dorf.ch
www.schinznach-dorf.ch
- Eduard Gerber, Chronik von
  Schinznach-Dorf: «Die Entwick-
  lung einer ländlichen Gemein-
  de – 1975», Lerchmüller AG,
  Schinznach-Dorf
- «Die Nachlese»: Dörfliches
  Leben und Geschehen im
  Jahreslauf; jährlich seit 1992
- «Schinznach-Dorf – eine
  Bilderchronik»: Fotos aus der
  Vergangenheit – 1989,
  Gemeindekanzlei

Bad. Dies gab zu endlosen Verwechs-
lungen Anlass, sodass die Gemeinde
Birrenlauf nun seit 1938 Schinznach-
Bad und Schinznach den offiziellen
Namen Schinznach-Dorf trägt.

### GASTRONOMIE UND FREIZEIT

*Gasthof Bären* mit Hotellerie, Saal
und Säli.
*Restaurant zum Hirzen* mit 2 Säli.
*Restaurant Rebstock* mit Säli.
*Restaurant Röstifarm* mit grosser
Gartenwirtschaft.
*Restaurant Feldeck* mit Bar.
*Schwimmbad,* ungeheizt, geöffnet
von Mitte Mai bis Mitte September.

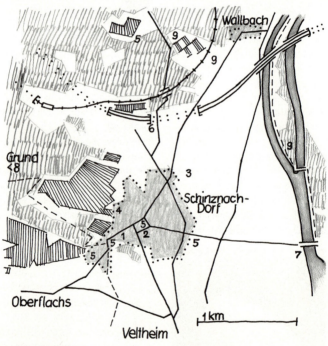

1 Heimatmuseum
2 Pfarrkirche (1779)
3 Baumschulbahn
4 Start Reblehrpfad
5 Degustationen

6 Kunst am Bau
7 Schwimmbad
8 Aussichtspunkt Grund (731 m ü.M.)
9 Naturschutzgebiete Chneublet, Wallbach, Schacheninsel

# SCHUPFART – DER MITTELPUNKT DES FRICKTALS

Die Gemeinde liegt in landschaftlich schöner und ruhiger Lage am Fusse des Tiersteinberges und am Ende des Fischingertales sowie an den Verbindungsstrassen Sissach–Eiken und Schupfart–Mumpf. Das Regionalzentrum Frick befindet sich rund sieben Autominuten entfernt. Die weite Landschaft lädt zu schönen Wanderungen ein. Vom Rastplatz auf dem Tiersteinberg aus kann der Gemeindebann gut überblickt und eine ausgezeichnete Rundsicht genossen werden.

## VIER SEHENSWÜRDIGKEITEN
### Römisch-katholische Pfarrkirche
Die Grundsteinlegung der Pfarrkirche St. Leodegar fand am 22. März 1796 statt. Die einfache Saalkirche hat klassizistische Altäre und eine zierliche Barockorgel. Wegen dem Einfall französischer Soldaten und dem Ausbruch einer Viehseuche musste der Bau bis 1800 unterbrochen werden. Vollendet wurde er 1803. Im Jahr 1994 wurde eine grosse Innenrenovation abgeschlossen.

**Einwohner:** 680
**Erste Erwähnung:** 1259
«Schuphart» = vorspringendes Gelände mit Waldgebiet umgeben
**Besonderheiten:** Oberste Gemeinde des Fischingertales; weites Flur- und Waldwegnetz, das zum Wandern einlädt; Aussichtspunkt Tiersteinberg, Flugplatz
**Verkehrsverbindungen:** Postautolinie Mumpf–Schupfart, A3 Ausfahrt Eiken (5 Minuten), Ortsverbindungsstrassen nach Obermumpf, Wegenstetten und Eiken

### Burghügel Herrain
Einen markanten Punkt im Dorf stellt der Burghügel Herrain dar. Dabei handelt es sich um einen künstlich aufgeschütteten Hügel, eine sogenannte Motte. Es wird davon ausgegangen, dass es sich um eine mittelalterliche Wehranlage aus der Frühzeit des Burgenbaus handelt. Auf dem kegelförmigen Hügel stehen vier grosse Linden, und wenn diese im Laub sind,

könnte man meinen, es handle sich dabei um einen einzigen grossen Baum.

## Nepomuk-Statue

Bei der Liegenschaft Nr. 51 an der Obermumpferstrasse steht in einer Rundbogennische eine spätbarocke Statue von Johann Nepomuk aus dem 18. Jahrhundert. Nach der Überlieferung fand diese Statue ihren Platz in diesem Gebäude als Dank dafür, dass es vom Dorfbrand verschont blieb, den französische Soldaten wegen Fahrlässigkeit am 13. Juni 1800 verursacht hatten. Damals wurden in Schupfart zwölf Häuser ein Raub der Flammen.

## Mittelpunkt des Fricktals

Das Fricktal – die heutigen Bezirke Rheinfelden und Laufenburg – gehörte bis zum Jahre 1801 zum vorderösterreichischen Kaiserreich. Von 1802 bis 1803 war es ein eigener, souveräner helvetischer Kanton mit eigener Verfassung und Wappen. Durch Napoleon Bonaparte wurde es 1803 dem damals neugeschaffenen Kanton Aargau zugeordnet. Der geografische Mittelpunkt des politischen Fricktals befindet sich im Gebiet Eichbüel.

### HISTORISCHES

Die geschützte, fast versteckte Lage des Tales hat schon früh Menschen angezogen. Aus der jüngeren Steinzeit gibt es Funde, die auf eine Siedlungsstelle schliessen lassen. In den 1930er-Jahren wurde im Tägertli ein grosser Grabhügel aus der älteren Eisenzeit (8. bis 5. Jahrhundert vor Christus) ausgegraben. Während der römischen Besatzung hat im Gebiet Staffel-Bettberg ein Gutshof gestanden.

*Geografischer Mittelpunkt des Fricktals*

Um das Jahr 1270 kam Schupfart zum Grafenhaus Habsburg-Laufenburg. In der österreichischen Zeit unterstand das Dorf dem sogenannten Homburger Vogtamt zu Frick. Die unmittelbar vorgesetzte Behörde war das Oberamt in Rheinfelden.

Den vorwiegend ländlichen Charakter – denn Bauernhöfe prägen heute noch das Dorfbild – hat Schupfart erhalten können.

## GASTRONOMIE UND FREIZEIT

*Restaurant Schwert* im Dorfzentrum mit Saal für 80, Sitzungszimmer für 30 und Apérokeller für 30 Personen. 1 Einzel- und 2 Doppelgästezimmer.

Gemeindeverwaltung
Telefon 062 871 14 44
www.festivalschupfart.ch

*Restaurant Air Pick, Flugplatzrestaurant:* Wintergarten für 50, Zelt für 30 und Gartenwirtschaft für 150 Personen, grosser Spielplatz.

*Flugplatz – ein Anziehungspunkt*

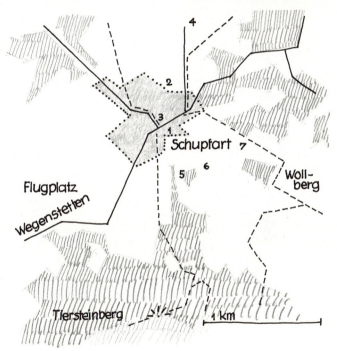

1 Pfarrkirche St. Leodegar (1796)
2 Burghügel Herrain (so genannte Motte, mittelalterlich)
3 Statue Johann Nepomuk
4 Mittelpunkt des Fricktals

5 Fatima-Kapelle
6 Bruder-Klaus-Bildstock
7 Naturschutzgebiete Gerengraben und Schönenbüel

# SCHWADERLOCH – MIT AUENWALD VON NATIONALER BEDEUTUNG

**Einwohner:** 658
**Erste Erwähnung:** 1318 «Swatterlo» (Lehensverzeichnis der Grafen von Habsburg-Laufenburg)
**Besonderheiten:** Einziger Auenwald im Fricktal, Grenzgemeinde zu Deutschland und zum Bezirk Zurzach
**Verkehrsverbindungen:** Postautolinie Koblenz–Döttingen–Laufenburg. An der Rheintal-Hauptstrasse Laufenburg–Koblenz (K 130)

Schwaderloch besteht aus einem oberen und einem unteren Dorfteil, die durch die Kantonsstrasse getrennt werden. Der obere Teil des Dorfes weitet sich mit dem neuen Baugebiet Wängi, der untere Teil – jenseits der Bahnlinie – in die Rheinebene aus. Oft wird das Dorf bei der Durchfahrt kaum wahrgenommen. Schwaderloch ist an der Rheintalstrasse die oberste Gemeinde des Bezirks Laufenburg. Das Dorf hat den ländlichen Charakter bewahrt und lädt gleichermassen zum Verweilen, Arbeiten, Wohnen und Ausruhen ein. Wandernd oder mit dem Fahrrad kann dem Rhein entlang die Gegend oder der Wald mit Spaziergängen erkundet werden. Die Nachbardörfer sind rasch erreichbar; ein Fussgängersteg hinter dem Schweizer Zollhäuschen ermöglicht den Grenzübertritt nach Deutschland in weniger als einer Viertelstunde.

## VIER SEHENSWÜRDIGKEITEN
### Auenwald von nationaler Bedeutung

Direkt am Rhein, im Rossgarten, wächst der einzige Auenwald des Fricktals. Er ist von nationaler Bedeutung. Als Stätte des geselligen Zusammenseins wurde eigens eine Grillstelle eingerichtet.

### Bürgeli

Halbwegs zwischen dem Rossgarten und der Station Schwaderloch befindet sich am Rand eines alten Rheinlaufs die Ruine des spätrömischen Wachturms «oberes Bürgeli». Die Grundmauern einer zweiten Warte, des «unteren Bürgeli», stecken noch im Boden. In beiden Ruinen verbargen sich zu Anfang des letzten Weltkrieges Stellungen der in Schwaderloch stationierten Grenzschutzkompanie.

### Grenzüberschreitender Radrundweg

Einen unvergesslichen Genuss der herrlichen Rheinlandschaft bietet der grenzüberschreitende Radrundweg. Zur Erholung kann man in historischen Städtchen flanieren, Sport treiben oder den Wald und das Wasser geniessen. Der Rundweg lässt Sie auch Teil der Natur sein in einer unverbauten, weiten Flusslandschaft. Die Rheinlandschaft bietet mit Fahrradtouren von Ost nach West sowie grenzüberschreitenden Wanderungen von Fähre zu Fähre einige der vielen Attraktionen an. Zur Information sind in den Gemeinden Kulturtafeln aufgestellt worden.

### Grillstelle «Himmel»

Die Waldlichtung «Himmel» mit der neu erstellten Grillstelle dient zur Erholung und zum Verweilen. Vom Grillplatz her hat man eine herrliche Aussicht auf das Nachbarland Deutschland. Die Fahrverbotstafel im Berggraben wurde mit dem Zusatz «Zufahrt zur Grillstelle gestattet» ausgerüstet.

### HISTORISCHES

Erste stumme Zeugen aus der Geschichte von Schwaderloch sind Funde aus dem 4. Jahrhundert nach Christus. Beim Bau der Eisenbahnlinie Koblenz–Stein fand man eine in eine Steinplatte gehauene Inschrift, die besagt, dass zur Zeit des römischen Kaisers Valentinian in dieser Gegend Burgen zum Schutz gegen den Einfall der Alamannen erbaut worden sind. Weitere Funde sind römische Münzen, Schnallen und Bruchstücke von

*Auenwald Rossgarten*

Tongeschirr. Die ersten Siedler waren wahrscheinlich über den Rhein eingewanderte Alamannen. Später gehörte die Gemeinde Schwaderloch wie das übrige Fricktal zu Vorderösterreich. Niedergerichtlich unterstand das Dorf schon früh den Freiherren von Roll zu Bernau. Viele Schwaderlocher waren damals Knechte und Köhler der Freiherren von Roll. Die heute noch anzutreffenden Geschlechter Knecht und Kohler weisen auf jene Zeit zurück. Weitaus der grösste Teil der Dorfbevölkerung betrieb Landbau. Als 1872 die Basler «Gesellschaft für Holzstoff und Papieraufbereitung» die Albbrucker Giesserei und Hammerschmiede aufkaufte, gab es einen gewaltigen wirtschaftlichen Aufschwung. Viele Einwohner fanden Arbeit in der Papierfabrik. Da es in Schwaderloch zu dieser Zeit keine Rheinfähre nach Albbruck gab, nahmen die Arbeiter dafür Umwege in Kauf. Erst im Jahre 1876

*Römischer Wachturm*

Gemeindeverwaltung
Telefon 056 267 61 61
gemeinde@schwaderloch.ch
– Schwaderloch, 100 Jahre
  Pontonierfahrverein, reich
  illustriert (zu beziehen bei der
  Gemeindeverwaltung)
– Gemeindeinformationsblatt
  vierteljährlich

wurde die Fährlinie von Schwaderloch
nach Albbruck eröffnet.

**GASTRONOMIE UND FREIZEIT**
*Restaurant Bahnhof,* Säli und Garten-
wirtschaft, Zimmervermietung.
*Restaurant Central* mit Gartenwirt-
schaft.
*Beachvolleyball-Felder.*

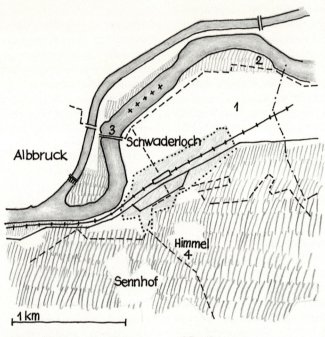

1 Oberes Bürgeli, römischer Wachturm
2 Auenwald
3 Fussgängersteg
4 Brätlistelle «Himmel»

# SISSELN – TROTZ INDUSTRIALISIERUNG ATTRAKTIVE WOHNGEMEINDE AM RHEIN

Sisseln liegt in der Schwemmebene des gleichnamigen Baches östlich von dessen Einmündung in den Rhein. Der eigentliche Siedlungskern schmiegt sich an den Hangfuss einer steil gegen den Rhein abfallenden Schotterterrasse an. Die meisten neuen Wohnquartiere liegen erhöht über «Alt»-Sisseln und zeigen, wie vorteilhaft sich in Sisseln wohnen lässt. Die weite Ebene des Sisselnfeldes, die im 16. Jahrhundert als «gross, ruch und steinig Feld, das trotz fleissigem Tun keine Früchte geben tue» beschrieben wurde, wandelte sich in den letzten 20 Jahren zu einer weiten Industrielandschaft, deren Silhouetten aus allen Himmelsrichtungen von weitem sichtbar sind. Auch wenn diese Industriekolosse nichts mit dem einstigen natürlichen Landschaftsbild gemein haben, darf nicht vergessen werden, dass hier weit über tausend Beschäftigte ihr Auskommen finden.

### VIER SEHENSWÜRDIGKEITEN
#### Fridolinskapelle

Die dem heiligen Fridolin geweihte Kapelle aus dem Jahr 1823 ist ein

**Einwohner:** 1300
**Erste Erwähnung:** 1327 «Sisslen» (Urkunde der Johanniterkommende Rheinfelden), alteuropäischer Gewässername
**Besonderheiten:** Regionales Hallenbad, Fridolinskapelle, Rheinuferweg
**Verkehrsverbindungen:** SBB-Linie Basel–Laufenburg (Station Sisseln). Postautostrecke Laufenburg–Stein (Fahrplanfeld 700.30). A3 Ein- und Ausfahrt Eiken. (Basel ist in 20 Minuten und Zürich in 40 Minuten erreichbar)

schlichter, spätbarocker Bau mit drei aus der Bauzeit stammenden klassizistischen Stuckmarmoraltären. Ein weiterer Schmuck stellt die den Scheitel des Chorbogens bekrönende, von Putten präsentierte Stuckkartusche mit der Inschrift «Ehre sei Gott» dar. Das an der Südfassade der Kapelle angebrachte, in Muschelkalk gehauene Steinkreuz mit Bronzekruzifix steht in der Tradition der Prankenkreuze. Es stammt vermutlich ebenfalls aus dem 19. Jahrhundert. Auf dem Areal der Wohnsiedlung «Rhyblick II» wurde eine Wehranlage der spätrömischen Hochrheinbefestigung entdeckt.

### Steinspeicher mit Gewölbekeller

Der 1752 errichtete Steinspeicher mit Gewölbekeller ist ein intakt erhaltener, vollständig gemauerter Kleinbau, der als Auftakt der zeilenförmigen Bebauung auf der Südseite der Unterdorfstrasse eine wichtige Stellung einnimmt.

### Hallenbadanlage

Besonders stolz ist Sisseln auf seine Hallenbadanlage. Welch ein Vergnügen, im 29 Grad warmen Wasser zu spassen oder über die 30 Meter lange Rutschbahn im Eiltempo dem Bassin zuzuflitzen. Die angegliederte Sauna ist ein echter Lebensbrunnen für jung und alt. Sie schenkt vitale Lebensfreude und bietet körperlich-seelische Entspannung. Moderne Solarien vervollständigen diese Sportstätte mit der besonderen Note.

*Fridolinskapelle mit klassizistischen Stuck-marmoraltären*

*Steinspeicher mit Jahrzahl 1752*

### Malerische Rheinlandschaft

Der Rhein und die malerische Landschaft ziehen jeden Besucher in ihren Bann. Eine Wanderung auf dem Rheinuferweg nach Laufenburg oder Stein und Bad Säckingen ist zu jeder Jahreszeit und Tagesstunde ein Erlebnis. Naturfreunde kommen hier dank der vielfältigen Pflanzen- und Tierwelt, darunter befinden sich neuestens auch Eisvögel und Biber, ganz auf ihre Rechnung. Neu entdeckt wurde der Rhein in den letzten Jahren ebenfalls von den Anhängern des Surfsports.

### HISTORISCHES

Ob Sisseln, wie bislang vermutet, Ende des 18. Jahrhunderts als Ausbausiedlung von Eiken aus gegründet

worden ist, wird derzeit durch den Historiker Patrick Bircher erforscht. Sisseln war ursprünglich ein Bauern-, Fischer- und Flösserdorf. Die Flösserei erreichte ihren Höhepunkt im 19. Jahrhundert. Durch den Ausbau des Schienenweges ging sie immer mehr zurück, um mit den Kraftwerkbauten um die Jahrhundertwende ganz zu verschwinden. Die Kraftwerke stoppten im übrigen auch die Massenzüge des laichenden Lachses und brachten das Ende für die Fischerei am Hochrhein. Bekanntheit erlangte Sisseln im 19. Jahrhundert auch durch das Gasthaus Adler, das 1946 leider einem Brand zum Opfer fiel. Dessen ursprünglicher Eigentümer war einer der bedeutendsten Auswanderungsagenten der Schweiz. Durch ihn wurde Sisseln zur Drehscheibe der Emigration und der Armenschübe nach Übersee, mit de-

Gemeindeverwaltung
Telefon 062 866 11 50
gemeindekanzlei@sisseln.ch
– Fricktaler Volksleben «Sisseln, oder ein neues Selbstbewusstsein». Eine Studie zum Kulturwandel der Gegenwart in Buchform von Paul Hugger (1977). Erhältlich durch die Gemeindekanzlei
– Sisseln – Eine Bilderchronik; Fotos aus der Vergangenheit (Einsichtnahme in der Gemeindekanzlei)

nen die Behörden versuchten, den wachsenden Bevölkerungsdruck abzubauen.

### GASTRONOMIE UND FREIZEIT
*Restaurant Pinte,* 100 Sitzplätze, mit ausgezeichneter Küche und familiärer Atmosphäre.

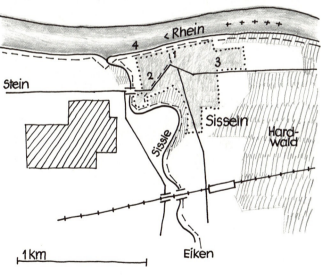

1 km

1 Fridolinskapelle (1823)
2 Steinspeicher (1752)

3 Hallenbad
4 Schiffsanlegestelle

## STEIN – MODERNE ZENTRUMSGEMEINDE IM MITTLEREN FRICKTAL

**Einwohner:** 2500
**Erste Erwähnung:** 1187 «Steine» (habsburgischer Zinsrodel)
**Besonderheiten:** Längste gedeckte Holzbrücke Europas, Grenzübergang nach Bad Säckingen, Grosser Saalbau, Fricktaler Leichtathletikanlagen
**Verkehrsverbindungen:** Anschluss an das Eisenbahnnetz über den Bahnhof Stein-Säckingen. Anlegestelle für Passagierschiffe. Sammelpunkt verschiedener Buslinien in die benachbarten Gemeinden und Täler. Kantonsstrassen in Richtung Basel, Schaffhausen und Zürich. A3, Anschluss Eiken Richtung Zürich und Basel (3 Minuten)

Durch seine gute Verkehrsanbindung ist Stein ein beliebter Ausgangspunkt für Wanderungen und Fahrradtouren im Fricktal und im nahen Schwarzwald. Dank dem Steiner Saalbau steht der Fricktaler Bevölkerung in zentraler Lage ein Kulturzentrum zur Verfügung, das seit Jahrzehnten auch von nationalen und internationalen Persönlichkeiten für Gastspiele genutzt wird. Durch die Ansiedlung des Sportzentrums Bustelbach und der Realisierung einer Leichtathletikanlage entwickelte sich Stein auch zum Austragungsort von überregionalen Sportanlässen.

Wer von Stein aus einen Blick auf die umliegenden Höhen wirft, sieht drei markante Zeugen der Erdgeschichte: den Eggberg bei Bad Säckingen, die Mumpfer Flue und die Möhliner Höhe. Im ausgehenden Erdaltertum entstanden die Grundgebirge Schwarzwald und Vogesen. Ein sichtbarer Zeuge davon ist der Eggberg, aus stark eisenhaltigem Granit. Nach der Entstehung der Grundgebirge begann sogleich deren Abtragung durch Erosion. So entstanden vor etwa 275 Millionen Jahren Sandsteine mit Gerölleinlagerungen und Tonbeimengungen. Dieses Material tritt in Stein ober- und unterhalb der Holzbrücke am Rheinufer zutage.

## VIER SEHENSWÜRDIGKEITEN
### Historische Holzbrücke
Stein wird über den Rhein durch die längste gedeckte Holzbrücke in Europa mit der deutschen Stadt Bad Säckingen verbunden. Ein in einer Mauernische eingebettetes Brünnlein aus dem Jahr 1889 wertet den Schweizer Brückenkopf bei der Holzbrücke auf. Die verkehrsfreie Brücke lädt zum Überqueren des Rheins und zum Besuch der bezaubernden Altstadt von Bad Säckingen ein. Als weiterer Übergang besteht seit 1979 die Fridolinsbrücke. In der Mitte steht eine Bronzeplastik des heiligen Fridolin.

*Holzbrücke*

### Rheinuferweg
Wanderwege führen die Besucherinnen und Besucher durch das schöne Gebiet entlang des Hochrheins.

### Friedensplatz
Hoch über dem Dorf, oberhalb der Rütistrasse, befindet sich ein idyllischer Aussichtspunkt mit Grillstelle.

### Naturschutzgebiet
Nördlich der Sportanlagen befindet sich ein von stattlichen Bäumen umgebenes Biotop, das über eine kleine Fussgängerbrücke über den Bustelbach zu erreichen ist: Ein Ort der Stille und Erholung für Mensch und Tier. Im Rahmen von Renaturierungsmassnahmen wurden im Jahr 2002 beim Wasserkraftwerk drei Tümpel und ein Weiher erstellt.

Gemeindeverwaltung
Telefon 062 866 40 00
kanzlei@gemeinde-stein.ch
www.gemeinde-stein.ch
- Bezirksanzeiger (amtliche Mitteilungen)
- «Stein 1281–1981» (Heimatkunde zur 700-Jahr-Feier)

## HISTORISCHES
Das Dorf Stein gehörte seit dem Mittelalter zum ältesten Besitz des Klosterstifts Säckingen. Stein wird in den Urkunden und Akten verhältnismässig spät erwähnt, erstmals 1281 in einem habsburgischen Pfandrodel. Aber dies ist kein Zufall, denn die frühen mittelalterlichen Archive der Nachbargemeinde Säckingen sind 1272 durch einen Grossbrand zerstört worden. Bis zum Anschluss des Fricktals an die Schweizerische Eidgenossenschaft 1803 war das Geschick Steins eng mit seinem milde regierenden Kloster verbunden. An der Schönaustrasse stehen zwei sehenswerte, geschichtsträchtige Wegkreuze, die um 1600 von den Herren von Schönau (siehe Schlössli Oeschgen) gestiftet worden sind.

### Rasante Dorfentwicklung
Eine erste statistische Erfassung aus den Jahren 1594/96 vermerkt nur gerade 30 erwachsene Bewohner in Stein. 1950 waren 756 Personen in Stein wohnhaft. Doch seit dieser Zeit vergrösserte sich Stein stark. Dazu beigetragen hat neben der verkehrsgünstigen Lage die Ansiedlung eines Werks für pharmazeutische Produkte im Jahr 1957. Die heutigen Werke eines grossen Pharma-Konzerns (Novartis) und eines im Agronomie-Bereich tätigen multinationalen Unternehmens (Syngenta) beschäftigen rund 1700 Personen. Das Dorf hat sich innert weniger Jahre stark verändert. Viele ältere Gebäude mussten der Modernisierung weichen.

## GASTRONOMIE UND FREIZEIT

*Restaurant Kreuzstrasse.*
*Restaurant Rheinfels.*
*Restaurant Bustelbach.*
*Restaurant Birri.*
*Restaurant Rhy.*
*Cafeteria MBF.*
*Café Treffpunkt.*
*Café Steiner-Stübli.*
*Cube Music Bar* (Restaurant Adler).
*Sportcenter Bustelbach AG,* Sport-
platzweg; Angebot: Tennis, Badmin-
ton, Minigolf.
*Regionale Leichtathletikanlage.*
*Skating-Anlage.*
*Vitaparcours.*

*Sterilbau der Novartis Pharma in Stein*

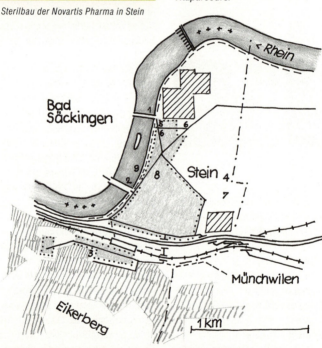

1 Längste gedeckte Holzbrücke Europas
  (17. Jh.)
2 Fridolinsbrücke (1979)
3 Friedensplatz
4 Naturschutzgebiet mit Biotop
5 Hübsches Brünnlein (1889)
6 Schönauer Kreuze (17. Jh.)
7 Sportanlage Bustelbach
8 Saalbau Stein
9 Schiffsanlegestelle

# STILLI – ALTES SCHIFFERDORF MIT CHARME

Stilli liegt an der Aare, knapp unterhalb der Einmündung von Reuss und Limmat. Die kleine Gemeinde hat wohl den merkwürdigsten Gemeindebann des Kantons. Er beschränkt sich lediglich auf einen 25 bis 210 Meter breiten, aber fast drei Kilometer langen Streifen entlang der Aare. Das Flussbett allein nimmt 38 Prozent der ohnehin kleinen Gesamtfläche von nur 57 Hektaren ein.

**Einwohner:** 362
**Erste Erwähnung:** 1269 «Stilli» (als Flussabschnittsbezeichnung)
**Besonderheiten:** Klassizistische Profanbauten, Scheibensprengen, idyllische Lage am untersten Aarelauf
**Verkehrsverbindungen:** Stilli liegt an den Postautolinien Brugg–Döttingen–Klingnau und Brugg–Zurzach. Mit dem Auto 5 km unterhalb von Brugg Richtung Koblenz

## VIER SEHENSWÜRDIGKEITEN
### Klassizistisches Gemeinde- und Schulhaus

Der heutige Bau, oberhalb des ehemaligen Fahrs, stammt aus dem Jahr 1823. Er wurde ursprünglich als Landgasthof zum Bären erstellt. 1910 Innenausbau für Schule und Gemeindeverwaltung. Das Gebäude präsentiert sich als gut gegliederter klassizistischer Rechteckbau mit frontseitiger Säulenhalle und gekrümmtem Walmdach (1987/88 stilgerecht restauriert).

### Historischer Häuserpfad

Die Hauptbauten des alten Fischer- und Schifferdorfes folgen dicht dem linken Aareufer. Die Bauernhäuser und die Stallungen liegen in zwei weiteren parallelen Zeilen auf dem schmalen Ge-

*«Wassertor» von Albert Siegenthaler*

meindebann zwischen Aare und Auenrain. Die einzelnen Bauten sind mit einem Hinweisschild versehen, auf denen Entstehung, ehemalige Besitzer und Funktion umschrieben sind.

### Brückenplastik «Wassertor»

Dem Durchreisenden fällt die popfarbige Plastik auf der Aarebrücke auf. Die bemalte Eisenplastik aus Stahl «Wassertor» (8 × 3,5 × 3,5 m) wurde 1978 vom bekannten Bildhauer Albert Siegenthaler geschaffen. Albert Siegenthaler (1938–1984) gehört zu den herausragendsten Persönlichkeiten der modernen Schweizer Kunst. Er ist in Stilli aufgewachsen und hat hier seine Künstlerlaufbahn begonnen.

### Scheibensprengen

Das Scheibensprengen, das jeweils am Sonntag nach Aschermittwoch stattfindet, ist ein alter Brauch, der an die einstigen Flussgewerbe erinnert. Eine Holzscheibe von ca. 10 cm Durchmesser wird an eine Rute gesteckt und mit Schwung über ein Brett abgerollt;

*Ruine Freudenau*

*Alter Bären*

sie sollte auf der gegenüberliegenden, 150 m entfernten Uferseite landen. Abends werden die Scheiben am Feuer angeglüht, was ein lustiges Lichtspektakel ergibt. Der Fluss, der einst der Lebensnerv der Stiller war, erhält so wieder ein wenig die alte Bedeutung zurück. Die Turner und die Männerriegler haben Anfang der 1970er-Jahre den Brauch wieder aufleben lassen.

### HISTORISCHES

Vorgängersiedlung der heutigen Gemeinde war Freudenau am gegenüberliegenden Ufer (heute Gemeindebann Untersiggenthal). Freudenau bestand aus einer Hofgruppe mit Brücke, Burg, Mühle und Gasthaus und erstreckte sich vom Gebiet Roost (Limmatmündung) bis zur Burg gegenüber Stilli. Um 1410 zerstörten die Zürcher Freudenau. Die Überreste wurden zwischen 1970 und 1982 freigelegt und konserviert. Die Herren auf Schenkenberg (bei Thalheim) verlegten 1446 die Fähre von Lauffohr nach Stilli und gründeten die Siedlung. Die Lage unterhalb des Zusammenflusses von Aare, Reuss und Limmat war für den Durchgangsverkehr besonders günstig, konnte man doch hier alle drei Flüsse auf einmal überqueren und musste somit auch nur einmal Zoll bezahlen. Nach dem Bau der Aarebrücke 1903 verlor Stilli seine wirtschaftliche Grundlage und Bedeutung. An die besondere Vergangenheit erinnert nur noch wenig.

Die letzten Fischer, die ihre Garne zogen oder Reusen leerten, sind längst gestorben. Anziehungspunkte bilden noch die Wirtschaften, die mit ihren Fischspezialitäten eine alte Tradition weiterführen. Und geblieben ist natürlich die idyllische Lage des Dorfes.

## GASTRONOMIE UND FREIZEIT

*Restaurant Frohsinn,* unterteilbares Säli (50 Personen).

*Restaurant Schifflände,* heimeliger Pavillon mit romantischer Sicht auf die Aare, Säli (30 Personen).

*Gasthaus Steig,* gemütliche Riegel-Stube (20 Personen).

*In Stilli geht man Fisch essen!* So sind denn auch alle drei Gastwirtschaften auf Fischgerichte spezialisiert.

*Anglerpatent:* Eine Eigentümlichkeit Stillis ist das Fischereirecht, welches im Besitze zweier alter einheimischer

Gemeindeverwaltung
Telefon 056 284 12 66
www.gemeinde-stilli.ch
stilli@swissonline.ch
– «Stilli, von Fährleuten, Schiffern und Fischern im Aargau», verfasst vom Historiker Max Baumann (erhältlich im Buchhandel)
– Brugger Neujahrsblätter 1996: «550 Jahre Stilli», zwölf Einblicke in die Entwicklung einer jungen Gemeinde und Beiträge zum 550-Jahr-Jubiläum zu Altstilli, von Max Baumann

Familien ist. Die staatlichen Karten haben an diesem Flussabschnitt keine Gültigkeit! Tages- oder Saisonkarten sind bei den Familien Lehner und Baumann erhältlich.

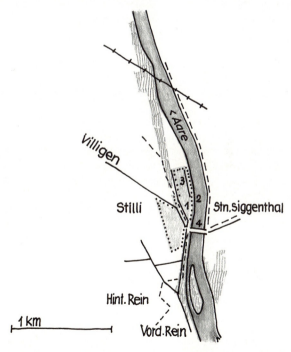

1 Alter Bären (heute Gemeinde- und Schulhaus), klassizistisch (1823)
2 Alte Fährstelle mit Aarepromenade
3 «Stillihaus» mit gotischen Elementen
4 Brückenplastik von Albert Siegenthaler (1978)

## SULZ – DIE EINZIGE TALGEMEINDE IM AARGAU

**Einwohner:** 1140
**Erste Erwähnung:** 1260 «Sulze» (Urkunde des Stifts Säckingen) mit der Bedeutung «beim Salzloch»
**Besonderheiten:** Vorführungen und Museum des alten Nagelschmiedegewerbes, St. Margarethen-Kapelle (11. Jahrhundert) in Rheinsulz und St. Nikolaus-Kapelle in Leidikon (1753)
**Verkehrsverbindungen:** Postautolinie Laufenburg–Sulz (10 Minuten). Strassenverbindung von Rheinsulz Richtung Laufenburg und Richtung Koblenz, im Süden über die Ampfernhöhe nach Brugg oder über den Marchwald nach Elfingen–Frick oder Bözberg. Autobahn: Richtung Basel (Anschluss Eiken) oder nach Zürich (Anschluss Effingen)

Die politische Gemeinde Sulz umfasst die Dorfteile Rheinsulz, Leidikon, Roos, Bütz, Mittelsulz und Obersulz sowie die Weiler Sulzerberg, Voregg und Röthacher/Schlatt/Nussbaumen.

Im Norden grenzt die Gemeinde an Deutschland und im Süden an den Bezirk Brugg. Das grosse Flurwegnetz lädt zum Wandern ein. Lohnende Aussichtspunkte sind auf dem Cheisacher und auf dem Schinberg.

### VIER SEHENSWÜRDIGKEITEN
#### Nagelschmiede

Dank der Bereitschaft älterer, fachkundiger Nagler war es möglich, eine jüngere Generation in die Kunst des Nagelschmiedens einzuführen. In der stilgerecht eingerichteten Nagelschmiede im Dorfteil Mittelsulz kann das alte Handwerk auch heute noch bewundert werden. Die Vorführungen sind kostenlos. Auskünfte bei der Trägerschaft Nagelschmiede, Walter Steinacher, Telefon 062 875 10 08, oder Gemeindekanzlei Sulz, Telefon 062 867 30 60.

#### Neues Museum ab 2003

Die Ausbauarbeiten für das neue Museum erfolgen bis zum Sommer 2003. In diesem Museum werden nebst der Nagelschmiederei auch Gegenstände der früheren Heimarbei-

ten Sulz (z. B. Strickmaschine usw.)
ausgestellt. Das neue Museum soll
auch als Aufenthaltsraum für grössere Gruppen bei der Vorführung des
Nagelschmiedehandwerks zur Verfügung stehen.

### Römischer Wachturm

Ende 1987 kamen bei den Bauarbeiten
für die neue Unterführung in Rheinsulz die Fundamente eines römischen
Wachturmes zum Vorschein. Dieser
Turm stellt ein bisher unbekanntes
Glied in der Kette von Wachtürmen
entlang dem Rhein von Basel bis zum
Bodensee dar, die als Grenzsicherung
unter Kaiser Valentinianus I. in der Zeit
um 370 errichtet wurden. Allerdings
ist bekannt, dass schon unter Kaiser
Constantinus I. zu Beginn des 4. Jahrhunderts eine Verteidigungslinie am
Rhein, bestehend aus Holztürmen,
existierte. Der Turm von Rheinsulz, am
rechten Ufer des Sulzerbaches direkt
vor dessen Einmündung in den Rhein
gelegen, hat eine erstaunliche Dimension: Er misst im Grundriss 14,7 auf
15,2 m und hat eine Mauerstärke von
2,3 m. Mit diesen Ausmassen gehört
er zu den grössten der bisher bekannten Anlagen am Hochrhein.

### Kapellen und Kirchen

Als erste Pfarrkirche des Tales gilt die
St. Margarethen-Kapelle in Rheinsulz,
erbaut wohl im 11. Jahrhundert. 1928
wurden romanische Freskoresten
freigelegt. Besonders sehenswert ist
die kleine, schmucke Barockkapelle
St. Niklaus in Leidikon aus dem Jahre 1753 mit Rokoko-Altärchen, Stuckaturen und Deckenfresken. Die heutige Pfarrkirche St. Peter und Paul wurde 1869 erbaut und 1975 renoviert.

### HISTORISCHES

Das Sulztal war wirtschaftlich wie
auch kirchlich aufs Engste mit dem
Stift Säckingen als Grundherr verbun-

*Kapelle St. Niklaus in Leidikon*

den. Als 1272 die Stadt Säckingen bis
auf wenige Gebäude abbrannte, ist
auch der grösste Teil des Stiftsarchivs
samt Urkunden über Sulz zugrunde
gegangen. Im 12. Jahrhundert hat
sich das Kloster Säckingen einen
weltlichen Beschützer zugelegt. Zu
diesem Zeitpunkt, im Jahre 1173, wurde die Kastvogtei Säckingen an den
Grafen Albrecht von Habsburg übertragen. Zu diesem Klosterstaat gehör-

*Pfingstsprüzlig in Sulz*

te das Sulztal als Dinghof. Erstmals
wurde der Dorfgedanke in der «Deklaration» vom 23. September 1710 festgehalten, in welcher sie sich «die
ganze ehrsame Gemeind Sulz» nannte. 21 Männer von Leidikon bis Obersulz haben sie unterzeichnet. Während
sich in anderen Tälern alte Wirt-
schaftseinheiten in mehrere politische
Gemeinden auflösten, wurde das Sulztal zur politischen Einheitsgemeinde
nach neuem Staatsrecht.

**175**

Gemeindeverwaltung
Telefon 062 867 30 60
www.sulz.ch
Gemeindekanzlei@sulz.ch
– Dorfchronik «Unterwegs in Sulz
   von 1900 bis 1999» (zu beziehen bei der Finanzverwaltung Sulz)

## GASTRONOMIE UND FREIZEIT

*Restaurant Fischergut,* Leidikon: Freizeitanlage mit der Möglichkeit zum
Angeln, ca. 100 Sitzplätze und Gartenwirtschaft. Fischspezialitäten. Pétan-
que-Anlage.

*Gasthof Krone,* Mittelsulz: Saal für ca.
80 Personen und zwei weitere Säli für
je ca. 20 bis 30 Personen, Garten-, bzw.
Terrassensitzplätze.

*Restaurant Stalden,* Bütz: Saal für ca.
100 Personen sowie zwei weitere Säli.
Gartenwirtschaft und Kinderspielplatz.

*Gasthof Salmen* in Rheinsulz mit Gartenwirtschaft.

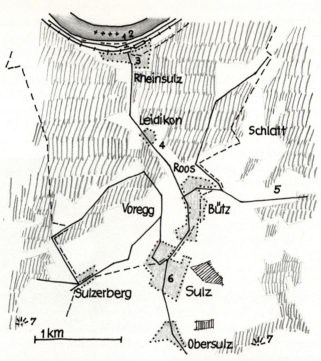

1 Schiffsanlegestelle Rheinsulz
2 Römischer Wachturm
3 Kapelle St. Margaretha in Rheinsulz
   (11. Jh./1602)
4 Kapelle St. Niklaus in Leidikon (1753)

5 Naturschutzgebiet Griffnig
6 Nagelschmiedemuseum
7 Aussichtspunkt Schinberg (692 m ü. M.)
   und Cheisacher (650 m ü. M.)

# THALHEIM – DAS OBERSTE DORF IM SCHENKENBERGERTAL

Thalheim – von Einheimischen «Tale» genannt – ist die oberste Gemeinde des Schenkenbergertals. Das zwischen der ersten und zweiten Jurakette liegende Tal ist landschaftlich sehr reizvoll. Besonders schön ist es im Frühling, wenn die Kirschbäume blühen. Die Thalheimer Hochstammbäume sind nicht der mechanisierten Landwirtschaft zum Opfer gefallen. Besonders lustig geht es im Herbst zu, zur Zeit der Sauser-Freinächte. Anfang Oktober darf an drei Wochenenden bis um drei Uhr in der Früh

*Brunnen mit Pfarrhaus*

**Einwohner:** 750
**Erste Erwähnung:** 1064 «Taleheim» (in «Frichgove», im Frickgau)
**Besonderheiten:** Ruine Schenkenberg, Weinbaugemeinde, viele markierte Wanderwege, u.a. Abschnitt des Jura-Höhenweges. Parkplätze bei der Turnhalle, bei der Kirche und auf der Staffelegg
**Verkehrsverbindungen:** Bahnhof in Brugg, Postautolinie Brugg–Thalheim. Mit dem Auto ab der Bözbergstrasse (Zürich–Basel) in Umiken abzweigen über Schinznach Dorf oder ab der Aaretalstrasse (Zürich–Bern) über Schinznach Bad oder Wildegg. Von der Staffelegg-Passhöhe her (Aarau–Frick)

durchgezecht werden. Dazu gibt es Metzgete. Gar manches Schwein muss dafür sein Leben lassen. Die Tiere werden im Dorf selbst nach den Regeln der Integrierten Produktion aufgezogen.

*Ruine Schenkenberg*

## VIER SEHENSWÜRDIGKEITEN
### Ruine Schenkenberg
Die Ruine Schenkenberg ist das Wahrzeichen Thalheims, ein herrlicher Aussichtspunkt und ein toller Spielplatz für Kinder. Man erreicht sie in zirka 30 Minuten zu Fuss vom Dorf aus. Die Burg wurde Anfang des 13. Jahrhunderts von den Habsburgern erbaut. 1460 wurde sie von den Bernern erobert. Es residierten etwa 50 bernische Landvögte auf Schenkenberg. Weil der Unterhalt zu teuer und das Trinkwasser schwierig zu beschaffen war, wechselten die Vögte 1720 nach Wildenstein. Die Burg wurde 1837 an Josef Maximilian von Schenkenberg verkauft, der aber spurlos verschwand. Die Burg zerfiel und wurde als Steinbruch ausgebeutet. Der Aargauische Heimatschutz ersteigerte die Ruine 1918 zum symbolischen Preis von 50 Franken und führte 1931 bis 1939 und 1969/70 umfangreiche Sanierungen durch. Eine weitere Sanierung ist zum Kantonsjubiläum im Jahr 2003 geplant.

### Kirche
Die Kirche liegt am Südrand des Dorfes an einer leicht erhöhten Lage. Sie ist von einem liebevoll gepflegten Friedhof umgeben. Teile der heutigen Schiffmauern entstammen dem romanischen Bau der Kirche, die dem hl. Petrus geweiht war. Sie erfuhr im 14. und 15. Jahrhundert Veränderungen. 1543 wurde die Kirche erweitert und erneuert. Sehenswert ist der Taufstein, der 1675 vom Schenkenberger Obervogt Samuel Thormann und seiner Frau Margarete geb. Archer gestiftet wurde.

### Pfarrhaus und Dorfbrunnen
Mit dem Berner Wappen an seiner Giebelfassade beherrscht das Pfarrhaus den Dorfplatz. Es wurde 1731/32 erbaut. Unmittelbar davor steht der achteckige Dorfbrunnen von 1856. Noch älter ist der Dorfbrunnen im Unterdorf, der 1837 erbaut wurde.

### Aussichtspunkte
Von der 772 Meter hohen Gisliflue geniesst man einen herrlichen Ausblick auf das Mittelland. An Föhntagen erscheint die ganze Alpenkette. Gegen Norden schweift der Blick tief in den Schwarzwald hinüber. Weitere lohnende Aussichtspunkte sind die Ruine Schenkenberg und der Zeiher Homberg.

## HISTORISCHES
Der Ortsname Thalheim, ein typisch alamannischer Name mit der Endung -heim, zeigt, dass das Gebiet bereits im Frühmittelalter besiedelt war. Ortsbezeichnungen auf -heim gehen üblicherweise auf die früheste alamannische Einwanderungszeit (5./6. Jahrhundert) zurück. Dank dem Weinbau gedieh das Dorf bis zum 17. Jahrhundert zur zweitgrössten Gemeinde des Bezirks Brugg. Im späten 19. Jahrhundert wurde Thalheim wie alle Nach-

bardörfer von der Krise des Weinbaus erfasst. Viele Dorfbewohner mussten damals ihre Heimat verlassen (Wernli, Dietiker, Ging, Härdi, Schneider und Umiker). Seither steigt die Bevölkerungszahl dank der Bautätigkeit wieder etwas an. Die Landwirtschaft und der Rebbau haben viel von ihrer Bedeutung eingebüsst. Immer noch gibt es aber mehr als 30 haupt- und nebenberufliche Landwirte. Thalheimer Wein ist als «Thalheimer», «Schenkenberger» und «Chalöfner» bekannt.

### GASTRONOMIE UND FREIZEIT

*Benny's Saloon and Easy-Rider-Bar:* Täglich bis 2 Uhr geöffnet. An der Hauptstrasse.

Gemeindeverwaltung
Telefon 056 443 12 84
info@gemeinde-thalheim.ch
www.gemeinde-thalheim.ch
– *Thalner Dorfziitig,* erscheint alle 14 Tage
– www.schenkenberg.ch

*Restaurant Schenkenbergerhof:* Speiserestaurant. Saal und Sitzungszimmer. Im Herbst Metzgete. Im Dorfzentrum (Bushaltestelle).
*Restaurant Weingarten:* Spezialitätenrestaurant mit einheimischen Produkten und Wein. Im Herbst Metzgete. Rebbergstübli und Säli, 48 und 24 Plätze.
Alle Restaurants im Sommer mit Gartenwirtschaft.

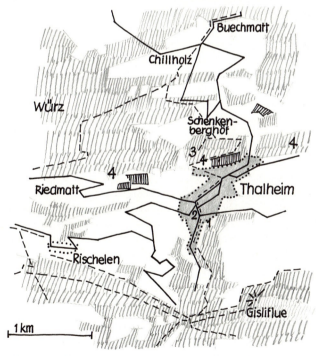

1 km

1 Pfarrkirche (1543)
2 Pfarrhaus mit Dorfbrunnen (1731)
3 Schenkenberg, grösste Ruine des Kantons (13. Jh.)

4 Naturschutzgebiete Hard, Kasteln, Schenkenberg

# UEKEN – IN HARMONISCHER LANDSCHAFT EINGEBETTET

**Einwohner:** 720
**Erste Erwähnung:** 1280 «Utchon» (Bedeutung: bei den Höfen der Sippe des «Uto»)
**Besonderheiten:** Am unteren Ende des Staffeleggtals, ausgebautes Flurwegnetz über die umliegenden Höhen, Rebgebiet Egg, Naherholungsgebiet Weichle
**Verkehrsverbindungen:** Postautolinie Frick–Aarau (Linie 135, Fahrplanfeld 700.60). A3 Ausfahrt Frick. Ortsverbindungsstrassen nach Frick und Herznach (Hauptstrasse, Radweg), Hornussen, Gipf-Oberfrick, Zeihen

bahnlinie das Staffeleggtal ab. Ausserhalb der beiden historischen Dorfteile Ober- und Unterueken sind in den vergangenen Jahrzehnten neue Wohnquartiere entstanden.

## VIER SEHENSWÜRDIGKEITEN
### Kapelle Unterueken

Wurde 1705 von den Müllersleuten der benachbarten Mühle gestiftet und befindet sich heute im Besitz der Ortsbürgergemeinde. Die in einem ländlichen Barock ausgeschmückte Kapelle ist dem hl. Antonius, dem Einsiedler, geweiht. Bemerkenswert sind zwei qualitätsvolle Freskenbilder sowie Glasmalereien von 1930 des bekannten Künstlers R. A. Nüscheler.

### Naherholungsgebiet Weichle

Ruhiges Tälchen südwestlich von Unterueken. Künstlicher Weiher mit reicher Tier- und Pflanzenwelt. Von der Weichle führen bequeme Fusswege auf den Herznacher Hübstel (Aussichtspunkt, Grillplatz) und die ausgedehnte Hochfläche des Chornbergs.

Ueken liegt an der Hauptstrasse Frick–Aarau, eingebettet zwischen gut erschlossenen Tafeljurahügeln, von denen aus man eine schöne Rundsicht geniesst. Auf den Plateaus befinden sich die meisten landwirtschaftlichen Betriebe der Gemeinde. Gegen Frick schliesst der 1873/74 künstlich aufgeschüttete, 440 Meter lange Ueker Damm mit der Eisen-

Am südlichen Ende des Tälchens sind im Waldinnern Spuren eines alten Tagbaus aus der Zeit des historischen Eisenerzbergbaus erkennbar. Hier endete auch der Hauptstollen des 1967 geschlossenen Herznacher Bergwerks.

## Rebgebiet Egg

Rebgebiet in bester Lage an der Ortsverbindungsstrasse Ueken–Hornussen. Wie in den meisten Dörfern der Region spielte in Ueken der Rebbau früher ebenfalls eine wichtige Rolle. Die Rebbaukrise vor hundert Jahren führte zum Niedergang des Weinbaus. Heute gibt es in Ueken wieder rund 10 Hektaren Rebland sowie eine Kelterei (Fehr & Engeli: Degustationen und Bankette bis 50 Personen, Wintergarten).

## Föhrenwälder

Auf den wechselfeuchten, mergligen Böden der verwitterten Effinger-Schichten wachsen auf der Egg sowie im Birch Föhrenwäldchen, die als Orchideenstandorte besonders gepflegt werden. Im Birchwald lädt ein neuer Grillplatz zur Rast ein.

## HISTORISCHES

Die ältesten Spuren menschlicher Siedlungstätigkeit stammen aus der

*Antoniuskapelle Unterueken*

Bronze- und Eisenzeit. Seinen Namen verdankt das Dorf einem Alamannen namens Uto, der sich hier um 600/700 n. Chr. mit seiner Sippe ansiedelte. Das Wasserrad im Gemeindewappen leitet sich von der alten Mühle in Unterueken ab, ein ehemals mächtiges spätgotisches Gebäude mit drei Wasserrädern (1962 mit Ausnahme des Erdgeschosses abgebrochen). Bereits im 14. Jahrhundert stand in Oberueken eine Mühle, die sich, zusammen mit umfangreichen Gütern, lange Zeit im Besitz der Ritter von Rinach befand.

*Naherholungsgebiet Weichle*

Gemeindeverwaltung
Telefon 062 865 10 60
www.ueken.ch
gemeindeverwaltung@ueken.ch
– Ortsgeschichte «Ueken – ein
  Fricktaler Dorf» (zu beziehen
  bei der Gemeindekanzlei)

Auch die Deutschordensritter von Beuggen, die Schönauer, das Stift Säckingen sowie die Brugger Kirche besassen in Ueken einst grosse Flächen zinspflichtiger Güter. Zusammen mit Herznach, Oberzeihen und dem Weiler Benken bildete Ueken die österreichische Vogtei Herznach. 1803 wurde das Dorf eine selbstständige Gemeinde. Kirchlich gehören die römisch-katholischen Einwohner noch heute zur Pfarrei Herznach, während die Reformierten der Pfarrei Frick zugeteilt sind. Der Ausbau der Staffeleggstrasse 1804–1810 brachte dem Dorf einen gewissen Aufschwung; die Fuhrhalterei wurde zu einer wichtigen Einnahmequelle. Ebenso erhob der Kanton hier bis 1832 einen Wegzoll für das Befahren der Staffeleggstrasse. Eine Taverne und vier Buschwirtschaften standen den Reisenden zur Verfügung.

In den vergangenen zwei Jahrzehnten hat sich das Ortsbild markant verändert. Aus dem einstigen Bauerndorf ist ein beliebter Wohnort geworden, was sich auch an der Entwicklung der Bevölkerungszahl zeigen lässt: Seit 1980 hat sich die Einwohnerzahl Uekens verdoppelt.

### GASTRONOMIE
*Restaurant Sonne.*

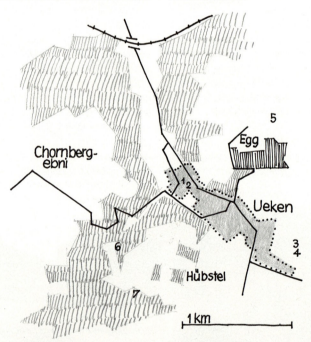

1 Antoniuskapelle (1705)
2 Ehemalige Mühle
3 Grillplatz Birch
4 Föhrenwäldchen mit Orchideen
  (Naturschutz)
5 Föhrenwäldchen Egg
6 Weiher Weichle
7 Historisches Erzabbaugebiet

# UMIKEN – AM SÜDFUSS DES BÖZBERGS

Umiken ist im Osten mehr oder weniger mit der Stadt Brugg zusammengebaut, im Südwesten trennt die Aare die beiden Gemeinden. Die Gemeinde liegt auf einer schmalen Terrasse über dem Aareschachen im Schnittpunkt der Bözbergstrasse und der Strasse am Jurasüdfuss in Richtung Schinznach-Dorf.

## VIER SEHENSWÜRDIGKEITEN
### Umiker Schachenwald

Die Aare und der Umiker Schachenwald bieten ein bevorzugtes Naherholungsgebiet, und zwar nicht nur für Ortsansässige, sondern auch für Naturfreunde aus nah und fern. Wandernd oder mit dem Velo kann man die abwechslungsreiche Tier- und Pflanzenwelt entlang der Aare erkunden, und dies unabhängig der Jahreszeiten.

### Pfarrkirche

Die dem heiligen Mauritius geweihte Kirche, 1256 erstmals urkundlich erwähnt, bildet mit dem Pfarrhaus und

**Einwohner:** 1050
**Erste Erwähnung:** 1015 «Vminkon» (Einsiedler Urkunde)
**Besonderheiten:** Ausgangspunkt des Aare-Wander- und -Veloweges Richtung Westen; sehenswerte Dorfkirche im romanisch-gotischen Stil
**Verkehrsverbindungen:** Buslinien ab SBB-Bahnhof Brugg in Richtung Schenkenbergertal oder Bözberg; mit dem Auto von Brugg Richtung Basel abzweigen (wenige Minuten). Als Bahnpassagier erreicht man zu Fuss den Dorfkern in 20 Minuten

der Pfarrscheune eine gereihte Baugruppe, die seit 1948 unter Denkmalschutz steht. Das unregelmässige Rechteck des Kirchenschiffs wird nach Osten durch einen dreiseitig geschlossenen Chor verlängert. Dem langgestreckten Bau ist im Westen koaxial ein Käsbissenturm angefügt. Im renovierten Innenraum sticht der

*Brunnen mit Spätrenaissance-Stock, 1597*

spätgotische Taufstein ins Auge (runder Kelch und Schaft auf quadratischem Fuss), und im Chor leuchten seit 1975 drei Farbfenster des Aargauer Künstlers Felix Hoffmann.

## Pfarrhaus

Stattlicher, symmetrisch angelegter Rechteckbau mit Satteldach, errichtet 1752–1755. Über dem Eingang das Wappen der beiden Komturen von

*Wappen am Pfarrhaus*

Gymnich und von Baldenstein. Daneben die gemauerte Pfarrscheune von 1760 mit dem Wappen derer von Baldenstein.

## Dorfbrunnen

An die Längsseite des Rechtecktroges schliesst ein Spätrenaissance-Stock von 1597 an. Das Kapitell der Säule ist von Bändern gegliedert, die auf allen vier Seiten ein bäuerliches Wappen tragen. Gekrönt wird die Brunnensäule durch eine Kugel und einen eisernen Wimpel.

## HISTORISCHES

Ein Fund aus der Eisenzeit (La-Tène-Epoche ca. 500 v. Chr.) beweist die frühe Besiedlung der Gegend. Sicherlich verlief die Strasse von Vindonissa nach Augusta Raurica durch das Gebiet von Umiken. Der Ortsname Umiken, ein Vertreter der alamannischen ikon-Namen, bedeutet «bei den Höfen der Sippe des Ummo» und weist auf eine alamannische Besiedlung zirka im 8. Jahrhundert hin. Das Dorf befand sich im Mittelalter im Besitz der Habsburger, welche die hohe Gerichtsbarkeit ausübten. Schon damals bildete Umiken mit den Gemeinden

*Gebäudegruppe mit Pfarrhaus und Kirche*

Villnachern und Riniken eine Kirchgemeinde. Die niedere Gerichtsbarkeit und das Kirchenpatronatsrecht lagen in den Händen der habsburgischen Ministerialherren von Hallwil und später jener von Rinach. Diese verkauften 1398 alle Rechte und Güter dem Johanniterhaus in Klingnau. Im Rahmen der habsburgischen Landesverwaltung gehörte Umiken zur Herrschaft Schenkenberg. Mit dieser Landeshoheit ist die Gemeinde im Jahre 1460 an die Herren von Bern übergegangen. Bis zum Untergang der Alten Eidgenossenschaft im Jahre 1798 blieb Umiken dem Amt Schenkenberg zugeteilt. Erwähnenswert ist, dass Umiken trotz Reformation den geistlichen Twingherren zu Klingnau bis zum Jahr 1798 zinspflichtig blieb. Der katholische Johanniterorden konnte sogar den reformierten Pfarrer vorschlagen und von Bern bestätigen lassen. Während all dieser Jahre stammte der Pfarrherr aus dem damaligen Bernbiet, vornehmlich aus der be-

Gemeindekanzlei
Telefon 056 441 14 26
www.umiken.ch
gemeindeverwaltung@umiken.ch

nachbarten Stadt Brugg. Die Entwicklung des Dorfes setzte erst im letzten Jahrhundert ein. Bis zu Beginn des 20. Jahrhunderts fand die Einwohnerschaft ihren Verdienst mehrheitlich in der Landwirtschaft und zu einem kleineren Teil im Gewerbe. Dabei spielte der Rebbau eine wichtige Rolle. Im Nebenerwerb wurde in der Aare der unrentablen Goldwäscherei gefrönt. Während Anfang des 20. Jahrhunderts Arbeiterfamilien Umiken als Wohnsitz wählten, waren es seit der zweiten Hälfte des letzten Jahrhunderts vermehrt auch Leute des Mittelstandes. Seither ist die Wohnbevölkerung des Dorfes auf über 1000 Einwohner gestiegen.

**GASTRONOMIE UND FREIZEIT**
*Restaurant zum Löwen*, Gartenwirtschaft und Säli, grosser Parkplatz.

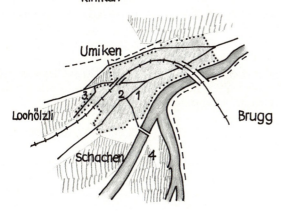

1 Pfarrkirche (romanisch-gotisch), Pfarrhaus (1755), Pfarrscheune (1760)
2 Dorfbrunnen (1597, Spätrenaissance)

3 Sandbock mit altem Felsenkeller für Aareeis
4 Schacheninsel mit Auenwald

# UNTERBÖZBERG – AUF DEM TAFELJURA ZWISCHEN BRUGG UND FRICK

An der südlichen Grenze der Gemeinde Unterbözberg verläuft die Haupt-verkehrsader von Zürich nach Basel. Die Landstrasse führt durch ausge-dehnte Wiesen und Felder am Weiler Vierlinden mit dem gleichnamigen Gasthaus vorbei. Es steht an einem der schönsten Aussichtspunkte des Aargaus. Auf 569 Metern wird die Passhöhe beim Neustalden erreicht, dann neigt sich die Strasse dem Frick-tal zu.

Seit der Abtrennung von Oberbözberg im Jahr 1872 besteht Unterbözberg aus zehn auf dem Tafeljura weitver-streuten Häusergruppen. Es sind dies: Hafen, Sagel, Schnellen, Kirch-bözberg, Ursprung, Egenwil, Birch, Altstalden, Neustalden und Vierlin-den. Das Zentrum bildet das Dörf-chen Ursprung mit Gemeindehaus, Schulanlage, Feuerwehrlokal und Postgebäude. Diese Streubauweise war bedingt durch die Weite der be-wirtschafteten Flächen.

## VIER SEHENSWÜRDIGKEITEN
### Naherholungs- und Wandergebiet der Region Brugg
Der Bözberg bietet sich als Naherho-lungsgebiet für die Zentrumsregion Brugg-Windisch an. Besonders viele Naturobjekte wie Naturschutzweiher, Trockenwiesen, Föhrenwälder und andere Sehenswürdigkeiten laden zu einem Besuch ein. Ein Teil des Ge-meindebannes, insbesondere das Gebiet Homberg, ist ins Bundesin-ventar der Landschaften von nationa-

ler Bedeutung aufgenommen worden. Im Winter sind Waldränder und Einzelbäume oft mit Raureif behangen und verzaubern die Landschaft in eine märchenhafte Kulisse. Wenn für längere Zeit ausreichend Schnee liegt, wird eine Langlauf-Loipe präpariert, die sich zur Ausübung des Langlaufsports in nächster Nähe anbietet.

## Kirchbözberg

Die Kirche in der Talsenke zu Kirchbözberg, dem heiligen Michael geweiht, zeugt von weiteren wichtigen Bözberg-Übergängen. Dieses wohl aus dem 11. Jahrhundert stammende, 1227 erstmals urkundlich erwähnte Gotteshaus war am wichtigen Wegkreuz – Übergang von Laufenburg nach Brugg und vom Fricktal nach Stilli – gebaut worden. Mit der Pfarrscheune, erstellt um 1773, und dem spätgotischen Pfarrhaus, einem der schönsten Pfarrhäuser im Kanton, aus dem Jahre 1664/65, hat Unterbözberg eine prachtvolle Gebäudegruppe. Diese ist 1983/84 sorgfältig renoviert worden; sie ist heute dem Denkmalschutz unterstellt.

*Denkmalgeschützte Gebäudegruppe Kirchbözberg*

## Das Ortsmuseum

Der Museumsverein Bözberg betreibt in Kirchbözberg ein Dorfmuseum, in welchem verschiedene Kulturgüter aus vergangener Zeit ausgestellt sind. Das Museum ist nur an gewissen Tagen geöffnet. Gruppenbesichtigungen sind auf Anmeldung hin jederzeit möglich. Nähere Auskunft erteilt die Gemeindekanzlei Unterbözberg.

*Dorfmuseum Bözberg*

## HISTORISCHES

Der Bözberg war sicherlich schon zur Römerzeit ein wichtiger Juraübergang. So wurden im Gemeindebann von Unterbözberg im Gebiet unterer «Hafen» und südlich der Häusergrup-

Gemeindeverwaltung
Telefon 056 441 32 57
gemeinde@unterboezberg.ch
www.unterboezberg.ch
– Empfehlenswert ist die über
  700 Seiten umfassende Geschichte des bekannten Historikers Max Baumann mit dem
  Titel «Leben auf dem Bözberg».
  Das mit Zeichnungen und
  Bildern des Aargauer Künstlers
  Kurt Hediger illustrierte Buch
  kann bei der Gemeindekanzlei
  bezogen werden.

pe «Spannagel» Teile einer so genannten Römerstrasse entdeckt (siehe auch unter Effingen). Der Name
Bözberg dürfte lateinischen Ursprungs
sein und wird von Historikern mit
dem vom bekannten römischen Berichterstatter Tacitus erwähnten Berg
«Mons Vocetius» = «Niederwald»
identifiziert. Frühmittelalterliche und
prähistorische Spuren der menschlichen Besiedlung auf dem Bözberg
sind sehr spärlich. Die Hauptbesied-
lungsphase und die Rodung des Bözbergs wird in das 11. Jahrhundert an-
gesetzt (Gründung der St. Michaels
Kirche im 11./12. Jahrhundert). Das
Gebiet gelangte schon früh in den
Einflussbereich der Habsburger, zu
deren Stammlanden bzw. Einflussbereich es als eigenes «Amt Bözberg»
bis 1460 verblieb. Dann wurde es von
den Bernern vom österreichischen
Vasallen Hans von Baldegg kriege-
risch entrissen und mit dem Amt
Schenkenberg (siehe Thalheim) vereinigt. Die Herrschaft der gnädigen
Herren von Bern dauerte bis zum
Untergang der alten Eidgenossenschaft 1798 und bescherte mit wenigen Unterbrüchen (u. a. Bauernkrieg
von 1653) friedliche Zeiten für die
Weiler auf dem Bözberg.

### GASTRONOMIE UND FREIZEIT

*Gasthaus zum Bären* auf der Passhöhe im Gebiet Neustalden.
Das *Hotel Vierlinden* befindet sich an
der Hauptstrasse an schönster Aussichtslage beim gleichnamigen Weiler.

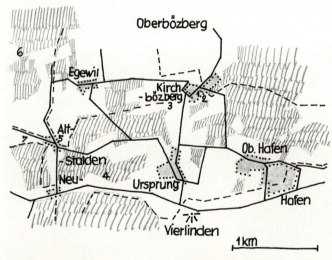

1 Museum Kirchbözberg
2 Kirchenanlage mit Pfarrhaus
3 Naturschutzgebiet Büelacher
4 Naturschutzzone im Wald «Feldhübel»
5 Alter Sodbrunnen Altstalden
6 Naturschutzgebiet Homberg
7 Römerweg

# VELTHEIM – AM FUSSE DER GISLIFLUE

Die Gemeinde liegt 374 m über Meer am Fusse der ersten Jurakette. Veltheim ist ein typisches Juradorf geblieben, obwohl sich in vergangener Zeit etwas Industrie angesiedelt hat. Die Lage am Fusse der Gisliflue, beziehungsweise am Eingang des Schenkenbergertales, kennzeichnet die Gemeinde.

## VIER SEHENSWÜRDIGKEITEN
**Fledermäuse**

Die Mausohrkolonie in Veltheim ist eine der wenigen, über welche aus der Vergangenheit Aufzeichnungen vorliegen. Der Dorfbevölkerung sind die Mausohren schon seit Jahrzehnten bekannt. Die Tierchen halten sich auch heute noch zuoberst im Estrich der Kirche auf. Dr. Martin Furrer, der eine Dissertation über die Fledermäuse der Schweiz verfasste, hat 1959 in der Kolonie mehrere hundert Tiere festgestellt. Seit der Kirchenrenovation, Ende der 1970er-Jahre, werden im Rahmen der gesamtschweizerischen Bestandesüberwachung die Mausohren in Veltheim systematisch gezählt. Zusammen mit

**Einwohner:** 1400
**Erste Erwähnung:** 1261 «Velthein» (Habsburger Urbar)
**Besonderheiten:** Alljährlicher Pfalzmärt, bedeutende Fledermauskolonie, Pfarrkirche (1760), Schloss Wildenstein (Privatbesitz), Kalk- und Mergelsteinbrüche
**Verkehrsverbindungen:** Postauto ab den SBB-Bahnhöfen Brugg und Wildegg. Hauptstrasse Aarau–Brugg, in Wildegg oder Schinznach-Bad die Aare überqueren

der Kolonie in Fläsch GR gehört diese Aargauer Kolonie zur grössten unseres Landes. Der abendliche Ausflug der zierlichen Tierchen zieht sich manchmal ganz schön in die Länge. Dies ist ein besonderes Spektakel, und Veltheim ist darum alleweil eine Reise wert. In der wärmeren Jahreszeit lässt sich still und beschaulich von der Sitzbank vor dem Kirchturm der Flatterflug im Dämmerlicht verfolgen.

*Kirche von 1760*

### Der Pfalzmärt

Jeweils im September organisiert der Verein Mosti Veltheim den so genannten Pfalzmärt. Besucherinnen und Besucher aus nah und fern erfreuen sich an den feilgebotenen, naturnah hergestellten Lebensmitteln und Kunsthandwerken aus dem Schenkenbergertal. Verschiedene Beizli sorgen für das leibliche Wohl der Märtbesucher.

### Naherholungsgebiet Aare und Gisliflue

Gut erschlossene Wanderwege laden zu ausgedehnten Spaziergängen entlang der Aare im ehemaligen Auengebiet, dem so genannten Schachen,

*Brunnen beim «Bären»*

ein. Entlang des Ufers kann an gefällten Bäumen der Wiedereinzug der Biber beobachtet werden, und mit etwas Glück können die Tiere in der Dämmerung sogar erspäht werden. Wer den Aufstieg nicht scheut, sollte das abwechslungsreiche Wandergebiet rund um die Gisliflue unter die Füsse nehmen. Der 772 Meter hohe Juragipfel bietet eine wunderschöne Aussicht auf die Dörfer des Schenkenbergertales, die Alpen sowie auf verschiedenste Burgen und Schlösser der näheren Umgebung.

### Kirche und Pfaffenhäuser

Der älteste nachweisbare Bau, eine dreischiffige romanische Basilika, wird ins 11. Jahrhundert datiert. Das Gotteshaus war Johannes dem Täufer geweiht; ein Altar zu Ehren der heiligen Gisela erfuhr rege Verehrung. Schon vor der Reformation war die stattliche Kirche baufällig. 1760 wurde sie durch die heutige Hallenkirche ersetzt. Zwei mit Treppengiebeln gekrönte Häuser westlich des Kirchhofs heissen im Volksmund Pfaffenhäuser. Sie erinnern an die Behausungen spätmittelalterlicher Kapläne, die mit der Reformation ihr Amt verloren.

### HISTORISCHES

Aus der Römerzeit ist eine Villa nachweisbar (Funde beim Abbruch des alten Pfarrhauses 1950). Im 11. Jahrhundert soll sich in Veltheim sogar eine königliche Pfalz befunden haben. Heute noch wird das Gebiet südöstlich der Kirche Pfalz genannt. Nach 1273 lag das Hochgericht in den Händen der Habsburger. Die Inhaber der nahen Burg Wildenstein hatten jeweils das Niedergericht inne. Nach der Einnahme durch Bern (1415) bildete Wildenstein mit Veltheim einen eigenen Gerichtsbezirk in der Landvogtei Schenkenberg. Die kleine Herrschaft wurde 1720 von Bern erworben.

### Schloss Wildenstein

Etwa 1,5 Kilometer südlich des Dorfes erhebt sich über einem der Gisliflue vorgesetztem Felskopf die Burg Wildenstein. Entstehungszeit: 13. Jahrhundert. Von den Herren von Rinach sowie vom Luzerner Schulheissen Heinrich Hasfurter (vor 1491) im heutigen Erscheinungsbild neu aufgebaut. Danach mehrere Besitzer (u. a. von Effinger auf Wildegg), 1720 bis 1798 bernischer Landvogteisitz. Im 20. Jahrhundert Altersheim und heute in privater Hand. Führungen sind leider zurzeit keine möglich.

### GASTRONOMIE UND FREIZEIT

*Restaurant Auhof,* in Au-Veltheim: Hotellerie, Gartenwirtschaft und Säli.

Gemeindeverwaltung
Telefon 056 463 66 99
www.veltheim.ch
gemeinde.veltheim@bluewin.ch
– «Veltheim von den Anfängen bis zur Gegenwart», 1992, von Thomas Schärli (zu beziehen bei der Gemeindekanzlei)

*Restaurant Bären:* Gartenwirtschaft und Säli.
*Restaurant Burehus* in Au-Veltheim: Bar und Gartenwirtschaft.
*Restaurant Hirschen:* Säli.
*Schwimmbad,* ungeheizt (geöffnet von Mitte Mai bis Mitte September).

1 Pfarrkirche (1760)
2 Pfaffenhäuser mit Treppengiebeln (spätgotische Mauerbauten um 1650)
3 Schloss Wildenstein (Privatbesitz)

4 Öliweiher mit Brätlistelle
5 Aareschachen
6 Unteregg, Naturschutzgebiet

# VILLIGEN – DAS DORF DER SCHÖNEN BRUNNEN

**Einwohner:** 1500
**Erste Erwähnung:** 1247 «Viligen» (Urkundenbuch Zürich)
**Besonderheiten:** Paul Scherrer Institut (PSI), Burgruine Besserstein (Aussichtspunkt), Dorfbrunnen im Stil von Spätrenaissance und Klassizismus
**Verkehrsverbindungen:** Postauto ab den SBB-Bahnhöfen Brugg und Döttingen. Mit dem Auto jeweils zehn Minuten von Brugg und Döttingen

Die Gemeinde liegt im untersten Aaretal am Fuss des Geissberges. Villigen grenzt an sieben Gemeinden aus drei verschiedenen Bezirken. Die Ansicht des Dorfes wird geprägt durch den markanten Besserstein (Geissberg) und den Reben des Schlossberges. Villigen hat ein Ortsbild von nationaler Bedeutung mit einer einzigartigen Dachlandschaft. Trotz der starken baulichen Entwicklung der letzten Jahre ist der dörfliche Charakter erhalten geblieben. Die Gemeinde Villigen ist mit 1036 Hektaren flächenmässig die grösste Gemeinde im Bezirk Brugg.

Die weite Flur sowie 522 Hektaren Wald laden zu herrlichen Spaziergängen ein. So können unter anderem bei Waldspaziergängen auf dem Geissberg Gämskolonien beobachtet werden.

## VIER SEHENSWÜRDIGKEITEN
### Dorfbrunnen

Villigen gilt weiterum als das Dorf mit den schönen Brunnen. So zieren zwei prächtige Spätrenaissance-Stöcke mit jüngeren Trögen die Hauptstrassengabeln. 1583 liess die Gemeinde Villigen den ersten steinernen Brunnen, den Halseisenbrunnen, errichten. Auch der Stock des Schmittenbrunnens ist im Renaissancestil gehalten. Die beiden Brun-

*Halseisenbrunnen*

nen stehen unter Denkmalschutz und spenden seit mehr als 400 Jahren Wasser. Im Laufe der Zeit wurden noch weitere Brunnen erstellt. Die Mehrheit dieser Brunnen werden aus Quellen des Geissberges gespiesen.

## Weinbau
Neben dem Ackerbau wurde in Villigen seit jeher auch Rebbau betrieben. Im 19. Jahrhundert rodete man sogar Ortsbürgerwald, um neues Rebland zu gewinnen. Der Weinbau hat in der Gemeinde Villigen immer noch eine grosse Bedeutung. Villiger Weine – edle Tropfen aus dem Aaretal – werden mit grosser Sorgfalt und mit viel Liebe hergestellt und gelten als gute Landweine.

## Aussichtspunkte
### Ruine Besserstein und Ersti
Eine herrliche Aussicht auf das Dorf, die Nachbarsgemeinden und die Alpen können auf den Aussichtspunk-

*Schmittenbrunnen mit Brunnenstock*

ten Ruine Besserstein und Ersti genossen werden. Die Zufahrt auf den Geissberg ist mit einem Fahrverbot belegt. Eine herrliche Aussicht wird die Mühe lohnen. Für Wanderer sind verschiedene Feuerstellen vorhanden.

*Synchrotron des PSI*

## PSI und PSI-Forum
Um 1970 wurde mit dem Bau des Schweizerischen Instituts für Nuklearforschung (SIN) begonnen. Heute ist dieser Forschungsbetrieb ein Teil des Paul Scherrer Institutes (PSI). Das PSI ist mit 1200 Mitarbeitern das grösste nationale Forschungsinstitut der Schweiz. Als Institut der ETH erarbeitet es Grundlagenwissen und neue Technologien für die Wirtschaft. Im Oktober 2001 wurde die 159 Millionen Franken kostende Synchrotron Lichtquelle Schweiz (SLS) eingeweiht. Sie befindet sich in einem grossen, untertassenförmigen Gebäude. Sowohl die Synchrotronlichtstrahlen als auch die Experimentierapparaturen der SLS ermöglichen eine neue Klasse von Experimenten in Physik, Chemie, Biologie und Materialwissenschaften. Das PSI-Forum ist von Montag bis Freitag und am Sonntag für Besucher geöffnet. Weitere Auskünfte sind erhältlich unter www.psi.ch.

## HISTORISCHES
Besiedelt wurde dieses Gebiet schon zur Jungsteinzeit (Funde im Zelgli und in der Langfure). Bei Grabarbeiten entdeckte man Gegenstände aus der Bronzezeit und Überreste eines

Gemeindeverwaltung
Telefon 056 297 89 89
www.villigen.ch
gemeindekanzlei@villigen.ch

römischen Gutshofes. In jüngerer Zeit ist bei Aushubarbeiten ein alamannisches Gräberfeld gefunden worden. Während des Mittelalters gehörte der Hof Rein mit Villigen und den umliegenden Dörfern dem Kloster Murbach im Elsass. In diese Zeit fällt auch der Bau der Villiger Johanneskapelle. Weitere wichtige Bauten waren zwei Burganlagen: Die weniger bekannte Anlage vom Ölberg und die sagenumwobene Besserstein auf dem Sporn des Geissberges. Im Mittelalter verkaufte der Abt von Murbach seine Besitztümer südlich des Rheins den Habsburgern, und diese wiederum verschenkten die Kirche Rein mit allen Einkünften dem Kloster Wittichen im Schwarzwald. 1460 fiel das Amt Schenkenberg mit den Ämtern Bözberg und Rein an Bern. Die Einwohnerzahlen stiegen stetig. Das 19. Jahrhundert brachte vorerst ein starkes Anwachsen der Bevölkerung. Missernten und darauffolgende Hungersnöte liessen die Bevölkerungszahl schwanken und veranlassten 193 Villiger, ihr Glück in Amerika zu versuchen.

### GASTRONOMIE UND FREIZEIT

*Gasthof zum Hirschen.*
*Restaurant/Pizzeria Schlossberg.*
*Beizli zum Nassberg*
(Familie R. + E. Schwarz).
*Schwimmbad,* ungeheizt, geöffnet von Mitte Mai bis Mitte September.

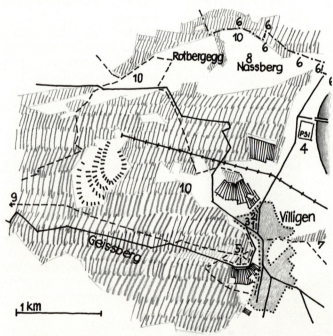

1 km

1 *Halseisenbrunnen (Renaissance, 1583)*
2 *Alte Trotte (18./19. Jh.)*
3 *Ehemalige Kirche (profaniert,*
   *romanisch-frühgotisch)*
4 *Paul Scherrer Institut (PSI)*
5 *Ruine Besserstein*

6 *Alte Berner Grenzsteine*
7 *Schwimmbad*
8 *Beizli «zum Nassberg»*
9 *Aussichtspunkt «Ersti» (698 m ü. M.)*
10 *Naturschutzgebiete Nassberg, Rotberg,*
   *Nidital und Schlossberg*

194

# VILLNACHERN – VIELFÄLTIGE NATUR ZWISCHEN AUENLANDSCHAFT UND MAGERWIESEN

Villnachern liegt in einer weiten, offenen Talmulde zwischen der Aare und dem Südfuss des Bözberges. Das ehemalige Bauerndorf hat sich zu einem stattlichen Wohndorf entwickelt. Es gibt nur wenige Arbeitsplätze im Dorf, man pendelt bis Zürich und Aarau. Mehr als zwanzig aktive Dorfvereine beweisen den guten Zusammenhalt und das Interesse am kulturellen Leben der einheimischen Bevölkerung.

Die abwechslungsreiche Umgebung lädt zum Wandern und Radfahren ein. Im ehemaligen Auengebiet an der Aare wird mit viel Aufwand versucht, dem Fluss seine ehemalige Dynamik zurückzugeben. Eine interessante Route führt vom Dorfkern über die Letzi in den Rebberg Sommerhalden und hinauf zur Pestlinde bei Linn. In den Schynhalden, etwas unterhalb Vierlinden am Bözberg, steht neben der Eiche, die zum Jubiläum des Turnvereins gepflanzt wurde, ein Alpenzeiger, der das Panorama vom Säntis bis zum Breithorn detailliert erklärt.

**Einwohner:** 1288
**Erste Erwähnung:** 1141 (Vereinbarung zwischen der Kirche von Basel und dem Kloster St. Blasien über die Vogteirechte)
**Besonderheiten:** Der Gemeindebann erstreckt sich von der alten Aare bis hinauf an die Bözbergstrasse. Er enthält bedeutende Flächen mit Magerwiesen, Trockenstandorten und Waldreservaten. Spätgotische Häuser im Oberdorf und in der Vorstadt
**Verkehrsverbindungen:** Postautolinie Brugg–Thalheim, SBB-Strecke Brugg–Frick. Autoverbindung: Aaretalstrasse Brugg–Wildegg

Ein Geheimtipp für Tage mit guter Fernsicht.

### VIER SEHENSWÜRDIGKEITEN
#### Rebberg Sommerhalden
Der Rebbau, während der Bernerzeit ein wichtiger Erwerbszweig, kam mit den Rebkrankheiten und den daraus

*Ehemaliges Zehntenhaus*

resultierenden Missernten zum Erliegen. Die Bözbergbahn und die Industrialisierung brachten neue Arbeitsplätze in die Region. Erst in den Jahren 1985 bis 1987 wurde der neue Weinberg Sommerhalden, ein steiler Südhang, bestockt. Auf einer Fläche von 8 ha wachsen auf Terrassen und im Vertikalbau verschiedene Rebsorten. Die gehaltvollen Lagenweine werden von den Produzenten direkt vermarktet, sie sind auch im Dorfladen erhältlich.

### Artenreicher Bözberg-Südhang
Im Gebiet Schynhalden/Chessler/Schryber sind Magerwiesen an die Stelle der Rebberge getreten. Magerwiesen erkennt man an ihrem lichten Wuchs, verbunden mit einem heute

*In der Sommerhalde wachsen seit 1985 wieder Reben*

seltenen Blumenreichtum. Von besonderem Interesse sind die einheimischen Orchideen in den Magerwiesen und lichten Föhrenwäldchen. Von besonderer Bedeutung für die Struktur und die kleinräumige Vielfalt der Lebensräume sind auch die vielen Buschgruppen, Hecken und Waldränder, die einer ständigen, verständnisvollen Pflege bedürfen.

### Oberdorf-Vorstadt
In diesem Dorfteil stehen die meisten hauptsächlich im spätgotischen Stil gebauten Häuser. Die Mühle (Vorstadt 6) erlebte in den 1930er-Jahren und der Zeit des Zweiten Weltkrieges eine Wiederbelebung, steht aber seit einigen Jahrzehnten still. Das an die Mühle angebaute Gebäude (Vorstadt 7) mit den Kreuzstöcken und dem Berner Wappen an der Fassade diente zeitweise als Untervogtei. Das um 1690 erbaute ehemalige Zehntenhaus (Vorstadt 2) mit den zwei mächtigen Treppengiebeln und den Bären am Tenntorbogen und an der Fassade ist ein imposanter Mauerbau. Entlang der Oberdorfstrasse sind viele alte Häuser aufwändig und sorgfältig renoviert und ausgebaut worden.

### Familien-Freibad
Im Zuge des Kraftwerkbaues wurde der um 1830 im klassizistischen Stil erbaute Gutshof Aarhof abgetragen. Er war das Geburtshaus des nachmaligen Bundesrates Schulthess. Stehen geblieben ist das ehemalige Waschhaus, neben dem 1951 das Familienbad erstellt wurde. Sonnige Ruheplätze, eine grosse Spielwiese, das separate Planschbecken, der Grillplatz und nicht zuletzt der gut geführte Kiosk, verbunden mit der einmaligen Lage am Oberwasserkanal und in Teilen des alten Parkes um den Aarhof, bilden die Grundlage für ein Badevergnügen für die ganze Familie.

## HISTORISCHES

Von der frühen und dauernden Besiedlung zeugen Funde aus der jüngeren Steinzeit sowie Reste römischer Bauten im Muracher und alamannische Gräber beim Letzihübel. Bis zum Jahre 1141 gehörte der Hof «Filnaccer» der Benediktinerabtei St. Blasien im Schwarzwald und ging dann in den Besitz der Habsburger über. Die Burg Villnachern (auch Lichtenau genannt) war schon im 15. Jahrhundert aufgegeben worden und zerfiel. Bereits 1491 wird sie als Ruine bezeichnet.

## GASTRONOMIE UND FREIZEIT

*Gasthaus Bären* mit Säli und Saal, Gartenwirtschaft.

Gemeindekanzlei
Telefon 056 441 14 52
www.villnachern.ch
gemeindeverwaltung@
villnachern.ch
– «Unser Dorf Villnachern»,
  Festschrift zur 850-Jahr-Feier
  (Gemeindekanzlei)

*Restaurant Kastanienbaum* mit Säli, Gartenwirtschaft.
*Weinproben und Bewirtung* bei den Produzenten Mathys, Schryberhof, und Küpfer-Burkhard, Letzistrasse 5.
*Schwimmbad,* unbeheizt, geöffnet von Mitte Mai bis Mitte September.

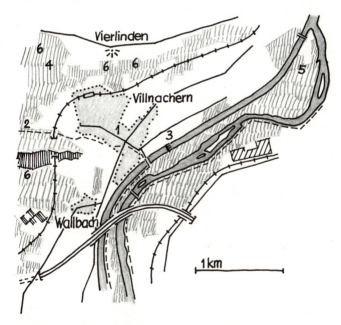

1 Ehemalige Untervogtei mit Berner
  Wappen (erbaut 1578, Gebäude-
  nummer 80 A), diverse alte Bauernhäuser
2 Start und Ziel Waldlehrpfad
3 Kraftwerk

4 Alter Muschelkalksteinbruch für
  Mühlsteine «Chalofen»
5 Auenlandschaft Umiker Schachen
6 Naturschutzgebiete Eihalde, Zürihölzli,
  Schynhalde und Kessler

# WALLBACH – PERLE AM RHEINBOGEN

**Einwohner:** 1580
**Erste Erwähnung:** 1283 «Walabuoch»
**Besonderheiten:** ruhig und idyllisch am Rheinbogen gelegen, stilvoller Dorfkern, Kapelle aus dem 17. Jahrhundert, Ruine eines römischen Wachtturmes aus dem 4. Jahrhundert, Mineralien- und Fossilienkabinett, Badeplatz am Rhein mit Grillstelle, Schiffsanlegestelle
**Verkehrsverbindungen:** Postautolinien nach Mumpf (5 Min.), Möhlin (12 Min.); dort SBB-Anschlüsse nach Basel (20 Min.); Zürich (58 Min.). A3-Anschluss in Rheinfelden (15 Min.) und Eiken (10 Min.)

Das einstige Fischer- und Flösserdorf ist landschaftlich durch den Rhein und den bewaldeten Gletschermoränenwall geprägt. Abseits der Hauptverkehrsstrassen gelegen, ist man dennoch innert weniger Minuten in den Zentren. Ein- und Doppeleinfamilienhäuser zum einen, die moderne Kirche und die neuen öffentlichen Bauten im Dorfzentrum zum andern bestimmen das Dorfbild. Reizvoll auch der alte Dorfkern mit der Barockkapelle und seinen ehemaligen Bauernhäusern, die heute als schmucke Wohnhäuser dienen. Wanderer, Velofahrer und Erholungssuchende finden sowohl auf der landwirtschaftlich intensiv genutzten Hochebene wie auch entlang dem Rhein und im Wald lauschige Wander- und Spazierwege, Velowege, einen Badeplatz, Grillstellen. Über dem Dorf, wo das Auge über Rebhänge schweift, gibt es herrliche Aussichtspunkte mit Ausblicken auf den Rhein. Besonders erholsam ist eine Rundfahrt auf dem Rhein mit dem Personenschiff «Trompeter».

*Grillplatz beim Waldhaus*

## VIER SEHENSWÜRDIGKEITEN
### Römischer Wachturm, Ruine «Stelli»

Im Zuge der Verstärkung der Rheingrenze entstand unter Kaiser Valentinianus I in der Zeit um 370 n. Chr. der Wachturm. Er war ein Glied ln der Kette von zahlreichen Wachtürmen zwischen Basel und Bodensee, die untereinander Sichtverbindung hatten (Rheinlimes). Sie bildeten eine Abwehrfront zum Schutz vor den rechtsrheinisch lebenden Alamannen. Erste Ausgrabung: 1913; 1949/50 vollständig freigelegt und 1952–1955 konserviert.

### Sebastianskapelle

1698 erbaute Kapelle; kleiner Barockbau unter steilem Satteldach mit gedrungenem, haubenbesetztem Dachreiter; dreiseitiger Chorschluss; schmuckes Barock-Säulenaltärchen mit Dorfvedute im Hauptblatt; Votivbilder.

### Biotop Wolftürli

Lage: südlicher Bereich der Kiesgrube Wolftürli; rund 40 Aren der ehemaligen Kiesgrube wurden als Biotop mit Feucht- und Trockenstandort gestaltet. Pionierpflanzen, Teichrohrsänger, Wasser-, Grasfrosch und mit etwas Glück auch die Kreuzkröte können gehört oder gesehen werden. In der nördlich gelegenen Kiesgrube besteht seit Jahren eine kleine Kolonie der Uferschwalbe.

### Mineralien- und Fossilienkabinett

Lage: Finstergässli 1; Besichtigung nach Vereinbarung mit Mario Henzi, Wallbach, Telefon G 061 865 11 20; P 061 861 12 90; Gruppenführungen für Schulen, Geschäfte, Vereine. Ausgestellt sind Fossilien aus dem Fricktal wie z. B. Ammoniten und Nautiliden sowie Mineralien aus aller Welt (Quarze, Smaragde, Opale, Amethysten).

*Sebastianskapelle, 1698*

## HISTORISCHES

Funde belegen, dass die Umgebung von Wallbach schon in der mittleren Steinzeit bewohnt war. Aus der Römerzeit stammen die Grundmauern dreier Wachtürme entlang des Rheins; ebenso wurden Hinweise auf einen römischen Gutshof gefunden. Der Rhein war über Jahrhunderte ein wichtiger Verkehrsweg und eine Erwerbsgrundlage für das Dorf. Nebst einer bescheidenen Landwirtschaft und Handwerksbetrieben spielten ab dem 16. Jahrhundert vor allem die Fischerei und Flösserei auf dem Rhein eine grosse Rolle in der Geschichte Wallbachs. Es wird angenommen, dass bereits die Römer für ihre Transporte über eine Schiffsorganisation verfügten. Später entstanden die Rheingenossen, denen sowohl deutsche als auch schweizerische Gemeinden, darunter Wallbach, angehörten. Zahlreiche Strassennamen erinnern an diese vergangenen Zeiten: Salmenweg, Flösserweg, Forellenweg, Flienenweg. In vorderösterreichischer Zeit bildete Wallbach zusammen mit Mumpf bis zu Beginn des 19. Jahrhunderts eine Vogtei. Seit 1803 ist Wallbach eine politisch selbständige Gemeinde. Aber erst nach dem Zweiten Weltkrieg setzte im Zuge der Industrialisie-

Gemeindeverwaltung
Telefon 061 865 90 90
www.wallbach.ch
info@wallbach.ch

*Ruhiges Plätzchen am Rhein*

rung (Chemie) im Fricktal auch in Wallbach ein Strukturwandel ein.

## GASTRONOMIE UND FREIZEIT

*Gasthof Schiff:* kulinarische Lecker-bissen für jeden Geschmack; Semi-nare; Festsaal mit 120 Sitzplätzen; Gartenrestaurant; 7 Gästezimmer.
*Gasthof Adler:* gutbürgerliche Küche; Saal mit 30 Sitzplätzen.
*Restaurant Pinte:* gutbürgerliche Küche; Saal mit 70 Sitzplätzen.
*Waldhaus der Ortsbürgergemeinde:* 60 Sitzplätze; Innencheminée; Aus-sensitzplatz mit Grillstelle; Auskunft: Telefon 061 865 90 90.

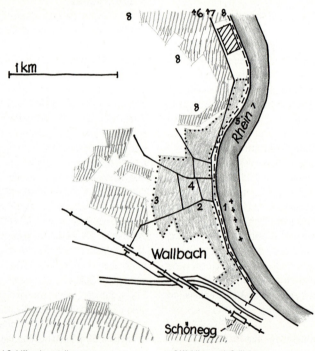

1 Schiffsanlegestelle
2 Kapelle St. Sebastian (1698)
3 Mineralien- und Fossilienkabinett
4 Gemeindezentrum
5 Badeplatz mit Grillstelle
6 Waldhaus mit Grillplatz
7 Römischer Wachturm «In der Stelli» mit Grillplatz
8 Grillplätze

# WEGENSTETTEN – AM FUSSE DES TIERSTEINBERGES

Wegenstetten gehört zusammen mit den Gemeinden Hellikon, Zuzgen und Zeiningen zum Wegenstettertal. Das Dorf liegt auf 444 Metern über Meer am Fusse des Tiersteinbergs, eingebettet im Quellgebiet des Möhlinbachs. Die topografische Vielfalt und der Tiersteinberg bieten Gelegenheit für entspannende Spaziergänge durch reizvolle Naturlandschaften und zu eindrücklichen Aussichtspunkten. Der Tiersteinberg bildet teilweise die Banngrenze und die Trennlinie zwischen den Kantonen Aargau und Baselland.

Das landschaftlich idyllisch gelegene Fricktaler Strassendorf mit ländlichem Charakter liegt unmittelbar an der Verkehrsachse Frick–Sissach und nach Möhlin.

Es besteht fast nur aus Ein- und Zweifamilienhäusern. Dementsprechend hat sich die Bevölkerungszahl in den letzten hundert Jahren eher langsam, aber kontinuierlich vergrössert.

**Einwohner:** 1030
**Erste Erwähnung:** 1246 «Wegosteton» (päpstliches Archiv, Brief von Papst Innozenz IV)
**Besonderheiten:** am Fusse des Tiersteinbergs, markante Aussichtspunkte, freiliegende Bachläufe, imposante Rokokokirche von 1741, einer der wenigen Skilifte des Kantons
**Verkehrsverbindungen:** Postautolinie Rheinfelden–Möhlin–Wegenstetten (Linie 88, 700.15) und Wegenstetten–Gelterkinden/Kienberg (Linie 101/102, 500.30/31). An der Strassenkreuzung nach Frick, Sissach und Möhlin. Ortsverbindungsstrassen nach Schupfart, Hellikon, Ormalingen, Autobahnausfahrt Eiken (7 Min.), Autobahnausfahrt Sissach (14 Min.)

## VIER SEHENSWÜRDIGKEITEN
### St. Michaelskirche

An schönster Lage, am Nordhang hoch über dem Dorf, steht die markante und

*St. Michaelskirche*

imposante Dorfkirche St. Michael. Ihre Dominanz und Schönheit verleiht dem Dorf einen besonderen Glanz. Die im Rokokostil ausgestattete Kirche wurde gegen Mitte des 18. Jahrhunderts von Giovanni Gaspare Bagnato erbaut. Der Turm ist spätgotisch und stammt von 1487.

### Skilift
Am Nordhang in der Föhrlimatt fährt man seit 1968 Ski. Anfangs liess man sich mit Pferden den Hang hinauf ziehen, bis 1970 ein Skilift von 300 Metern Länge errichtet wurde, wodurch eine Abfahrt von 600 Metern möglich wird. Am Zielhang befindet sich eine Skihütte mit Verpflegungsmöglichkeit. Die ganze Anlage wird vom Spiel- und

Turnverein betrieben und bietet eine willkommene sportliche Abwechslung für Jung und Alt aus nah und fern.

### Fledermäuse
Im Dachstock der St. Michaelskirche hält sich eine der grössten Kolonien von Mausohrfledermäusen des Kantons auf. Man setzt alles daran, den Lebensraum der selten gewordenen Tiere zu schützen und zu erhalten. Ihre Entwicklung wird vor Ort wissenschaftlich begleitet und untersucht.

### Mühle
Im Dorfkern kann eine bis 1993 durch Wasserkraft betriebene Standmühle besichtigt werden sowie ein Mühlstein als interessantes Relikt aus früheren Zeiten.

### HISTORISCHES
Wegenstetten ist in der frühalamannischen Siedlungszeit entstanden. Streufunde weisen auf urgeschichtliche Siedlungen und die Anwesenheit der Römer hin. Bis ins 14. Jahrhundert hinein stand Wegenstetten unter der Herrschaft der Grafen von Homburg (bei Wittnau). Dann teilte das Dorf unter der Schirmherrschaft der Freiherren von

*Abwechslungsreiche Landschaft bei Wegenstetten*

Schönau-Wehr bis 1802 die Geschicke der vorderösterreichischen Lande. 1445 brannten die Berner im alten Zürichkrieg (1444–1450) das Dorf nieder.

Die Kirche von Wegenstetten war seit 1551 Eigentum des Stifts Säckingen. Vom Kulturkampf gegen Ende des 19. Jahrhunderts blieb auch Wegenstetten nicht verschont. Ein Teil der Bewohner trat damals zur altkatholischen Kirche über. Weil man sich über eine gemeinsame Nutzung der bestehenden St. Michaelskirche nicht einigen konnte, bauten die Römisch-katholiken ein eigenes Gotteshaus. Nachdem die altkatholische Kirchgemeinde Wegenstetten-Hellikon um 1948 in Hellikon eine neue Kirche erbaut hatte, ging die St. Michaelskirche wieder an die römisch-katholische

Gemeindeverwaltung
Telefon 061 875 92 92
www.wegenstetten.ch
gemeindekanzlei@wegenstetten.ch
– Dorfgeschichte von Wegenstetten, von Hans Schreiber-Brändlin (zu beziehen bei der Gemeindeverwaltung)

Kirchgemeinde über. Die 1882 errichtete «Notkirche» wurde in diesem Zuge an die politische Gemeinde verkauft und diente bis 1980 als Turnhalle.

### GASTRONOMIE UND FREIZEIT
*Gasthof Adler,* mit Säli.
*Gasthof Schlüssel,* mit Säli.
*Skilift* mit 600 Meter langer Piste, die im Sommer für Biker-Abfahrten und zum Gras-Skifahren genutzt wird.

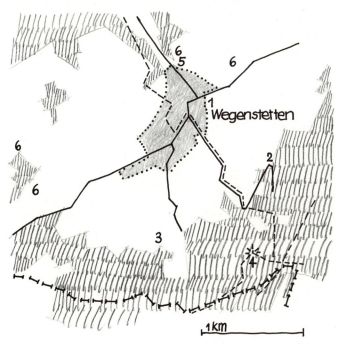

1 km

1 Pfarrkirche St. Michael (1741)
2 Grotte römisch-katholische Kirchgemeinde
3 Skilift Föhrlimatt
4 Aussichtspunkt «Flueh» (708 m ü. M.)
5 Steinbruch und Naturschutzgebiet von kantonaler Bedeutung
6 Naturschutzgebiete Ärfematt/ Buechmatt, Altenreben, Hersberg

# WIL – DAS WEINBAUDORF MIT CHARME

**Einwohner:** 700
**Erste Erwähnung:** 1318 «item ze Wile ain wingarten» (Habsburger Urbar)
**Besonderheiten:** Weites und schönes Flurwegnetz zum Wandern, St. Wendelinskapelle aus dem Jahr 1697, Weiler Oedenholz, Campingplatz
**Verkehrsverbindungen:** Postautolinie Laufenburg–Wil–Hottwil (Linie 700.36), sowie Hottwil–Wil–Brugg (Linie 700.37), Ortsverbindungsstrassen nach Hottwil und Mettau (K444) sowie Gemeindestrasse nach Hettenschwil und Leibstadt

Ein Erkundungsgang durch Dorf, Flur und Wald bietet sich zu jeder Jahreszeit an. Von Laufenburg oder von Brugg her gelangt man leicht mit dem Postauto ins Mettauertal, das sich vom Rhein her bis nach Gansingen und Wil erstreckt. Formschöne Jurahöhen umkränzen das Dorf: der steile Rebberg, im Hintergrund der wuchtige Stock des Mandacher Bucks, und der geheimnisvolle Wessenberg und im Westen der Laubberg mit seinem einzigartigen Helm und seinen leuchtenden Getreidefeldern in den grünen Wiesen. Wil ist die östlichste Gemeinde des Bezirks Laufenburg und liegt auf 372 Meter über Meer. Mitten im Dorf, bei Post und Gemeindehaus, ist die Bushaltestelle. Ganz in der Nähe befindet sich die St. Wendelinskapelle. Wil pflegt eine alte Rebbautradition mit eigener Kelterung im Dorf. Jeweils im Frühling findet das weiterum bekannte Weinfest statt. Auf einem wenig befahrenen Strässchen gelangt man zum Weiler Oedenholz. Hier lohnt sich auf der Anhöhe ein kurzes Verweilen. Neben dem Hauptdorf Wil bilden der Weiler Oedenholz, die Siedlungen im Ranspel, Egg und Laubberg eigenständige kleine Lebensgemeinschaften.

## VIER SEHENSWÜRDIGKEITEN
### St. Wendelinskapelle
Dieses schmucke Kleinod wurde im Jahr 1697 erbaut. Der Bauernheilige St. Wendelin ist hier dargestellt. Seine Verehrung als Schutzpatron des

Viehs erlebte um 1500 und im 18. Jahrhundert die Blütezeit. Als seine Attribute gab ihm der Künstler Schaufelstab, Hirtentasche und ein naiv aufblickendes Kühlein. Eine besondere Kostbarkeit besitzt die Kapelle mit dem aus Holz geschnitzten und farbig gefassten Vesperbild oder Pietà in der Mittelnische des Altars. Die Kapelle steht unter Denkmalschutz.

*St. Wendelinskapelle*

## Rebberg

Die Reben werden in Wil intensiv angebaut. Die drei Reblagen, Berg, Rain und Länggen liegen zwischen 380 und 490 Meter über Meer. Es werden nebst den Hauptsorten Blauburgunder und Riesling × Sylvaner auch Spezialitäten wie Räuschling, Elbling, Pinot gris und Gewürztraminer gehegt und gepflegt. Gekeltert wird in der Wiler Trotte (Weinbaugenossenschaft), bei Reinhard Bachmann (Weinbau zum Stäckerösseler) sowie bei Irene und Peter Wunderlin-Strebel (Pädagügeler-Weinbau).

## Kohlplatz Egghalde

Einer der schönsten Aussichtspunkte auf das ganze Mettauertal. Oberhalb der Egg befindet sich der Kohlplatz in der ehemaligen Mergelgrube Egghalde, wo im Jahre 2004 die «schwarze Kunst» des Kohlebrennens zelebriert wird (vom 6. September bis 5. Oktober 2004).

## Langer Markstein

Der sogenannte «Lange Markstein» oder «Dreiländerstein» steht auf der Wasserscheide ein wenig östlich von Punkt 457 ob der Hagenfirst, etwas weiter zurück im Walde. Der dreikantige Stein ist auf den drei Aussenseiten stark verwittert, sodass die Wappenschilde nur noch aufgrund der Umrisslinien und einiger weniger Merkmale zu identifizieren sind. Auf dem österreichischen Schild sind ein W (Wil) und ein L (Laufenburg als Bezirk) eingehauen, auf dem Berner Schild dominiert ein M (Mandach). Der Stein wird bereits 1556 und 1585 erwähnt, muss also früher, wohl anlässlich des ersten Grenzspruches vom Jahre 1520, gestellt worden sein. Er bildete den Endpunkt der Grenzmarch, die das Kirchspiel während Jahrhunderten einerseits vom Berner Aargau, andererseits von den österreichischen Vorlanden schied.

## HISTORISCHES

Die Gründung der Siedlung Wil dürfte im 5./6. Jh. durch die Alamannen erfolgt sein. Anschliessend kam die Gegend unter die Herrschaft der Franken und später zum Hause Habsburg. Bis 1798 war Wil Grenzgemein-

*«Dreiländerstein» ob Hagenfirst*

ℹ Gemeindeverwaltung
Telefon 062 867 40 70
www.wil-ag.ch
gemeindekanzlei@wil-ag.ch
– Wiler Nachrichten (erscheint
  drei Mal jährlich, zu beziehen
  bei der Gemeindekanzlei)

de, wo Vorderösterreich, die eidgenössische Grafschaft Baden und das Berner Herrschaftsgebiet zusammenstiessen. Wil, Etzgen, Mettau und Oberhofen bildeten damals eine politische Gemeinde. Als 1803 das Frick-tal dem Kanton Aargau zugeschlagen wurde, lösten sich die Orte von der Talgemeinde Mettau. Dank der damals grössten Einwohnerzahl (630) kam Wil bei der Landaufteilung entsprechend gut weg.

## GASTRONOMIE UND FREIZEIT

*Restaurant Hirschen.*
*Restaurant Schwyzerhüsli.*
*Bettinas Buschwirtschaft.*
*Campingplatz Waldesruh,* H.+M. Sutter-Schraner, Telefon 062 875 22 63, Mail: waldesruh@swisscamps.ch.

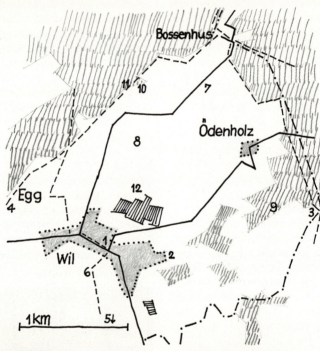

1 Wendelinskapelle
2 Alter Sodbrunnen (18. Jh.)
3 Dreiländerstein (Langer Markstein)
4 Campingplatz Waldesruh (Egg)
5 Aussichtspunkt Laubberg (649 m ü. M.)
6 Alter Hohlweg
7 Kiesgrube Gumpertsmatt
8 Grundbach (reizvoller Bachlauf)
9 Biotope Auwinkel
10 Naturschutzgebiete Steigrüti, Bärke-matt, Egg (Trockenstandorte)
11 Kohlplatz Egghalde (Holzköhlerei Wil vom 6. September bis 5. Oktober 2004)
12 Rebberg

# WITTNAU – TYPISCHES FRICKTALER STRASSENZEILENDORF

Wittnau liegt an der Strasse Frick–Salhöhe, angrenzend an die Kantone Baselland und Solothurn. Das Dorf ist eingebettet zwischen den Tafeljurabergen Altenberg, Homberg, Horn und Limperg. Der alte Dorfkern erstreckt sich auf einer Länge von ca. 1,5 km dem Dorfbach und der Hauptstrasse entlang. Dem Ortsbild von Wittnau kommt nationale Bedeutung zu; es ist im Inventar der schützenswerten Ortsbilder der Schweiz (ISOS) eingetragen. Das sehr grosse Wandergebiet um das Dorf lädt zum Entdecken ein. Die Aussichten ins untere Fricktal, ins Baselbiet, ins Zurzibiet oder auch in den Schwarzwald haben schon viele Gäste fasziniert.

**Einwohner:** 1150
**Erste Erwähnung:** 1259 «Wittnowe» (Urkunde des Klosters Murbach, Elsass)
**Besonderheiten:** Befestigungsanlagen aus der Spätbronze- und Hallstattzeit auf dem Wittnauer Horn, eines der wichtigsten sichtbaren Denkmäler der schweizerischen Ur- und Frühgeschichte; Burgruine Homberg (11. Jahrhundert); Buschbergkapelle (Kraftort); Fasnachtsfeuer
**Verkehrsverbindungen:** Postauto Frick–Benkerjoch–Aarau. Ortsverbindungsstrassen nach Frick und die angrenzenden Kantone Baselland und Solothurn.
A3 Anschluss in Frick (7 Minuten)

## VIER SEHENSWÜRDIGKEITEN
### Weinbau und Kirschen
In Wittnau bieten acht verschiedene Betriebe oder Privatpersonen ihre Weine an. Überzeugen Sie sich selbst von der Qualität der Wittnauer Weine, aus den traditionellen Sorten Ries-

*Buschbergkapelle*

ling × Sylvaner (weiss), Blauburgunder (blau) oder den Spezialitäten Chardonnay, Barrique und Weissherbst. Fricktaler Tafelkirschen wie auch der Wittnauer Kirsch sind in der ganzen Schweiz bekannt.

### Martinskirche

Die dem heiligen Martin geweihte Pfarrkirche dürfte schon in der zweiten Hälfte des 8. Jahrhunderts entstanden sein. Vermutlich liegen die Fundamente dieser frühmittelalterlichen Kirche unter dem heutigen Kirchenraum. Nach der um 1180 erfolgten Homburgischen Jahrzeitstiftung zu schliessen, wurde das Gotteshaus von einem Frickgaugrafen gegründet. 1765 wurde die baufällige Kirche abgerissen und eine neue,

*Fasnachtsfeuer*

grössere gebaut. 100 Jahre später wurde sie nochmals erweitert. Von besonderem kunsthistorischem Wert sind der monumentale spätgotische Kruzifixus und die Martinsfigur aus dem 15. Jahrhundert.

### Buschbergkapelle, Kraftort, Stationenweg und Lourdes-Grotte

Die Wittnauer Wallfahrtskapelle auf dem Buschberg ist legendenumwoben. Der Platz gilt als Kraftort und wird deshalb nicht nur von gläubigen Christen, sondern zunehmend auch von Esoterikern rege besucht. Aber auch Menschen, die nur Ruhe suchen, kommen an diesem idyllischen Ort auf ihre Rechnung. Von der Buschbergkapelle führt der so genannte Stationenweg zur Lourdes-Grotte. Die Grotte am Fusse des Staatswaldes entstand 1902; seither haben unzählige Pilger den Weg betend begangen.

### Fasnachtsfeuer

Das Fasnachtsfeuer findet alljährlich jeweils an der alten Fasnacht statt. Es soll ein Überrest eines aus dem Sonnenkult der heidnischen Zeit übernommenen Brauches sein. Am Fasnachtsfeuersonntag wird die Gemeinde in Ober- und Unterdorf geteilt. Die beiden Parteien liefern sich einen internen Wettkampf, wer die schöneren und besseren Feuerbilder präsentieren kann. Die Bilder weisen meistens auf aktuelle Ereignisse hin. Finanziert wird der Anlass von den Paaren, die im Vorjahr geheiratet haben.

### HISTORISCHES

Das Gebiet um Wittnau muss schon lange besiedelt sein. Auf dem schwer zugänglichen «Horn» im Westen des Dorfes ist bereits zur späteren Bronzezeit eine befestigte Siedlung entstanden, die nach den Funden zu schliessen als Zufluchtsort für die Bevölkerung gebaut wurde. Mehrmals wurde die Anlage ausgebaut und erweitert. Mauerreste der letzten Anlage sowie Überreste der verschiedenen Wälle sind heute noch sichtbar. Münzenfunde aus dem frühen Mittelalter zeigen, dass das Refugium auch nach den Römern zumindest noch zeitweise benützt wurde. Auf dem sich nördlich erhebenden Homberg entstand im 11. Jahrhundert die Stammburg der Grafen von Homberg. Diese wurde 1356 beim Erdbeben von Basel zerstört. Einige Mauerreste und die gewaltige Grabenanlage sind von dieser Anlage noch übriggeblieben.

## GASTRONOMIE UND FREIZEIT

*Landgasthof Krone* mit Hotellerie, Saal, Säli und Weinstube.
*Golf Driving Range* auf dem Limperg.

Gemeindeverwaltung
Telefon 062 865 67 20
www.wittnau.ch
gemeindekanzlei@wittnau.ch
– «Adlerauge», dörfliches Leben und Geschehen im Jahreslauf. Erscheint jährlich seit 1988 (zu beziehen bei der Gemeindekanzlei)
– Ludwig Berger und Werner Brogli, Wittnauer Horn und Umgebung. In: archäologischer Führer der Schweiz Nr. 12 (herausgegeben von der Schweizerischen Gesellschaft für Ur- und Frühgeschichte und der Kantonsarchäologie des Kantons Aargau)

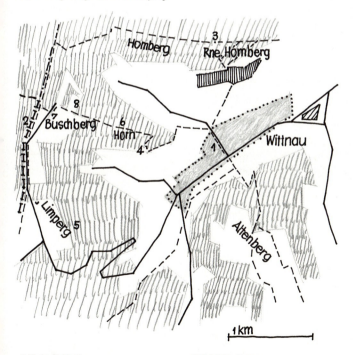

1 Kirche St. Martin
2 Buschbergkapelle
3 Ruine Homberg
4 Lourdes-Grotte
5 Waldhütte Limperg
6 Refugium Wittnauer Horn
7 Grabhügel Buschberg
8 Findling aus Walliser Gneis

# WÖLFLINSWIL – MIT MARKANTEM DORFPLATZ

**Einwohner:** 815
**Erste Erwähnung:** 1226 «Wilere» (Urkundenbuch Baselland)
**Besonderheiten:** Markanter Dorfplatz (von nationaler Bedeutung), weitläufiges Flurwegnetz zum Wandern und Biken, Eierlesen und bekannter Herbstmarkt mit einheimischen Produkten
**Verkehrsverbindungen:** Postautobuslinie Aarau–Benkerjoch–Frick. Mit dem Auto von Frick Richtung Gipf-Oberfrick–Benkerjoch (6 km). Von Aarau über das Benkerjoch 10 km. Untergeordnete Ortsverbindungsstrassen nach Herznach und Kienberg SO

Die Gemeinde liegt im Talgrund mit teils steilen Hanglagen vom Tal zum Tafeljura hin. Im alten Dorfkern ist noch das typische Fricktaler Jura-Haufendorf zu erkennen. Die eindrückliche Schichtstufenlandschaft mit Tal, Tafeljura und Faltenjura zeigt sich hier besonders schön. Das Dorf, das gegen 30 Aussenhöfe hat, ist immer noch stark von der Landwirtschaft geprägt. Auf den Hochflächen des Tafeljuras ist der Ackerbau mit Getreide, Mais und Hackfrüchten vorherrschend, aber auch die Milchwirtschaft und der Obstbau sind von Bedeutung. Nach Möhlin und Gipf-Oberfrick ist Wölflinswil die drittgrösste Bauerngemeinde im Fricktal. Spezialkulturen wie Beeren, Obst, Rhabarber, Spargeln usw. werden immer bedeutender; in kleinerem Umfange ist auch Rebbau vorhanden. Das örtliche Gewerbe ist vor allem mit Bau- und Baunebenberufen aktiv.

## VIER SEHENSWÜRDIGKEITEN
### Markante Kirchenanlage
Die Pfarrkirche St. Mauritius auf dem weithin sichtbaren Stöckli ist für das Ortsbild von Wölflinswil prägend. Die Kirche ist bescheiden ausgestattet, hat aber eine hervorragende Akustik, was sich bei Konzertanlässen immer wieder zeigt. Der Fricktaler Baumeister Fidel Obrist aus Gansingen hat die Kirche 1821 unter Erhaltung des mittelalterlichen Käsbissenturmes neu errichtet. Die Altargruppe ent-

stand um 1830 und steht unter Denkmalschutz. Der klassizistische Baustil herrscht im hellen, weiten Kirchenraum vor. Bemerkenswert ist die Gesamtanlage mit Mauerumfriedung von Pfarrhof und Friedhof. Pfarrhof, Scheune und Kirche bilden ein erhaltenswertes Bau-Ensemble.

*Handwerk am Herbstmärt*

## Traditionsanlässe auf dem Dorfplatz

Sowohl das Eierlesen am ersten Maisonntag wie auch der Wölflinswiler Herbstmärt am letzten Samstag im Oktober gehören zu den bedeutenderen Traditions- und Brauchtumsanlässen der Region. Beim Eierlesen besteht neben dem Aufmarsch der historischen Figuren eine Besonderheit darin, dass zwei Eierbahnen rechtwinklig zueinander verlaufen. Am Herbstmärt werden an über 40 Ständen Produkte feilgeboten, wobei bis heute der Grundsatz eingehalten wird, nur Eigengewächs und Produkte aus dem Dorf zu verkaufen.

## Naturschutz und prächtige Aussicht

Das Naturschutzgebiet «Burgstetten», ehemals ein Rebbaugebiet, weist seltene Pflanzen auf, auch Orchideen. Es ist als Naturbiotop durch die Vernet-

*Der Dorfplatz ist von besonderem Reiz*

zung von Gebüsch und freiem Feld besonders wertvoll. Schöne Aussichtspunkte finden sich auf der Burgflue (am Wanderweg) und auf dem Strihen. Der weithin sichtbare Mast auf dem Strihengrat dient der Elektrizitätswirtschaft für Richtstrahlverbindungen.

## Erzgruben im Junkholz

Vom hohen Mittelalter bis Mitte des 18. Jahrhunderts wurde auf dem Fürberg bedeutender Eisenerzabbau betrieben. Im Junkholz östlich des Geindelhofes sind die Gruben noch sichtbar. Es handelt sich um dasselbe Eisenerzflöz von so genanntem oolithischem Doggererz, das im 20. Jahrhundert in Herznach abgebaut worden ist. 1743 wurde die Erzgewinnung auf dem Fürberg eingestellt.

## HISTORISCHES

Erste Besiedlungsspuren gehen auf
die Bronzezeit (ca. 1200 v. Chr.) zurück
und sind nördlich des heutigen Dorfes
im «Oerken» nachweisbar. Der erste
Weiler hiess hier Nörikon. Der Ortsname Wölflinswil soll auf die Land-
nahme eines alamannischen Sippen-
führers mit dem Namen «Wulf» zurückgehen. Das Gebiet gehörte im
Mittelalter zum Kernbesitz der Grafen
von Alt-Homberg. Im 19. Jahrhundert
spielte die Posamenterei eine grosse
Rolle. Dominante Bauten, sie werden
auch Schwedenhäuser genannt, sind
am Dorfplatz gut erhalten und geben
ihm ein besonderes Gepräge. Man
nennt diese so, weil sie die Brand-
schatzungen des Dreissigjährigen Krieges überstanden haben. Der Landgasthof Ochsen ist älter als die Eidgenossenschaft, bestand urkundlich nachgewiesen also schon vor 1291.

## GASTRONOMIE UND FREIZEIT

*Landgasthof Ochsen* am Dorfplatz,
grosser Saal mit Bühne, Sitzungs-
und Seminarräume, Gartenwirtschaft
und Gästezimmer.
*Restaurant Heimat,* Saal, Sitzungszimmer und Kegelbahn.
*Schwimmbad Huebmet* bei der Schulanlage, geöffnet von Mai bis August.
*Waldhaus* der Ortsbürger im Stri-
henwald. Vermietung über Telefon
062 877 12 32.

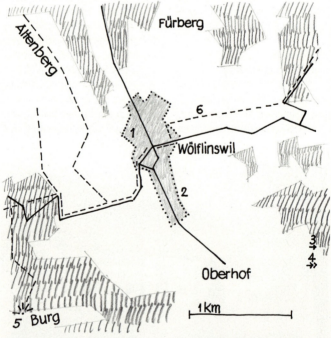

1 Kirche St. Mauritius, Stöckli (1821)
2 Schwimmbad Huebmet
3 Waldhaus Strihen der Ortsbürger

4 Strihen, Aussichtspunkt (865 m ü. M.)
5 Burg, Aussichtspunkt (785 m ü. M.)
6 Naturschutzgebiet Burgstetten

# ZEIHEN – DIE GEOGRAFISCHE MITTE ZWISCHEN BASEL UND ZÜRICH

Die Gemeinde liegt inmitten schönster Natur. In und um Zeihen lässt sich gut spazieren und wandern. Das Dorf Zeihen liegt an der Bözbergbahnlinie Frick–Brugg kurz vor dem Tunnelportal. Das Unterdorf befindet sich genau in der Mitte zwischen den Stadtzentren von Basel und Zürich.

### Vom Tafel- zum Faltenjura

Der Faltenjura wirkt sich bis heute als Verkehrshindernis aus. Nur eine Naturstrasse führt von Oberzeihen durch die Chilholzer-Klus nach Thalheim ins Mittelland. Dank dieser natürlichen Barriere wird Zeihen vom regionalen Durchgangsverkehr weitgehend verschont. Der Gemeindebann reicht von den aussichtsreichen Höhen des Faltenjuras (Homberg, 783 m, und Ibergfluh, 717 m) über bewaldete Bergflanken, ackerbaulich genutzte Flächen des Tafeljuras und obstbestandene Wiesen hinunter in die beiden Tälchen der Sisseln und des Zeiher Dorfbachs. Neben dem Hauptdorf Niederzeihen bilden der Dorfteil Oberzeihen, der Weiler Eichwald und die Hofgruppen

**Einwohner:** 900
**Erste Erwähnung:** 1300 «ze zeien» (Säckinger Urbar)
**Besonderheiten:** An der Überschiebungszone Tafeljura-Kettenjura gelegen, weites Flurwegnetz zum Wandern und Biken, Dorfmuseum, Naturlehrpfad
**Verkehrsverbindungen:** Postautobuslinie Effingen–Zeihen–Herznach (Querspange zur Staffelegg- und Bözberglinie, Linie 139, Fahrplanfeld 700.75). A3 Ausfahrt Effingen, Halbanschluss mit Ein- und Ausfahrt Richtung Zürich (2 Minuten), Ausfahrt Frick (7 Minuten). Ortsverbindungsstrassen nach Herznach, Hornussen und Effingen

im Schlatt und Iberg eigenständige kleine Lebensgemeinschaften.

## VIER SEHENSWÜRDIGKEITEN
### Dorfmuseum

Die Ausstellung befindet sich im Untergeschoss des Gemeindehauses und umfasst zurzeit folgende Themen:

- Fossiliensammlung: Rund 15 Millionen Jahre alte fossile Blätter, Hölzer und Knochen von Säugetieren aus der Glimmersandgrube im Iberg (Obere Süsswassermolasse).
- Wohnstube anno dazumal. «Rädli»- oder «Drähtliflechten» für die Strohhutindustrie in Wohlen, früher ein weit verbreiteter Broterwerb im oberen Fricktal.
- Alte Schulstube.
- Landwirtschafts- und Feldgeräte.
- Eine besondere Rarität: Die ältesten Alphörner der Schweiz!
- Öffnungszeiten: nach vorgängiger telefonischer Vereinbarung mit der Gemeindeverwaltung.

## Naturlehrpfad Sommerhalde

Start des Naturlehrpfades am Waldrand 100 m östlich der Schlatthöfe, als Rundweg angelegt, 1,5 km lang. Auf über 40 Orientierungstafeln werden heimische Baum- und Straucharten und ihre Besonderheiten vorgestellt. Zusätzliche Informationen über naturnahe Lebensräume, Bohnerzabbau und weitere Hinweise zu Geschichte und Geologie.

## Orchideenwiesen

- Trockenstandort Bergli: über 20 einheimische Orchideenarten.
- Trockenstandort Sommerhalde beim Naturlehrpfad.

*Dorfmuseum*

## Zeiher Homberg

Einer der schönsten Aussichtspunkte des Fricktals. Blick zum Hotzenwald und bei klarer Sicht bis zu den Vogesen. Sie erleben das Fricktal aus der Höhe. Ehemaliger Sitz einer Berner Hochwacht. Die Artilleriefestung aus dem Zweiten Weltkrieg beherbergt heute eine wichtige Fledermauskolonie.

## HISTORISCHES

In Zeihen sind Spuren menschlicher Siedlungtätigkeit aus römischer und frühmittelalterlicher Zeit nachweisbar. Funde: Römischer Gewerbebau im Gebiet Hohbächli-Stauftel (Ausgrabung im Jahre 2002), Alamannengrab mit Bestattungsbeigaben aus dem 7. Jahrhundert (Funde im Vindonissamuseum Brugg). Im Mittelalter hatte das Klosterstift Säckingen umfangreiche Güter in Zeihen. Ebenfalls Grundbesitzungen hatten die von Effinger (Kleinadelsgeschlecht Schloss Wildegg und Stadt Brugg).

Landwirtschaft und teilweise auch Eisenerzgewinnung (Bohnerzabbau im Gebiet Sommerhalde) bildeten im Spätmittelalter bis weit in die Neuzeit die wirtschaftliche Grundlage der Dorfbevölkerung. «Oh heie, vo Zeihe, kei Räbe, kei Wy» ist kein alter Spruch, denn bis zum Ersten Weltkrieg wurden auf einer Fläche von 34 ha von 150 Weinbauern jährlich bis zu 900 hl Rebensaft gewonnen. Doch verschiedene Rebkrankheiten bewirkten einen raschen Rückgang des Weinbaus. Heute finden sich in Zeihen nur noch ein paar wenige, liebhabermässig gepflegte Rebstöcke in Hausgärten.

## GASTRONOMIE UND FREIZEIT

*Restaurant Frohsinn* mit Bühnensaal für 100 Personen.
*Restaurant Rössli* im Dorfzentrum, Säli für 30 Personen und Sitzungszimmer.

Gemeindeverwaltung
Telefon 062 867 40 40
www.zeihen.ch
gemeindeverwaltung@zeihen.ch
– Zeiher Heimatblatt (erscheint
  alljährlich)
– Zeiher Flurnamenbüchlein (zu
  beziehen bei der Gemeindekanzlei)

*Restaurant Ochsen* im Dorfteil Oberzeihen: Gourmet-Restaurant, klein –
aber fein. Soll zu den hundert sympa-
thischsten Restaurants der Schweiz
gehören.
*Galerie Doracher:* mit Bed & Break-
fest, Kunst und Ausstellungen (www.
doracher.ch).

*Grenzstein Berner Aargau/Österreich*

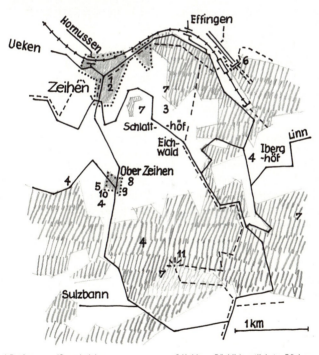

1 Dorfmuseum/Gemeindehaus
2 Bundesrat-Deiss-Brunnen
3 Naturlehrpfad mit Bohnerzschürfstellen
  (17./18. Jh.)
4 Alte Landesgrenzsteine Vorderöster-
  reich/Bern
5 Findling «im Grund» (Risseiszeit)

6 Hohlweg Bächli (westlichster Bözberg-
  übergang, IVS-Objekt)
7 Naturschutzgebiete Sommerhalde,
  Chapf, Bergli
8 Oberzeihen (Ortsbild nach ISOS)
9 Kapelle Oberzeihen (1841)
10 Galerie Doracher
11 Zeiher Homberg (782 m ü. M.)

# ZEININGEN – DAS DORF AM SONNENBERG

**Einwohner:** 1900
**Erste Erwähnung:** 1217 «Ceiningen» (Urbar des Klosters Einsiedeln)
**Besonderheiten:** Spätbarocke Pfarrkirche St. Agatha, bronzezeitliche Höhensiedlung «Bönistein», Zeininger Markt (Samstag nach Bettag), Forellenzucht, Naturschutzreservat «Bättlerchuchi»
**Verkehrsverbindungen:** Postauto ab den SBB-Bahnhöfen Möhlin und Rheinfelden. Ausfahrt A3 Rheinfelden (7 km)

Zeiningen liegt am Eingang zum Möhlintal, eingebettet zwischen Sonnenberg und Zeiningerberg. Das östliche Brückenwiderlager der A3 stützt sich auf das Endstück der schönsten erhaltenen Endmoräne der Schweiz aus der Rissvergletscherung ab. Deren östlicher Zug verläuft bis zum Ägelsee, einem schützenswerten Moränensee im Zeininger Feld. Die abwechslungsreiche Landschaft mit den das Dorf umgebenden Hügeln laden zum Wandern, zum Joggen und zum Biken ein. Bei einem Spaziergang am Sonnenhang des Zeiningerberges mit seinen gepflegten Rebanlagen kann neue Energie getankt und die prächtige Aussicht auf den südlichen Schwarzwald genossen werden. Als besondere Ausflugsziele für Wanderer gelten der westlich des Dorfes gelegene, 632 m hohe Sonnenberg, auf dessen Turm man eine herrliche Rundsicht auf die umliegenden Dörfer, die Jura- und Schwarzwaldhöhen und die Alpen hat.

Zeiningen weist einen sehr schönen Dorfkern auf: Ältere Häuser gruppieren sich um den Kirchenbezirk. Viele dieser rustikalen Häuser wurden sorgfältig restauriert. Erwähnenswert sind die zahlreichen Dorfbrunnen und die liebevoll gepflegten Vorgärten, aber auch die im Jahre 1999 bezogene Schul- und Sportanlage «Brugglinsmatt», ein modern gestalteter neuer Raum am Dorfrand. In sieben baumumstandenen, lauschigen Weihern werden Forellen gezüchtet. Es ist die einzige Forellenzucht im Bezirk (www.fischzuechter.ch).

## VIER SEHENSWÜRDIGKEITEN
### Pfarrkirche St. Agatha

Eine besondere Sehenswürdigkeit ist die spätbarocke St. Agatha-Kirche (erbaut 1768/69 von Jakob Brogly). Sie hat eine qualitätsvolle Rokkoko-Ausstattung mit erlesenen Altären, schöner Kanzel, kunstvollen Gewölbefresken und einem prachtvollen Hauptfresco. Kirche mit Pfarrhaus und dem Missionskreuz (1776) im Kirchenhof stehen ebenfalls unter Denkmalschutz.

### Weinbau

Der Weinbau nahm in Zeiningen stets einen wichtigen Platz ein. Nicht umsonst zeigt das Zeininger Wappen einen mit Trauben behangenen Weinstock. Zwei Rebbaubetriebe, einer davon mit eigener Kelterei, bieten ihre Weine in eigenen Räumlichkeiten zum Verkosten an. Überzeugen Sie sich von der Qualität der Zeininger Weine, aus den traditionellen Sorten Blauburgunder und Riesling×Sylvaner oder den Spezialitäten Pinot gris oder Chardonnay.

*Missionskreuz, 1776*

*Kirchen-Ensemble, unter Denkmalschutz*

### Bronzezeitliche Höhensiedlung «Bönistein»

Bei dieser mächtigen Felskuppe am Zeiningerberg wurden verschiedene

*St. Agatha-Kirche, Hauptaltar*

bemerkenswerte Funde gemacht, die belegen, dass sich dort schon vor 10 000 bis 15 000 Jahren Menschen aufgehalten haben. Die Fundgegenstände sind im Fricktaler Museum in Rheinfelden aufbewahrt. Der «Bönistein» ist im schweizerischen Inventar der Kulturgüter von nationaler Bedeutung enthalten.

### Ägelsee

Beim Ägelsee handelt es sich um ein kantonales Interessegebiet für Naturschutz. Zudem figuriert der Moränensee im Inventar der Amphibienlaichgebiete von nationaler Bedeutung. Er wird als letzter Standort eines natürlichen Gewässers in der Nordwestschweiz bezeichnet, wo der Laubfrosch noch vorkommt.

Gemeindeverwaltung
Telefon 061 855 90 11
www.zeiningen.ch
kanzlei@zeiningen.ch
– Jahreschronik «Zeiniger
  Schäsli» und Schrift «Willkommen in Zeiningen» (zu beziehen
  bei der Gemeindekanzlei)

## HISTORISCHES

Neben den Ausgrabungen am «Bönistein» haben auch zwei urgeschichtliche Funde im Gebiet «Uf Wigg» –
eine aus dem Ende der Altsteinzeit,
die andere aus der mittleren Bronzezeit – den Nachweis für menschliche
Siedlungen in Zeiningen erbracht.
Der Name des Dorfes soll auf einen
alamannischen Häuptling namens
«Zeino» zurückgehen. Das Kloster
Säckingen hatte im Hochmittelalter
Dinghöfe in Zeiningen. Später wech-
selte die Herrschaft der Grafen von
Rheinfelden zu den Habsburgern. Zeiningen blieb auch vor vielen Schicksalsschlägen nicht verschont. Im Jahre 1611 wütete die Pest; während des
Dreissigjährigen Krieges (1618 bis
1648) wurde das Dorf verschiedent-
lich geplündert und gebrandschatzt.
1740 äscherte ein Grossbrand ganze
Dorfteile ein. Um 1850 waltete in Zeiningen eine Art «Kohlerausch». Nachdem sich die hohen Erwartungen nicht
erfüllt hatten, verblieben nur Enttäu-
schungen und Schulden.

## GASTRONOMIE UND FREIZEIT

*Gasthof zur Taube* mit Fremdenzim-
mern, Saal und Säli mit schönem Wirts-
hausschild im Louis XVI-Stil (um 1800).
*Restaurant Hirschen* mit Säli.
*Restaurant Wolera Café und Take Out.*
*Abenteuer im Indianer-Tipi* (Raihof).
*Viktor Senn, Kutschen- und Wagen-
fahrten* (www.sennkutschen.ch).

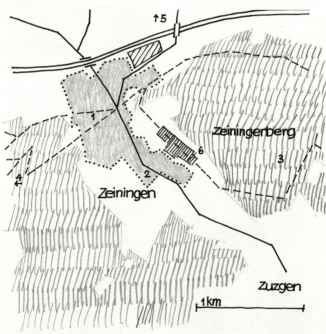

1 Pfarrkirche St. Agatha (1768/69)
2 Forellenzucht
3 Bönistein (bronzezeitliche Höhensiedlung)

4 Sonnenberg mit Aussichtsturm
5 Ägelsee (Moränensee)
6 Naturschutzgebiete Altenberg, Holzmatt

# ZUZGEN – DAS DORF DER SCHÖNEN KIRCHEN

Zuzgen liegt in der Mitte des Wegenstettertals auf einer Höhe von 377 m über Meer. Die beiden gegenüberliegenden Kirchen am oberen Dorfeingang – eine christkatholische und eine römischkatholische – dominieren das Ortsbild. Idyllische Landschaften mit vielen Aussenhöfen laden zu lohnendem Wandern ein. Die einheimische Pflanzen- und Tierwelt kann ausgiebig bewundert werden. Eine herrliche Aussicht erhält man auf den drei Plateaus Looberg, Erfleten und Chriesiberg. Über den Chriesiberg und den Looberg führt der bekannte Fricktaler Höhenweg, der vom Dorf in einer guten halben Stunde erreicht wird.

**Einwohner:** 775
**Erste Erwähnung:** 1288 «Zuzchon» (Urkunde der Rheinfelder Johanniterkommende)
**Besonderheiten:** spätbarocke christkatholische Kirche von 1737; Chriesiberg, eines der grössten unverbauten Tafeljuraplateaus
**Verkehrsverbindungen:** Mit dem Postauto ab den SBB Bahnhöfen Möhlin (Bus-Linie 88), Rheinfelden (Bus-Linie 88) und Gelterkinden (Bus-Linien 101 und 88). Autobahnanschluss in Rheinfelden (A3), Eiken (A3) und Sissach (A2)

## VIER SEHENSWÜRDIGKEITEN
### Christkatholische Kirche St. Georg
Die spätbarocke christkatholische Kirche wurde 1737 nach den Plänen von Johann Caspar Bagnato für das Stift Säckingen erbaut; sie gehört heute zu den reizvollsten kirchlichen Barockdenkmälern des Fricktals. Die Kirche wurde auf den Grundmauern einer viel kleineren Kirche aus dem Jahre 1094 aufgebaut. Der Kulturkampf zwischen 1870 und 1900 hatte auch Auswirkungen auf das Dorf Zuzgen. Das Unfehlbarkeitsdogma von 1870 löste auch in Zuzgen eine Kirchenspaltung aus. Das Gotteshaus ging in den Folgejahren in die neue christkatholische Kirche über. Die Römisch-Katholiken bauten in den Jahren 1901 bis 1904 eine neue Kir-

*Die beiden Kirchen prägen das Dorf*

*Auf dem Hochplateau des Chriesibergs*

che im neugotischen Stil. Im Jahre 2002 wurde sie einer Innen- und Aussenrenovation unterzogen.

### Die Hochplateaus

Auf dem Chriesiberg, nördlich von Zuzgen, befindet sich das letzte grössere noch unverbaute Hochplateau des Schweizer Tafeljuras (540 m ü. M.) Es steht unter Landschaftsschutz. Den Namen erhielt das Plateau von

*Galerie Looberg*

den unzähligen Kirschbäumen. Es sollen einst auf dem Chriesiberg über 3000 Kirschbäume gestanden haben, heute sind es noch wenige Hundert. Mit einer wunderbaren Aussicht auf die Stadt Säckingen, den Schwarzwald und auf das obere Fricktal wird eine zirka halbstündige Wanderung vom Dorf aus belohnt.

Erfleten (568 m ü. M.), das Plateau südwestlich von Zuzgen gelegen, bietet für einige Bauernhöfe Lebensraum und Existenz. Bei guter Fernsicht hat man von der Erfleten einen wunderbaren Blick bis zu den Berner Alpen.

Auf dem Looberg (570 m ü. M.), das dritte Hochplateau der Gemeinde Zuzgen, hat man ebenfalls eine prächtige Aussicht auf den Schwarzwald und auf den übrigen Tafeljura. Sieben Bauernhöfe werden auf dem Looberg bewirtschaftet.

### Galerie Looberg

Im Jahre 1976 hat sich der Steinbildhauer Paul Agustoni auf dem Looberg niedergelassen. Sein künstlerisches Schaffen offenbart sich in beinahe 100 öffentlichen Werken, darunter der Zuzger Dorfbrunnen in Niederhofen mit dem Thema «Quelle». Im Jahre 1997 ging für Paul Agustoni ein grosser Traum in Erfüllung, er konnte seine Galerie Looberg feierlich eröffnen. Ein Besuch dieser Galerie auf dem Berg lohnt sich auf alle Fälle. Ein wirklicher Geheimtipp für Kunstliebhaber.

### Trockenstandort «Tierrüti»

Eine interessante und artenreiche Schutzzone findet man im Trockenstandort «Tierrüti». In dieser abwechslungsreichen Kulturlandschaft von kantonaler Bedeutung kann man als aufmerksamer Beobachter eine Vielzahl von bedrohten und schützenswerten Kleintieren, Pflanzen und Schmetterlingen entdecken.

## HISTORISCHES

Auf dem Gemeindegebiet fand man römische Überreste und alamannische Gräber (Gebiet «Heidehüsli»). Das Dorf Zuzgen dürfte eine alamannische Gründung sein. Im Mittelalter gehörte es zum Besitz des Stifts Säckingen und wurde von einem Dinghof aus von einem Meier verwaltet, der die Abgaben einzog und Recht sprach. Ab dem 14. Jahrhundert bis 1803, als das Fricktal in den neugegründeten Kanton Aargau eingegliedert wurde, übten die Herren von Schönau dieses Amt aus. Mehrere Schicksalsschläge suchten Zuzgen zu Beginn des 19. Jahrhunderts heim. So legte ein schlimmer Dorfbrand am 2. Juli 1801 die meisten der 68 Häuser in Schutt und Asche. Knapp zwölf Jahre später brach Typhus aus; es folgten Missernten und Hungerjahre.

Gemeindekanzlei
Telefon 061 871 05 23
www. zuzgen.ch
gemeindeverwaltung@zuzgen.ch
Zuzger Dorfgeschichte, 2002
(zu beziehen bei der Gemeindeverwaltung)

## GASTRONOMIE UND FREIZEIT

*Restaurant Rössli:* Saal für 100 Personen, kleineres Säli für 25 Personen, Sitzungszimmer, Kegelbahn, gutbürgerliche Küche.
*Bekanntes Zuzger Laientheater.*

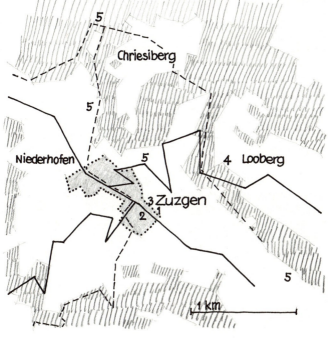

1 Christkatholische Kirche (1737)
2 Römischkatholische Kirche
  (neugotisch, 1904)
3 Pfarrspeicher (1723)
4 Galerie Looberg
5 Naturschutzgebiete Reckedal, Eggenrain, Spitzgraben, Walledal

# AARAU – DAS TOR ZUM MITTELLAND

**Einwohner:** 15 000
**Erste Erwähnung:** 1248 (Arowe, Kleines Wettinger Urbar)
**Besonderheiten:** Hauptstadt des Kantons Aargau und erste Hauptstadt der Schweiz (1798, Helvetik), gut erhaltene Altstadt, Schul- und Kulturstadt. Traditionelle Feste: Maienzug am ersten Freitag im Juli, Bachfischet im Herbst. Gartenstadt mit hoher Lebensqualität
**Verkehrsverbindungen:** Die Stadt Aarau liegt im «Goldenen Dreieck» Zürich–Bern–Basel und ist durch die Nationalstrasse A1 und die SBB-Hauptlinie optimal erschlossen – ein hervorragender Kongress- und Tagungsort

## VIER SEHENSWÜRDIGKEITEN
### Aargauer Kunsthaus
Das Aargauer Kunsthaus am Aargauerplatz beherbergt eine der wichtigsten öffentlichen Sammlungen neuerer Schweizer Kunst. Anhand repräsentativer Werke kann der Weg der Schweizer Kunst vom 18. Jahrhundert bis zur Gegenwart verfolgt werden. Das Kunsthaus veranstaltet regelmässig Wechselausstellungen. Im Moment ist es wegen Umbau und Erweiterung geschlossen. (Wiedereröffnung Herbst 2003) www.ag.ch/kunsthaus.

### Naturama Aargau
Das Naturama Aargau, das neue Naturmuseum, wurde im April 2002 eröffnet. Seine Dauerausstellung gehört zu den modernsten naturkundlichen Präsentationen der Schweiz. Lebende Tiere und Pflanzen, einzigartige Objekte und Präparate, spannende Videofilme, Computer-Installationen, attraktive Modelle und Dioramen laden zum spielerischen Entdecken und Verstehen ein. www.naturama.ch

### Stadtmuseum im Schlössli
Das «Schlössli» mit seinem mächtigen Bergfried hoch über der Aare enthält eine umfassende Sammlung über die Geschichte der Stadt Aarau. Besonders anschaulich gezeigt werden die alten Aarauer Gewerbe und im Wohnteil Küchen, Stuben, Salons

und Schlafzimmer von der Spätgotik bis zum Biedermeier. Laufend Wechsel- und Sonderausstellungen. www.schloessliaarau.ch.

### Altstadt und Oberturm

Die Aarauer Altstadt glänzt mit vielen spätgotischen Bürgerhäusern und vor allem mit zahlreichen künstlerisch bemalten Dachuntersichten. Auf einem Rundgang sind zahlreiche Sehenswürdigkeiten zu entdecken: So das städtische Rathaus mit dem Turm Rore, den Oberturm oder das «erste Bundeshaus» der Schweiz. Das Verkehrsbüro bietet Führungen durch Altstadt und Oberturm an. Anmeldungen: Verkehrsbüro, mail@aarauinfo.ch, Telefon 062 824 76 24.

*Stadtmuseum Aarau im Schlössli*

## HISTORISCHES

Aarau, Landstadt des hochmittelalterlichen Gaus Aargau und seit 1798 Kantonshauptstadt, liegt an einem alten Wegkreuz. Der Aareübergang war bereits zur Römerzeit gangbar. Auf dem Felskopf ob der Aare stand seit der Römerzeit ein Turm. Aber schon vor der Gründung in der Mitte des 13. Jahrhunderts durch die Grafen von

Kyburg gab es zwei Burgen («Schlössli» und «Turm Rore»). 1273 erfolgte der Übergang an Habsburg und 1283 erteilte König Rudolf von Habsburg ein schriftliches Stadtrecht. 1415 erfolgte der Übergang an den Stadtstaat Bern. Im 18. Jahrhundert gelangte die Bürgerschaft zu Wohlstand und konnte die Stadt um etliche Bauten erweitern und die Altstadt verschönern.

*Maienzug*

Stadtverwaltung Aarau
Rathausgasse 1
5000 Aarau
Telefon 062 836 06 21
info@aarau.ch
www.aarau.ch

Verkehrsbüro der Stadt und
Region Aarau «aarau info»
Graben 42
5001 Aarau
Telefon 062 824 76 24
Telefax 062 824 76 50
mail@aarauinfo.ch

1798 wurde Aarau Wortführerin der gegen Bern aufmuckenden Aargauer Städte und erhielt dafür die helvetische Hauptstadtwürde zugesprochen. Diese dauerte indessen nur knapp ein halbes Jahr. Es gelang Aarau indessen, als Kantonshauptstadt den helvetischen Kanton Baden, das Fricktal und das Freiamt mit dem Berner Aargau zum heutigen Kanton Aargau zu vereinen. Im 19. Jahrhundert blühte in Aarau der liberale Geist, und die Stadt wurde zur Bundesstadt der einigenden gesamteidgenössischen Schützen-, Turner- und Sängervereine. Gleichzeitig entstanden erste Industrien. Im 20. Jahrhundert, insbesondere in der zweiten Hälfte, lagerte sich die Industrie mehr und mehr aus und Aarau entwickelte sich zu einem Dienstleistungs-, Verwaltungs-, Einkaufs-, Schul- und Kulturzentrum mit mehr als 20 000 Arbeitsplätzen in einer Agglomeration von mehr als 70 000 Einwohnerinnen und Einwohnern.

### GASTRONOMIE UND FREIZEIT

Aarau verfügt über Stadien, Plätze und Hallen für praktisch alle Sportarten (insbesondere Pferdesport). Das kulturelle Angebot umfasst unter vie-

*Aarauer Kultur- und Kongresshaus*

lem andern das Kultur- und Kongresshaus, das Zentrum KiFF (Kultur in der
Futterfabrik), das Jugendkulturhaus
Flösserplatz, die Kantons- und die
Stadtbibliothek, das Theater Tuchlaube, das Forum Schlossplatz, private Galerien, drei Museen sowie mehrere Kinos. Über 80 Restaurant- und
Hotelbetriebe bieten ihre Dienstleistungen an. Einkaufszentren und Fach-
geschäfte verlocken zum «Lädelen».

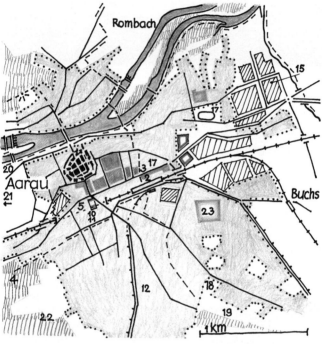

1 Aarau Info, Verkehrsbüro
2 Bahnhof SBB
3 Naturama Aargau
4 Wildpark Roggenhausen
5 Aargauer Kunsthaus
6 Stadtmuseum im Schlössli
7 Stadtkirche
8 Städtisches Rathaus
9 Kantonsbibliothek
10 Grossrats- und Regierungsgebäude
11 Kantonale Verwaltung
12 Haus der Musik
13 Theater Tuchlaube

14 Kultur- und Kongresshaus
15 KiFF, Kultur in der Futterfabrik
16 Jugendhaus Flösserplatz
17 Alte Kantonsschule: Hallenbad und
   Turnanlagen. Telli
18 Fussballstadion Brügglifeld
19 Kunsteisbahn KEBA
20 Leichtathletikstadion, Schwimmbad
   Schachen
21 Pferderennbahn, Reiterstadion
   Schachen
22 Pfadiheim Adler
23 Kantonsspital

# BRUGG – WO ALLES ZUSAMMENSTRÖMT

**Einwohner:** 9200
**Erste Erwähnung:** 1064 (Brucca, Bedeutung: «bei der Brücke»)
**Besonderheiten:** Bezirkshauptort; pittoreske Altstadt; einzigartige Auenlandschaft; Jugendfest (Rutenzug) jeweils am ersten Donnerstag im Juli; zusammen mit Windisch Fachhochschulstandort mit den Bereichen Technik, Wirtschaft, Soziale Arbeit, Gestaltung und Pädagogik
**Verkehrsverbindungen:** Eisenbahnknotenpunkt mit direkten Anschlüssen nach Zürich, Zürich Flughafen, Aarau, Bern und Basel. Anschluss an das S-Bahn-Netz S 12. Ausgangspunkt diverser Postautolinien ab Bahnhof Brugg. Autobahnanschluss A1 (Zürich–Bern) und A3 (Birrfeld–Basel)

Die Stadt Brugg befindet sich am «Wasserschloss»: Aare, Reuss und Limmat führen östlich der Stadt die gesamte Wassermenge von 18 000 km² zusammen. Der Bezirkshauptort liegt an idyllischer Lage am Südfuss des östlichen Jura-Ausläufers. Von jedem Punkt aus sind die umliegenden Erholungsgebiete – seien es Wälder oder die Auenlandschaften der Flüsse – innert zehn Gehminuten erreichbar. Sowohl Supermärkte, Kauf- und Modehäuser als auch alt eingesessene Spezialgeschäfte verfügen über ein umfassendes Angebot, das durch den wöchentlichen Gemüsemarkt und den Handwerkermarkt in der Hofstatt ergänzt wird. Zudem ist Brugg ein bedeutender Schulort, ein Sport- und Freizeitzentrum mit attraktiven Anlagen, Ausbildungsplatz der Genietruppen sowie eine Kulturstadt mit reichhaltigem Veranstaltungsangebot und unzähligen Sehenswürdigkeiten. Brugg ist ein wichtiger Wirtschaftsstandort mit über 6000 Arbeitsplätzen und unter anderem seit 1898 Sitz des Schweizerischen Bauernverbandes.

## VIER SEHENSWÜRDIGKEITEN
### Altstadt / Hofstatt
Die Brugger Altstadt verfügt über unzählige Kostbarkeiten. Die Hofstatt ist der schönste Platz in der Altstadt,

eingerahmt durch das Salzhaus, das 1732 erbaut wurde und heute für kulturelle Zwecke genützt wird, und das alte Zeughaus aus dem Jahre 1673, welches heute das Heimatmuseum beherbergt. Im Zentrum der Hofstatt steht der Hofstattbrunnen, erbaut 1849.

## Aarebrücke / Schwarzer Turm

Brücken sind die grundlegenden und wichtigsten Wahrzeichen von Brugg. Seit der Römerzeit steht an der schmalsten Stelle der Aare zwischen Bielersee und Koblenz eine Brücke. Im Mittelalter wurde sie mehrmals ersetzt. Die erste Steinbrücke entstand 1577. Die heutige Brücke wurde 1925 erbaut. Daneben steht das älteste Bauwerk der Stadt, der Schwarze Turm aus der 2. Hälfte des 12. Jahrhunderts.

## Lateinschulhaus

Erbaut 1638/40 war das Lateinschulhaus Ausgangspunkt vieler Gelehrter und Pfarrherren, was der Stadt den Namen «Prophetenstadt» einbrachte.

*Schlösschen Altenburg*

Das Lateinschulhaus ist berühmt durch seine reich verzierte Fassade, welche den abendländischen Bildungsplan, die sogenannten Freien Künste, aufzeigt.

## Römische Zeitzeugen

Beim Schlösschen Altenburg sind Mauerfragmente eines spätrömischen Kastells aus dem Jahre 375 ersichtlich. Seit 1940 befindet sich im Schlöss-

*Aareschlucht, Schwarzer Turm und Altstadt*

Stadtkanzlei
Telefon 056 461 76 76
www.stadt-brugg.ch
stadtkanzlei@brugg.ch
– Tourismus Region Brugg:
  verkehrsverein@brugg.ch
– Brugger Neujahrsblätter
  (erscheinen jährlich)

## HISTORISCHES

Brugg, wenige Kilometer nördlich der Habsburg gegründet, erhielt 1284 von König Rudolf I. das Stadtrecht. Die Mordnacht von 1444 kostete 29 Jahre nach dem Beginn der Berner Herrschaft etlichen Bruggern das Leben: In den Wirren des Alten Zürichkrieges überwältigten Verbündete Österreichs die Stadt mit List, liessen sie plündern und teilweise niederbrennen.

chen eine Jugendherberge. Das Vindonissa-Museum wurde 1911/12 nach Plänen von Albert Froelich für die 1897 gegründete Vindonissa-Gesellschaft erbaut und stellt Funde aus der Römerzeit aus (www.ag.ch/vindonissa).

1 Tourismus Region Brugg
2 Altes Rathaus, Schwarzer Turm, Aarebrücke
3 Ref. Pfarrkirche (gotisch-barock)
4 Vindonissa-Museum
5 Altes Zeughaus, Heimatmuseum
6 Lateinschulhaus
7 Salzhaus, Hofstatt
8 Schlösschen Altenburg
9 Frei- und Hallenbad
10 Spital

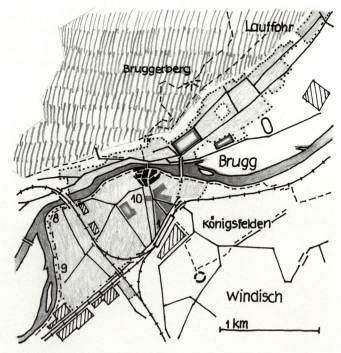

*Rutenzug – das Brugger Jugendfest*

Zu den führenden Köpfen des 19. Jahrhunderts zählen der Pädagoge Heinrich Pestalozzi (sein Sterbehaus ist mit einer Erinnerungstafel gekennzeichnet), die helvetischen Minister Albrecht Rengger und Philipp Albert Stapfer sowie die erste Schweizer Ärztin, Marie Heim-Vögtlin.

Die moderne Geschichte der Stadt wird von der Technik geprägt. Die

*Die Fassade des Lateinschulhauses zeigt die Freien Künste*

1856 eingeweihte Verlängerung der Eisenbahnlinie Zürich–Baden bis nach Brugg, die 1875 ihre Fortsetzung durch den Bözberg in Richtung Basel erhielt, und die Verfügbarkeit des eigenen städtischen Elektrizitätswerkes ab 1892 bildeten die Basis für den wirtschaftlichen Aufschwung. Heute sind verschiedene regionale, nationale und internationale Unternehmungen in und um Brugg angesiedelt. Der Bezirkshauptort entwickelte sich zunehmend zur Handels- und Dienstleistungsstadt.

### GASTRONOMIE UND FREIZEIT

*Rund dreissig vielseitige Gastronomiebetriebe.*

*Hallen- und Freibad, Leichtathletik- und Fussballstadion Au, Tennisanlagen. Attraktive Naherholungsgebiete für Spaziergänge und Wanderungen wie Auenlandschaft, Bruggerberg.*

*Galerien:* Zimmermannshaus, Falkengasse, New York Gallery.

*Kulturhäuser:* Salzhaus, Odeon.

*Kinos:* Excelsior, Odeon.

# LAUFENBURG – MALERISCHES STÄDTCHEN AM RHEIN

**Einwohner:** 2000
**Erste Erwähnung:** 1207 Loufen-
berc (bereits als Stadt)
**Besonderheiten:** Reizvolles mittel-
alterliches Städtchen am Rhein
(Wakkerpreis 1985). Laufenburg –
zwei Länder, eine Stadt. Der Stadt-
teil links des Rheins gehört zur
Schweiz und der gegenüberlie-
gende zu Deutschland (Trennung
durch Napoleon Bonaparte 1801)
**Verkehrsverbindungen:** A3 Aus-
fahrt Eiken/Laufenburg, Regio-
S-Bahn Basel SBB–Mulhouse,
Busverbindungen nach
Koblenz/Döttingen, Frick–Aarau,
Mettauertal–Brugg, Stein AG,
Sulz, Ittenthal und Laufenburg
(Baden)

Der Bezirkshauptort liegt in der Mitte
der Aargauer Rheinstrecke, zwischen
Jura und Schwarzwald. Zwar ist der
Laufen (Stromschnellen), welcher der
Stadt den Namen gegeben hat, seit
dem Kraftwerkbau im Aufstau ertrun-
ken. In voller Pracht erhalten blieb aber

das historische Stadtbild, das 1985 mit
dem Wakkerpreis des Schweizer Hei-
matschutzes ausgezeichnet wurde.

## VIER SEHENSWÜRDIGKEITEN
### Stadtkirche St. Johann
Die katholische Pfarrkirche St. Johann
zählt zu den schönsten Schöpfungen
der Spätgotik im Aargau und hat folgende Eckdaten: Dreischiffig flachge-
deckte Basilika ohne Querschiff aus
der Mitte des 15. Jahrhunderts; Turm
aus dem Jahre 1591, dessen Spitze
1653 durch eine spanische Haube ersetzt wurde; 1750/53 Umwandlung
des mittelalterlichen Innenraumes in
einen lichten, festlichen Barockraum;
Hochaltar, eine der beschwingtesten
Leistungen des aargauischen Rokokos.
1972/74 und 1991/92 letzte Innen-
und Aussenrestaurierungen. Die Haupt-
orgel ist ein neues Werk von 1976/78
von Orgelbauer Metzler.

### Burgruine auf Schwarzwaldgneis
Eine Schichtstufenlandschaft, der Tafeljura, durchzieht das Fricktal. Nur in

Laufenburg, wo das Schwarzwald-
massiv auf Schweizer Boden über-
tritt, liegen kristalline Gesteine offen
vor. Dieses Urgestein, auf dem die
Stadt Laufenburg steht, war ursprünglich feuerflüssig, erkaltete und
verkrustete im Laufe von Jahrmilliar-
den. Dieser gigantische Prozess ist
eindrücklich ablesbar im 1980/81
unter der Altstadt durchgefrästen,
begehbaren Kanalisationsstollen
(225 m lang, 2,27 m Durchmesser)
oder bei den senkrechten Felsab-
brüchen am Schlossberg und auf
deutscher Seite am Kriegerfelsen.

*Laufenbrunnen mit Rathaus (um 1500)*

*Stadtkirche St. Johann*

## Museum Schiff

Das stattliche gotisch-spätbarocke
Doppelhaus an der Fischergasse/
Fluhgasse diente lange Zeit als Hotel
und Taverne «zum Schiff». Die Liegenschaft wurde 1979 vom Museumsverein Laufenburg erworben und wird
von diesem seit 1981 als Museum
betrieben. Das Haus enthält in zwei
Obergeschossen Räumlichkeiten für
ein Ortsmuseum und Wechselausstellungen. Im Parterre beherbergt es
die mit einem ehehaften Tavernen-
recht ausgestattete Gaststube und

die gemütlich hergerichtete Zunft-
stube der Narro-Alt-Fischerzunft.

## Museum Rehmann

Im 2001 eröffneten Museum ist das
Lebenswerk des Laufenburger Me-
tallplastikers Erwin Rehmann für die
Öffentlichkeit zugänglich gemacht.
Die hellen, lichtdurchfluteten neuen
Museumsräume erhalten durch die
integrierte Atelierwerkstatt und Gies-
serei des früheren Wirkungsortes des
Künstlers eine besondere Atmosphä-
re. Grossfotos seiner ortsgebunde-

Stadtverwaltung
Telefon 062 874 12 34
www.laufenburg.ch
gemeindekanzlei@laufenburg.ch
– Verkehrsbüro am Laufenplatz,
  Telefon 062 874 44 55
– Geschichte der Stadt Laufen-
  burg, 3 Bände, 1979–1986

## HISTORISCHES

nen Arbeiten, ein Videofim über seine Schaffensweise und ein weiträumiger Skulpturengarten längs der unverbauten Rheinlandschaft ergänzen die Schau.

Die Brückenstadt Laufenburg ist eine Gründung der Habsburger aus dem Ende des 12. Jahrhunderts. Die Laufenburger Rheinbrücke war die früheste und lange Zeit bedeutendste Flussquerung am Oberrhein. In ihrer wechselvollen Geschichte blieb die Stadt über 600 Jahre dem Hause Habsburg treu und erlebte als Sitz von Gericht und Verwaltung unter Maria Theresia in der Mitte des 18. Jahrhunderts ihre Blütezeit. Erst die Gründung des Kantons Fricktal

1 *Tourismusbüro*
2 *Rathaus (um 1500)*
3 *Stadtkirche St. Johann (barock)*
4 *Gerichtsgebäude*
5 *Museum Schiff*
6 *Museum Rehmann*
7 *Ruine Schlossberg (Habsburg-Laufenburg)*
8 *Wasenturm*
9 *Schiffsanlegestelle*
10 *Naturschutzgebiet Wasenhalde*
11 *Ziegelhüttenweiher*
12 *Geologische Aufschlüsse (Urgestein beim Burgfelsen)*
13 *Vita-Parcours*

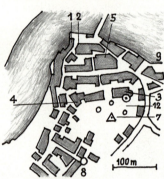

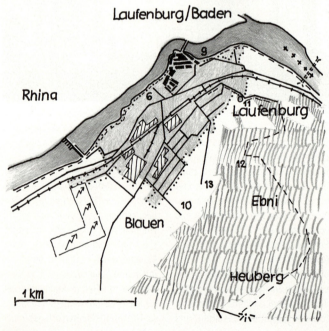

*Gerichtssaal*

1802, und schliesslich die Zuteilung des Fricktals zum neu geschaffenen Kanton Aargau, brachten die Trennung der Stadt durch eine internationale Grenze. Der Geschichte der historischen Stadt begegnet man heute in einer Fülle von Kulturdenkmälern und Sehenswürdigkeiten.

**GASTRONOMIE UND FREIZEIT**
Drei Hotels, mehrere Restaurants sowie Clubhäuser und Rastplätze in und um die Altstadt lassen keine Wünsche nach Gastlichkeit offen. Zwei Museen und ein vielfältiges kulturelles Angebot sind Nahrung für den Geist; Schwimmbad, Vita-Parcours, Lauf-Träff und Wanderwege kräftigen den Körper. Ob Rheinschifffahrten, Spazieren, Wandern oder Velotouren, ob die geschichtsträchtige Altstadt selber entdecken oder sich einer Stadtführung anschliessen, ob Fasnacht, Herbstmesse oder Kultur- und Sportveranstaltungen besuchen, Laufenburg bietet eine breite Auswahl an aktiver Freizeitgestaltung.

## RHEINFELDEN – DAS REGIONALZENTRUM MIT VIELSEITIGEM ANGEBOT

**Einwohner:** 10 800
**Erste Erwähnung:** 851 «Rifelt»
(Berner Geschichtsquellen)
**Besonderheiten:** Wellness-Welt
«sole uno», Sportanlagen, vielseitiges kulturelles Angebot;
Personenschifffahrt nach Basel
**Verkehrsverbindungen:** Ausgezeichnete Verkehrslage mit
direktem Autobahnanschluss und
Schnellzugstation. Unmittelbare
Nähe zur Stadt Basel, zum Dreiländereck und zum Euro-Airport
Basel-Mulhouse

### Gesundheit und Wellness – die Rehabilitationshauptstadt der Schweiz

Ab 1846, als in Rheinfelden die Solebäder eröffnet wurden, erlangte das Städtchen internationale Berühmtheit. Heute ist Rheinfelden mit dem Kurzentrum, der Wellness-Welt «sole uno» und dem Park-Hotel am Rhein ein beliebter Treffpunkt für Gesundheit und Wellness. Die Rehaklinik Rheinfelden gehört zu den führenden Kliniken für Neuro-Rehabilitation und muskuloskelettale Rehabilitation. Sie macht Rheinfelden zusammen mit den Kliniken Schützen und Salina zur Rehabilitationshauptstadt der Schweiz.

### Seminare und Tagungen

Dank der ausgezeichneten Verkehrslage ist Rheinfelden einfach und schnell erreichbar. Dies bietet optimale Rahmenbedingungen für Seminare und Tagungen. Im Park-Hotel am Rhein, Seminarhotel Schützen, Hotel Schiff, Casinosaal und Bahnhofsaal stehen zeitgemässe Räumlichkeiten für Veranstaltungen von 5 bis 650 Teilnehmern zur Verfügung. Nach einem anspruchsvollen Seminartag erholt man sich auf der Driving Range mit Blick auf die Brauerei Feldschlösschen.

## VIER SEHENSWÜRDIGKEITEN
### Von der Wuhrmann-Zigarre bis zu den Feldschlösschen-Bieren

Für Ausflüge und Gruppen führt die Feldschlösschen Getränke AG in eine besondere Erlebniswelt ein. In der Brauerei können das Sudhaus und die Abfüllhalle besucht werden. Ein wahres Paradies für Zigarrenraucher und Genussmenschen ist die Wuhrmann Cigars AG, eine der ältesten Zigarren-Manufakturen in Europa. Sie fertigt noch weitgehend in Handarbeit Tabakspezialitäten an.

### Rheinfelder Keramik-Manufaktur

Das traditionelle Kunsthandwerk wird seit über 200 Jahren durch die Rheinfelder Keramik-Manufaktur gepflegt. Lassen Sie sich vom Erlebnis «Ton» inspirieren.

### Fricktaler Museum

Ein Ort, an dem Geschichte lebendig wird, ist das Fricktaler Museum. Es vermittelt den Besuchern Wissenswertes über die Geschichte und die Kunst der Region. Öffnungszeiten: Anfang Mai bis Mitte Dezember, jeweils Dienstag, Samstag und Sonntag von 14 bis 17 Uhr (siehe auch www.rheinfelden.org/museum).

*Wuhrmann – eine der ältesten Zigarren-Manufakturen Europas*

### Stadtführungen

Beliebt sind Stadtführungen durch die älteste Zähringerstadt der Schweiz mit dem imposanten Rathaus und seiner barocken Fassade, der Gerichtslaube und dem prunkvollen Saal. Ein traumhafter Blick bietet sich vom Storchennestturm über die Dächer der Altstadt, über den Rhein bis zu den Höhen des Schwarzwaldes. Und wenn Sie aus den Gassen das zarte Meckern eines Ziegenbockes hören, folgen Sie ihm zum Glockenspiel im «Rumpel». Dieses erzählt die Sage vom Schneider, der Rheinfelden im Dreissigjährigen Krieg (1618–1648) vor den Schweden rettete.

## HISTORISCHES

Bereits vor über 10 000 Jahren, im Magdalénien, haben Rentierjäger bei den bekannten Nagelfluhfelsen der Eremitage Rheinfelden als Rastplatz benützt. Auch die Römer haben ihre Spuren im Gebiet des heutigen Stadtgebietes hinterlassen. Seit dem Jahr 930 hört man von den Grafen von Rheinfelden. Einer von ihnen, Rudolf von Rheinfelden, war sogar einmal deutscher (Gegen-)König von 1077 bis 1080. Durch das Erbe kamen die Zähringer in den Besitz von Rheinfelden und verliehen diesem durch Konrad von Zähringen etwa im Jah-

Kanzlei Rathaus
Telefon 061 835 51 11
kanzlei@rheinfelden.ch

- www.rheinfelden.ch. Offizielle Homepage der Stadt Rheinfelden
- www.rheinfelden.net. Private Homepage mit vielfältigen Informationen zu den beiden Städten beidseits des Rheins
- Tourismusbüro
  Telefon 061 833 05 25
  tourismus@rheinfelden.ch
- Diverse Broschüren und Prospekte können bei der Rathauskanzlei und beim Tourismusbüro am Zähringerplatz bezogen werden

re 1130 das Stadtrecht. 1218 starben die Zähringer aus und Rheinfelden wurde freie Reichsstadt. Im Jahr 1330 verpfändete der deutsche König die Stadt an die Österreicher, und so wurde Rheinfelden österreichisch und blieb es mit Unterbrüchen fast ein halbes Jahrtausend lang. Nach einer längeren Friedens- und Blütezeit erlebte Rheinfelden ab 1634 besonders hart die Schrecken des Dreissigjährigen Krieges. 1803 kam das Fricktal, also

1 Tourismusbüro
2 Rathaus (1531) mit Zähringertisch
3 Fricktaler Museum
4 Christkatholische Pfarrkiche St. Martin (Barock)
5 Johanniterkapelle
6 Bohrhaus Saline Riburg
7 Eremitage, Nagelfluhfels (Rastplatz der Steinzeit)
8 Brauerei Feldschlösschen
9 Zigarrenfabrik Wuhrmann
10 Rheinfelder Keramik-Manufaktur
11 Kurzentrum, Wellness-Welt sole uno
12 Driving Range
13 Schwimmbad/Eisbahn
14 Schiffsanlegestelle Basler Rheinschiffahrt

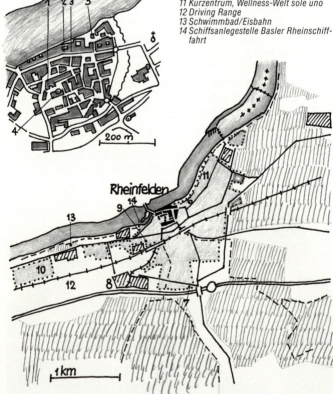

auch Rheinfelden, zum Kanton Aargau. Im Jahre 1844 begann für Rheinfelden mit der Entdeckung der Salzlager ein neues Kapitel. Die Gründung der Salinen und der Gebrauch der Sole zu Heilzwecken liessen den Badekurort entstehen, der seine Glanzzeit bis zum Ersten Weltkrieg erlebte. Kriege und Krisenzeit aber versetzten diesen Einrichtungen einen harten Schlag, sodass der alte Glanz nicht mehr zurückkehrte. Mit der Errichtung der Solbad-Klinik aus dem früheren Armenbad, heute Reha-Klinik, und dem Bau des Kurzentrums hat sich der Kurort wieder zurückgemeldet und erfreut sich im Bereich von Wellness und Rehabilitation grosser Beliebtheit.

*Albrechtsbrunnen mit Renaissance-Stock, 1542*

## GASTRONOMIE UND FREIZEIT

Vom exotischen Angebot aus ferner Welt über die ausgezeichnete Fischküche bis zur traditionellen Schweizer Küche kommt man in Rheinfelden kulinarisch auf seine Kosten. Die historische Innenstadt mit ihren malerischen Gassen lädt zudem zum Flanieren und Entdecken ein.

### Jazz in Rheinfelden

Weit über die Landesgrenzen hinaus und in Jazzkreisen eine bestens bekannte Adresse ist der Jazzclub Q4. Im eindrucksvollen Gewölbekeller des Hotels Schützen ist dieser einzigartige Jazzclub zu Hause, der ein breites Publikum in trüben Wintermonaten mit Weltklasse-Jazz begeistert.

Es wird auch auf die Angebote der Schwesterstadt Rheinfelden (Baden) verwiesen, die kulinarisch und kulturell ebenfalls einiges zu bieten hat.

## STIFTUNG SCHLOSS BIBERSTEIN

Die Stiftung Schloss Biberstein ist eine Wohn-, Arbeits- und Ausbildungsstätte für erwachsene Menschen mit geistiger oder mehrfacher Behinderung.

### Angebot und Zielgruppe

Unsere Bewohner bedürfen einer regelmässigen Betreuung und Begleitung. Wir bieten ihnen

Für junge Erwachsene besteht eine Anzahl Ausbildungsplätze (IV- und BBT-Anlehre).

### Betreuung

Wir orientieren uns an der Normalität, das heisst, dass jede betreute Person nach ihren Möglichkeiten Rechte und Pflichten so ausübt wie alle anderen Menschen auch.

*Schloss Biberstein*

Wohnformen und Arbeitsfelder, die ihren Bedürfnissen, Fähigkeiten und Möglichkeiten entsprechen. Wir begleiten, unterstützen und fördern die uns anvertrauten Menschen auf ihrem Weg durch ein erfülltes Leben. Etwa 60 Personen mit einer Behinderung wohnen und arbeiten in unserem Haus.

Wir suchen gemeinsam mit ihnen und ihren gesetzlichen Vertretern die Verantwortung für ihr Wohlergehen und ein sinnerfülltes Leben zu tragen. Ihren individuellen Möglichkeiten entsprechend unterstützen wir sie in ihren Wünschen nach Selbstbestimmung und persönlicher Weiterentwicklung. Unser Anliegen ist die Integration der uns anvertrauten behinderten Mitmenschen in die Schlossgemeinschaft und deren Teilnahme am öffentlichen Leben.

### Arbeit
Wir gestalten die Arbeit so, dass die uns anvertrauten Menschen durch Ausbildung und Erweiterung der beruflichen Fertigkeiten einen Beitrag an ihren Lebensunterhalt leisten können. Die Erfahrung eigener Leistungsfähigkeit gibt ihnen Befriedigung und Selbstwertgefühl.  Unsere Produkte sind im Schlossladen und in der Gärtnerei Aarau (Mühlemattstrasse 79) erhältlich.

### Finanzen
Die Aufwendungen der Stiftung werden durch Leistungen der Invalidenversicherung, Beiträge des Bundesamtes für Sozialversicherung, Rechnungstellung an die Versorger, Erträge aus Produkteverkäufen und Dienstleistungen sowie durch Spenden gedeckt.

### Projekt
Das Durchschnittsalter der Bewohner steigt, die Betreuungsbedürfnisse verändern sich. Deshalb erstellen wir demnächst ein «Stöckli» und bauen die bestehenden Räumlichkeiten pflege- und behindertengerecht um.

**Stiftung Schloss Biberstein**

Telefon 062 839 90 10
Telefax 062 839 90 11
www.schlossbiberstein.ch
info@schlossbiberstein.ch

## WERKSTÄTTEN UND WOHNHEIM KLEINDÖTTINGEN

### Stiftung
Das AWZ Arbeits- und Wohnzentrum, Stiftung für Behinderte, Kleindöttingen, wurde am 23. Dezember 1975 gegründet und ist seit Jahren im Bezirk Zurzach und den angrenzenden Gemeinden ein stark verankerter Begriff. Die Akzeptanz bei der Bevölkerung ist sehr gross.

Der Stiftungsrat besteht zurzeit aus 13 Mitgliedern und wird von Stephan Abegg, Hettenschwil, präsidiert.

### Geschäftsleitung
Die operative Führung liegt in den Händen von Gerhard Strebel, Geschäftsführer, Hans Rissi, Werkstattleiter und Lorenzo Marazzi, Wohnheimleiter.

### Werkstätten/Produktion
An den geschützten Arbeitsplätzen sind maximal 75 Erwachsene mit einer einfachen oder mehrfachen Behinderung in den Werkstätten, der Beschäftigungsgruppe sowie in Küche oder Hauswirtschaft tätig. Wir nehmen für die IV-Stelle des Kantons Aargau Abklärungen vor.

Die industrielle Produktion ist in mehrere Abteilungen gegliedert und orientiert sich an der Komplexität und der zu erbringenden Leistung. Die Beschäftigten werden von Angestellten angeleitet.

Wir erfüllen Aufträge für Gemeinden, Kirchen, Industrie-, Gewerbe-, Handels-, Dienstleistungsbetriebe, Institutionen, Vereine und Private. Unser Angebot richtet sich nach den Wünschen der Marktpartner. Wir bieten alle Möglichkeiten von einfachen Arbeiten bis zu einem Full-Service an.

Wir beschaffen Rohmaterial, Halbfabrikate und Zubehör selber oder erhalten die notwendigen Positionen vom Auftraggeber. Wir bestellen für Auftraggeber bei Dritten Dienstleistungen wie zum Beispiel die galvanische Behandlung von Oberflächen. Für die Verarbeitung halten wir uns an Zeichnungen und/oder Arbeitsanweisungen. Die fertigen Werkstücke oder Waren werden roh oder veredelt zum Abholen bereitgehalten. Für Hin- und Rücktransporte haben wir auch einen eigenen Lieferwagen zur Verfügung.

### Leistungsbereiche
*Mechanik:* Wir können sägen, entgraten, bohren, senken, Gewinde schneiden, drehen, fräsen und arbeiten auf CNC Bohr- und Fräscentern. Wir bearbeiten in Form von Profil- oder Flachmaterial vorwiegend Stahl, Bunt- und Leichtmetall sowie Kunststoff.

*Montage:* Wir können Einzelteile vormontieren, zusammenfügen, mechanische oder elektrische Apparate und Geräte komplett montieren, Stanz-, Schraub- und Nietarbeiten ausführen. Wir bearbeiten Leder, Gummi, Textilien, Papier und Karton.

*Konfektion:* Wir können Bandmaterial zuschneiden und ausstanzen, in Medaillen und Baretten einziehen, zusammennähen, einzeln und in Kartons verpacken, Waren stempeln, zählen, verpacken und palettieren, Kollektionen anfertigen, ausstanzen, sortieren, nummerieren, zusammenstellen oder bei Textilien Preisetiketten anheften.

*Ausrüstung/Verpackung:* Wir können Kataloge aktualisieren, Seiten auswechseln und direkt an Kunden versenden, oder Musterteile in Cellophantüten einfüllen, Schrauben/Dübel-Sets zusammenstellen, Schweiss- und Schrumpfarbeiten erledigen.

*Versand:* Wir können falten, heften, stempeln, kuvertieren, adressieren, Briefmarken aufkleben, oder aus Einzelteilen ganze Sendungen zusammenstellen, abfüllen und direkt versenden.

*Dienstleistungen:* Das Angebot an Dienstleistungen wird in Zukunft ausgebaut und konzentriert sich in der ersten Phase auf den Sektor «Hauswartungsleistungen» wie die Räumung von Wohnungen mit Abtransport und Entsorgung von Mobiliar, einfache Umgebungs- und Unterhaltsarbeiten bei Immobilien wie periodische Reinigung von Plätzen, Unkraut entfernen, Streichen von Holzzäunen, Unterhalt an leerstehenden Gebäuden wie das periodische Lüften oder das Öffnen und Schliessen der Wasserversorgung oder weitere Arbeiten und Leistungen in gleichwertigen Bereichen.

Wir freuen uns auf Ihre Anfrage, unterbreiten Ihnen gerne ein konkretes Angebot und zeigen Ihnen auf Wunsch unverbindlich unseren Betrieb.

**Wohnheim**
Das Wohnheim ist am 4. Mai 1998 der Bestimmung übergeben worden. Es bietet in vier Wohngruppen mit vier Einzel- und zwei Doppelzimmern sowie zwei Einzelstudios Platz für 32 Bewohner/innen.

In den Räumlichkeiten des Wohnheimes sind ferner eine Beschäftigungsgruppe mit zehn Plätzen, die Küche, die Hauswirtschaft, die Lingerie untergebracht. Ein Raum ist für den Verkauf der Eigenprodukte (Bazar) eingerichtet.

## AWZ

Arbeits- und Wohnzentrum
Stiftung für Behinderte
Hauptstrasse 12
5314 Kleindöttingen
awzk @ bluewin.ch

Werkstätten:
Telefon 056 269 11 11
Telefax 056 269 11 15

Wohnheim/Verwaltung:
Telefon 056 269 11 22
Telefax 056 269 11 25

Es bestehen Aufnahmemöglich-
keiten für Erwachsene mit einer
einfachen oder mehrfachen Behinderung und einem Minimalmass
an Selbstständigkeit. Es besteht
keine Möglichkeit, Schwerstbehin-
derte, die eine Dauerbetreuung
rund um die Uhr benötigen, zu
beherbergen, weil dazu Personal
mit einer besonderen Ausbildung
und spezielle Einrichtungen erfor-
derlich wären.

Es besteht seitens der Institution
ein elementares Interesse, zu

Vereinen sowie zu den Gruppierungen von Insieme wie zur Sportgruppe und zum Freizeitklub gute
Kontakte zu pflegen. Während den
Betriebsferien im Sommer wird
von der Elternvereinigung Insieme
jeweils ein Lager durchgeführt.

### Information
Auf telefonische Anmeldung
führen wir auch kleinere Besucher-
gruppen durch unsere Werkstätten
und das Wohnheim. Wir heissen
Sie herzlich willkommen.

## STIFTUNG FÜR MENSCHEN MIT EINER BEHINDERUNG IM FRICKTAL (MBF), STEIN

Die Stiftung MBF ist ein gemeinnütziges, soziales Unternehmen. Ein Unternehmen, das nach sozialpädagogischen und betriebswirtschaftlichen Überlegungen geführt wird.

Gemäss Stiftungsurkunde hat die Stiftung MBF den Auftrag, für Menschen mit einer Behinderung Arbeits-, Betreuungs- und Wohnplätze zu schaffen. Sie verfolgt zudem den Auftrag der beruflichen, medizinischen, sozialen und gesellschaftlichen Eingliederung. Sie bietet dies durch Abklärung, Ausbildung, Betreuung und Dauerbeschäftigung sowie durch diverse Wohn- und Freizeigangebote an.

### Zielgruppe
In der Stiftung MBF werden geistig-, körperlich-, psychisch- und mehrfachbehinderte Jugendliche ab dem 18. Altersjahr und Erwachsene aufgenommen, die IV-rentenberechtigt sind oder in beruflichen Massnahmen der IV stehen und die wegen ihrer Behinderung im freien Erwerbsleben keine Arbeitsstelle finden. Ausserdem werden Wohnplätze angeboten für Menschen mit einer Behinderung, welche auf betreutes Wohnen angewiesen sind.

### Platzangebot
Geschützte Werkstätte 87 Arbeitsplätze, Hauswirtschaft 20 Arbeitsplätze, Beschäftigungsstätte 34 Betreuungsplätze, total 141 Arbeits- und Betreuungsplätze. 80 Wohnplätze in Wohnheim und Aussenwohngruppen.

### Arbeit für Behinderte
Die Arbeitsbeschaffung ist für MBF von zentraler Bedeutung und stellt gerade im heutigen, wirtschaftlich schwierigen Umfeld grosse Anforderungen. Die Beschäftigung im Sinne von produktiven Arbeiten für Industrie, Gewerbe, Handel und für einen grossen Privatkundenkreis ist für die beschäftigten Menschen mit einer Behinderung eine wichtige und wertvolle Bestätigung ihres Wirkens und gibt ihnen Selbstvertrauen und Selbstwertgefühl. Mit dem Erlös aus den ausgeführten Arbeiten wird zudem eine Wertschöpfung erreicht, welche für die Erreichung einer ausgeglichenen Betriebsrechnung unbedingt notwendig ist. Im weitern ist die Stiftung MBF auf Spendengelder angewiesen. Diese werden ausschliesslich für die immer wieder notwendigen Investitionen und für die Weiterentwicklung der Institution eingesetzt.

### Die Anliegen
– Bereitstellen von genügend Arbeits-, Beschäftigungs- und Wohnplätzen für die Menschen mit einer Behinderung

**Stiftung MBF**

Rüchligstrasse 49
4332 Stein
Telefon 062 866 12 12
Telefax 062 866 12 13
stiftung-mbf@stiftung-mbf.ch

– Anbieten von Dienstleistungen
  aus den Bereichen Produktion
  und Unterhaltsarbeiten an einen
  breiten Kundenkreis
– Erhalten und Ausbauen des
  Gönner- und Spendenkreises

# WANDERN

# AARGAUER WANDERWEGE

Im Kanton Aargau laden 1645 km gelb markierte Wanderwege zu Ausflügen ein, rund zwei Drittel oder 1115 km verlaufen auf Naturwegen. Von der Lägern führt der Jurahöhenweg in die Westschweiz. Gegen Süden geht's den Flüssen entlang zur Urschweiz. Mit der Anbindung an das öffentliche Verkehrsnetz oder mit speziellen Wanderparkplätzen ausserhalb des Siedlungsgebietes erschliesst sich eine ganze Reihe von schönen Ausflugsideen. Das Gebiet «dreiklang.ch» beinhaltet 540 km markierte Wanderwege.

Für dieses Netz ist die Vereinigung Aargauer Wanderwege zuständig. Die Vereinigung wurde 1935 gegründet. Sie begann auf Grund eines Konzeptes mit der Kennzeichnung von Wanderrouten, die sich im Laufe der Zeit zum jetzigen Wanderwegnetz zusammenfügten. Es war und bleibt

unser Ziel, dass eine einwandfreie und lückenlose Markierung sowie die Wanderkarte die Wandersleute zu ihren Zielen führen.

Wir ermöglichen Ihnen mit diesen Wanderwegen sich aktiv zu erholen und dem Alltagsstress zu entfliehen. Damit leisten wir einen Beitrag an die Volksgesundheit. Wandern – sinnvoller, gesunder und «sanfter» Breitensport – liegt im Trend und kann praktisch vor der Haustüre ausgeübt wer-

*Wasserflue*

*Oben: Die Juraübergänge, hier das Benkerjoch, sind ideale Ausgangspunkte für Wanderungen*

den. Zudem lernen Sie den Kanton mit seinen Flüssen und Seen, den Hügelzügen und den Jurahöhen, aber auch mit den vielfältigen Naturschönheiten sowie den kulturellen und historischen Orten kennen.

Um diese Infrastruktur anzubieten, übt die Vereinigung Aargauer Wanderwege in Zusammenarbeit mit dem Kanton Aargau folgende Aufgaben aus:

*Planung des Wanderwegnetzes* (landschaftlich attraktive Gegenden, naturkundliche und kulturelle Sehenswürdigkeiten berücksichtigen und – soweit möglich – Naturwege bevorzugen).

*Kennzeichnung der Wanderwege* (mit 85 lokal tätigen, freiwilligen Helfern). *Anbringen von Orientierungstafeln* an wichtigen Ausgangspunkten bei Bahnhöfen und Postauto-Haltestellen. *Teilweiser Unterhalt der Wanderwege* (Wege, die nur dem Wandern dienen).

*Herausgabe der Aargauer Wanderkarte* 1:50 000 sowie des Wanderbuches Aargau.

Ferner organisiert die Vereinigung geführte Wanderungen, das Wanderprogramm wird allen Interessierten abgegeben.

Die Aktivitäten werden mit Mitgliederbeiträgen von privaten und juristischen Personen sowie Beiträgen des Kantons Aargau finanziert. Die Vereinigung zählt zurzeit rund 1600 Mitglieder. Helfen auch Sie mit und erwerben Sie für einen bescheidenen Jahresbeitrag die Mitgliedschaft.

**Aargauer Wanderkarte**
1:50 000, mit Bahn- und Busnetz und Auswahl schöner Routen.
12. komplett überarbeitete Ausgabe zum Kantonsjubiläum 2003.
Preis: Fr. 35.–, plus Fr. 2.– Versand

**Aargauer Wanderbuch**
44 Routenbeschreibungen mit Höhenprofilen, Routenkarten und heimatkundlichen Notizen.
Preis: Fr. 10.–, plus Fr. 2.– Versand

**Mitgliedschaft**
Für Einzelpersonen: Fr. 20.– / Jahr
Für Familien: Fr. 30.– / Jahr
Mitgliedschaft von Firmen und Vereinen ist möglich

Bestellung und weitere Infos:
Aargauer Wanderwege
Alte Luzernstrasse 10
5036 Oberentfelden
Telefon 062 723 89 63
Telefax 062 723 89 85
www.aargauer-wanderwege.ch
info@aargauer-wanderwege.ch

*Blick vom Zeiher Homberg gegen Norden*

*In der Region zwischen Aare und Rhein ist das öffentliche Verkehrsangebot mit Bahn und Postauto beachtlich. Die wichtigsten Bahnhöfe Aarau, Brugg, Koblenz, Laufenburg, Stein, Frick und Rheinfelden sind zugleich Verknüpfungen für die Buslinien. Hier die wichtigsten Postautolinien von West nach Ost, jeweils mit dem Fahrplanfeld des offiziellen Kursbuches:*

**Rheinfelden–Möhlin–
Wegenstetten, 700.15 (Linie 88)**
Vom Regional- und Badezentrum führt diese Linie über Möhlin, dem Dorf der drei Kirchen, in das Wegenstettertal. Auffallend sind die vielen Kirchen im Tal. In Zuzgen stehen sie im Dorfkern zu zweit dicht beisammen. Neben den beiden grossen Landeskirchen, der refomierten und der römisch-

katholischen Kirche, sind im unteren Fricktal Ende des 19. Jahrhunderts christkatholische Kirchgemeinden entstanden. Die christkatholische Kirche ist als dritte Landeskirche im Aargau anerkannt.

**Möhlin–Wallbach–Mumpf–
Obermumpf–Schupfart,
700.20 (Linie 90)**
Wir fahren über die Möhliner Höhe, einer gewaltigen Löss- und Geröll-Ablagerung, eine Endmoräne aus der Eiszeit. Unglaublich, dass der kümmerliche Rest des Rohnegletschers, der sich heute an der Furka offenbart, einst bis in die Nordschweiz vordrang. Eine Vielzahl von Findlingen aus dem Wallis bis in den Raum Liestal bezeugt dies heute noch.

*Oben: Postauto bei der Linde von Linn*

Wallbach und Mumpf laden zu einem Spaziergang dem Rhein entlang ein. In Mumpf kann man auch mit der Fähre auf die badische Seite hinüberwechseln. Im oberen Talkessel ist Schupfart ein idealer Ausgangspunkt für eine Rundwanderung oder für einen kleineren Rundgang zum Flugplatzareal mit Restaurant, Spielangebot für die Kinder und prächtiger Rundsicht.

### Frick–Kaisten–Laufenburg, 700.60 (Linie 135)

Wer über die Höhen des Kaistenberges fährt, wird beim imposanten Blick nach Süden auf eindrückliche Art und Weise der typischen Jura-Schichtstufenlandschaft

*Sicht vom Rebberg Richtung Frick*

*Mitten in das Wandergebiet fahren die gelben Busse, Staffelegg*

gewahr. Im Tal der Sissle zeigt sich im Raume Frick/Gipf-Oberfrick eine weitgehend geschlossene Besiedlung. Ringsum folgt die erste Stufe mit einem Kranz von Buchenwäldern. Den Tafeljurahöhen von Chornberg, Fürberg oder Altenberg schliesst sich, den Horizont begrenzend, der Ketten-

*Traditionsreich auf der Bözbergroute: der «Bären» in Bözen und der «Adler» in Frick*

oder Faltenjura an. Während es der Strihen auf 865 m bringt, zeigt weiter westlich die Geissflue schon 963 m, der Wisenberg (SO) 1002 m und die Belchenflue 1123 m.

**Frick–Wittnau–Benkerjoch–Aarau, 700.65 (Linie 136)**
Auf 668 m liegt das Benkerjoch, immerhin rund 300 Meter höher als die Bahnstation von Frick. Um diese Busverbindung vom Fricktal ins Aaretal musste jahrzehntelang gerungen werden. Die steile Teilstrecke auf der Südseite hat bis heute der Benkenlinie den Eintrag als «Bergpoststrecke» gesichert. Es ist eine Alternativroute zur Staffelegg. Die Fahrt über das Joch

führt nicht nur mitten in das Wandergebiet (Jurahöhenweg), sondern nach der grossen Kurve vor der Wasserflue auch in die enge Klus vor Küttigen. Im Sommer ist die Fahrt durch den dichten Buchenwald einer Tunnelquerung ähnlich. Nach hellem Licht folgt plötzlich wieder tiefer Waldschatten. Dem Radler ist eine erfrischende Abfahrt gewiss, wenn er die sanftere Nordseite erst einmal bezwungen hat.

### Frick–Herznach–Staffelegg–Aarau, 700.60 (Linie 135)

Die alte Passstrasse war eines der Erstlingswerke des jungen Kantons Aargau. Er wollte damit die erst 1803 zum Kanton und zur Eidgenossenschaft stossenden fricktalischen Lande zur neuen Hauptstadt richtig erschliessen. Auf der Staffelegg lockt ein Wanderparadies erster Güte. Von hier aus kann man in sechs Stunden über den Jurahöhenweg nach Hauenstein gelangen oder in etwas mehr als einer Stunde auf die Gislifflue. Das Haus für Bildung und Begegnung auf dem Herzberg ist in 25 Minuten erreichbar. In einer nahe gelegenen Grube kann man mit dem Studium der interessanten Jurageologie beginnen. Über den neu markierten Geoweg kann man nach Küttigen absteigen.

### Frick–Hornussen–Bözen–Effingen–Bözberg–Brugg, 700.70 (Linie 137)

An dieser traditionsreichen Route atmet noch vieles Geschichte. Die stattlichen Bauten von Hornussen erinnern an das Passdorf für Vorspann und Pferdestallung. Während in Frick der traditionsreiche Gasthof Adler der vorderösterreichischen Vergangenheit noch die Reverenz erweist, präsentiert sich bereits in Bözen der Gasthof Bären als unmissverständlicher Zeuge der Berner Herrschaft.

Vierlinden auf dem Bözberg betrachten viele Aargauerinnen und Aargauer als das Herzstück des Kantons. Der Blick schweift hinüber zum Stammsitz der Habsburger auf dem Wülpelsberg, das Silberband der Aare Richtung Wildegg wird sichtbar, ebenso dominante Industriekomplexe, das Schloss Wildegg und weiter in der Runde Brugg-Windisch, das Siggenthal und der Lägerngrat zwischen Baden nach Regensberg (ZH).

### Effingen–Zeihen–Herznach, 700.75

Dass es möglich ist, auch eine Gemeinde so nah und doch leicht abseits der Heerstrasse mit dem öffentlichen Verkehr gut zu erschliessen, beweist diese Querlinie der Post, die Zeihen mit der Bözberg- und der Staffelegglinie verbindet. Sie führt durch ein eindrückliches Juragebiet. Wer eine bisher wenig erschlossene Landschaft entdecken will, lasse auf der Anhöhe im Gebiet Hächler den Blick Richtung Osten schweifen. Vor allem ist hier die Weite der Bözberglandschaft gut sichtbar. Von ihr wird gesagt, sie sei der einzige grosse Freiraum zwischen den Grossagglomerationen Zürich und Basel.

### Laufenburg–Kaisten–Ittenthal, 700.32 (Linie 144)

Fast ein Geheimtipp! Zur Blütezeit präsentiert sich das kleine Seitental mit den grossflächigen Obstbaumbeständen besonders schmuck. Es gibt da Wanderer, die vom «lieblichen Hügelland» sprechen, vor allem wenn sie des mächtigen Buchenwaldes gewahr werden, der im jungen Grün das Tal Richtung Osten abschliesst. Der von weitem sichtbare Schinberg überragt das Dorf um rund 300 Meter.

### Laufenburg–Sulz–Obersulz, 700.33 (Linie 141)

Eine typische Situation beim Einbiegen in das Sulztal: Das Tal ist eng, fast verschlossen. Folgt da überhaupt noch eine grössere Siedlung? Viele der nach Norden ausgerichteten Juratäler sind rheinwärts eng wie ein Flaschenhals. Nach kurzer Fahrt ermöglicht ein breiterer Talgrund wieder ausgedehnte Besiedlung. Sulz kann als «dreiklang» drei besondere Merkmale vorweisen: Äusserst engagierte Vereinstätigkeit, vorab im Sportbereich, sehr aktives, regional bekanntes Gewerbe, ein Mekka des Radsports mit dem Markenzeichen «Schinberg-Rundfahrt».

### Laufenburg–Gansingen–Brugg, 700.35 (Linie 142) und Laufenburg–Hottwil, 700.36

Das Mettauertal von Etzgen bis Gansingen und im oberen Seitental bis Wil und Hottwil hat mit dem Bürersteig einen eher niedrigen Juraübergang. Er erreicht 550 m, während weiter westlich die Salhöhe mit 779 m die Aargauer Jura-Passübergänge anführt. Die obersten Talgemeinden Hottwil und Gansingen zeichnen sich durch eine langjährige Theatertradition aus.

Das hier nahe des Rheintals bereits etwas sanftere Gelände ist besonders verlockend für Radrundtouren, aber auch für Biker in Feld und Wald. Der Fricktaler Höhenweg endet in Mettau. Besonders erwähnenswert sind die Höhensiedlungen Oedenholz (Wil) und Galten (Gansingen). Sonst liegen im Jura-Nordgebiet die Dörfer allesamt in den Tälern, nur hier und im Bözberggebiet gibt es zwischen Aare und Rhein auch Siedlungen «auf dem Berg». Bevor die Buslinie über Remigen zum Wasserschloss fährt – dorthin, wo im Aargau alles zusammenströmt –, ist die dominante Kirche von Rein-Rüfenach unübersehbar. Sie ist im Aareraum ein mit der Talkirche von Mettau vergleichbarer Kulturzeuge.

### Laufenburg–Schwaderloch–Döttingen, 701.11

Die Personenbeförderung der Bahn endet in Laufenburg. Der Bus bietet Ersatz mit individuelleren Einsteigeorten. Für die grösseren Distanzen bedeutet die Aufhebung der direkten Bahnverbindung dem Rhein entlang einen echten Verlust. Immerhin ist die Verbindung nach Waldshut (D) markant besser geworden. Die Bahnstrecke ist für den Güterverkehr erhalten geblieben. Der Abschnitt Laufenburg–Koblenz hat touristisch einiges zu bieten. Das waldreiche, flussnahe Gebiet ist im Sommer eine erfrischende Oase. Dies wissen auch die Radler auf der gut markierten Rheinroute von Veloland Schweiz zu nutzen.

### Brugg–Villnachern–Schinznach-Dorf–Thalheim, 650.25

Bereits bei Villnachern beginnt das grosse Rebbaugebiet. Schinznach-Dorf ist die grösste Rebbaugemeinde im Aargau. Es geht mit den Superlativen gleich weiter, ist doch auch die Ruine Schenkenberg oberhalb Thalheim die grösste Burganlage des Kantons. Die Sausertage im Herbst mit dem jungen Weissen bringen dem Tal alljährlich viele Besucher. Zwischen Gisliflue, Homberg und Grund bietet das Tal vielseitige Wandermöglichkeiten. Beachtenswert sind die hohen, restaurierten Rebmauern aus Natursteinen beim Schloss Kasteln.

*Auf Sauserfahrt in das Schenkenbergertal*

## FRICKTALER HÖHENWEG
### Von der Zähringerstadt Rheinfelden zum Marktflecken Frick
*29 Kilometer*

Ausgangspunkt ist mit 285 m über Meer der Bahnhof der Zähringerstadt Rheinfelden. Die Route führt zunächst über den bewaldeten Steppberg (395 m), hinauf zur langgestreckten Kuppe des Magdener Galgens (449 m) und steigt über diesen Höhenzug bis zum bekannten Aussichtsturm und Rastort auf dem Sonnenberg (632 m). Von der Plattform des Turmes geniesst der Wanderer einen herrlichen Rundblick auf die Höhen des Baselbietes und des benachbarten Schwarzwaldes. Das «Turmstübli» der Möhliner Naturfreunde – ein beliebtes Ausflugsziel – lädt jeden Sonn- und Feiertag zum Kaffeehalt ein.

*Sonnenbergturm*

254

Der Bergkrete folgend, fällt der Weg zum Dorf Zeiningen ab (340 m, Bushaltestelle) und erreicht nach dem Anstieg durch die Rebberge und den Spitzgraben den landschaftlich reizvollen Chriesiberg (545 m). Kurz vor dem Chriesiberg lädt eine Feuerstelle mit Schutzhütte zur Mittagsrast ein.

Zum Flugplatz Schupfart (545 m) marschieren wir über die Tafeljurahochebene von Looberg (571 m) und Wabrig (556 m, Bushaltestelle in Hellikon). Wer den Aufstieg zum 749 m hohen Tiersteinberg nicht direkt wagen will, kann sich im Flugplatzrestaurant Airpick bei Schupfart noch einmal stärken. Als Belohnung für den Aufstieg und die anschliessende Gratwanderung auf dem langgezogenen Bergrücken erwartet jeden Naturfreund am Aussichtspunkt (Rastplatz) ein prächtiger Ausblick, der im Norden von den Höhenzügen des Schwarzwaldes begrenzt wird. Der Abstieg zum Marktflecken

*Magdener Galgen*

*Rundblick von der Ruine Alt-Tierstein*

*Wandergruppe auf dem Tiersteinberg*

Frick (361 m, Bahnhof) führt an der frisch sanierten Ruine Alt-Tierstein (630 m, Rastplatz) vorbei und man erreicht über Chaltenbrunnen (578 m) und Egg die Ortschaft Gipf-Oberfrick.

## FRICKTALER HÖHENWEG
### Vom Marktflecken Frick zum Weindorf Mettau
*30 Kilometer*

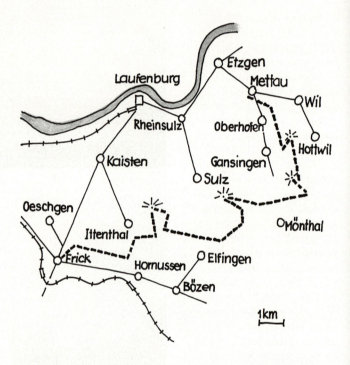

Die Höhenroute führt vom Bahnhof Frick (361 m) dem Frickberg
entlang Richtung Hornussen.
Kaum verlassen wir den Wald, so
öffnet sich vor uns die Weite des
Hornusser Rebhanges. Über den
Talacher (533 m) und den Rastort
Wettacher (614 m, Schutzhütte)
gelangen wir zur südlichen Schin-
berghalde, von wo aus der markante und aussichtsreiche Schin-
berggrat (722 m) zu erreichen ist.
Eine Feuerstelle, wie geschaffen,

*Ausblick Schinberg*

um sich aus dem Rucksack ver-
pflegen zu können, befindet sich
auf Punkt 691 direkt unterhalb

256

dem Bergkreuz. Der Höhenweg führt hinunter zum Solbacher (611 m), biegt dort nach links ab und führt durch den Marchwald (607 m) – am historischen Grenzstein vorbei – zum Weiler Sennhütten (634 m). Ein gut ausgebauter Rastplatz mit einer Waldklause erwartet den Wanderer.

Weiter geht der Weg zur Ampferenhöhe, nach einem kurzen Waldstück links hinauf zur Sternwarte und zum prächtigen Sulzer Aussichtspunkt Cheisacher (698 m). Hier richtet sich ein prächtiger Rundblick auf die waldreichen Jurahöhen. Man sieht hinunter auf das Dorf Sulz und hinüber in den näheren Hotzenwald (Schwarzwald).

Vorwiegend im Wald verläuft anschliessend die Höhenroute über die langgezogene Bergkuppe des Cheisachers bis zum Passübergang Bürersteig-Höhe (555 m, Bushaltestelle Linie Brugg–Mettau–Laufenburg). Rechts um das Bürerhorn erreichen wir den Laubberg (649 m), dessen kleine Bergkapelle zu einer kurzen Rast einlädt. Bei guter Witterung bietet sich hier erneut ein weiter Ausblick. Der Weg führt nun dem Stationen- und Gansinger Panoramaweg folgend, über den Höhenzug zwischen Oberhofen und Wil

**Sennhüttenstübli**

Auf Sennhütten, einem Weiler inmitten einer Waldlichtung auf 634 m, ist wieder ein Beizli in Betrieb. Die einfache Rasthütte mit Sitzgelegenheiten auch im Freien ist jeweils von Mittwoch bis Sonntag ganzjährig offen. Spezialitäten: Sennhütten-Teller und Rüeblitorte. Feuerstelle in nächster Nähe. Die kleine Herberge bietet vier Doppelzimmer sowie Lager für Gruppen an. Reservation nötig.

*Sennhüttenstübli*
*Sennhütten 97*
*5078 Effingen*
*Telefon 062 876 13 67*

hinunter ins Mettauertal. Kurz vor Mettau – an der Postautohaltestelle «Linde» (Punkt 352) – erreichen wir die Hauptstrasse Bürersteig–Gansingen–Etzgen. Das Weindorf Mettau (346 m), mit seiner berühmten Rokokokirche St. Remigius, bildet den Abschluss des erlebnisreichen Fricktaler Höhenweges. Im Landgasthaus

*Ausblick Laubberg*

zur Linde, direkt gegenüber der
Kirche und der Bushaltestelle Post,
können sich die müde gewordenen
Glieder wieder erholen. Auch das
Gasthaus zum Sternen lädt durstige und hungrige Wanderinnen
und Wanderer zur Einkehr ein.

## JUBILÄUMSWEG QUER DURCH DEN AARGAUER JURA
*18 / 15 Kilometer*

Im Jahr 2003 feiert der Aargau das 200-jährige Bestehen. «dreiklang.ch» lanciert zum Frühjahresbeginn in Zusammenarbeit mit den Aargauer Wanderwegen den touristisch markierten Jubiläumsweg von der Aare zum Rhein, von Aarau nach Stein. Mit Start beim Bahnhof Aarau kann man entweder durch die «Altstadt der schönen Giebel» Richtung Aarebrücke gelangen oder direkt über das Inseli zum Alpenzeiger am Hungerberg. Etwas nördlich des Militärschiessplatzes

Geren gehen wir am Brunnenberg höhenwärts. Über die Krete gelangen wir an den Hardhöfen vorbei zu einer der schönsten Aussichtskanzeln des Aargaus, auf die Wasserflue (844 m). Beim Aufstieg zur Wasserflue werden wir des Geländeaufbruchs gewahr. In ungewohntem Ausmass haben sich hier nach einer längeren Regenperiode im Februar 1999 Gesteins- und Erdmassen gelöst und sich der Bänkechlus zugewälzt. Einige Wochen sah die Lage

*Salhöfe*

Abzweigung zur Höhenklinik Barmelweid wird rund ums Jahr rege besucht. Der Waldgasthof Chalet hat vom einfachen Wanderteller bis zum «gehobeneren Menü» für alle etwas zu bieten und wartet in der warmen Jahreszeit mit einer gemütlichen Gartenwirtschaft inmitten des Buchenhaines auf.

Die weitere Wanderung über Salhöf–Räbnen–Burg führt durch einen besonders reizvollen Teil des Aargauer Faltenjuras. Das stark zergliederte Gebiet, gegen Süden abgegrenzt durch den Wasserfluegrat, zeigt sich beim Standort Salhöf besonders beeindruckend und voller Kontraste.

*Wasserflue*

für den nördlichsten Ortsteil von Küttigen bedrohlich aus. Umfangreiche Bauarbeiten und Erdbewegungen waren nötig, um die zurückgestauten Wassermassen abzuleiten (mehr Informationen dazu am Schluss der Wanderung).

Der Wasserfluegrat ist zu jeder Jahreszeit ein Erlebnis, vor allem im Frühjahr beim aufbrechenden Grün. Wir gelangen zur Salhöhe. Der beliebte Ausflugsort am Übergang von Erlinsbach in das solothurnische Kienberg, an der

Von der Burgflue aus – einer Waldlichtung über hoher Felswand – ist die Sicht in die Weite bis hin zum Schwarzwald möglich. Hier zeigt sich die besondere Topografie des Juras deutlich. Wie Bügeleisen stossen die Tafeljuraberge in die Ebene vor, oder anders betrachtet ist der Jura durch die Täler und Tälchen eingeschnitten. Besonders beim Schinberg wird deutlich, wie die verschiedenen Gesteinsschichten gegen Norden leicht angehoben wurden. Sie sind bei der Jurafaltung regelrecht auf die unterliegenden härteren Gesteinsschichten aufgefahren.

Wir steigen ab durch die Burg, die im zerklüfteten Gebiet einige seltene Florastandorte aufweist und gelangen vorbei an kleineren Teichen und Tümpeln zum Lammetholz, hinaus auf die weite Hochfläche des Altenbergs. Wir durchqueren das waldreiche Tal von Wittnau. Hier können wir die erste Etappe des Jubiläumsweges beenden. Der wohlverdiente Trunk ist im Gasthof Krone, nahe der Bushaltestelle in der Oberen Gasse von Wittnau, nach rund sechs Stunden Wanderzeit überfällig. Postautoverbindungen führen nach Frick oder zurück nach Aarau.

Die Wanderung von Aarau nach Stein dauert rund zehn Stunden. Der höchste Punkt wird auf Räbnen/Burg an der Grenze zum Kanton Solothurn (Kienberg) mit 875 m ü. M. erreicht. Der tiefste Punkt befindet sich am Rheinufer in Mumpf mit 295 m ü. M.. Die Route kann beliebig etappiert werden. Busverbindungen bestehen in Schupfart, Wittnau und Salhöhe. Auskünfte, auch über Führungen und naturkundliche Exkursionen, können jederzeit eingeholt werden bei *«dreiklang.ch Aare–Jura–Rhein»*, 5063 Wölflinswil (info@dreiklang.ch).

*Burgflue*

## Jubiläumsweg, 2. Etappe

Die zweite Etappe führt hinauf zum Wittnauer Rebberg und zur Ruine Homberg. Der Ausblick zu den bewaldeten Höhen des Faltenjuras ist wohltuend. Wir gelangen auf den Tiersteinberg und zur Ruine Tierstein, die sich mit ihrem Grillplatz geradezu für eine Rast anbietet. Wenn wir den Wald verlassen, folgt über den Wollberg nach Schupfart wohl eine der schönsten «Chrieslilandpartien», die das Fricktal zu bieten hat. Der Zauber der Blüten im Kontrast zu den sattgrünen Buchenwäldern und

*Homberg, Wittnau*

*Tiersteinberg*

den goldenen Löwenzahnwiesen hat ihren besonderen Reiz.

Der Gasthof Schwert in Schupfart präsentiert sich ganz im Sinne von «dreiklang.ch»: Er fördert die einheimischen Produkte und bietet mit seiner Frischküche aus der Region hervorragend zubereitete Speisen, selbstverständlich mit dem Wein aus heimischen Reblagen.
Über das Hochplateau gelangen wir am Dorf Obermumpf vorbei auf den bekanntesten Aussichtspunkt direkt über dem Rhein und gegenüber Bad Säckingen (D), die Mumpferflue. Hier schweift der Blick über das Industriegebiet des Sissler- und Kaisterfeldes zu den markanten Hügeln, dem Frick- und dem Schinberg, die über dem Talkessel aufragen. Der Hardwald

zwischen Sisseln und Kaisten ist der schützende Schild für das Grundwasservorkommen. Die Rheinroute von Veloland Schweiz führt hier von Kaisten her durch eine lange schattige Waldpartie nach Eiken und Stein. Wir steigen von der Flue nach Mumpf ab. Dem Rheinufer entlang gelangen wir rasch zum Bahnhof Stein.

*Mumpferflue*

*Erdrutsch und Felssturz «Hinter Königs-stein»*

In der Nacht vom 23. auf den 24. Februar 1999 lösten sich im nördlichen Teil des Brunnenberges, im Bereich Hinter Königsstein, rund 150 000 Kubikmeter Gestein und stürzten, respektive flossen rund 800 Meter Richtung Osten bis unmittelbar an die Strasse in der Bänkerchlus, oberhalb Küttigen.

Dr. Mark Eberhard, Aarau, hält in einer Dokumentation die Ausgangslage wie folgt fest: «Die starke Klüftung der Kalkschichten im Bereich der Felskrete ermöglichte dem Wasser einen ungehinderten Zugang bis tief in dieselben hinein. Durch Frost-/ Tauzyklen, vor allem am Übergang vom Winter zum Frühling, werden diese Klüftungen zusätzlich aufgeweitet und vergrössert, sodass das Wasser bis zu den schlecht durchlässigen Opalinustonschichten gelangt, sich an diesen staut und in Form von Quellen aus dem Gelände hervortritt. Da auch der strukturempfindliche Opalinuston von feinen Kluftsystemen durchzogen ist, dringt das Wasser auch in diese Schichten ein und weicht sie auf. Der Opalinuston ist im trockenen Zustand ein hartes Gestein, durch Wasserzufuhr wird es jedoch stark aufgeweicht, sodass es vom festen bis in den fliessfähigen Zustand übertreten kann. Durch das auf den Opalinustonschichten lagernde Gewicht der Murchisonae-bis Hauptrogenstein-Kalken wird der Ton zusätzlich instabil, sodass das Gleichgewicht des Systems verloren geht und die Tonschichten durch die Kalküberlast Richtung Tal gedrückt werden. Die überliegenden Kalkschichten verlieren dadurch den Halt und stürzen ebenfalls zu Tale. Der erste Vorgang kann dabei als Erdrutsch, das Abstürzen der Kalkschichten als Felssturz bezeichnet werden. Das steile topografische Relief am Brunnersberg hat diesen Vorgang noch verstärkt. Die extremen Witterungsverhältnisse im Frühjahr 1999 begünstigten diese Mechanismen.»

Mit einem Grosseinsatz von Feuerwehr, Zivilschutz und Militär gelang es die Situation zu stabilisieren. Der durch den Schlamm vorerst verschlossene Fischbach musste wieder geöffnet werden. Der Wilebergbach wurde umgeleitet und der Schlammstrom entwässert. Im Bereich der Abrissstelle ist keine Vegation mehr vorhanden. Eine solche hat sich aber auf dem ursprünglichen Schlammstrom erstaunlich rasch neu entwickelt.

Es wurde eine Gefahrenzonenkarte erstellt und Kontrollmassnahmen eingeleitet.

## RUNDGANG IN DER RHEINEBENE
*11 Kilometer*

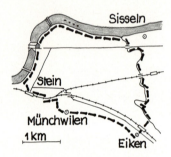

Bei der SBB-Station Stein beginnen wir mit dem Rundgang. Zuerst hinunter an das Rheinufer. Von drüben grüsst das Fridolinsmünster und gleich vor uns liegt die 205 Meter lange Holzbrücke, die längste gedeckte Holzbrücke in Europa.

*Hochsommer beim Bahnhof Sisseln*

Ein kleiner Gewitterregen. Mächtige Tropfen fallen in die Tümpel auf der Lichtung oberhalb des Kraftwerkes Stein-Säckingen. Hier kann man interessante Naturbeobach-

tungen machen. Ein Parcours mit Informationstafeln wurde angelegt. Der Pfad führt satt am aufgestauten Rhein entlang zur Mündung der Sissle. Hier kann man der Sissle entlang weitergehen oder aufwärts zum alten Dorfteil von Sisseln. Kerzen brennen vor dem Marienaltar der St. Ursulakapelle, später auch solche in der Lourdesgrotte in Eiken. Stille Andacht am Sonntagmorgen. Wir queren den Bahnhof Sisseln. Reifes Getreide rund um das Sammelsilo, bald beginnt die Getreideernte. Beim Kieswerk gehen wir Richtung Reitstall, und nach der kleinen Anhöhe liegt schon Eiken vor uns. Am Bahnhof vorbei, hinauf zu Kirche und Grotte führt der Weg mit bester Rundsicht in den oberen Ortsteil von Münchwilen. Im Café-Bistro Chäppeli halten wir Rast, studieren die Ortsgeschichte, die bereitwillig vom Gastwirt aufgelegt wird. Wir gehen talwärts; beim Bahnhof Stein schliesst sich der Kreis des rund dreistündigen Rundgangs mitten im Fricktal. Unterbrechen können wir ihn wos gefällt, stehen doch gleich drei Bahnhöfe zur Verfügung.

## FRÜHJAHRSWANDERUNG VON EFFINGEN NACH FRICK
*17 Kilometer*

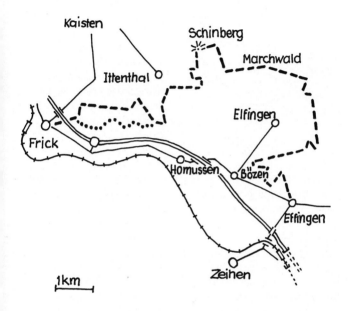

Der Jura ist für viele Überraschungen gut. Aber das Staunen und Erleben ist kaum irgendwo dichter als auf dieser schlichten Wanderung von Effingen nach Frick. Das Dorf am Bözberg erreicht man mit dem Postauto. Die rund fünfstündige Wanderung führt zu den Naturschutzgebieten auf dem Nettenberg, Hessenberg und dem Ruge. Dann gehts weiter durch die Buchenwälder oberhalb von Elfingen und durch den Marchwald zur Panoramasicht auf dem Schinberg, in sanften Kehren dem Nordhang entlang und direkt aufwärts zum Frickberg und hinunter nach Frick. Als Wander-

monat bietet sich der Monat Mai an. Was ist zu sehen? Lichte Föhrenwälder, Halbtrockenrasen mit ausserordentlichem Pflanzenreichtum, besonders Orchideen. Einen besonderen Reiz bieten die Akelei-Felder in der Waldlichtung, die leuchtend gelben Spargelerbsen und das weisse Waldvögelein.

Aber auch die Mittagsrast auf Buchenstämmen, das Studium der alten Grenzsteine im Marchwald zwischen ehemals bernischer und österreichischer Herrschaft sowie des Waldes Einsamkeit gehören zum erlebnisreichen Tag.

## DAS STIFT OLSBERG UND DER FRAUENWALD
*16/18 Kilometer*

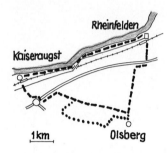

Wir starten beim Bahnhof Rheinfelden. Durch einen mustergültig angelegten Alleeweg kommen wir rasch zum Steg über die Autobahn und stehen schon auf einer Weggabelung und Waldlichtung auf 315 m, genannt «Belchenblick». Hier können wir die Bundeseiche bewundern, welche 1891 gepflanzt wurde und nun als weitgreifender hoher Baum beeindruckt. Es geht auf den «Berg», recht bequem auf einem Zick-Zack-Weg, und den höchsten Punkt unserer Wanderung erreichen wir schon auf 427 m. Ein einladender Forst, ein echtes Wanderparadies auf dieser weitgedehnten bewaldeten Hochfläche. Am Waldrand biegen wir nach rechts ab und folgen der Markierung Richtung Kaiseraugst. Bald haben wir den vollen Blick auf das sanfte Tal des Violenbachs und die dominante Kirche, welche unterhalb des Dorfes Olsberg das ehemalige Kloster markiert, das 1237 von Zisterzienserinnen

gegründet wurde. Die Klosterkirche steht in hohem kunsthistorischem Rang, und der Kanton Aargau hat da im untersten Zipfel des Fricktals nicht nur die dringend nötige Restaurierung der Kirche durchgeführt, sondern auch die gesamte Gebäudegruppe erneuert. Die staatliche Pestalozzistiftung führt hier ein Erziehungsheim. Wir gehen weiter in den Frauenwald, ehemals Besitz des Frauenklosters, der mit der Aufhebung des Stiftes Olsberg an den Staat Aargau überging. Am Waldrand präsentieren sich zwei hochaufragende Holz-Skulpturen, welche als sichtbares Zeichen an zwei aus dem Staatsdienst ausgeschiedene Forstleute erinnert. Der Weg führt leicht abwärts, und bald gelangen wir wieder zur Autobahn, queren diese schnurstracks durch das Roche-Areal bis zur Verbindungsstrasse Richtung Rheinfelden. Ein Stück weit gehen wir auf dem Radweg, können dann aber nach der Bahnüberführung auf den, sehr angenehmen Rheinwanderweg wechseln. Kurz vor Rheinfelden passieren wir das imposante «Holztor» eines Baumriesen, queren das Schwimmbad-Areal und gelangen direkt in die mittelalterliche Stadtanlage. Eine angenehme Halbtageswanderung.

## IM WINTER VON OESCHGEN ZUM CHINZ
*6 Kilometer*

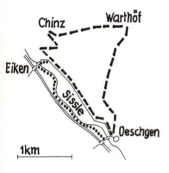

Die Wanderung dauert bei gemütlichem Tempo rund zwei Stunden. Wir parkieren bei der Kirche Oeschgen oder gelangen ab Bahnhof Frick mit dem Postauto in die Dorfmitte. Von 1475 bis 1798 war Oeschgen im Besitze der Schönauer, was das restaurierte Schlösschen noch heute bezeugt. Die Dorfkirche wurde, wie sie sich heute präsentiert, 1912 erbaut. Die Gemeinde liegt in leichter Südhanglage und hat eine lange Rebbautradition. Sie gilt als typisches Fricktaler Dorf mit begehrten Wohnlagen. An der Schulanlage vorbei gelangen wir durch das Neubaugebiet sanft hangaufwärts in einen kleinen Taleinschnitt und auf die Hochebene «Stelli». Bei den Warthöfen begrüssen uns einige Vierbeiner im Gehege. Die Wanderung Richtung Chinz ermöglicht einen Blick über die Weite und das sanfte Hügelland zum Frickberg. Es ist Ende Januar, die Jahreszeit, in welcher die Forstleute mächtige Buchenstämme fällen. Zeugen

*Holzschlag*

dafür, was hier im Laufe von Jahrzehnten an starkem Baumholz nachwächst. Wir erreichen den prächtigen Rastplatz, bezeichnet mit «Chinzrue – händ Sorg dezue», der sich direkt beim Hochreservoir der Gemeinde Eiken befindet. Hier hat die 4. Klasse der Realschule 1999 dem grauen Beton mit kräftigen Farben den Garaus gemacht. Auf dem «Chinz» zeigen sich auffallend viele Verwerfungen, Gräben und Querwege, als hätte da ein grosser Maulwurf gewütet. Es ist ein eigentliches Karstgebiet, das so schroff im Aargauer Jura selten auftritt. Im Eiker Volksmund heissen sie einfach die «Erdmannlilöcher». Unbeschwert kann man auf der Strasse nach Eiken und im Talgrund nach Oeschgen gelangen. Hier bietet sich direkt an der Sissle ein Flurweg an, oder es kann die verkehrsarme Verbindungsstrasse benutzt werden. Zwischen Strasse und Sissle haben die Pferdeliebhaber (Reithalle) und Hundefreunde ihre Übungsreviere – Anlagen, die auch für sportliche Anlässe Raum bieten.

Ein Rundgang, der sich für Jung und Alt geradezu anbietet. Er ist sogar mit dem Kinderwagen leicht begehbar. Diese Wanderung zeigt zudem, dass man in den sanften Lagen der Juraregion das ganze Jahr über an der frischen Luft wandern kann.

## RAMSFLUE – SANFTE WIESEN UND SCHROFFER FELS
*2 Kilometer*

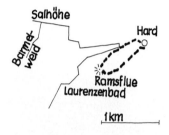

Nehmen Sie sich eine Stunde Zeit für diese Rundwanderung. Die eigentliche Wanderzeit ist viel kürzer, aber man soll auch noch Zeit haben, um zu betrachten und zu staunen. Wir starten bei der Haltestelle «Hard» der Stichlinie Erlinsbach–Barmelweid der Aarauer Verkehrsbetriebe. Beim Zugang zum waldumschlossenen «Hard» bietet sich auch ein Pw-Parkplatz an. Jetzt folgen wir der Strasse zum Weiler. Das Bienenhaus oben am Hang liegt noch im Winterschlaf. Diese Wanderung ist auch im Winter möglich, wenn nicht Schnee und Eis den Weg blockieren. Am grossen Scheunentor im Weiler kann man einige Informationen über die ökologisch ausgerichtete Landwirtschaft der Betriebsgemeinschaft «Hard» erhalten. Wir gehen einige Meter hangaufwärts, dann führt der Weg rechter Hand sanft weg auf die bewaldete Anhöhe. Vor dem Wald haben wir eine gute Sicht auf den Weiler und hinauf zur Wasserflue.

Wir gehen schnurstracks durch den Wald. Wenige Meter abseits liegen drei grosse Fichten als Windwurfholz am Boden. Auch nach dem Sturm «Lothar» macht diesen Stämmen, trotz grossem Wurzelteller, aufkommender Wind immer wieder zu schaffen. Immerhin haben die Buchen dicht daneben dem Sturm getrotzt. Wie wir aus dem Wald treten, grüssen uns Äcker und Wiesen, was wir auf dieser Anhöhe und direkt anschliessend an die schroffe felsige Erhebung der Ramsflue nicht erwartet haben. Der gut signalisierte und unterhaltene Wanderweg führt dem Grat entlang. Unvermittelt stehen wir direkt auf dem Felskopf der Ramsflue, auf 703 Metern. Der Blick schweift hinüber zum Grat von Rotholz und Geissflue, hinunter zur Beguttenalp und auf die Strasse Erlinsbach–Salhöhe. Nach dem Rundblick von der markanten Felsenkanzel erreichen wir beim Abstieg die Hardmannlilöcher, zwei imposante höhlen- und grottenartige Öffnungen im Fels, bei denen sich immerhin denken lässt, dass sie zeitweilig Menschen Schutz und Unterkunft boten. Direkt am Wanderweg bewundern wir an einem alten und verdorrten Fichtenstamm das Werk der Spechte. Erstaunlich schnell erreichen wir die Salstrasse, auf der wir einige

*Blick von der Ramsflue in die zergliederte Juralandschaft*

Meter aufwärts gehen müssen bis zur Bushaltestelle beziehungsweise bis zum Parkplatz «Hard».

## DREI KIRCHEN – EINE GRENZWANDERUNG
*16 Kilometer*

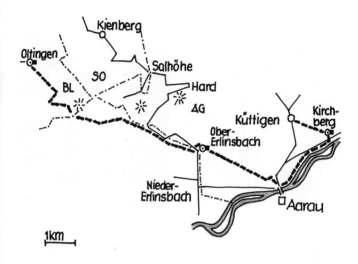

Zuerst einmal ein Fahrplantest. Wie kommt man mit dem öffentlichen Verkehr von Wölflinswil AG nach Oltingen BL? In der Luftlinie liegen die beiden Dörfer nur knapp sechs Kilometer auseinander. Die Kammerung der Juratäler hat da ihre Auswirkungen. Aber es geht! Abfahrt 8.59 Uhr, Bahnhof Aarau an 9.21 Uhr, Olten an 9.44 Uhr, Tecknau an 9.57 Uhr und mit dem Postauto in Oltingen an um 10.22 Uhr. 1 Stunde und 23 Minuten dauert die Fahrt, drei Mal Umsteigen ist nötig!

### Bedeutendes Passdorf Oltingen

Viele Grenzen haben sich verwischt, dies gilt für die Konfessionsgrenzen im Besonderen. Das Näherrücken der christlichen Konfessionen ist eine erfreuliche Tatsache. Die historischen Grenzspuren sind aber verständlicherweise leicht feststellbar. Die auf der ganzen Linie eindrucksvolle Wanderung begann ich in Oltingen, dem alten Passdorf. Die Schafmatt war über Jahrhunderte ein bedeutender Übergang. Sogar Pilgerzüge nach Einsiedeln sind «über die Matte» nachgewiesen. In dieser Oberbaselbieter Gemeinde ist fast von Haus zu Haus diese Passvergangenheit noch zu spüren. Oltingen ist eine Art Urpfarrei, zu der auch Wenslingen und Anwil gehören. Bereits im 9. Jahrhundert wurden Güter des Klosters Säckingen in Oltingen erwähnt. Von besonderem kunsthistorischem Wert sind die spätgotischen Wandbilder aus dem 15. Jahrhundert. 1529 wurde die Reformation eingeführt. Die Wandbilder wurden überdeckt. Sie kamen 1957 bei der grossen Renovation der Kirche wieder zum Vorschein und wurden restauriert. An der Westwand ist das Jüngste Gericht dargestellt. Christus sitzt als Weltenrichter auf einem doppelten Regenbogen und breitet die Arme zum Segnen aus. Posaunenengel begrenzen die überirdische Zone, und auf dem schmalen Bodenstreifen steigen die Toten aus den Gräbern. In den Bildecken sind Himmel und Hölle dargestellt. Papst und Kaiser und andere Exponenten finden sich im Paradies, aber auch in der Höllenzone. Ein Teufel zieht die Verdammten in den Höllenrachen.

## Gesamtanlage von grosser Einheit

Kirche, Pfarrhaus und Pfarrscheune bilden mit ihrer Umgebung eine Gesamtanlage von harmonischer und noch unverdorbener Einheit. Die Kirche steht am Rande eines der stattlichsten und am besten erhaltenen Bauerndörfer des Baselbietes. Auch zwei ehemalige Mühlen, eine Holzsäge und zwei Gasthöfe sind noch vorhanden. Grössere Bauten entstanden im 16., 17. und 18. Jahrhundert; sie heben die Bedeutung des Passdorfes in jenen Jahrhunderten hervor.

*Kirchenbezirk von Oltingen*

Beim Gang durch das Dorf beeindruckt der Brunnenstock mit dem farbig geschmücktenn Tannenbäumchen und dem Eierkranz. Ich steige durch den Buchenwald hoch Richtung Schafmatt. Auf den Hochmatten, die bereits gemäht sind, sind Pfingstlager einer grossen Pfadigruppe installiert. Beim Naturfreundehaus radeln Biker vorbei. Wenige Leute sind da oben, drei Gäste bei den Naturfreunden in der wärmenden Stube. Vor dem Gasthof im Balmis zweige ich links ab. Über Rütmatt und Breitmis gehe ich talwärts. Also nach dem Baselbiet ein gutes Stück auf Solothurner Wanderwegen. Sie waren hier mustergültig an der Arbeit, die Wanderfreunde. Die geradezu geniale Verschlussklappe bei der Weide habe ich jedenfalls hier das erste Mal mit Erfolg ausprobieren können. Beim Barmelhof sind die Kaninchen im Gehege zu bewundern. Der Wanderweg führt etwas abseits der Hauptstrasse in die breiter werdende Talmulde von Obererlinsbach SO. Aufragende Wegkreuze und der von Ferne grüssende hochragende Kirchturm von Niedererlinsbach machen deutlich, dass ich hier nun auf «katholischem Territorium» bin. Der Bach trennt. Auf der andern Seite ist der Aargau und ursprünglich reformierte Berner Aargau. Als ich ihn nicht auf Anhieb erkannte, sagte vor Jahren mein ehemaliger Gemeindeschreiberkollege von Erlinsbach: «Ich bi der Schriber vo Speuz!». Er spielte damit auf die alte Geschichte an, als man sich an diesem Erzbach nicht immer so gut mochte und auch mal verachtend über den Bach «speuzte». An der Speuzer Fasnacht kommen diese Zänkereien immer wieder in lustvollen Sujets zum Vorschein. Aber das ist Geschichte, und doch taucht immer wieder die Frage auf, wie solche Grenzverläufe entstehen konnten. Territoriale Abgrenzung ja, aber dann gleich noch eine «Konfessionsgrenze»? Die gleiche Frage stellt sich an der Grenze inneraargauisch zwischen Bözen und Hornussen oder zwischen Herznach und Densbüren-Asp.

**Man wollte Klarheit schaffen**
Europa wurde immer wieder von Fehden und Kriegen durchgeschüttelt. Oft wurde ausgerechnet die Religion – wie, Gott sei es geklagt, heute noch vielerorts auf der Welt – für die Machtausübung missbraucht. Die Fürsten und Herrscher des Mittelalters fanden schliesslich mit dem berühmten und geschichtsträchtigen Augsburger Religionsfrieden von 1555 einen minimalen gemeinsamen Nenner. Sie prägten einen Grundsatz, der über Jahrhunderte wegweisend war. Er hiess: «Wessen Land ich besitze, dessen Religion bestimme ich!». So war es auch hier. Der katholische Stand Solothurn verordnete «katholisch» und die reformatorischen Berner verordneten im Berner Aargau «reformiert». Im Fricktal war durch die habsburgische Herrschaft die katholische Konfession gegeben. Man wollte Klarheit schaffen. Staat und Kirche wurden als eng zusammengehörend gesehen. Man muss immer wieder darauf hinweisen, dass in unseren Landen erst mit der neuen Bundesverfassung von 1848 die Religionsfreiheit im Grundgesetz festgeschrieben wurde. Und dennoch war das 19. Jahrhundert bekanntlich noch von massiven Kulturkämpfen geprägt.

Grenzüberschreitung im guten Sinne des Wortes findet heute

längst statt. Das Gegeneinander hat dem Miteinander Platz gemacht. Gleichzeitig sind ganz andere Entwicklungen festzustellen, die fundamentale neue Herausforderungen für die Religionsgemeinschaften darstellen.

Ich wandere starken Schrittes über die kleine Brücke des Erzbaches und flugs stehe ich nun also wieder im Aargau. Oben am Hang grüsst die reformierte Kirche von Erlinsbach AG, ein interessantes Beispiel des frühen reformierten Kirchenbaus. Sie wurde 1565 als chorlose Saalkirche erbaut und 1965 vergrössert. Werner Sommer schuf die Glasgemälde.

Der Weg führt hangaufwärts, auf der Hochebene durch den Wald weiter und vorne am Waldrand zum Alpenzeiger über dem Hungerberg ob Aarau. Die Alpen sind an diesem trüben Tag zwar nicht zu sehen, aber es bietet sich ein eindrückliches Bild der Stadt, in welcher bei genauem Hinsehen die beiden hohen Türme der reformierten und der katholischen Kirche als Wahrzeichen des friedlichen Zusammenwirkens über die Konfessionsgrenzen hinweg aufragen.

Der Weg führt weiter bis zur Aarebrücke, dann der Aare entlang und hinauf zu einer weiteren Aus-

*Kirchberg. Geburt Christi von Felix Hoffmann*

sichtsplattform im Aareraum, zum Kirchberg zwischen Küttigen und Biberstein. Der Abend bricht herein. Im dämmrigen Kirchenraum wird man dennoch der Chorfenster des bekannten Aargauer Künstlers Felix Hoffmann gewahr. Kurzes Verweilen auf diesem historischen Boden. Auf diesem Hügelsporn, dem Horen, muss der Sitz der Herren von Kirchberg gewesen sein, welcher schon um die Mitte des 13. Jahrhunderts zerstört wurde. Die Ruine ist 1957 ausgegraben und konserviert worden.

Ich gehe zur Bushaltestelle im alten Dorfteil von Küttigen. In der «Traube» wird ein «Hasenbergler» aufgetischt. Mit dem Postauto fahre ich dann über das Benkerjoch in die nördlichen Gefilde zurück.

276

## DREIKLANG AM VILLIGER GEISSBERG
*12 Kilometer*

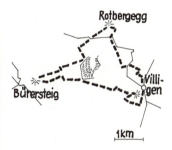

Dreiklang? Ja, Villiger Geissberg–Bürersteig–Rotbergegg. Auf einem Hochplateau haben wir drei markante Aussichtspunkte. Wer die Route nicht in einem Stück machen will, kann zum Beispiel bei der Bushaltestelle Bürersteig beginnen oder die erste Etappe hier beenden.

Wir starten in Villigen, das auch als Dorf der Quellen und Brunnen, des Weins und des Gemüseanbaus bezeichnet wird. Villigen ist aber auch Sitzgemeinde des bedeutenden eidgenössischen Forschungsinstitutes, dem Paul Scherrer Institut (PSI) Villigen-Würenlingen.

Erstaunlich ist die kompakte Besiedlung zwischen Geissberg und Kumetbach, auch wenn die Neubauquartiere langsam in das weite Feld streben. Als Grund für diese Besiedlung am Hang nennen die Dorfhistoriker die Quellvorkommen, wovon die historischen Brunnen zeugen.

Wir gehen durch den Rebberg höhenwärts zur Aussichtsplattform auf dem Geissberg. Hier auf 548 m sind wir gegen 290 m höher als der Dorfkern. Eine entsprechend weite Rundsicht ist uns gewiss. Auf waldiger Höhe können wir nun fast ebenen Weges rund 3,5 km bis zum nördlichen Aussichtspunkt auf 700 m wandern. Nach weiteren 3 km Wanderung haben wir auf der Rotbergegg nochmals eine prachtvolle Rundsicht, bevor wir talwärts dem Rebberg entlang wieder nach Villigen zu unserm Ausgangspunkt gelangen.

Die Wanderung ist in vier bis fünf Stunden möglich, je nachdem wie rasch man die doch beachtlichen Steigungen bewältigen will.

*Ausblick von der Rotbergegg*

## SAGIMÜLITÄLI – LICHT UND SCHATTEN
*8 Kilometer*

Effingen
Neu-stalden
Gallen-kirch
Villn
Linn

1km

«Wo viel Licht ist, ist auch viel Schatten», sagt der Volksmund. Eindrücklich zeigt sich mit diesem Kontrast das Sagimülitäli an einem Herbsttag gegen Abend. Das Bächlein fliesst im finsteren Grund, kaum sichtbar. Zuoberst im Tälchen, wo man ursprünglich vor dem Felsabsturz mit der Autobahn in den Berg einfahren wollte, präsentiert sich im leuchtenden Gelb das Waldgehölz. Auch wo das Tälchen offener wird und in Richtung Linn hinaufführt, zeigt sich der satte Kontrast vom Farbenspiel des Herbstwaldes zum beschatteten Talgrund.

Dieses Tälchen kann man sowohl von Effingen als auch von Linn her gut erreichen. Der Name kommt in der Tat von der Säge und der Mühle. Beide wurden noch vor Jahrzehnten in diesem Tal betrieben. Jetzt sind die Gebäude längst verschwunden.

Ins Rampenlicht – sogar der schweizerischen Öffentlichkeit – rückte das Tälchen im Zusammenhang mit der Linienführung der A3 durch den Bözberg. Erste Studien wiesen auf die Linienführung in diesen Taleinschnitt. Selbst als sich die Tunnelvariante durchzusetzen begann, wollte man aus Kostengründen das Tunnelportal weiter nach Osten rücken, also möglichst lange die natürliche Talöffnung nutzen. Das traumhafte Tälchen hatte aber viele Naturbegeisterte auf seiner Seite, und so setzte sich bis auf Regierungsebene die Erhaltung durch. Der Tunnel führt heute weiter westlich durch den Berg. Ein guter Entscheid für Natur und Landschaft!

Ab Linn – wo wir unter der symbolträchtigen Linde rasten – können wir unsere Wanderung bis nach Villnachern fortsetzen. Wir durchstreifen dabei eine der schönsten Naturschutzpartien im südöstlichen Bereich des Bözberges mit artenreichen Magerwiesen und lichtem Föhrenwald.

*Vom Täli Richtung Linn*

278

## VON MANDACH ZUR WANDFLUE ÜBER DER «DAMPFKÜCHE»
*7 Kilometer*

Mandach, als typische Dorfsiedlung in einem Talkessel gelegen, hat schon immer zu jenen Juragemeinden gehört, in denen Dorfgemeinschaft, Zusammenhalt und Zukunftsglaube etwas galten. Es gibt kleine Feststellungen, welche dies bei «aller Unbill der Zeit», die auch an Mandach nicht problemlos vorübergleitet, aktuell bestätigen. Kürzlich war ich im Dorfladen. Eine mustergültige Präsentation war vorzufinden, und zwei Mandacherinnen bestätigten mir, es sei problemlos, einen Dorfladen am Leben zu erhalten, wenn man etwas solidarisch denke und den täglichen Bedarf vorwiegend im Dorf decke. Keine Selbstverständlichkeit bei derzeit rund 320 Einwohnerinnen und Einwohnern!

Ein geradezu bequemer Höhenweg führt von Mandach (489 m) bis zum Bossenhaus (566 m) mit schönen Aussichtspartien Richtung Rheintal, Kirchspiel und zur deutschen Nachbarschaft. Ein besonders markanter Aussichtspunkt ist die Wandflue oberhalb Schwaderloch. Im Blickpunkt steht die grosse «Dampfküche am Hochrhein», der Kühlturm des Kernkraftwerkes Leibstadt. Die Dampffahne ist je nach Witterung weit über die Jurahöhen sichtbar. Hier steht man nahe vor der grössten Stromerzeugungsanlage der Schweiz. Insgesamt beträgt die Produktion aus Kernkraftwerken in unserm Land 36,1 Prozent (Wasserkraft Laufkraftwerke und Speicher 60,2 Prozent, Verschiedene 3,7 Prozent). Wir haben damit bei der Verteilung der Energieproduktionsarten eine vergleichbare Situation wie Schweden.

Der Abstieg nach Schwaderloch ist problemlos. Für die «verschwundene Bahnstation» springt die Rheintalverbindung der Post in die Lücke.

*Ausblick von der Wandflue*

279

## DEM HISTORISCHEN FLÖSSERWEG ENTLANG

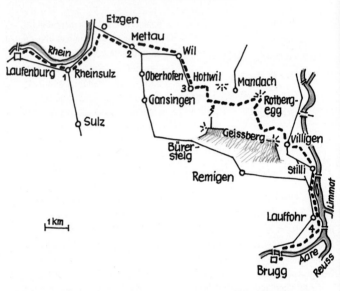

*1 Fundament, röm. Wachturm, Sulz*
*2 Spätbarocke Kirche St. Remigius*

*3 Restaurant Bären, Hottwil, erbaut 1539, als alte Flösserraststätte bekannt*
*4 Wasserschloss bei Lauffohr/Brugg*

### Laufenburg–Mettauertal–Rotberg–Stilli–Brugg

Der Flösserweg wurde als vernetztes, regionenverbindendes Werk zum 200-Jahr-Jubiläum des Kantons Aargau von den Gemeinden Laufenburg, Sulz, Etzgen, Mettau, Wil, Hottwil, Mandach, Villigen, Stilli und Brugg zur Förderung des sanften Tourismus geschaffen.

### Die Flössergeschichte

Bis Ende des 19. Jahrhunderts spielte das Flössergewerbe für etliche Gemeinden dieser Gegend eine bedeutende wirtschaftliche Rolle. Nachdem in Holland der

*In Laufenburg mussten die Baumstämme einzeln durch den Engpass geschleust werden*

enorme Holzbedarf für Schiff- und Städtebau nicht mehr aus dem Schwarzwald und dem Elsass gedeckt werden konnte, wurden über das Einzugsgebiet von Aare, Reuss und Limmat riesige Mengen von Tannen, Kiefern und Eichen in die Niederlande geflösst. Im Jahr 1856 erreichte die Flösserei ihren Höhepunkt: 4451 Flosse wurden durch den Laufen bei Laufenburg geschleust. Eisenbahn, Kraftwerke und immer besser ausgebaute Strassen leiteten in der zweiten Hälfte des 19. Jahrhunderts den Untergang dieses einst blühenden Gewerbes ein.

Die Flösserei war in einzelne Fahrstrecken unterteilt. Auf Aare und Reuss gelangten grosse Mengen Holz in den Aargau. Im Raum Brugg/Lauffohr/Stilli nahmen die dort ansässigen Berufsleute die Flosse in Empfang und brachten sie nach Laufenburg. Für die 28 km lange Strecke über Aare und Rhein benötigten sie zweieinhalb Stunden.

Die Rückkehr erfolgte zu Fuss über Rheinsulz, Mettau, Wil, Hottwil, den Rotberg und Villigen zur Aare. Am Nachmittag wurde oft eine zweite Fahrt ausgeführt, was erneut einen Rückmarsch von 16 km zur Folge hatte.

## Erlebnis von Natur, Kultur und Landschaft

Der «floesserweg.ch» ist ein Erlebnis- und Themenweg, der auf Teilstücken heute noch sichtbar ist. Zwischen den Ausgangspunkten Laufenburg und Brugg liegt ein wunderbares Wander- und Bike-Gebiet, das entdeckenswert ist. Die Vernetzung von Naturlandschaft, Kultur und vielen Sehenswürdigkeiten ist hervorragend. In dieser intakten, lebenswerten Gegend kann man auftanken und verborgene Schätze

entdecken. Ausgangspunkt bilden die Bahnhöfe Brugg und Laufenburg. Das Postauto ermöglicht verschiedene «Einstiegsmöglichkeiten», um den Flösserweg auf kürzeren oder längeren Strecken zu erwandern. Eine Schifffahrt auf dem Rhein ist empfehlenswert. Nutzen Sie die Wanderroute, besuchen Sie Tal und Landschaft mit dem Velo oder Bike oder mit Ross und Wagen.

www.floesserweg.ch
floesserweg@bluewin.ch
Auf Wunsch Organisation
von Ausflügen, Führungen und
Gruppenanlässen

**Gastronomie
und Sehenswürdigkeiten**
Diese Gegend eignet sich bestens
für Familien- und Gruppenanlässe,
Sport- und Lagergruppen oder für
einen individuellen Tagesausflug.
– Führungen in der Altstadt,
  in den Naturlandschaften oder
  Rebbergen mit Apéro
– Schifffahrt auf dem Rhein
– Wanderung oder Biketour
– Rastplätze und Aussichtspunkte
  mit Feuerstellen
– Kulturelle Anlässe, Musik,
  Theater usw.
– Historische Orte und Bauten
– Wirtschaften und Gaststätten
– Gruppenanlässe, Seminare,
  Kurse im Naturparadies
– Lagerleben und Abenteuer in
  freier und intakter Naturland-
  schaft

## KULTURWEG AUF DEN WITTNAUER BUSCHBERG
*4,5 Kilometer*

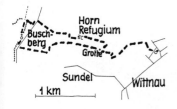

Reich an Geschichte und an
religiösen Zeichen sind auf kleinem
Raum das Horn und der Buschberg oberhalb von Wittnau. Wir
beginnen unsere Rundwanderung
im Mitteldorf (Bushaltestelle) und
wandern Richtung Kirche und
Faandel. Auf dem gut markierten
Wanderweg kommen wir über die
Hangkrete rasch zum Waldrand
und an einem kleinen Weiher
vorbei zur Lourdesgrotte, welche
vor hundert Jahren eingeweiht
und kürzlich erneuert worden ist.
Nach der Grotte zweigt der Weg
ab, und der steile Aufstieg zum
Refugium auf dem Horn beginnt.
Funde aus der Jungsteinzeit
lagern im Fricktaler Museum in
Rheinfelden. Seine grosse Zeit
erlebten der Buschberg und seine
Umgebung in der späteren Bronzezeit, die von 1250 bis 750 v. Chr.
dauerte. Aus dieser Zeit stammen
die noch heute sichtbaren Wälle
und Gräben des bewehrten Refugiums auf dem Wittnauer Horn.
In der unruhigen Zeit des 3. und
4. Jahrhunderts nach Christus, als
germanische Stämme immer
wieder von Norden her in das
römische Reich eindrangen und die
einheimische Bevölkerung bedrohten, wurde die Schutz-anlage des
Wittnauer Horns erneut genutzt.

Das Wallfahrtskreuz auf dem
Buschberg wurde 1668 errichtet.
Alte Dokumente berichten vom
Müller Benedikt Martin, der einen
Mühlstein nach Kienberg führen
wollte und auf dem Buschberg
verunglückte. Der Wagen fuhr ihm
über beide Beine. Wie durch ein
Wunder, so im Mirakelbuch des
Klosters Mariastein, blieb er unver-
letzt. An diese Wundergeschichte
knüpft die Wallfahrt an, die sich
so entwickelte, dass 200 Jahre
später ein Schirmdach für die
Besucher errichtet wurde.

Seit 1994 stösst der Ort noch auf
zusätzliches Interesse: In der Nähe
der Buschbergkapelle wurde ein
Kraftzentrum aufgespürt. «Die
Energie fliesst nun ungehindert
aus dem Erdinnern und wirkt auf
die ganze Gegend. Die einmaligen
Töne wurden aufgenommen und
wissenschaftlich untersucht. Sie
sind aus akustischer Perspektive
sehr ungewöhnlich, enthalten eine
grosse Vibration und starke
Schwingungen», schreibt der
Berichterstatter. Der Ort wird heute
mehr denn je aufgesucht.

*Buschbergkapelle mit Kreuz*

Wir können nun wenige Meter nach Süden gehen und dem Stationenweg entlang durch den Wald wieder absteigen. Dieser so genannte Kreuzweg mit 14 Bildstationen wurde 1861 errichtet. Unten bei der Grotte schliesst sich der Kreis der Rundwanderung. Man kann nun über das sanfte Gelände Richtung Sundel zur Bushaltestelle in der Oberen Gasse von Wittnau gelangen.

Eine gut illustrierte Schrift über den Buschberg und die Kapelle ist beim Pfarramt Wittnau erhältlich, Telefon 062 871 41 10.

## SPUREN DES HISTORISCHEN BERGBAUS IM FRICKTAL
*5,5 / 7,5 / 7 Kilometer*

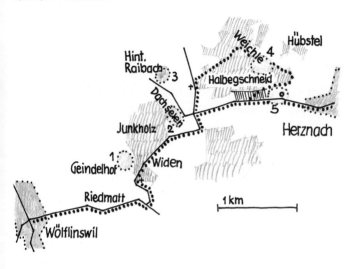

1 Pingen im Gebiet Geindelhof-Junkholz
2 Ehemaliger Tagbau am Abhang der
  «Dachselen»
3 Alter Steinbruch «Hinter Raibach»
  (gelber Kornbergsandstein)

4 Grube «Weichle» (historischer Abbau
  unbekannter Zeit) und Endpunkt des
  Hauptstollens des Bergwerks Herznach
5 Neuzeitliches Bergwerk Herznach (bis
  1967)

Der Weg führt uns vom Wölflinswiler Dorfplatz beim altehrwürdigen Gasthof Ochsen nach Osten in Richtung Herznach. Nach rund zwei Kilometern erreichen wir das Kreuz bei Punkt 534. Nach Westen schweift der Blick über ein einstiges Erzabbaugebiet, wo im Tagbau, aber auch in Schächten und Stollen, der hier vorkommende Eisenoolith gewonnen wurde.

Die ältesten urkundlichen Hinweise auf den Wölflinswiler Bergbau stammen aus dem 13. Jahrhundert. Im 18. Jahrhundert kam der Erzabbau zum Erliegen. Verhüttet wurde das Erz anfänglich in Schmelzöfen der umliegenden Dörfer. Da die Herstellung von Roheisen gewaltige Mengen Holzkohle benötigte, kam es in der Umgebung der Schmelzöfen zu einem eigentlichen Raubbau an den Wäldern. Der Holzreichtum und die Wasserkräfte des Schwarzwaldes führten dazu, dass sich im Laufe des Spätmittelalters der Schwerpunkt der Eisenwerke und des Eisengewerbes zum Südrand des Hotzenwaldes verlagerte.

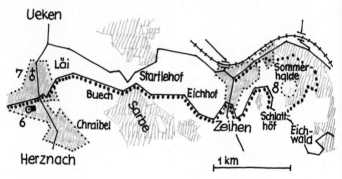

**Ueken**

Läi

7

**Startlehof**

Sommer-
halde

**Buech**

**Eichhof**

8

Sarbe

Schlatt-
höf

6

**Chraibel**

**Zeihen**

Eich-
wald

**Herznach**

1 km

6 Pfarrkirche St. Nikolaus
7 St. Verenakapelle

8 Bohnerzgrube Sommerhalde
(17./18. Jh.)

**Pingen auf dem Junkholz**

Auf dem offenen Feld sind kaum
mehr Spuren der alten Gruben zu
sehen. Begeben wir uns jedoch
in den Wald, so treffen wir im südlichen Teil des Junkholzes auf
zahlreiche Pingen, trichterförmige
Bodenvertiefungen, die vom
einstigen Erzabbau herrühren.

Nördlich der Strasse nach Herznach, noch vor der ersten Hof-
siedlung, erkennen wir einen
weiteren ehemaligen Tagbau in
Form einer Terrasse am Abhang
der Dachselen. Auf der angrenzenden Hochfläche des Chornbergs waren noch im 18. Jahrhundert alte Erzgruben sichtbar.
Hier stiessen die Erzgräber auf
die Schicht des so genannten
Kornbergsandsteins, eines gelb-
lichen Kalksteins, der sich vor

allem im 19. Jahrhundert als
Material für Türstürze, Fenster-
gesimse, Tennstore und Weg-
kreuze weit herum einer grossen
Beliebtheit erfreute. Ein alter
Steinbruch im Gebiet Hinter
Raibach wird heute von einem
Wäldchen verdeckt.
An der Strassenkreuzung bei
Punkt 538 können wir die Wande-

Bohnerzwaschen. Holzschnitt aus Georg
Agricoly, Basel 1556

286

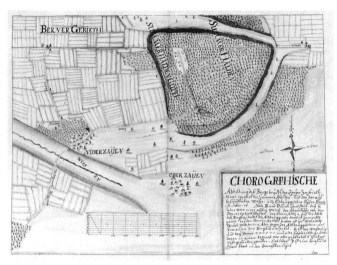

*Das Abbaugebiet nach einer Karte um 1731 (Staatsarchiv Aargau)*

rung auf zwei verschiedenen Routen fortsetzen.

## Alte Erzabbaustellen in der Weichle bei Ueken

Ein Weg führt in nördliche Richtung ins «Bär», wo wir den Waldweg durch die Gunzidellen beschreiten, der uns in die Weichle hinunter führt, wo sich im Wald südwestlich von Punkt 458 eine weitere ehemalige Erzabbaustelle befindet. Obwohl sie sich über eine Länge von rund 300 Metern erstreckt, ist sie urkundlich nicht fassbar. Hier endete auch der Hauptstollen des Herznacher Erzbergwerks, das 1967 seinen

Betrieb einstellte. Um zu diesem Bergwerk zu gelangen folgen wir dem Waldrand hinauf zum Hübstel, an dessen südlichem Fuss die Reste der Bergwerksanlage liegen. Diese erreichen wir, indem wir etwa einen halben Kilometer dem Waldrand des Halbegschneids oberhalb des Bergwerks folgen und dann durch die Reben ins Tal gelangen. Der kürzeste Weg von Punkt 538 zum Bergwerk ist die direkte Strasse nach Herznach.

## Relikte des Erzbergwerkes Herznach

Vom 1937 eröffneten Bergwerk stehen noch das einstige Bürogebäude, die Werkstätte sowie die Siloanlage, von wo aus das Erz mit einer Seilbahn zum Bahnverlad nach Frick geführt wurde. Seine Blütezeit erlebte das Bergwerk zur Zeit des Zweiten Weltkriegs, als hier bis zu 140 Personen arbeiteten. 1941 wurde mit einer Erzmenge von 211 783 Tonnen die höchste Fördermenge erreicht.

## Barocke Pfarrkirche von Herznach

In Herznach lohnt sich der Besuch der barocken Pfarrkirche mit ihrem spätmittelalterlichen Turm. Am nördlichen Dorfeingang steht die St. Verenakapelle, deren älteste Vorgängerin im 10. Jahrhundert als Hauskapelle eines Herrenhofes erbaut wurde. Aus dem Kirchlein stammt ein spätgotischer Flügelaltar von 1516, der sich heute auf der Lenzburg befindet. Die Figuren des Altars stellen Heilige dar, die als Schutzpatrone der Bergleute und des Eisengewerbes verehrt werden (St. Eligius, St. Agatha und St. Barbara).

*Erzabbau im Herznacher Stollen*

## Bohnerzschürfstellen Sommerhalde oberhalb von Zeihen

Von Herznach aus nehmen wir den Weg durch das Buech nach Zeihen und von da hinauf zu den Schlatthöfen, von wo wir auf dem Feldweg zur Sommerhalde gelangen. Im Westen dieser bewaldeten Ebene wurde im 17. und 18. Jahrhundert Bohnerz abgebaut, das vor allem im deutschen Wehr und Albbruck verhüttet wurde. Im Gegensatz zum oben erwähnten sandig-körnigen Eisenoolith mit einem Eisengehalt von rund 30 Prozent besteht das Bohnerz aus bis zu faustgrossen Erzknollen mit einem Eisengehalt von etwa 60 Prozent. Noch sind im Wald mehrere eindrückliche Pingen zu sehen. Die Schürfstellen bilden eine Station des Zeiher Naturlehrpfades, zu dem auf der Gemeindekanzlei ein Faltprospekt erhältlich ist. Über die nördliche Sommerhalde führt der Weg wieder hinunter nach Zeihen, von wo aus eine Postautoverbindung (Fahrplanfeld 700.75, an Sonn- und Feiertagen nur Rufbus) nach Effingen (zur Postautolinie Frick–Brugg) beziehungsweise nach Herznach (zur Postautolinie Frick–Aarau) besteht.

Streckenlänge: Wölflinswil–Herznach: 5,5 km (direkt) bzw. 7,5 km (über Weichle). Herznach–Zeihen–Sommerhalden–Zeihen: 7 km.

# ZWEI NATURFREUNDEHÄUSER IM JURA

### Gisliflue

Das Haus liegt im Schenkenbergertal am Nordhang der Gisliflue
auf 630 m im Gebiet der Gemeinde
Oberflachs. An ruhiger, sonniger
Lage geniesst man die Aussicht
auf die Ruine Schenkenberg, die
Staffelegg, und bei guter Sicht bis
in den Schwarzwald. Erreichbar ist
das Haus von der Bahnstation
Wildegg her über den Steinbruch
in einer Stunde, vom Parkplatz
Staffelegg via Rischelen, Gatter,
Gisliflüespitz in knapp eineinhalb
Stunden. Etwas mehr Zeit muss
man rechnen, wenn man den
Weg direkt ab Staffelegg-Passhöhe unter die Füsse nimmt (Bushaltestelle der Linie Aarau–Frick).
Ein weiterer Zugang besteht vom
Parkplatz in Auenstein (westlich
des Dorfes) über den Gipfel in
zirka zwei Stunden. Der Gisliflüespitz ist vom Naturfreundehaus
zirka eine halbe Stunde entfernt
(markierter Wanderweg).

*Auskünfte und Reservationen:*
*Max Knörr*
*Hombergweg 8*
*5102 Rupperswil*
*Telefon 062 897 27 15*

Gut eingerichtete Räume stehen für
Familien-, Firmen- und Vereinsfeste
zur Verfügung: Parterre ca. 50 Personen; Cheminéeraum ca. 30 Personen. Übernachtungsmöglichkeit
besteht für bis zu 28 Personen.

Das Naturfreundehaus ist jeden
Sonntag geöffnet: Im Sommer von
9 bis 18 Uhr und im Winter von
9 bis 17 Uhr.

Es bestehen gute Busverbindungen auf Salhöhe und Barmelweid. Von der Klinik Barmelweid aus ist das Haus in 30 Minuten erreichbar.

Ein Parkplatz befindet sich 300 m unterhalb des Hauses in Richtung Rohr SO.

Aussichtspunkte in der Nähe: Geissflue, Rohrerplatte, Rütchöpfli und Gälflue.
Eine beliebte Rundwanderung führt von der Schafmatt über Barmelweid–Salhöhe–Nesselgraben–Schafmatt oder über die Geissflue. Dauer ca. 2½ Stunden.

*Auskunft und Reservationen:*
*Tony Meier*
*Saligasse 5*
*5018 Erlinsbach*
*Telefon 062 844 02 50*
*Fax 062 844 06 90*
*www.schafmatt.ch*
*a.meier-furter@bluewin.ch*

**Schafmatt**
Das Berghaus Schafmatt, auf dem Gebiet der Gemeinde Oltingen BL, ist am Jurahöhenweg auf 840 m gelegen und längst zu einem Treffpunkt für Spaziergänger, Wanderer und Touristen geworden. Es ist im Eigentum der Naturfreunde Sektion Aarau.

Jeden Samstag und Sonntag sowie an Feiertagen geöffnet; am Samstag von 14 bis 17 Uhr und am Sonntag von 10 bis 17 Uhr. Im Winter bei guten Schneeverhältnissen auch an Wochentagen.

Einfache Verpflegungs- und Übernachtungsmöglichkeiten. Besonders geeignet für Firmenanlässe, für Schul- und Lehrlingslager sowie für gesellige Anlässe. Günstige Mietmöglichkeiten. Sechser-, Achter- und Zehner-Zimmer (total 32 Plätze).

# RADFAHREN

## AARE-RHEIN-ROUTE VON «VELOLAND SCHWEIZ»
*72 Kilometer*

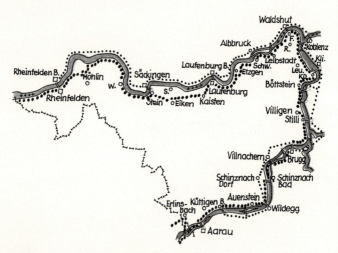

*Altstadt in Aarau, Haldequartier*

Eines der erfolgreichsten Projekte für sanften Tourismus ist «Veloland Schweiz». Zwei Routen führen durch das «dreiklang»-Gebiet. Einmal die Route 8, die Aare-Route, welche über 305 km vom Gletschersee oben auf dem Grimselpass bis Koblenz zur Vereinigung der Aare mit dem Rhein führt. Nach Thun, Bern, Biel und Solothurn kommen die Aargauer Städte Aarau und Brugg ins Blickfeld. Dazwischen lässt sich auf gut markierten Wegen dem Fluss entlang unter idealen Bedingungen radeln.

In die Route 2, die Rhein-Route, biegen wir bei Koblenz ein. Diese Route umspannt den Osten der Schweiz in einem grossen Bogen und begleitet während mehr als 420 Kilometern den mächtigen Alpenfluss vom Ursprung im Gebirge bis zur Schiffbarmachung ab Rheinfelden und Basel. Auch in unserm Gebiet führt die Route über weite Strecken dem Fluss entlang, führt aber auch durch

Dörfer wie Etzgen und Eiken. Im Hardwald und im Unterforst zwischen Wallbach und Möhlin radeln wird durch weite Waldgebiete, welche die Rhein-Route auch im heissen Sommer attraktiv machen.

Routenbeschreibungen von «Veloland Schweiz» sind einzeln für die jeweilige Flussroute im Werd Verlag erschienen und in jeder Buchhandlung erhältlich.

*Am Koblenzer Laufen*

*Rastplatz im Unterforst zwischen Wallbach und Möhlin*

*Das bedeudendste Freilichtmuseum der römischen Schweiz, Augusta Raurica, am Schlusspunkt unserer Aare-Rhein-Fahrt*

## RUNDROUTE AARAU
*14/24 Kilometer*

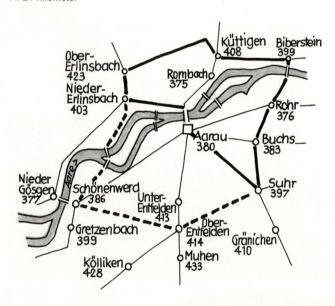

Flacher fährt sich fast nicht mehr im Aargau. Dem Jurasüdfuss entlang in das Mittelland finden sich ideale Radtouren. Es lassen sich auch beliebige Varianten anhängen, wie auf unserm Vorschlag von Erlinsbach über Schönenwerd, Oberentfelden nach Suhr aufgezeigt.

*Landschaft bei Biberstein-Auenstein*

*Rast im Rohrerschachen*

## RUNDROUTE BRUGG
*16/29 Kilometer*

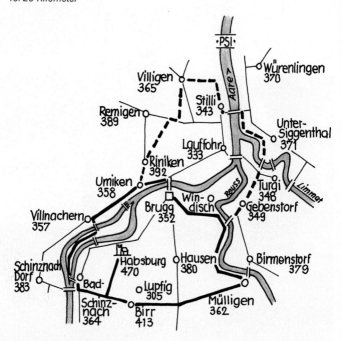

Wir umkreisen die Stammburg der Habsburger, fahren über das weite Birrfeld und auf attraktivem Radweg von Mülligen nach Windisch und zum Ausgangspunkt Brugg zurück. Schinznach oder der Fluss laden zum Bade, befinden wir uns doch, wenn wir die Zusatzschleife einbeziehen, direkt im Wasserschloss der Schweiz, wo alles zusammenströmt.

*Über den Aaresteg Umiken–Brugg*

*Auenlandschaft am Wasserschloss bei*
*Lauffohr*

# RUNDROUTE KIRCHSPIEL
*28 Kilometer*

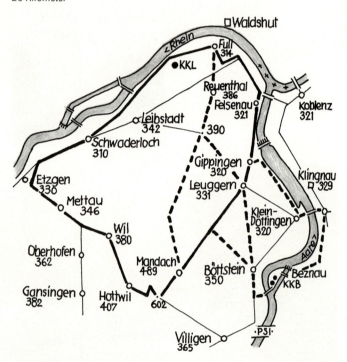

*Rast am Gippinger Grien*

Das «Aargauer Radfahrerparadies» hat auch Besonderes zu bieten. Wir fahren durch das Energie-Dreieck der Schweiz, dann aufwärts im Mettauertal zum «kleinen Susten» oberhalb Hottwil und geniessen über Mandach eine prächtige Abfahrt durch Wald und Flur.

*Aufwärts in prächtiger Frühlingslandschaft am «kleinen Susten» zwischen Hottwil und Mandach*

*Bei Gippingen waren die Biber am Werk*

*Blick vom Mettauertal zum Laubberg*

# RUNDROUTE FRICK
*29/43 Kilometer*

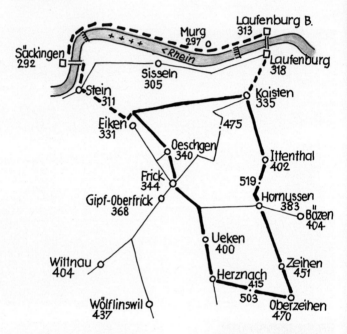

Diese Route stellt schon einige Anforderungen, eine eigentliche «Hügellandrundtour». Aber aufwärts hilft die ausgeklügelte Radtechnik mit dem Gängeschalten und immer wieder kommt eine lohnende Abfahrt. Eine Zusatzschlaufe in die badische Nachbarschaft ist empfehlenswert: über Laufenburg–Murg und über die alte Säckinger Holzbrücke zurück in die Schweiz.

*Hornussen vom Rebberg aus betrachtet*

*Den Abstecher nach Gipf-Oberfrick wird niemand bereuen, sei es nur wegen diesem so genannten «Burgunderbogen». Gleich nebenan kann man in einem traditionsreichen kleinen Lebensmittelladen der ganz besonderen Art einkaufen*

# RUNDROUTE RHEINFELDEN
*24/36 Kilometer*

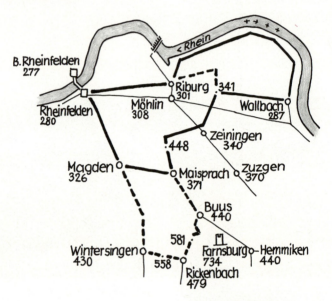

Abseits der verkehrsreichen Strassen ist diese Route dem Rhein entlang bis Wallbach von besonderem Reiz. Mit der Tour durch die drei Baselbieter Dörfer Maisprach, Buus und Wintersingen nach Magden kann man es bewenden lassen. Vielleicht lockt aber doch ein Abstecher auf die Farnsburg und über Wintersingen zurück in die Stadt am Rhein. Immerhin hat die Route zwischen 280 und 581 Höhenmeter einiges an Steigungen, aber auch an lockenden Abfahrten zu bieten.

*Markanter Baum allein auf weiter Flur bei Möhlin*

*Zwischen Wallbach und Zeiningen ein Blick*
*in das Rheintal Richtung Sisslerfeld*

## DIE VELOFACHGESCHÄFTE DER REGION

L. Grassi AG
Velosport – Roller – Mofa
Hammer 3
5000 Aarau
062 822 22 14

Kudi's Zweirad-Shop
Velos, Mofas,
Lambretta-Restaurationen
Tellistrasse 67
5000 Aarau
062 822 95 85

Unterwegs
Velos, Liegevelos und Zubehör
Rain 31
5000 Aarau
062 824 84 18

VeloStation
Stollenwerkstatt
Bahnhofstrasse 58
5000 Aarau
062 823 91 19

Fuchs Räder
Bruno Fuchs
Hauptstrasse 4
5076 Bözen
062 876 14 19

No Limit Ltd
Bikershop
Stapferstrasse 31
5200 Brugg
056 441 77 11

Peter Seiler
Bahnhofstrasse 12
5200 Brugg
056 441 38 24

Steini bike
Thomas Steinhauer
Schilplinstrasse 26
5200 Brugg
056 441 00 00

Hugo Zaugg
Velos und Motos
Hauptstrasse 54
5074 Eiken
062 871 14 54

Wernli Sport AG
Hauptstrasse 32
5070 Frick
062 871 44 34

Fredy Geisseler
Zweiradzubehör
Büren 67
5272 Gansingen
062 875 20 03

Biker auf Jurahöhen

Radsport Top
Schulstrasse 4
5082 Kaisten
062 874 22 03

Franco Godena
Zweirad-Shop
Bahnhofstrasse 51
4313 Möhlin
061 851 33 31

Giovanni Manna
Velos und Radsportartikel
Salinenstrasse 1
4313 Möhlin
061 851 45 77

Peter Füchter GmbH
Velos – Motos – Mode – Sport
Erlenweg 11
4310 Rheinfelden
061 831 75 00

Marcel Meili
Ersatzteile und Zubehör
Geissgasse 11
4310 Rheinfelden
061 831 61 64

Radsport Schumacher
Hauptstrasse 42
5085 Sulz

Günti's 2-Rad-Corner
Zentrumstrasse 1
4323 Wallbach
061 861 18 08

Velomuseum in Oeschgen
Auskunft:
Heinz und Gabriele Wieser
Binzstrasse 47
5072 Oeschgen
062 871 42 36

Schreiber-Sport
Bikershop
4317 Wegenstetten
061 871 02 11

Roland Frei
Velo-Egge
Hauptstrasse 20
5064 Wittnau
062 871 56 34
062 875 19 41

bike point
Thomas Wiederkehr
Mitteldorf 9
4314 Zeiningen
061 853 06 66

Blick von der Mumpferflue auf Rhein,
Stein und Sisslerfeld

# AM WASSER

## SCHIFFFAHRTEN AUF AARE UND RHEIN

### Schleusenfahrt Basel–Rheinfelden

Die Schleusenfahrt auf dem Rhein von Rheinfelden nach Basel ist ein Ausflug, der hohe Wellen schlägt! Mit den zwei Schleusenvorgängen in Augst und Birsfelden lässt sich der grosse Strom von einer unbekannten Seite erleben. Dazwischen präsentieren sich die Rheinufer auf der schweizerischen und auf der deutschen Seite in ihrer abwechslungsreichen Vielfalt. Die Schifffahrt lässt sich mit verschiedenen kulturellen Höhepunkten kombinieren.

Dauer einfache Fahrt: 2 1/4 Stunden
Fahrplan: Mitte April bis Mitte Oktober

 Auskünfte und Preisanfragen:
Basler Personenschifffahrt
Hochbergerstrasse 160
4019 Basel
Telefon 061 639 95 00
Telefax 061 639 95 06
www.bpg.ch
info@bpg.ch

### Fahrgastschiff «Trompeter von Säckingen»

Ausgangspunkt für die Flussfahrt ist die über 1100 Jahre alte Stadt Bad Säckingen. Mit dem Fahrgastschiff «Trompeter von Säckingen» geht die Fahrt unter der historischen Holzbrücke hindurch, vorbei an der Altstadt von Bad Säckingen zum Rheinkraftwerk Säckingen, wo das Schiff wendet und die Fahrt rheinabwärts beginnt. Vorbei an idyllisch gelegenen Gemeinden am deutschen und am schweizerischen Ufer bis zum Naturschutzgebiet der Wehramündung mit ihrem Schilfgürtel. Dabei schweift der Blick des Betrachters immer wieder auf die Ausläufer des Schwarzwaldes mit den Höhen des Hotzenwaldes. Die kleine Schiffsreise führt vorbei am Schloss Schwörstadt bis unterhalb der Gemeinde Schwörstadt, wo das Schiff zur Rückfahrt wendet. Während der gemütlichen Rundfahrt können Sie sich mit Kaffee und Kuchen oder einem guten Glas Wein im Bordrestaurant verwöhnen lassen. Musik und eine Bar machen die Fahrt zu einem unvergesslichen Erlebnis.

Sonderfahrten, zum Beispiel Frühschoppen, Kaffeefahrten oder romantische Abendfahrten mit Musik und Tanz für Vereine, Betriebe, Familienfeste finden auf Bestellung statt.

Weitere Sonderfahrten: Frühstücksfahrten, Tanzschifffahrten, romantische Abendfahrten, Spanferkelessen-Fahrten und Glühweinfahrten.

Vorsaison: Ostern bis 22. Juni
Hauptsaison: 23. Juni bis 15. September
Nachsaison: 16. September bis Oktober
Gesellschaftsfahrten finden ganzjährig statt

Personenschifffahrt
Bad Säckingen
Johann-Peter Michlmayr
Sanary Strasse 21
D-79713 Bad Säckingen
Telefon 0049/7761 4441
www.trompeter-schiff.de
info@trompeter-schiff.de

*Fahrgastschiff «Trompeter von Säckingen»*

### Fähre Mumpf

Sie verkehrt vom 1. Mai bis 30. September jeweils an Sonn- und Feiertagen von 13.30 bis 15.30 Uhr und von 18 bis 19 Uhr von Mumpf nach Bad Säckingen. Velos können auf die Fähre mitgenommen werden. Die Fähre wird durch den Pontonierfahrverein Mumpf betrieben; Eigentümerin ist die Ortsbürgergemeinde Mumpf.

**ℹ** Peter Studinger
Präsident Pontonierfahrverein Mumpf
Vordermattweg 10
4322 Mumpf
Telefon 062 873 17 09

### Fähre Kaiseraugst–Herten

Betriebszeiten: 1. April bis 1. November
Fährzeiten: Dienstag, Donnerstag, Freitag (Juni, Juli, August):
13.30 bis 14.30 Uhr und 16.30 bis 17.30 Uhr
Mittwoch (April bis und mit September): 13.30 bis 17.30 Uhr
Samstag (April bis und mit Oktober): 14 bis 17 Uhr
Sonntag und Feiertage* (April bis und mit 1. November): 10.30 bis 12.00 Uhr und 13 bis 18 Uhr
*nach Eidg. Bettag: 10.30 bis 12 Uhr und 13 bis 17 Uhr

*Im Boot von Waldmeier-Sport auf Rheinfahrt*

Sonderfahrten und Rundfahrten:
Für Gruppen individuell auf Anfrage, nur ausserhalb der offiziellen Betriebszeiten möglich (von Anfang März bis 6. Dezember)
Anlegestellen: Herten, Kaiseraugst, Rheinfelden

Reservation und Information bei der Gemeindeverwaltung Kaiseraugst: Telefon 061 816 90 60.

Beispiele für Rundfahrten:
– Kaiseraugst–Kraftwerk Augst–Rheinfelden–Kaiseraugst: Dauer zirka 3 Std.
– Kaiseraugst–Rheinfelden–Kaiseraugst: Dauer zirka 2 1/2 Std.
– Kaiseraugst–Kraftwerk Augst–Kaiseraugst: Dauer zirka 1/2 Std.
– Kaiseraugst–Kraftwerk Augst–Richtung Rheinfelden–Kaiseraugst: Dauer zirka 1 Std.
– Rheinfelden*–Kaiseraugst–Rheinfelden: Dauer 2 1/2 Std.
– Rheinfelden*–Kaiseraugst: Dauer zirka 1 Std.
– Kaiseraugst–Rheinfelden*: Dauer zirka 2 Std.
*Leerfahrten werden dem Kunden wie folgt in Rechnung gestellt:
Kaiseraugst–Rheinfelden: 1 Std.
Rheinfelden–Kaiseraugst: 1/2 Std.

**Fähre Waldshut–Full**
Fährverkehr Waldshut–Full und zurück, immer zur vollen Stunde:
Sommer 1. April bis 31. Oktober:
9 bis 18 Uhr, Sonntag: 13 bis 18 Uhr

Winter: 1. November bis 31. März
Montag und Dienstag: 9 bis 18 Uhr
Mittwoch: kein Fährdienst
Donnerstag bis Samstag: 9 bis 18 Uhr
An Sonn- und Feiertagen kein Fährdienst

Informationen und Buchungen:
Rhein-Schifffahrt Waldshut-Tiengen
Telefon 0049 (0) 7751/833-240
Telefax 0049 (0) 7751/833-241
www.rhein-schiffahrt.de
info@rhein-schiffahrt.de

Stadtwerke Waldshut-Tiengen GmbH
Telefon 0049 (0) 7741/833-602
Telefax 0049 (0) 7741/833-622
www.stw-waldshut-tiengen.de
info@stw-waldshut-tiengen.de

Tourist-Information Waldshut
Telefon 0049 (0) 7751/833-198
Telefax 0049 (0) 7751/833-126
www.waldshut-tiengen.de
tourist-info@waldshut-tiengen.de

## Rhein-Schifffahrt Waldshut-Tiengen

Zum eindrucksvollen Naturerlebnis wird die Schifftour auf dem Rhein bei Waldshut-Tiengen. Die unberührte Uferlandschaft ist faszinierend. Der Rhein vermittelt Ruhe und Erholung und breitet die unverbauten landschaftlichen Schönheiten hautnah vor den Augen aus. Das moderne Fahrgastschiff macht dieses grenzenlose Paradies ganzjährig erlebbar. Individuelle Touren an Bord des festlich beflaggten und schön dekorierten Schiffes werden bis ins Detail geplant, sei es für Geburtstagsfeiern, Hochzeiten,

Informationen und Buchungen:
Rhein-Schifffahrt Waldshut-Tiengen
Telefon 0049 (0) 7751/833-240
Telefax 0049 (0) 7751/833-241
www.rhein-schiffahrt.de
info@rhein-schiffahrt.de

Stadtwerke Waldshut-Tiengen GmbH
Telefon 0049 (0) 7741/833-602
Telefax 0049 (0) 7741/833-622
www.stw-waldshut-tiengen.de
info@stw-waldshut-tiengen.de

Tourist-Information Waldshut
Telefon 0049 (0) 7751/833-198
Telefax 0049 (0) 7751/833-126
www.waldshut-tiengen.de
Tourist-info@waldshut-tiengen.de

Betriebsfeste oder Jubiläen. Auch für Seminare oder Tagungen ist eine Schiffstour eine optimale Ergänzung. Die modernste Medientechnik an Bord kann auf Wunsch ergänzt werden.
Für Kurzentschlossene ist eine kleine Rundfahrt genau das Richtige: Rheinluft schnuppern bei Kaffee und Kuchen. Kulinarisch lassen Fondueplausch, 3-Sterne-Dinner, Wild-Menü-Fahrt oder Spargelplausch keine Wünsche offen.

Das Fahrgastschiff bietet Platz für jeden Anlass: im Salon finden 60 Personen und auf dem Freideck 30 bis 50 Personen Platz.

Fahrpläne für Tagesausflüge:
Anlegestelle Waldshut-Tiengen Rheinweg: Abfahrt 14.15 Uhr, Ankunft 16 Uhr. Anlegestelle Full: Abfahrt 14 Uhr, Ankunft 16 Uhr. Vom 1. April bis 31. April jeden Sonntag und Freitag. Vom 1. Mai bis 30. Juni jeden Sonntag, Mittwoch und Freitag. Vom 1. Juli bis 31. August täglich ausser Dienstag

und Samstag. Vom 1. September bis 31. Oktober jeden Sonntag und Freitag.

Anlegestelle Leibstadt: Abfahrt 14.30 Uhr, Ankunft 16.30 Uhr. Vom 1. April bis 30. Juni jeden Freitag. Vom 1. Juli bis 31. August jeden Montag und Freitag. Vom 1. September bis 31. Oktober jeden Freitag.

**MS Stadt Laufenburg**
Rundfahrten ab Schiffsteg Hotel Roter Löwe/Parkhaus von Mai bis Oktober nach Fahrplan. Mittwoch: 14.30 Uhr, Sonntag: 14.30 Uhr und 15.45 Uhr. Spezialfahrten gemäss Anschlag am Schiffsteg.

Gesellschaftsfahrten bis 30 Personen zum Pauschalpreis. Schulklassen und Kindergärten in Begleitung einer Aufsichtsperson erhalten Ermässigung von 20 Prozent.

Informationen und Buchung:
Verkehrsbüro
CH-5080 Laufenburg
Telefon ++41 (0) 62 874 44 55
Telefax ++41 (0) 62 874 44 56
info@laufenburg-tourismus.ch

Verkehrsbüro
D-79725 Laufenburg/Baden
Telefon 0049 (0) 7763/80651
Telefax 0049 (0) 7763/80625

## Fahrgastschifffahrt
## «Löwe von Laufenburg»

Fahrgastschiff von Jürgen Schroff: Organisation von Familien-, Betriebs- oder Vereinsfesten, Gesellschaftsfahrten bis 50 Personen. Angeboten werden Schiffsrundfahrten, Schleusenfahrten, Ausflugsfahrten, Schnupperrundfahrten auf dem Rhein zwischen Laufenburg–Bad Säckingen und Laufenburg in Richtung Waldshut.

Rundfahrten (2 Stunden): März bis Oktober: Sonntag. Mai bis September: Sonntag bis Mittwoch. Juni bis August: Sonntag bis Mittwoch bis Freitag. Alle Sonntagsrundfahrten führen durch die Schleuse. An allen Markttagen in Laufenburg bieten werden einstündige Schnupperrundfahrten angeboten.

www.juergenschroff.de

**ℹ** Kultur- und Verkehrsamt
Hauptstrasse 30
D-79725 Laufenburg/Baden
Montag bis Freitag 9 bis 12 Uhr
Telefon 0049/7763/806-51
Telefax 0049/7763/806-25

Schulklassen, Kindergärten, Schwerbehinderte mit Ausweis und Personen mit Gästekarte erhalten eine Ermässigung von 10 Prozent. Mindestbeteiligung bei allen Fahrten 15 Personen.

## Schlauchbootfahrten
## im Wasserschloss

Geführte Fahrten bietet an: Wasserschlosstour GmbH, Badstrasse 15, 5400 Baden, Natel 076 390 39 39. Weitere Informationen unter www.wasserschlosstour.ch
Das Wasserschloss im Herzen des Aargaus – der Zusammenfluss von Aare, Reuss und Limmat – bietet ein einmaliges Erlebnis. Eine zum Teil unberührte Auenlandschaft wird durchfahren. Mit der Flussfahrt können auch weitere Angebote verbunden werden wie Besichtigungen, Jurawanderungen oder ein Spaziergang entlang der Aare.

Teilnehmen können auch Personen ohne Schlauchbooterfahrung. Ausgebildete Bootsführer instruieren vor der Fahrt. Das Tragen von Schwimmwesten ist obligatorisch. Kinder in Begleitung Erwachsener können ab dem 8. Altersjahr dabei sein.

*Auf Booten im Wasserschloss*

## Die Natur erfahren – an und auf dem Rhein

Seit sechs Jahren führt die Firma Waldmeier Sport und Freizeit aus Mumpf Anlässe für Familien, Firmen, Vereine und Schulen durch. Die Events finden meistens in der Hochrheinregion zwischen Rheinfelden und Waldshut statt. Die Veranstaltungen bestehen aus verschiedenen Komponenten, die je nach Bedarf gemischt werden. Der Mix besteht zum Beispiel aus Wanderungen, Mountainbike-, Canadier- oder Pferdekutschenfahrt. Die Schönheit des Rheins und der am Ufer liegenden Dörfer und Städte wird auch gerne von den selber gebauten Holzbooten aus besichtigt. Dass die Kultur nicht zu kurz kommt, zeigen Museen, Kirchen sowie Stadtführungen in den vier Waldstädten. Es wird grosser Wert darauf gelegt,

Waldmeier Sport
Hauptstrasse 46
4322 Mumpf
Telefon 062 873 11 49
Telefax 062 873 32 28

dass bei den Grillfesten genügend Zeit vorhanden ist, damit die Menschen sich etwas näher kommen. Für den Transport der Gäste werden auch die Bahnen beidseits des Rheins, DB und SBB, benutzt. Bei vielen Anlässen bildet das Essen in einem der zahlreichen Restaurants am Ufer des Rheins den krönenden Abschluss. Es ist erstaunlich, wieviele Leute aus allen Schichten der Bevölkerung und aus der ganzen Welt schon Erfahrung mit der Firma Waldmeier gesammelt haben.
Beim Start vor sechs Jahren hiess das Motto «Die Natur erfahren». Das soll auch in Zukunft gelten.

# «dreiklang»-FORELLEN

## Fischergut Rheinsulz

Hans Stooss-Vock
Hauptstrasse 4
5084 Rheinsulz
Telefon 062 874 12 12
www.fischergut.gelbeseiten.ch

Aktivitäten:
- Gartenwirtschaft
- Grosser, natürlicher Anglerteich
- Fischverkauf
- Heimeliges Restaurant
- Fischgerichte à la carte
- Diverse Menüs
- Robinson-Kinderspielplatz
- Pétanque-Bahnen
- Massenlager

Organisation von Privat-, Geschäfts-
und Vereinsanlässen

Öffnungszeiten:
Mittwoch bis Sonntag: 8 bis
24 Uhr
Nach Absprache auch an Ruhe-
tagen

## Forellenhof Kienberg

Katharina Zeindler und Hans Bruder
4468 Kienberg
Telefon 062 844 24 01

Der Forellenhof Kienberg liegt in
einem Erholungsgebiet, in idyllischer Umgebung, geeignet als
Ausgangspunkt und Ziel von
Wanderungen. Angenehme Atmosphäre für kleinere und grössere Familienfeste, Hochzeiten,
Klassentreffen und Vereinsanlässe.

Öffnungszeiten:
Mittwoch bis Freitag ab 14 Uhr
Samstag/Sonntag ab 10 Uhr
Januar und Februar geschlossen

**Forellenzucht Zeiningen**
Peter Hohler-Gasser
Mühlegasse 49
4314 Zeiningen
Telefon 061 851 11 27
Telefax 062 853 91 45

*In drei Betrieben können Forellen bewundert – und gefischt – werden*

Die Forellenzucht Zeiningen
existiert seit 70 Jahren. Inhaber
seit 1981 ist Peter Hohler-Gasser.
Der Betrieb ist das ganze Jahr
offen. Die Forellen werden in
Aufzuchtweihern gross gezogen,
nach Grösse sortiert und mit
Spezialfahrzeugen ausgeliefert.
Bis zur Auslieferung braucht
eine Forelle zwei bis drei Jahre
Pflege. Die Fische können
auch im Schaubassin bewundert
werden.
Verkauf, auch an Private, nach
telefonischer Vereinbarung.

## JAGD UND FISCHEREI ZWISCHEN RHEIN UND AARE

### Wild und Jagd

Der Kettenjura, besonders die erste Jurakette, hat für die Tierwanderung eine herausragende Bedeutung. Bis zum Einschnitt der Aare können sich die Wildtiere fast ungehindert über die erste Jurakette ausbreiten. Alle Bahnstrecken und Autobahnen verlaufen in Tunnels. Über die bewaldeten Höhen ist auch das Fricktal bis an den Rhein erschlossen. Ab Zeihen versperren die A3 und die Bahnlinie Zürich–Basel vielen Tierarten den Zugang zum Schwarzwald.

### Zwei Hochwildarten bereichern im Jura die Wildbahn

Die Wildschweine profitieren von nahezu idealen Lebensbedingungen mit Nahrung im Überfluss. Ihre Bestände sind in den letzten zehn Jahren drastisch angestiegen. Die Jägerschaft hat einen gesetzlichen Auftrag, die Wildbestände durch Hege und Regulation gesund zu erhalten. Zu hohe Wilddichten erhöhen die Ausbreitungsgefahr von Tierseuchen, Krankheiten und Parasiten, und gerade das Wildschwein verursacht bedeutende Schäden in der Landwirtschaft.

Diese Gefahr droht von der zweiten Hochwildart, der Gämse, kaum. Nach ihrer Ausrottung im Aargau wurde sie vor fünf Jahrzehnten am Geissberg und bei der Staffelegg wieder angesiedelt. Beide Gämsbestände konnten sich kaum ausbreiten. Sie sind kantonal geschützt und umfassen zusammen lediglich rund 100 Tiere. Bei punktuellem Schaden erteilt die kantonale Jagdverwaltung für Einzeltiere Sonderabschussbewilligungen.

Das Reh besiedelt flächendeckend die Waldgebiete. Nachts und in der Dämmerung tritt es auf Wiesen und Felder aus. Für den Schutz des Jungwaldes werden alle zwei Jahre Abschusszahlen von Förstern, Gemeinden und Jagdgesellschaften gemeinsam festgelegt.

Bei der Jagd auf Krähen und Dachse steht die Schadenverminderung im Vordergrund, die Fuchsjagd wirkt der Ausbreitung von Krankheiten entgegen und soll den Druck der hohen Fuchsbestände auf verschiedene Tierarten (z.B. Junghasen, Bodenbrüter) vermindern.

Im Frühjahr 2001 führten alle Jagdgesellschaften eine flächendeckende Feldhasenerhebung durch. 2003 wird sie wiederholt. Viele Jagdgesellschaften beteiligen sich am Schutz des Lebensraumes, indem sie sich gegen Störungen durch den Freizeitbetrieb wehren, in Presse und in Schulen über Wildtiere berichten und Aufwertungsprojekte durchführen. Bei den zahlreichen Wildunfällen rücken die Jagdaufseher unentgeltlich (meist nachts) aus, suchen die angefahrenen Tiere, erlösen noch lebende von ihren Qualen und entsorgen die Kadaver.

## Fische und Fischerei im Aargau

Rhein und Aare transportieren riesige Wassermassen in die Nordsee. Etwa 1000 Liter Wasser pro Sekunde fallen im Rhein im Jahresmittel an, bei extremem Hochwasser gar viermal mehr. Über die Hälfte steuern Aare, Reuss und Limmat bei. Die Wasserkraftnutzung und der Flussbau haben die Fischfauna tiefgreifend verändert. Gut 30 Fischarten leben in Aare und Rhein, rund 20 werden von der Angelfischerei genutzt. Während oberhalb des Rheinfalls die Äsche für bleibend hohe Fangerträge sorgt, sanken ab 1975 flussabwärts die Fangerträge auf einen Bruchteil. Allerdings wiesen die Fangstatistiken zuvor einen Anstieg nach. In einem mehrjährigen Bundesprogramm werden die Gründe zum Rückgang von Fischbeständen untersucht.

Aus dem Juragebiet fliessen nur wenige Bäche dem Rhein und der Aare zu. Fast alle Talstrecken sind stark verbaut. Eine besondere Verantwortung hat das obere Fricktal für die Erhaltung des Dohlenkrebses. Hier lebt ein bedeutender Teil aller schweizerischen Bestände (die Krebse sind der Fischereigesetzgebung unterstellt). Mit grossem Aufwand wird der Rhein für Lachse wieder passierbar gemacht. Bis Lachse in den Aargau gelangen, werden noch viele Jahre vergehen, denn zuerst müssen im Oberrhein weitere Stauwehre lachsgängig gemacht werden.

## Die Jagd im Aargau

Alle acht Jahre verpachten die Gemeinden im Kanton Aargau 218 Jagdreviere. 77 von ihnen liegen zwischen Aare und Rhein. Die Pächter müssen für den Lebensraum angepasste Wildbestände sorgen, die Wildschäden auf ein tragbares Mass reduzieren und die jagdpolizeiliche Aufsicht sicherstellen. Dazu stellen sie vom Bezirksamtmann vereidigte Jagdaufseher und üben die Aufsicht auch selber aus. Zur Zeit sind es etwa 1200 Pächter und Jagdaufseher. Zusätzlich können die Jagdgesellschaften Gäste einladen, welche einen Tages- oder Jahresjagdpass lösen müssen. Alle Jagdausübenden müssen eine anspruchsvolle Prüfung bestehen. Der Aargau anerkennt die Jagdfähigkeitsausweise aller Kantone sowie einiger Nachbarländer.

## Verhalten bei Verkehrsunfällen mit Wildtieren

Jedes Jahr werden im Aargau mehrere tausend Wildtiere angefahren und verletzt oder getötet. Nach jeder Kollision mit Wildtieren muss *sofort* der zuständige Jagdaufseher benachrichtigt werden. Meist geschieht dies über Telefon 117. Der Jagdaufseher führt dann die Nachsuche mit seinem Jagdhund durch und erlöst ein verletztes Tier von seinen Qualen.

## Fischerei im Aargau

Die Jagd- und Fischereiverwaltung verpachtet alle acht Jahre rund 160 Staatsfischenzen. Zusätzlich bestehen zahlreiche alte Fischereirechte, die bis ins Mittelalter zurückreichen und die bei der Kantonsgründung anerkannt wurden. Bekannt sind etwa die Rechte von Kaiseraugst, Rheinfelden oder um das Wasserschloss.

Zusätzlich besteht bei den meisten Flüssen ein Freianglerrecht. Wer im Aargau wohnhaft ist, kann beim zuständigen Bezirksamt für 40 Franken eine Freianglerkarte lösen. Bei den Fischereivereinen und vielen Privatfischenzinhabern können Tages-, Wochen- oder Jahreskarten gekauft werden. Auskunft erhalten Sie bei der Jagd- und Fischereiverwaltung in Aarau (Telefon 062 835 28 50).

**Jagdstrecke und Fallwild** von zehn Tierarten im Jagdjahr 2000/2001 im Kanton Aargau. Rund drei Viertel aller Wildschweine wurden zwischen Aare und Rhein erlegt.

| Tierart | Erlegt | Fallwild | Fallwild in Prozent | Total |
|---|---|---|---|---|
| Reh | 4734 | 1339 | 22 | 6073 |
| Wildschwein | 785 | 116 | 13 | 901 |
| Feldhase | 3 | 177 | 98 | 180 |
| Fuchs | 2824 | 1215 | 30 | 4039 |
| Dachs | 140 | 272 | 66 | 412 |
| Steinmarder | 82 | 172 | 68 | 254 |
| Rabenkrähe | 1417 | 8 | – | 1425 |
| Elster | 452 | – | – | 452 |
| Eichelhäher | 493 | – | – | 493 |
| Stockente | 357 | 6 | – | 363 |

# SEHEN – STAUNEN – ERLEBEN

## VIELFÄLTIGE NATUR IM «dreiklang»-LAND

Wer den Jura von der Aare bis zum Rhein durchquert, erlebt den Wechsel zwischen äusserst feuchten und sehr trockenen Gebieten. Innerhalb von zehn Minuten wandern wir von den feuchten Auen zur ausgetrockneten Kiesgrube, in einer halben Stunde zu den Trockenwiesen am Jura-Südfuss und später zu Blockschutthalden und vereinzelten Felsköpfen. Tiere und Pflanzen haben sich auf diese extremen Bedingungen eingestellt. Die unterschiedlichen Lebensräume weisen ihre typischen Lebensgemeinschaften auf. Dies ergibt einen bemerkenswerten Reichtum an seltenen und bedrohten Arten.

### Auf den Spuren des Bibers
Wer das «dreiklang»-Land entlang von Aare und Rhein umwandert, wird auf die Spuren des Bibers stossen. Nagespuren und gefällte Bäume zeugen zum Beispiel auf der Zurlindeninsel in Aarau von der Rückkehr des Nagers. Ein eindrücklicher Fällplatz befindet sich auf der Insel oberhalb des Schwimmbades bei Brugg. In der Verlandungszone am Klingnauer Stausee gräbt der Biber gar Kanäle, um auf dem Wasserweg an seine Nahrung zu gelangen. Oberhalb des Kraftwerkes Albbruck-Dogern liegen die vom Biber geschälten Äste im Wasser. Im Naturschutzgebiet am Sulzerbach führen die

Wechsel vom Rhein zu den jungen Silberweidenbeständen. Selbst in der Sissle bei Eiken ist der Biber beobachtet worden. Die Ergolzmündung bei Kaiseraugst ist gezielt für diese Tierart aufgewertet worden.

Gegen Ende des 19. Jahrhunderts war der Biber in der Schweiz ausgerottet. Von 1967 bis 1971 sind an der Aare Tiere ausgesetzt worden. Erfolgreich breitet sich diese Tierart erst wieder seit gut 15 Jahren aus. Der Bestand an Aare und Rhein entlang des «dreiklang»-Gebietes dürfte etwa 40 Tiere betragen.

Hartverbaute Flüsse erschweren dem Biber die Besiedlung weiterer Flussabschnitte. Geeigneter sind die restlichen Auengebiete mit naturnahen Uferbereichen und einem reichhaltigen Nahrungsangebot für diesen Vegetarier. Die Auen von nationaler und kantonaler Bedeutung liegen zwischen Aarau und dem Umiker Schachen, im Wasserschloss, am Klingnauer Stausee, im Rossgarten bei Schwaderloch, bei Rheinsulz sowie in Möhlin (Haumättli und Beuggenboden). Diese Auen sind vom Wasser gestaltete Lebensräume.

*Gegenüberliegende Seite: Silberweiden in der Weichholzaue des Rossgartens*

Sie sind natürlicherweise einem ständigen Wechsel unterworfen. Der Fluss darf hier aufbauen und zerstören. Wo die dynamische Beziehung der Auenflächen zu ihrem Fliessgewässer zugelassen wird, werden Geröll, Kies und entwurzelte Sträucher mitgerissen. In anderen Bereichen entstehen neue Sandbänke. Zahlreiche Organismen stellen sich auf die sich verändernden Bedingungen ein. Wir Menschen finden hier ein attraktives Erlebnis- und Erholungsgebiet.

*Dank des laubholzreichen Waldes ist der Siebenschläfer im «dreiklang»-Gebiet gut vertreten*

## Grosse Artenvielfalt entlang von Aare und Rhein

Auen gehören zu den meistgefährdeten Lebensräumen Europas. Neben ihrer Bedeutung für die Grundwasseranreicherung, den Hochwasserrückhalt und der Landschaftsgliederung beherbergen sie eine einzigartige Pflanzen- und Tierwelt. In den letzten Auen der Schweiz, die noch 0,3 Prozent der Landesfläche abdecken, kommen 40 Prozent der einheimischen Pflanzenarten vor. An Tieren finden wir in diesen Reliktgebieten gar 80 Prozent unserer Tierarten. Weniger als 1 Prozent der Aargauer Waldfläche sind Auenwälder von nationaler Bedeutung.

Im Klingnauer Stausee sind 17 Fisch- und 3 Muschelarten nachgewiesen. Mit einer Schalenlänge von bis zu 8 cm ist die Flussmuschel das grösste einheimische Weichtier. Von den 51 Schneckenarten, die hier vorkommen, leben lediglich sieben im Wasser. Nach den Erfahrungen der Angler am Rhein sind Aal, Barbe, Bachforelle und Alet noch verhältnismässig häufig. Seltener sind Egli, Hecht, Rotauge und die Nase. Neu ist auch das vom Aussterben bedrohte Bachneunauge wieder entdeckt worden.

Das Flussbett wird oft gesäumt von einem schmalen Band von Silberweiden. Sie können über hundert Tage unbeschadet im Wasser stehen. Auf den periodisch überfluteten, nährstoffreichen Böden der Weichholzaue wachsen auch Bruchweiden, Purpurweiden und Grauerlen. Die selten gewordenen Schwarzpappeln mit ihren knorrigen Stämmen sind zum Beispiel noch im Umiker, Brugger und Windischer Schachen oder im Gippinger Grien anzutreffen.

Wo der Boden nur sporadisch überflutet und feinkörniger ist, schliesst die Hartholzaue an. Es gedeihen Traubenkirsche, Bergahorn, Stieleiche, Ulme, Esche, Grauerle und Schwarzpappel. Am Boden wächst der Winterschachtelhalm.

In den Tümpeln, Weihern, Altwässern und Kiesgruben der Schotterebenen pflanzen sich Amphibien fort. Von grosser Bedeutung ist das Gebiet beim Zusammenfluss von Aare, Reuss und Limmat. Im Brugger Schachen hält sich eine letzte Population von Laubfröschen. Aus dem Fricktal hat sich diese Art vor 20 Jahren verabschiedet. In wenigen Wassergräben ist sogar der Kammmolch nachzuweisen. Im Bereich der Sissle-Mündung befinden sich wichtige Fortpflanzungsgebiete für Kreuzkröten, Gelbbauchunken und Geburtshelferkröten. Weitere wichtige Lebensräume für Kreuzkröten und Gelbbauchunken liegen zwischen Wallbach und Kaiseraugst.

Das Flöten des Pirols ist noch im Umiker und Brugger Schachen, im Gippinger Grien und im Rossgarten zu hören. Im Sommer 2002 sang die Nachtigall im Windischer Schachen und am Rhein auf der deutschen Seite gegenüber des

*Entlang der Aare, des Rheins und der Sissle sucht der Eisvogel Steilwände, in die er seine Nisthöhle graben kann*

Rossgartens. Regelmässig anzutreffen ist der Flussuferläufer am Rand der Fliessgewässer. Unterhalb des Kraftwerks Albbruck-Dogern kann diese Art häufig zwischen den Steinen ausgemacht werden. Wer Glück hat, entdeckt den metallisch glänzenden Eisvogel sowohl am Aare- und Rheinufer als auch an der Sissle und an einzelnen Seitengewässern.

Zu den Wasservogelgebieten von internationaler Bedeutung gehört der Klingnauer Stausee. Bisher sind hier über 270 Vogelarten festgestellt worden. Nahrungs- und Brutplätze finden die Vögel in den ausgedehnten Flachwasserbereichen, Schlickflächen, Schilfgürteln und Auenwaldresten. Flussseeschwalbe, Lachmöwe, Reiherente, Teichrohrsänger und Rohrammer gehören zu den Brutvögeln. Zu den Wintergästen

*Nur an wenigen mageren Standorten blüht das Blasse Knabenkraut*

zählen Sing- und Zwergschwan, Zwergtaucher, Spiessente, Löffelente, Krickente, Tafelente und Reiherente. Eine besondere Bedeutung hat der Aarestau für die zahlreichen überwinternden Schnatterenten. Besonders im Frühling und im Herbst bevölkern Limikolen auf ihrem Durchzug die seichten Wasserstellen, zum Beispiel Kiebitz, Grosser Brachvogel, Kampfläufer, Rotschenkel, Grünschenkel und Alpenstrandläufer. Im Winterhalbjahr weilen oft gleichzeitig über 2000 Wasservögel auf dem Stausee.

## Orchideen und Schmetterlinge

Magerwiesen sind vom Menschen geschaffen und Teil der Kulturlandschaft im Jura. Sie sind unge-

düngt und werden nur einmal im Jahr geschnitten. Die Halbtrockenrasen auf warmen, nährstoffarmen Böden beherbergen eine reiche Pflanzenwelt, die sich über Jahrhunderte an die Schnittnutzung angepasst hat. In den Magerwiesen unseres Kantons können 253 Pflanzen-, 36 Tagfalter-, 90 Spinnen-, 24 Heuschrecken- und 3 Reptilienarten beobachtet werden. Der Orchideenlehrpfad Erlinsbach gewährt vom April bis zum August Einblick in die Vielfalt mit über 20 Orchideenarten wie zum Beispiel Spinnenragwurz, Hummelragwurz, Helmknabenkraut und viele weitere Vertreter dieser Familie. Besonders reich an Trockenstandorten sind neben Erlinsbach die

*Auf mageren Wiesen des Tafeljuras gedeiht die Pyramidenorchis. Weisse Exemplare sind selten*

*Zahlreiche Insektenarten wie zum Beispiel der Schachbrettfalter sind auf die artenreichen Halbtrockenrasen angewiesen*

Gemeinden Küttigen, Biberstein, Auenstein, Densbüren, Villigen, Zeihen und Gansingen.

## Korridore, Trittsteine, Verzahnungen

Auch im «dreiklang»-Gebiet mit seinem vergleichsweise hohen Naturpotenzial befinden sich die naturnahen Restflächen häufig weit auseinander. Als Barrieren liegen dazwischen überbaute Gebiete, Verkehrsträger oder intensiv genutzte landwirtschaftliche Flächen. Geeignete Vernetzungselemente, welche die Naturrelikte untereinander verbinden,

*Die Wilde Karde bereichert die Buntbrachen*

*Zu den Bewohnern der Hochstammobst-gärten gehören die Grauschnäpper*

sind die Bachläufe des Juras mit ihren Uferbestockungen. An einzelnen Stellen sind noch Wasseramsel und Bergstelze zu beobachten. In der Bachsohle entwickeln sich die Larven der Feuersalamander. In den Oberläufen leben räuberisch die Larven der Quelljungfer, einer seltenen Libellenart.

Im Rahmen des ökologischen Ausgleichs ergänzen die Landwirte das Biotopverbundsystem durch Elemente wie Niederhecken, Buntbrachen oder Baumreihen. Wo die dornenreichen Hecken mit Extensivweiden in Verbindung stehen, ist erfreulicherweise der Rotrückenwürger anzutreffen. Einzelbäume, Hochstamm-Obstgärten, Stein- und Asthaufen sowie einzelne Sträucher ermöglichen zahlreichen Tieren die Wanderung von Deckung zu Deckung. Von besonderem Wert sind die

verzahnten Übergänge vom Waldareal auf die offene Flur. Diese Randlängen dienen als Wanderkorridor, Stützpunkt, Scharnierbereich für das Wild, das sowohl das bestockte Areal als auch Feld und Wiesen nutzt.

### Durch die Naturschutzmassnahmen gewinnt das Gebiet an Werten

Zu stark ist das Gebiet zwischen Aare und Rhein von menschlichen Tätigkeiten geprägt, als dass die Werte aller naturnahen Flächen ohne Eingriffe und Pflegemassnahmen erhalten werden könnten. Im Rahmen des Auenschutzprogramms Aargau werden die Gebiete an Aare und Rhein aufgewertet und gesichert. Der Artikel 42 der Kantonsverfassung verpflichtet zur Schaffung eines Auenschutzparks Aargau in der Grösse von zumindest 1 Prozent der Kantonsfläche. Im Rahmen des entsprechenden Sachprogramms sind im Brugger Geissenschachen das Strängli erweitert und im Auschachen ein 900 m langer Altarm wieder aktiviert worden. Auch im Umiker Schachen ist die Wasserfläche des Stränglis wieder vergrössert worden. Ehemalige Gewässer sind auch im Gippinger Grien sowie in der Machme ausgebaggert worden. In Schwaderloch hat das Hochwasser von 1999 den

Bereich zwischen Rhein und neu gebaggerter Flutmulde weggetragen. Auf neu abgelagerten, bis zu 70 cm hohen Sandbänken gedeihen neben den Silberweiden Schwarzer Nachtschatten, Schöllkraut und die seltene Schwanenblume. Der neue Lebensraum beherbergt ausserdem über 28 Laufkäferarten.

Als weitere Wasserbaumassnahmen folgen nun die Wiederherstellung von Gewässern im Aarschächli bei Rohr und im Koblenzer Giritz. Im Rahmen des internationalen Programms «Rhein 2000» entstehen oberhalb der Etzgerbachmündung eine neue Schotterinsel und in Rheinsulz eine Flachwasserzone mit Uferbuchten. Ziel dieser Aufwertungen ist es, vor allem bessere Voraussetzungen für wasserbewohnende Organismen zu schaffen. So werden die überfluteten Kiesbereiche beispielsweise die selten gewordene Nase oder flussbewohnende Libellenlarven fördern. Als Nebeneffekt profitieren auch Tiere, welche die Wasserbereiche lediglich als Teillebensräume beanspruchen.

Die Naturschutzgebiete von kantonaler Bedeutung sind in den letzten Jahren im Rahmen des Mehrjahresprogramms «Natur 2001»

*Viele Lebensräume haben sich durch die Tätigkeiten des Menschen entwickelt. Diese können nur durch Pflegearbeiten erhalten werden*

aufgewertet und unterhalten worden, so etwa am Jurasüdhang bei Küttigen oder am Bözbergsüdhang. Auflichtungen erfolgten auch am Südhang in Effingen, Bözen und Hornussen sowie in Mandach und Wegenstetten. Neu angelegte Amphibienlaichgewässer in Fördergebieten von überregionaler Bedeutung wie zum Beispiel in Windisch oder in Kaisten ergänzen die Massnahmen.

Der moderne Gewässerunterhalt verzichtet wo immer verantwortbar auf Eingriffe und konzentriert sich auf Hochwasserschutzmassnahmen, wo Schäden befürchtet werden müssen. Mit gezielten Aufwertungsmassnahmen an den Bächen werden die biologischen Voraussetzungen verbessert. Am Kaister- sowie am Magdenerbach sind Betonschwellen durch Blockrampen ersetzt worden und ermöglichen so mehreren Fischarten wieder die Wanderung bachaufwärts. Der Sulzerbach ist durch den Einbau einer wiederbelebten Sohle an Stelle der Betonrutsche wieder mit dem Rhein vernetzt.

Wo der Unterhalt nicht über Vereinbarungen mit Landwirten oder Forstämtern geregelt werden kann, haben die Gemeinden mit ihren Naturschutzprogrammen einen entscheidenden Beitrag zur Erhaltung der Naturwerte zu leisten. In Möhlin wird der Bahndamm zu Gunsten von Lauchschrecke, Wiesengrashüpfer, Buntbäuchigem Grashüpfer und Braunem Grashüpfer gepflegt. Vielerorts sind es die lokalen Natur- und Vogelschutzvereine, die einen beachtenswerten Teil der anfallenden Arbeiten übernehmen. In Rheinfelden, Sulz, Wegenstetten und Veltheim werden Fledermauskolonien betreut, die zu den grössten unseres Kantons zählen. Mit gezielten Optimierungen der Landschaftsstrukturen sollen gar verlorene Arten wieder in den Jura zurückgeholt werden. So werden beispielsweise im Möhliner Feld oder in Wittnau Vorbereitungen für die Rückkehr des Steinkauzes getroffen.

### Erholungswert der Natur nutzen und einen Beitrag zu deren Erhaltung leisten

Wer den Reichtum der Landschaft zwischen Aare und Rhein nutzt, sollte auch einen Beitrag zu deren Erhalt leisten. In vielen Gemeinden bestehen Naturschutzorganisationen mit einem entsprechenden Jahresprogramm. Mitarbeiter, die bei der Heckenpflege, der Weihersanierung oder beim Heuen anpacken, sind willkommen.

In jeder Gemeinde sollte sich eine Gruppe von Naturinteressierten um die Naturschutzbelange kümmern. Der Kanton unterstützt die lokalen Naturschutzfachleute durch fachliche Beratung und Kurse, die durch das Naturama organisiert werden. Das Naturama in Aarau bietet zahlreiche weitere Gelegenheiten zur Information und Weiterbildung. Die Themen von 2003, «Orchideen» und «Hochstamm-Obst», haben einen engen Zusammenhang zum «dreiklang»-Land. Auch eine fachliche Beratung kann angeboten werden.

Ein wesentlicher Beitrag kann im eigenen Hausgarten geleistet werden. Wer naturnahen Gartenbau betreibt, eine Blumenwiese an Stelle des Rasens pflegt und sein Eigenheim mit einheimischen Gehölzen eingliedert, bietet Arten Unterschlupf, die schon seit Jahrhunderten gemeinsam mit dem Menschen im Siedlungsbereich leben.

**MEINRAD BÄRTSCHI, BAUDEPARTEMENT DES KANTONS AARGAU, ABTEILUNG LANDSCHAFT UND GEWÄSSER**

## NATURSCHUTZGEBIETE IM «dreiklang»-GEBIET

### Haumättli
*12 Kilometer*

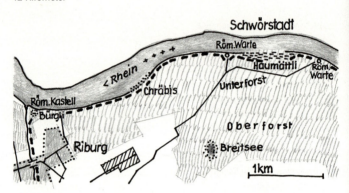

Die Wanderung beginnt beim Bahnhof Möhlin. Der bezeichnete Wanderweg führt der Bahnlinie entlang in das Dorf. Linksabbiegend gelangen wir über die Dorfstrasse nach Riburg und in Richtung Rhein. Linkerhand erblicken wir das Kraftwerk Riburg-Schwörstadt. Auf dem Bürgli haben wir die Gelegenheit, Rast zu machen und die Reste eines römischen Kastells zu bewundern. Rheinaufwärts gelangen wir zu den Resten einer römischen Warte, am Flussufer gegenüber liegt Schwör-

*Eisvogel*

stadt. Nur wenige Schritte noch bis zum Schutzgebiet. Trotz dem Aufstau im Bereich des Kraftwerkes Riburg-Schwörstadt ist hier, ca. 3 km flussaufwärts, ein altlaufähnliches Gebiet mit Auencharakter erhalten geblieben.

Auen sind Überflutungsgebiete, die durch den dynamischen Wechsel von Hoch- und Niedrigwasser ihre vielfältigen Gesichter erhalten: Sie sind Lebensraum von zahlreichen Pflanzen und Tieren und erweitern den Erholungsraum für uns Menschen.

Im tiefer gelegenen Teil des Schutzgebietes sehen wir die Silberweide: eine typische Baumart der Auen. Mit Glück ist auch der seltene Eisvogel zu sehen. Lassen wir uns Zeit, in diese wunderschöne Urwaldlandschaft einzutauchen. Ein guter Ort ist der runde Platz mit Holzbank und Geländer, von wo aus wir einen schönen Ausschnitt des Gebietes beobachten können.

Nach der Rast wandern wir dem Ufer entlang zur römischen Warte. Einer dritten begegnen wir kurz vor dem Dorfeingang von Wallbach. Unsere Wanderung können wir beim Bahnhof Mumpf beenden oder aber über den Oberforst den Rückweg nach Möhlin unter die Füsse nehmen.

**Gemeinde:** Möhlin
**Besonderheiten:** Auenwaldgebiet am Rhein, 33 Vogelarten
**Pro Natura Engagement:** Schutzvertrag mit dem Eigentümer (Kraftwerk Riburg-Schwörstadt)
**Schutzstatus:** Auengebiet von kantonaler Bedeutung
**Verhalten im Schutzgebiet:** Wege nicht verlassen, Hunde an der Leine führen, keine Pflanzen mitnehmen!
**Günstige Besuchszeit:** Frühling, Sommer und Herbst
**Anreise:** Mit SBB nach Möhlin
**Abreise:** Mit SBB ab Mumpf
**Wanderdistanz:** 12 km
**Zeit:** Zirka 3,5 Stunden
**Ausrüstung:** Landeskarte 1:25 000, Wanderschuhe, Vogelbestimmungsbuch, Feldstecher

*Haumättli, Möhlin*

## Holthübel
*14 Kilometer*

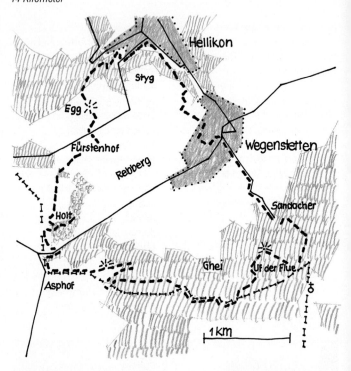

Ab Haltestelle Post in Wegenstetten nehmen wir den markierten Wanderweg. Dieser führt uns über die Hauptstrasse durch den südöstlich gelegenen Teil des Dorfes. Über Sandacher und durch lichten Wald steigen wir zum Aussichtspunkt «Uf der Flue» (708 m). Hier geniessen wir eine herrliche Weitsicht und hoffentlich auch feinen Tee und unseren Znüni. Dem Grat und der Grenze zu Baselland entlang gehts weiter. Wenn wir beim Abstieg zum Asphof aus dem Wald treten, haben

wir eine gute Aussicht nordwärts auf das reich strukturierte Naturschutzgebiet Holthübel.

Von der Strasse nach Wegenstetten führt nach leichter Linksbiegung bald ein Weg links hinauf ins Gebiet Holthübel. Rechts beginnt das Schutzgebiet, ein steiler, trockener Hang, mit Einzelbäumen und Hecken gut strukturiert. Hier wachsen acht Orchideenarten. Diese Wiese ist im Mai und Juni eine Augenweide.

Der Weg führt uns weiter auf die Hochebene (Tafeljura) an einem kleinen Wald vorbei zum Fürstenhof. Auf Egg erwartet uns ein weiterer schöner Aussichtspunkt. Nachher geht es durch Waldgebiet auf markiertem Wanderweg nach Hellikon und zurück nach Wegenstetten.

**Gemeinde:** Wegenstetten
**Besonderheiten:** Südostexponierte Hangflanke, Hecken und Einzelbäume, acht Orchideenarten
**Pro Natura Engagement:** 3,5 Hektaren
**Schutzstatus:** Kantonales Schutzgebiet
**Verhalten im Schutzgebiet:** Wege nicht verlassen, Hunde an der Leine führen, keine Pflanzen mitnehmen!
**Günstige Besuchszeit:** Frühling und Sommer
**Anreise:** Mit Postauto bis Haltestelle Post
**Wanderdistanz:** 14 km
**Zeit:** Zirka 4 Stunden
**Ausrüstung:** Landeskarte 1:25 000, Wanderschuhe, Pflanzenbestimmungsbuch, Feldstecher

*Helmorchis*

## Nätteberg–Hessenberg–Ruge

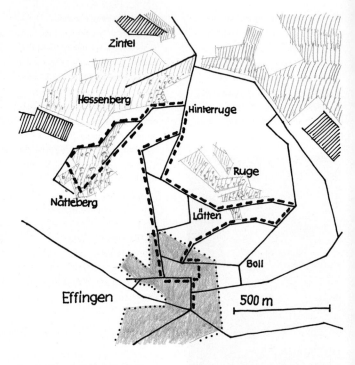

Durch den nördlichen Dorfteil gelangen wir an den Südhang des Ruge. Ein kleines Wäldchen liegt am Weg. Eine Stufe weiter oben führt uns der Weg nahe am Schutzgebiet vorbei.

Wenn im Frühling die bewirtschafteten Wiesen bereits in saftigem Grün stehen, ist das Gras hier noch braun. Auf mageren Böden beginnt die Vegetationszeit später als in den gedüngten Fettwiesen. Im Mai entfaltet ein feiner, gelber Schmet-terlingsblütler seine Blütenpracht, die Spargelerbse. Im Hochsommer verleiht das Pfeifengras der Wiese einen violetten Schimmer. Birken und Föhren wachsen hier, Wacholder und gemeiner Seidelbast ergänzen das Bild.

Bei der Flurbezeichnung Hinterruge beginnt das Schutzgebiet Hessenberg. Nach links führt ein kleiner Trampelpfad mitten durchs Gebiet. Bitte den Pfad nicht verlassen!

*Gemeiner Seidelbast*

**Gemeinden:** Effingen und Bözen
**Besonderheiten:** Lichte Föhrenwäl-
der, Magerwiesen mit Orchideen
**Pro Natura Engagement:** 7,6 Hek-
taren
**Schutzstatus:** Kantonale Schutzge-
biete
**Verhalten im Schutzgebiet:** Wege
nicht verlassen, Hunde an der Leine
führen, keine Pflanzen mitnehmen,
Feuer machen ist verboten!
**Günstige Besuchszeit:** Frühling
und Sommer
**Anreise:** Mit SBB nach Brugg oder
Frick. Von dort mit Postauto Linie
Brugg–Frick bis Haltestelle Effin-
gen Dorf
**Wanderdistanz:** 5,25 km
**Zeit:** Zirka 1,5 Stunden
**Ausrüstung:** Landeskarte 1:25 000,
Wanderschuhe, Pflanzenbestim-
mungsbuch, Feldstecher

Im nördlichen Teil wächst ein
Buchen-/Föhrenwald mit Stechpal-
me im Unterwuchs. Im Frühling, bei
noch ungeschlossenem Kronen-
dach, nutzen Buschwindröschen,
Veilchen und die Frühlingsplatt-
erbse die Zeit zur Blüte. Im Anschluss an den Wald erinnert dieses
Schutzgebiet mit der teils aufgeris-
senen Vegetationsschicht an eine
Dünenlandschaft. Der weisse
Mergel lässt sich leicht mit Sand
verwechseln. Mindestens 14 Orchideenarten sind hier, neben anderen
Blütenpflanzen, zu entdecken.

Südwestlich führt uns der Feldweg
zum Nätteberg, dem dritten Schutzgebiet. Quer durchs Gebiet führen
Trampelpfade. Wir sehen zwischen
bizarr geformten Föhren Wacholder
und prachtvolle Orchideenwiesen.
*Pfade nicht verlassen!*

Wir zählen mindestens 11 Orchideenarten, daneben blühen Deutscher Enzian, Knollige Kratzdistel,
Skabiose, Akelei und Purgier-Lein.
Am Ende des Plateaus folgen wir
beim Reservoir dem Feldweg
rechts um den Hügel und marschieren zurück Richtung Hessenberg und Hinterruge. Von da führt
uns der Weg direkt in das nahe
Dorf zurück.

## Limmatspitz
*9 Kilometer*

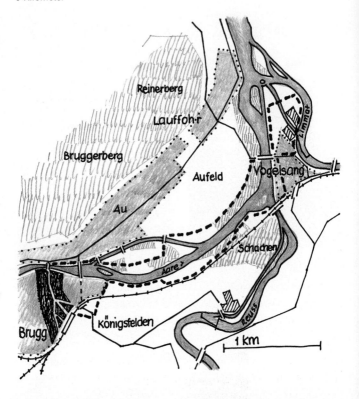

Vom Brugger Bahnhof gehts auf offiziellem Wanderweg durch die Stadt Richtung Aare. Beim Überqueren der Brücke machen wir Halt und sehen, wie der Fluss hier einen Engpass überwinden muss. Die Aare passiert diese Stelle mit einer Wassertiefe von 10 bis 15 Metern!

Nach der Brücke verlassen wir den markierten Weg und gehen rechts entlang der Aare zur nächsten

Abzweigung, wo uns der Weg unter der Casino-Brücke durchführt.

Bei der Naturschutztafel biegen wir rechts zum Fluss ab und überqueren eine Kiesfläche. Wir folgen diesem Pfad entlang dem Ufer und Militärübungsgelände. Dies ist übrigens der einzige noch vorhandene Laubfroschstandort an der Aare zwischen Bielersee und Mündung in den Rhein.

*Wasserschloss: Aare, Reuss und Limmat*
*strömen zusammen*

**Gemeinden:** Brugg und Gebenstorf, Ortsteil Vogelsang
**Besonderheit:** Auenlandschaft
**Pro Natura Engagement:** 5 Hektaren
**Schutzstatus:** Auenlandschaft von nationaler Bedeutung
**Verhalten im Schutzgebiet:** Wege nicht verlassen, Hunde an der Leine führen, keine Pflanzen mitnehmen!
**Günstige Besuchszeit:** Frühjahr, Sommer, Herbst
**Anreise:** Mit SBB nach Brugg
**Wanderdistanz:** 9 km
**Zeit:** Zirka 2,5 Stunden
**Ausrüstung:** Landeskarte 1:25 000, Wanderschuhe, Pflanzenbestimmungsbuch, Feldstecher

Nach der Unterquerung des Fussgängersteges zur Kläranlage kommen wir in den Auenwald. Mit der Schaffung von zwei Seitengerinnen wurde dieses Gebiet in den letzten Jahren revitalisiert. Der Fussweg führt über zwei Holzstege dem Aareufer entlang bis zur Vogelsanger Brücke. Geniessen Sie den entstehenden Auenurwald und die Dynamik des fliessenden Wassers.

Wir überqueren die Brücke nach Vogelsang und biegen danach links ab. An einem kleinen Flussbad vorbei kommen wir an den Limmatspitz. Hier führt ein Weg

entlang dem neuen Auengebiet über einen Steg auf die Limmatseite. Vom Plateau mit dem Pfeiler und vom Steg aus können Lebewesen und Aue beobachtet werden.

## Was sind Auen?

Auen sind vom Wasser gestaltete Lebensräume. Sie stehen in einer dynamischen Beziehung zu ihren Fliessgewässern, sind einem ständigen Wandel unterworfen. Der Fluss baut auf und zerstört. Hier entwurzelt er Büsche und reisst Geröll und Kies mit sich, dort türmt er Sandbänke zu Inseln auf; hier überschwemmt er bewachsene Flächen und zerstört Lebensräume, dort gestaltet er neue, die von Pflanzen und Tieren sofort unter Beschlag genommen werden, bis sich beim nächsten Hochwasser wieder alles wandelt. Diese dynamischen Auen bilden die wichtigsten Lebensräume für eine vielfältige Tier- und Pflanzenwelt, stellen aber auch für Menschen ein attraktives Erholungs- und Erlebnisgebiet dar.

Nach ausgiebiger Rast und Naturbeobachtung gehts zurück Richtung Brugg. Wir folgen dem Fussweg Richtung Limmat und gehen flussaufwärts. Rechts liegt das Gewerbeareal, links ist ein Fischumgehungsgewässer zu entdecken. Es erlaubt den Fischen, das Wehr im Fluss zu umschwimmen. Ein kleiner Steg gewährt auch hier einen Einblick. Wir gehen entlang der Limmat und nehmen dann die Strasse rechts Richtung Lauffohr. Vor der Aarebrücke wenden wir uns nach links und nach zirka 300 m gehts rechts entlang der Bahnlinie über eine schöne Brücke. Hier machen wir Bekanntschaft mit dem dritten Fluss im Wasserschloss, der Reuss mit Wasser aus der Innerschweiz. Wir gehen zurück Richtung Bahnhof Brugg.

*Laubfrosch*

## Schihalden und Chessler

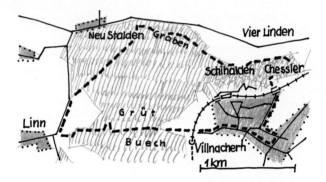

Ab Haltestelle Post in Villnachern gehen wir entlang der Hauptstrasse auf dem offiziellen Wanderweg. Nach knapp 100 Metern führt die Strasse rechts durch den unteren Villnacher Dorfteil auf leicht ansteigendem Weg Richtung Buech. Nachdem wir die Bahnlinie hinter uns gelassen haben, beginnt der Wald.

Es geht weiter zur Linner Linde. Der markierte Wanderweg führt uns Richtung Nordosten. Durch den Wald gelangen wir in die Nähe der Bözbergstrasse. Durch den «Graben» erreichen wir den nördlichen Rand der Schutzgebiete Schihalden und Chessler. Anfangs entlang der Hauptstrasse und dann rechts weg von der Strasse und auf offiziellem Wanderweg weiter. Wir wählen den rechten Weg entlang des Baches, trennen uns aber bei der nächsten Verzweigung vom Wasser. Bald verlassen

wir den Wald und kommen von oben an das Schutzgebiet Schihalden. Wo früher Reben kultiviert wurden, zählen wir heute 93 Pflanzenarten: Neben Gehölzen wie Eiche oder Faulbaum wachsen hauptsächlich Krautpflanzen. Das gelbe Rindsauge, die blaue Wiesensalbei, die rosafarbene Wiesenflockenblume und die lila Witwenblume: alle Farben sind hier versammelt.

Im Schutzgebiet Chessler nehmen wir den Pfad mitten durch das Gelände. An diesem Südhang ist die Föhre häufig. Sie erträgt den kargen, trockenen und unwirtlichen Boden besser als die sonst im Mittelland verbreitete Buche.

Unterhalb folgen Magerwiesen: Hier wachsen lichtbedürftige blühende Schönheiten wie Orchideen. An solchen Standorten werden sie nicht von starkwüchsigen Allerweltspflanzen verdrängt.

Der steile Hang wird von zwei grossen Bruchsteinmauern durchzogen. Ein idealer Lebensraum für eine seltene einheimische Schlange: die Schlingnatter. Sie ernährt sich vor allem von Eidechsen und Blindschleichen. Wird die Schlange überrascht, droht und zischt sie. Sie ist ungiftig und erlegt ihre kleinen Beutetiere durch Umschlingen. Daher auch ihr Name.

Wir verlassen das Schutzgebiet im unteren Teil. Nach der Bahnunterführung erreichen wir bald unseren Ausgangspunkt, die Posthaltestelle in Villnachern.

**Gemeinde:** Villnachern
**Besonderheiten:** Artenreiche Magerwiesen, lichter Föhrenwald
**Pro Natura Engagement:** 5,7 Hektaren
**Schutzstatus:** Seit 1988 kantonales Schutzgebiet
**Verhalten im Schutzgebiet:** Wege nicht verlassen, Hunde an der Leine führen, keine Pflanzen mitnehmen!
**Günstige Besuchszeit:** Frühling und Sommer
**Anreise:** Mit SBB nach Brugg, dann mit Postauto zur Haltestelle Post, Villnachern
**Wanderdistanz:** 6,8 km
**Zeit:** Zirka 2 Stunden
**Ausrüstung:** Landeskarte 1:25 000, Wanderschuhe, Pflanzenbestimmungsbuch, Feldstecher

*Zauneidechse*

## ZWEI STERNWARTEN AUF DEN JURAHÖHEN

*«Sie dient dem Zweck, die Schönheit und Erhabenheit des gestirnten Himmels, seine Geheimnisse und die Unermesslichkeit des Alls den Beobachterinnen und Beobachtern nahezubringen.»*
*Zur Sternwarte in «Unterwegs in Sulz von 1900–1999».*

### Cheisacher, Sulz

Im Juni 1962 setzte sich ein aus Astronomiefreunden zusammengesetztes Initiativkomitee zum Ziel, ein geeignetes Gelände für die Errichtung einer Sternwarte zu suchen. Man wurde nach einigen Jurawanderungen in der Gemeinde Sulz auf dem Cheisacher fündig. Nachdem die Ortsbürger zugestimmt hatten, konnte 1965 der Kaufvertrag abgeschlossen werden. Die Sternwarte wurde in

*Fernrohr mit 50-cm-Spiegel*

Fronarbeit erstellt. Das Fernrohr vom Typ Cassegrain, mit einem Durchmesser des Hauptspiegels von 50 cm, ist das grösste Beobachtungs-Instrument im Kanton Aargau.
Präsident des Vereins ist Bruno Fischer, Steinstrasse 32 g in 5406 Rütihof bei Baden, Telefon 056 493 44 49. Jeweils im April und im Oktober werden öffentliche Beobachtungstage organisiert. Die Warte ist privat. Interessierte können sich beim Präsidenten melden, auch eine Mitgliedschaft im Trägerverein ist möglich.

### Auf der Schafmatt

Diese Sternwarte ist vor wenigen Jahren unterhalb des Naturfreundehauses Schafmatt entstanden. Der Zugang ist auf dem bestehenden Wanderweg möglich. Die Warte kann für Gruppen jeweils am Donnerstagabend reserviert werden. Anmeldungen für Gruppen und Schulklassen unter Telefon 062 298 05 47 oder online via www.ava.astronomie.ch. Öffentliche Führungen finden bei guter Witterung für jedermann (und jedefrau) jeweils am Freitagabend statt. Die Öffnungszeiten Sommer/Winter wechseln mit der Umstellung auf die Winter-, beziehungsweise Sommerzeit. Bei zweifelhafter Witterung gibt Telefon 062 298 05 47 jeweils ab 18 Uhr Auskunft.

*Sternwarte auf der Schafmatt*

Informationen über die AVA sind
direkt über Telefon 069 298 05 48
möglich. Bitte beachten: Es wird
warme Bekleidung empfohlen
(auch Sommernächte können
empfindlich kühl werden), zudem
sollte eine Taschenlampe dabei
sein. Der Weg vom grossen Parkplatz auf der Jurapasshöhe Schafmatt bis zur Sternwarte ist ausgeschildert, aber nicht beleuchtet.

## DER HERZBERG

Das Seminar- und Tagungszentrum Herzberg ist am Jurasüdhang über Aarau idyllisch und ruhig gelegen. Im grosszügig angelegten Haus in anregender Umgebung führen jedes Jahr über 180 Organisationen, Schulen, Firmen, Gesangschöre, Kursleiterinnen und Kursleiter, Parteien und Gruppierungen verschiedenster Art ihre Tagungen, Seminare, Kurse, Projektwochen und Probewochenenden durch.

Der Herzberg ist bekannt für seine gute Küche. Verarbeitet werden Frischprodukte aus ökologischer Landwirtschaft. Milch, Milchprodukte sowie ein Teil des Fleisches wird vom biologisch-dynamisch geführten Herzberg-Hof bezogen.

### Vielfalt und Tradition

Der Herzberg bietet Veranstaltungen an, welche die zwischenmenschlichen Beziehungen, das ökologische Verständnis sowie den Gedankenaustausch zwischen Generationen, Kulturen und Weltanschauungen in den Vordergrund stellen. Das Herzberg-Kursprogramm ist vielseitig, besondere Schwerpunkte bilden Musik, Tanz, Persönlichkeitsbildung und Umwelt. «Nachhaltige Entwicklung» ist ein Schwerpunktthema des Herzbergs, das sich wie folgt zusammenfassen lässt: «Wir wollen gezielt einen Rahmen

bieten und einen Beitrag leisten für die konstruktive Zusammenarbeit und eine menschengerechte Ordnung und Gestaltung von Gesellschaft, Umwelt und Wirtschaft. Uns und den nachfolgenden Generationen sollen die Chancen zur Verwirklichung einer lebenswerten Welt für alle Menschen erhalten bleiben.»

Die Trägerschaft, die Stiftung Herzberg und der Verein Herzberg, ist politisch und konfessionell unabhängig.

### Zimmer und Kursräume

Den Gästen stehen Zimmer mit Dusche/WC oder mit Lavabo, Dusche/WC auf der Etage zur Verfügung (70 Betten plus Matratzenlager für etwa 15 Personen).

und rund um die Uhr ist die Herzberg-Cafeteria offen.

Drei Zimmer und alle Kursräume sowie die Cafeteria sind rollstuhlgängig. Acht Kursräume (15 bis 120 Quadratmeter) stehen den Gästen für Tagungen, Kurse, Seminare, Feste und Feiern zur Verfügung.

### Freizeit

Rund um den Herzberg gibt es viel zu sehen und zu erleben: Wandergebiete mit kleinen und grösseren Routen, Joggingwege, herrliche Sonnenterrasse mit Ausblick in die Alpen, «NaturBuurKultur»-Weg (Rundgang), Hecken, Laubwald, Blumenwiesen (Mai/Juni), Gämsen, Rehe, reiche Vogelwelt, «Glögglifrösche», Feuersalamander. Der Herzberg bietet zudem verschiedene Einrichtungen an: Freiluftarena, Grillstelle, nordische Sauna mit Holzofen, Musikinstrumente, Tischtennis, Bibliothek –

Das Haus wird nach ökologischen Grundsätzen gereinigt, die Umgebung ist umweltgerecht gestaltet und gepflegt. Seit der Sanierung (1993) tragen Sonnenkollektoren zur Warmwasseraufbereitung bei und eine Fotovoltaikanlage sorgt ergänzend für die hauseigene Stromproduktion.

Der Herzberg ist ganzjährig geöffnet. Die Cafeteria ist täglich von 9 bis 18 Uhr für alle Passanten und Interessierten offen.

### Anreise auf den Herzberg

Öffentlicher Verkehr: Ab Bahnhof SBB Aarau oder Frick Postauto-Linie 135: Aarau–Staffelegg oder Frick–Staffelegg. Ab Haltestelle Staffelegg 15 Minuten zu Fuss auf den Herzberg. Abholservice mit dem Herzberg-Bus auf Anfrage. Motorisiert: Von Aarau (Autobahn

## Herzberg

Haus für Bildung und Begegnung
5025 Asp ob Aarau
Telefon 062 878 16 46
Telefax 062 878 11 76
www.herzberg.org
– Das Herzberg-Heft erscheint
  viermal im Jahr
– Kursprogramm

A1) nach Küttigen, wenig südlich
der Passhöhe Staffelegg links dem
Wegweiser «Herzberg» folgen; von
Frick (Autobahn A3) kurz nach der
Passhöhe rechts abbiegen.

### Kurze Herzberg-Geschichte
Der Herzberg ist traditionell mit
seinem Gründer Fritz Wartenweiler
(1889–1985) verbunden. Als
Pionier in der Erwachsenenbildung
hat er, umgeben von einem Kreis
engagierter Menschen, bereits in
den 1930er-Jahren die Idee des
lebenslangen Lernens vertreten
und auf dem Herzberg umgesetzt.

1935–1936: Bau des «Volksbil-
dungsheimes Herzberg» auf der
Südseite des Herzbergs oberhalb
der Passhöhe Staffelegg, in der
Mitte zwischen Aarau und Frick, im
Faltenjura zwischen Gisliflue und
Wasserflue.

1969–1971: Errichtung des mo-
dernen Neubaus, angebaut an die
Ostseite des Hauptgebäudes durch
Architekt Benedikt Huber.

1993: Gesamtrenovation des
1935–1936 erstellten Gebäudes.
Helle Zimmer mit Dusche und WC
entsprechen den heutigen Bedürfnissen.

1999: Modernisierung Recéption
und Cafeteria.

## MECK À FRICK

Das Haus an der Geissgasse unterhalb der katholischen Kirche ist eines der ältesten in Frick; es stammt aus vorderösterreichischen Zeiten. Der Bauernhof mit Scheune und Stall wurde 1997/98 zum heutigen Meck à Frick umgebaut.

### Ein Kulturprojekt

Das Meck ist ein Projekt der Kulturvereinigung Urschrei, die seit 1985 jährlich das Urschrei Open Air in Frick organisiert. Open-Air-erprobt, machte sich der Verein den Betrieb eines Kulturzentrums in Frick zur neuen Herausforderung. Mit massgeblicher Beteiligung der Vereinsmitglieder in Fro(h)narbeit wurde der Bau an der Geissgasse

realisiert und am 21. April 1998 mit einem rauschenden Fest eröffnet. Seither organisiert der Verein das kulturelle und kulinarische Geschehen im Haus.

### Warum Meck?

Die Adresse brachte die Initianten auf den Namen: Von der Geissgasse zur Gassengeiss und weil Geissen meckern! Zudem kann mit den Worten «Meck à Frick» so schön gespielt werden.

### Im Meck

Unter einem Dach finden verschiedene Aktivitäten ihren Platz: Der Kulturverein organisiert Konzerte, Theater, Essen und Barbetrieb. Das

**Meck à Frick**
Geissgasse 17
5070 Frick
Telefon 062 871 81 88
www.meck.ch
info@meck.ch
Geöffnet: Donnerstag und
Freitag ab 19 Uhr
Samstag von 9 bis 13 Uhr
– Konzerte und Theater:
  Veranstaltungskalender kann
  kostenlos bezogen werden

Meck wird für private Feste vermietet, es beherbergt eine Bürogemeinschaft und im zweiten Obergeschoss steht der Maria-Theresia-Saal einigen Gruppen für ihre Lektionen in Tanz, Yoga, Thai Ji, Feldenkrais oder verschiedene Kurse zur Verfügung. Neben all dem Betrieb existiert auch der Bauernhof. Hochstamm-Obstbäume liefern Kirschen und Äpfel für Saft, der direkt verarbeitet und vermarktet wird. Rebberg, Kräutergarten, Wildobstgarten und Baumschule werden ebenso biologisch bewirtschaftet.

Der *Bio-Markt* ist eine Initiative lokaler Bio-Bauern zur direkten Vermarktung ihrer Produkte. Vier Stände bieten jeden Samstag ein umfangreiches Lebensmittelsortiment an. Während dem Markt führt der Kulturverein die Cafeteria und lädt zum Frühstück ein.

Natürlich werden die Menüs im Meck weitgehend mit Produkten vom Markt gekocht, der Kaffee stammt aus einer kleinen Rösterei im Tessin. Es wird grosser Wert auf gute Qualität, umweltverträgliche Produktion und kurze Transportwege gelegt.

## FRICKS MONTI

- fricks monti – alles ausser gewöhnlich
- modernstes Kino mit vielseitigem Filmprogramm
- Klein- und Grosskunst auf der Bühne
- Restaurant und Bar vor, nach oder anstatt einer Vorstellung

**fricks monti**

Kaistenbergstrasse 5
5070 Frick
Telefon 062 871 04 44
Telefax 062 871 04 45
www.fricks-monti.ch
info@fricks-monti.ch
- E-News und Kulturprogramm im Abonnement.
  Senden Sie Ihre E-Mail-Adresse an info@fricks-monti.ch

**WILDPARK
ROGGENHAUSEN**

Führungen nach telefonischer
Vereinbarung
Telefon 062 822 34 05
Der Tierpark ist das ganze Jahr
geöffnet

Der Tierpark Roggenhausen westlich der Stadt Aarau ist im gleichnamigen Tal gelegen und entlang
des Roggenhausenbachs in ein
Naturidyll eingebettet. Das gesamte Parkareal mit allen Tiergehegen
umfasst eine Fläche von ungefähr
15 Hektaren.

Der Tierpark, 1903 gegründet, ist
eines der bedeutendsten regionalen Naherholungsgebiete.

Diese Oase der Ruhe und Erholung
ist das ganze Jahr hindurch täglich
geöffnet und unentgeltlich zugänglich. Beim Steinbockgehege auf dem
«Älpli» steht ein öffentlicher Pick-
nickplatz mit zwei Feuerstellen zum
Grillieren zur Verfügung. Beim
Restaurant befindet sich ein leicht
überblickbarer Kinderspielplatz. Das
hautnahe Erleben der Kleintiere
gehört ebenso zum Kinderspass wie
das Füttern von Tieren mit ausge-
wählter Nahrung aus Futterauto-
maten. Wichtig: Die Abgabe von mitge-
brachtem Futter aller Art ist verboten.

Der Tierpark bietet auch lehrreiche Unterhaltung. Geführte Rundgänge können telefonisch mit dem Wildhüter vereinbart werden.

Angegliedert an den Park ist eine Hochstamm-Obstanlage mit seltenen alten Obstsorten. Das in Zusammenarbeit mit «Pro Specie Rara» errichtete «Arboretum» umfasst ungefähr 50 Apfel-, Birn-, Zwetschgen- und Kirschbäume. Ziel ist es, die frühere Vielfalt von Obstsorten aus der ganzen Schweiz zu retten und der Nachwelt ein Stück lebendiges Kulturgut zu bewahren.

In den grossen Gehegen aus Wald und offenem Land, die gut einsehbar sind, tummeln sich insgesamt 60 Rot-, Dam-, Vietnamsika- und Axishirsche sowie eine Herde Mufflons.

Zu den rund hundert verschiedenen Tieren zählen auch noch Steinböcke, Wildschweine und einige zum Teil seltene Haustierarten. Kaninchen, Ponys, Schafe und Ziegen befinden sich in der Nähe des Hauptgebäudes. Der einstige Feuerwehrweiher dient heute als Ententeich. Seit Sommer 1999 sind auch Murmeltiere zu sehen.

Ammonit aus Herznach.
«Kronzeuge» einer Versteinerung aus dem Jurameer

# MUSEEN

## ENTDECKEN – ERLEBEN – GENIESSEN IN DER RÖMERSTADT AUGUSTA RAURICA

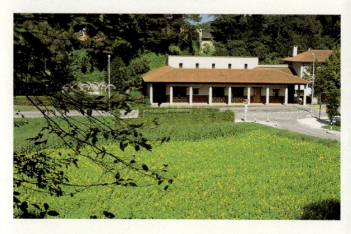

Im Jahr 44 v. Chr. gründete L. Munatius Plancus, ein Vertrauter von Julius Caesar, die Colonia Raurica – die älteste römische Kolonie am Rhein. Der Ort entwickelte sich zu einem Zentrum antiker Kultur mit Theatern, Thermen, Tempeln und Marktplätzen. Nach Zerstörungen im 3. Jahrhundert n. Chr. durch ein Erdbeben und kriegerische Ereignisse errichtete das römische Militär ein grosses Kastell am Rhein.

Die einstige Römerstadt liegt in – oder treffender unter – den modernen Dörfern Augst und Kaiseraugst. Was die keltischen Einheimischen und die vom Mittelmeerraum Zugewanderten hier an Spuren hinterlassen haben, ist heute zu einem beachtlichen Teil ausgegraben und in einem der grössten archäologischen Freilichtmuseen der Schweiz zugänglich.

Neben dem am besten erhaltenen antiken Theater Mitteleuropas, das Unterhaltung für knapp 10 000 Besucherinnen und Besucher bot, sind in der ausgedehnten Anlage über zwanzig weitere Monumente zu besichtigen, die interessante Aspekte des städtischen Lebens in der Römerzeit anschaulich machen. Im idyllischen «römischen» Haustierpark werden alte Tierrassen gezeigt. Erst vor wenigen Jahren wurde in Augusta Raurica ein komplett intaktes unterirdisches Brunnenhaus entdeckt, dessen genaue Funktion heute noch immer ein Rätsel ist. Es ist für Besucherinnen und Besucher durch einen zwölf Meter langen Tunnel betretbar.

Sämtliche Funde aus den Ausgrabungen in Augusta Raurica werden im Römermuseum aufbewahrt: mehr als eine Million Objekte! Eine Auswahl der schönsten und interessantesten Stücke ist in der Ausstellung zu sehen. Aufgrund der kleinen Präsentationsfläche im Römermuseum sind die Kapazitäten für eine umfassende Darstellung beschränkt. Das Konzept sieht deshalb vor, in zeitlich begrenzten Intervallen verschiedene Themen des römischen Alltags aufzugreifen. Im Mittelpunkt der Ausstellung stehen zur Zeit die Freuden und Sorgen des täglichen Lebens in Augusta Raurica vor 1800 Jahren, und zwar die drei Aspekte Religion im privaten Bereich, Geldwesen und Ernährung.

*Römische Säule im Freilichtmuseum*

In der Schatzkammer des Römermuseums ist der berühmte Silberschatz aus Kaiseraugst zu bewundern. Mit seinen 270 Stücken zählt er zu den grössten überlieferten spätantiken Schätzen überhaupt und ist ein Highlight von internationaler Bedeutung. Ende 2003 wird der Silberschatz im Römermuseum in einer grossen Sonderausstellung präsentiert werden.

Weitere Ausstellungen zu einzelnen Themen der Römerzeit finden sich in den Aussenanlagen des Freilichtmuseums, so zum Beispiel über das frühe Christentum, über das Baden bei den Römern und das Handwerk in Augusta Raurica. Teil des Römermuseums bildet das rekonstruierte Römerhaus, das einen intimen Blick in den Wohn- und Arbeitsbereich eines römischen Haushaltes ermöglicht. Das 1955 eröffnete Gebäude war Vorbild für Rekonstruktionen römischer Häuser in ganz Europa. Nach einem umfassenden Umbau erstrahlt das vornehme Wohnhaus heute in neuem Glanz. Das lebendige Museum enthält typische

- Öffnungszeiten Römermuseum:
  Mo 13–17 Uhr, Di–So 10–17 Uhr
  (Nov.–Febr. 12–13.30 Uhr ge-
  schlossen)
- Haustierpark und Schutzhäuser:
  täglich 10–17 Uhr
  (Nov.–Febr. bis 16.30 Uhr)
- Weitere Informationen:
  061 816 22 22

Räume, die wie zur Römerzeit
ausgemalt und möbliert sind:
Küche, Bankettsaal, ein Gemach für
die Dame des Hauses, Baderäume
und ein Schlafzimmer. Im Garten
des Innenhofs werden Pflanzen
gezogen, die bereits in der Römerzeit bezeugt sind. Zur Strasse hin
liegen eine Werkhalle mit Schlach-
terei, Schmiede und Bronzegiesse-
rei sowie eine Schankstube.

Augusta Raurica ist mit rund
140 000 Besucherinnen und Besuchern einer der am meisten besuchten touristischen Orte der
Nordwestschweiz. Besonders

*Der Bankettsaal im Römerhaus*

beliebt sind die grossen Römer-
feste, die jedes Jahr Ende August
verschiedene Aspekte der wissen-
schaftlichen Arbeit auf popu-
läre Art und Weise vermitteln. Die
bunten, weit über die Region
hinaus bekannten Feste lockten
in den vergangenen Jahren viele
Gäste in die Römerstadt.

Aktuelle Ereignisse, das vielfältige
Angebot, Ausstellungen, weiter-
führende Informationen oder eine
Bilderreise durch Augusta Raurica?
Besuchen Sie die Römerstadt
im Internet unter www.augusta-
raurica.ch.

*Teile des Silberschatzes von Kaiseraugst,
4. Jh. n. Chr.*

## VINDONISSA-MUSEUM IN BRUGG

*Vor dem Vindonissa-Museum: Ein Schritt durch das neue Lagertor in die zweitausendjährige Vergangenheit*

Das Vindonissa-Museum wurde 1912 von der Gesellschaft Pro Vindonissa als Museum erbaut und strahlt noch heute im Charme des vergangenen 19. Jahrhunderts. Gebäude und Innendekoration spielten zur Freude der damaligen Besucherinnen in verschiedener Weise auf das antike Rom an. So wurde das Museum als architektonische Meisterleistung bekannt und zum Vorbild für andere Römermuseen.

Im Garten ausgestellte Steinplatten mit Inschriften überliefern Namen von Legionskommandanten, die im Gegensatz zu den Behörden lokaler Städte dem Adel der Stadt Rom entstammten. Zusammen mit den Tribunen bildeten sie die Elite der römischen Bürger nördlich der Alpen. In handgeschmiedeten Vitrinen sind viele Gegenstände aus dem Leben der römischen Legionäre zu sehen. Die ausgestellten Angriffs- und Verteidigungswaffen zeugen von der militärischen Pracht des Legionärs, aber auch vom Herrschaftsanspruch des römischen Kaisers. Dagegen verraten verschiedene Schreibutensilien, dass Lese- und Schreibkenntnisse im Lager verbreitet waren. Diese Kenntnisse trugen im militärischen Schriftverkehr zur organisatorischen und taktischen Überlegenheit der Römer bei. Auf Schreibtäfelchen sind sogar erste Bankgeschäfte im Gebiet der heutigen Schweiz überliefert. In schriftlich angeforderten Dienstleistungen dagegen erahnen wir bereits die Anfänge der Bürokratie. Vom nächtlichen Leben

**Vindonissa-Museum**
Standort: Museumsstrasse 1
Postadresse: Industriestrasse 3
CH-5200 Brugg
Tel. 056 441 21 84
www.ag.ch/vindonissa
Vindonissa@ag.ch

Öffnungszeiten:
Allgemein: Montag geschlossen
Dienstag bis Sonntag
10 bis 12 Uhr
14 bis 17 Uhr
24. Dezember und Tage zwischen
Weihnachten und Neujahr in der
Regel geschlossen

Führungen:
Bei Schulen- und Gruppen-
besuchen bittet das Museum um
Voranmeldung

im Lager zeugen zahlreiche hängen-
de und tragbare Öllampen. Diese
mögen ihr flackerndes Licht auf die
einst wohl berühmten, aber besieg-
ten germanischen Gegner der
11. Legion geworfen haben. Diese
hingen auf Stirnziegeln abgebildet
an den Dächern und sind mit ein-
fachsten Mitteln, aber dafür genau
so wie sie im Kampf und in der
Wirklichkeit erlebt wurden, dargestellt worden.

Bei einem Familienbesuch im Museum können Kinder auch lesen,
zeichnen, mit einem römischen

Wachtturm spielen, römische
Schlüssel und Schlösser ausprobieren oder ein Spiel am weltweit
einzigartigen Amphitheater-
«Döggelikasten» wagen. Im Internet oder an der Kasse des Museums wird zudem ein unterhalt-
samer Bildorientierungslauf abgegeben – von Kindern für Kinder
gemacht. Während des Jahres
sprechen verschiedene Anlässe
mit Informationen über die
Römerzeit Kopf, Herz und Hand
von Gross und Klein an.

Grössere und kleinere Gruppen,
die mehr über das Legionslager
und das Leben der Legionäre
wissen wollen, machen den Mu-
seumsbesuch mit einer Führung
zu einem interessanten Erlebnis,
das bei einem Römerapéro und
einem Glas Mulsum enden kann.

*Im Vindonissa-Museum: Der Römische
Legionär des 1. Jahrhunderts.
Beide Abb.: Kantonsarchäologie Aargau*

## FRICKTALER MUSEUM – HAUS ZUR SONNE

Das Museum lädt mit verschiedenen Sammlungsschwerpunkten der Ur- und Frühgeschichte, des Mittelalters und der Neuzeit zu einer Zeitreise ein. Die Exponate vermitteln den Besuchern Wissenswertes über die Geschichte und die Kunst der Region. Die Sonderausstellung «Pest und Sebastianibruderschaft» zeigt nicht nur naturwissenschaftliche Aspekte der Pest, ihre Entstehung und Bekämpfung, sondern auch Auswirkungen der Seuche auf das Leben und das Verhalten der Menschen.

Fricktaler Museum
Marktgasse 12
4310 Rheinfelden
Telefon/Telefax 061 831 14 50
fricktaler.museum@bluewin.ch
Mai bis Dezember
Di., Sa. und So. 14 bis 17 Uhr

*Sonderausstellung «Der Pestdoktor»*

## REHMANN-MUSEUM

Am 20. Oktober 2001 wurde das
Erwin-Rehmann-Museum mit
Skulpturengarten eingeweiht. Dank
öffentlicher und privater Spon-
soren, Mäzene und Spender war es
möglich, eine in die bestehenden
Baukörper und in die einzigartige
Rheinuferlandschaft integrierte
Erweiterung zu verwirklichen. In
den hellen, lichtdurchfluteten
Museumsräumen tauchen wir in
die reiche Skulpturenwelt Erwin
Rehmanns ein, die uns beflügelt,
herausfordert, zum Denken anregt
und kreative Kräfte freisetzt.

In der originalen Arbeitsstätte des
Künstlers mit seinen Einrichtungen, Werkzeugen, der Esse, dem
Amboss, den Sägen und Schweiss-
geräten bis zur eigenen Bronze-
giesserei ist durch Fotos, Dias und
Filmvorführungen bereichert, eine
lebendige Darstellung seiner
Schaffensweise entstanden.

Rehmann-Museum
Schimelrych 12
CH-5080 Laufenburg
Telefon 062 874 42 70 und 874 11 63
Telefax 062 874 42 73

Öffnungszeiten
Mittwoch 14 bis 16 Uhr
Samstag/Sonntag 14 bis 17 Uhr
und nach Vereinbarung

*Erwin-Rehmann-Museum mit
Skulpturengarten*

## MUSEUM SCHIFF, LAUFENBURG

### Entstehung

Die Stadt Laufenburg war im Besitz zahlreicher historischer Gegenstände wie Waffen, Münzen, Bilder usw., die grösstenteils der Öffentlichkeit nicht zugänglich waren. Durch ein Testament kamen weitere wertvolle Stücke dazu. Dies veranlasste den Gemeinderat, Ende Januar 1978 eine Museumskommission einzusetzen. Als Ziel wurde definiert, ein Museum zu errichten, um die Gegenstände der Öffentlichkeit präsentieren zu können. Am 18. September 1978 wurde ein Museumsverein gegründet, um dieses Vorhaben auf eine breite Basis zu stellen. Der Verein war von Anfang an für Mitglieder beidseits des Rheines offen, was sich auch in der Zusammensetzung des Vorstandes widerspiegelt.

Mit dem damals leer stehenden Hotel Schiff, einem historischen Gebäude von 1609, konnten die passenden Räumlichkeiten erworben werden. Eine umfassende Renovation wurde durchgeführt und bereits im Sommer 1981 konnte, verbunden mit einem

Museumsfest, die erste Ausstellung präsentiert werden.

## Ausstellungskonzept

Ziel des Museumsvereins war es von Anfang an, durch wechselnde Ausstellungen immer wieder neue Besucher anzuziehen. Die Themen haben einen aktuellen Bezug wie zum Beispiel zum 100-Jahr-Jubiläum der Eröffnung der Eisenbahn Stein–Koblenz oder zum 75. Todestag des Komponisten Hermann Suter. Vielfach wurden auch Themen gewählt, die für die Region von Bedeutung waren oder einen engen Bezug zur Wirtschaft hatten: Eisenindustrie, Waldwirtschaft und Wasserkraft. Aber auch historische Themen wie «Maria Theresia» oder «Minnesänger» wurden dokumentiert und präsentiert. Die Ausstellungen wechseln in der Regel im Jahresrhythmus.

Erstmals wurde auch ein gemeinsames Projekt mit den übrigen Waldstädten am Hochrhein lanciert.

**Museum Schiff**

Fluhgasse 156
5080 Laufenburg
Telefon 062 874 22 43
Öffnungszeiten:
Mittwoch 14 bis 16 Uhr
Samstag/Sonntag 14 bis 17 Uhr

## ZWEIRADMUSEUM OESCHGEN

**Mit dem Rad
durch zwei Jahrhunderte**
Seit 1989 ist das von Theodor Frey
gegründete Zweiradmuseum im
Grossschutzraum der Gemeinde
Oeschgen bei der Schule unter-

gebracht. An der Binzstrasse weist
ein bescheidenes blau-weisses
Schild zu den Raritäten.

Tritt der Gast jedoch durch die un-
auffällige Tür, kommt er aus dem
Staunen nicht mehr heraus: Weit
über hundert Velos, das älteste mit
Jahrgang 1816, und eine staatliche
Anzahl Motorräder stehen da dicht
gedrängt und warten darauf, bewundert zu werden.

Tauchen Sie mit uns ein in die
faszinierende Welt unserer Vor-
fahren.

*Dreirad aus dem Zweiradmuseum Oesch-
gen*

Das Museum ist jeden ersten
Sonntag im Monat von 10 bis 12 Uhr
geöffnet. Besichtigungen sind
auch auf telefonische Anmeldung
hin möglich
Kontaktpersonen:
Heinz und Gabriele Wieser
Binzstrasse 47
5072 Oeschgen
Telefon 062 871 42 36

## SAURIERMUSEUM FRICK

Im Herbst 1991 ist in Frick das Sauriermuseum eröffnet worden. Seine Anfänge gehen auf das Jahr 1961 zurück, als ein Mitarbeiter des ortsansässigen Tonwerkes einen versteinerten Knochen fand, der sich später als Zehenknochen eines Plateosaurus engelhardti erwies. Damit war die bis heute einzige Fundstelle von Dinosaurierknochen der Schweiz entdeckt. Verschiedene Grabungsetappen Mitte der Siebziger- und Achtzigerjahre förderten erstaunliche Funde dieser Saurierart zutage. Sie rechtfertigten die Einrichtung eines eigens dafür konzipierten Museums. Nach aufwändiger Präparation konnten die Objekte im neuen Museum ausgestellt werden. Das Prunkstück der Sammlung ist ein knapp 4,5 m grosses, in seiner ursprünglichen Lage komplett erhaltenes Skelett, welches im Jahr 1984 entdeckt wurde. Es ist das vollständigste bekannte Plateosaurusskelett weltweit und stellt deshalb eine besondere Kostbarkeit dar. Komplette Skelette von Dinosauriern sind äusserst selten. Ausser den Überresten von Plateosauriern wurden auch Zähne von kleinen Raubsauriern und Fragmente anderer Tiere gefunden. Diese können ebenfalls besichtigt werden.

Ein besonderer Blickfang ist das Wandrelief eines Plateosaurus. Es wurde aus den Knochen dreier Plateosaurier angefertigt und gibt einen hervorragenden Eindruck von der Fortbewegungsweise dieser Tiere.

### Sauriermuseum Frick

Schulstrasse 22
5070 Frick
– Einziges vollständiges Skelett
  eines Plateosauriers in der
  Schweiz, zahlreiche einzelne
  Knochenfunde, 220 Millionen
  Jahre alt
– Neu: Ichthyosaurierschädel
– Neu: Broschüre «Die Dinosau-
  rier & Ammoniten»
– Fossilien und Mineralien
  aus der Tongrube Frick und
  Herznach
– Aus fossilen Knochen herge-
  stelltes Relief
– Video-Schau «Die Dinosaurier
  von Frick»
– Museumsshop

Öffnungszeiten: erster und dritter
Sonntag im Monat, jeweils 14 bis
17 Uhr
Für Führungen nach Verein-
barung:
Monica Rümbeli
Telefon 062 871 53 83
Info-Telefon 062 865 28 06
www.sauriermuseum-frick.ch

Im Museum sind auch Fossilien
aus der Jurazeit ausgestellt.
Es handelt sich dabei um versteinerte Wassertiere des Jurameeres,
wie Ammoniten, Muscheln, Nautiliden, Schnecken, Belemniten
und andere Meeresbewohner.
Diese Exponate stammen aus Frick
und aus dem ehemaligen Eisenbergwerk Herznach. Sie befinden
sich auf der Galerie des Museums.

Das Sauriermuseum von Frick
ist in der Schweiz einmalig, denn
sämtliche Ausstellungsobjekte
stammen aus der Region. Es
beherbergt somit kostbare Zeit-
zeugen einer längst vergangenen
Epoche der Erdgeschichte von
Frick und Umgebung.

Mit einem Besuch im Sauriermuseum tauchen Sie ein in diese
faszinierende Welt der Urzeit.
Vielleicht möchten Sie sich auch
mit einer fachkundigen Führung in
die fernen Zeiten der Fricker
Dinosaurier entführen lassen?

## NAGELSCHMIEDEHANDWERK IN SULZ

Das Nagelschmiedehandwerk war ursprünglich als zusätzliche Beschäftigung in Sulz eingeführt worden. Es ist anzunehmen, dass dieses Handwerk etwa ab 1800 vom Schwarzwald her nach Sulz kam.

Alte noch vorhandene Arbeits- und Verkaufsbücher aus der ersten Hälfte des letzten Jahrhunderts zeigen, dass ursprünglich keine Schuhnägel fabriziert wurden. In den Jahren 1870 bis 1885 bestand die Hauptbeschäftigung in der Herstellung von Cardnägeli und Kistennägeln, später kamen Schlossnägel, Bandnägel, Lattnägel, Fensterstricher und Tornägel dazu. Erst gegen das Jahr 1889 stellte man zum Teil Schuhnägel her. Die Entlöhnung in diesen Zeiten war klein. So wurden für je 1000 Stück der genannten Nägel zwischen Fr. 1.35 und Fr. 2.90 bezahlt. Davon musste der Nagler das Eisen mit Fr. 30.– per 100 kg sowie die Kohle kaufen. Gegen Ende des 19. Jahrhunderts wurde vermehrt auf Schuhnägel umgestellt, vermutlich weil die anderen Sorten bereits maschinell hergestellt wurden.

Während des Ersten Weltkrieges waren die Einfuhren aus dem Ausland gesperrt, weshalb eine sehr grosse Nachfrage nach hand-

geschmiedeten Berg- und Militärschuhnägeln bestand.

Seit 1936 war die Nagelschmiede-Industrie als Berufsklasse anerkannt. Die Nagler wurden dadurch verpflichtet, ihre Lehrlinge nach deren Vorschriften auszubilden und in entsprechende Gewerbeschulen zu schicken. Die gesetzliche Lehrzeit betrug zwei Jahre. Während dieser Zeit musste der Lehrling auf vier Nageltypen, nämlich Mugger, Mausköpfe, Skischuhnägel und Firstkappennägel, ausgebildet werden. Alle militärpflichtigen Nagler wurden im Zweiten Weltkrieg vom Militärdienst dispensiert.

Delegationen aus Bern hatten mit der Uhr in der Hand die Zeit gemessen, die ein guter Arbeiter benötigte, um einen Firstkappennagel herzustellen. Nach diesem Zeitmass wurde die Fabrikationsmöglichkeit der Heimindustrie errechnet. Gemäss Plan waren durchschnittlich monatlich eine Million Firstkappennägel an die Schuhfabriken abzuliefern. Hinzu kamen Bestellverträge von kleinerem Umfange, die jeweils zusätzlich an die eidgenössischen Zeughäuser zu liefern waren. Alles was über diese Beanspruchung der Kriegstechnischen Abteilung hinausging, sollte der Privatkundschaft zugeführt werden.

Bern stellte fest, dass die Fabrikation der Nagler bei weitem nicht ausreichte, um alle Bedürfnisse zu decken. Mit einem halbmaschinell hergestellten Nageltyp, dem die Nagler nur noch Kappe, First und hinteren Dorn von Hand beifügen mussten, versuchte man die Produktion zu steigern. Die Nagler befürchteten, ihre Heimarbeit für die Zukunft selber zu ruinieren. Sie fassten den Entschluss, diese Fabrikation einzustellen.

Dieser Entschluss blieb jedoch für die Heimarbeit nicht ohne Folgen. Die militärischen Instanzen setzten voll auf die maschinelle Produktion. Vor allem in den Nachkriegsjahren bedeutete dies den Unter-

gang für die Heimarbeit in den Nagelschmitten. Auch die Einführung der Gummibesohlung der Schuhe, die schlagartig eine Umstellung der Schuhfabriken herbeiführte, trug zum Verschwinden dieses Berufes bei.

Die Zahl von 150 beschäftigten Arbeitskräften während der Hochkonjunktur der Kriegsjahre ging rapide zurück, so dass von den 24 Werkstätten in Sulz um das Jahr 1950 nur noch deren fünf in Betrieb blieben, worin etwa 25 Arbeiter beschäftigt werden konnten. In den 50er-Jahren mussten auch die restlichen Schmieden schliessen, da keine Aufträge mehr eingingen.

Im Jahr 1985 wurde auf Initiative von Erich Rüede eine Trägerschaft ins Leben gerufen, die sich zum Ziel gesetzt hat, dieses alte Gewerbe nicht ganz aussterben zu lassen. Bereits im Jahr 1987 konnte wieder eine alte Schmiede originalgetreu hergerichtet werden. Im Juni 2002 hat die Gemeindeversammlung einem Kredit für den Ausbau der Schmiede und der Errichtung eines kleinen Museums zugestimmt. Die neuen Räumlichkeiten werden voraussichtlich im Jahr 2003 eingeweiht.

Mit einer fahrbaren Nagelschmiede nehmen die Sulzer zudem an

Umzügen, Brauchtumsvorführungen usw. teil. Bei mehreren Demonstrationen pro Jahr geben die Nagelschmiede Einblick in das altehrwürdige Handwerk. Es besteht zudem ein Lehrfilm, damit auch in den nächsten Jahrzehnten jedermann weiss, wie früher Nägel von Hand geschmiedet wurden.

– Auskünfte, Vorführungen, Besichtigungen:
  Walter Steinacher
  Obmattstrasse 10
  5085 Sulz
  Telefon 062 875 10 08
  oder
  Erich Rüede
  Bergstrasse 2
  5085 Sulz
  Telefon 062 875 14 66
– Chronik «Unterwegs in Sulz von 1900 bis 1999», zu beziehen bei der Gemeindeverwaltung Sulz, Telefon 062 867 30 60

# FESTUNG REUENTHAL – ZEITGESCHICHTE ZUM ANFASSEN

**FESTUNGSMUSEUM REUENTHAL**

Das Artilleriewerk Reuenthal liegt mit Blick auf den Rhein gegenüber dem deutschen Städtchen Waldshut. Die zwischen 1937 und 1939 erbaute Festung hatte den Auftrag, im Kriegsfall den Rheinübergang von deutscher Seite zu verhindern. Nach dem Zweiten Weltkrieg verlor das Artilleriewerk zusehends an militärischer Bedeutung. Heute beherbergt die Festung, in komplett restauriertem Originalzustand, ein Museum über die Bewaffnung und Ausrüstung der Schweizer Armee und ausländischer Streitkräfte aus der Zeit des Ersten und des Zweiten Weltkrieges sowie das gemütliche Restaurant «Festungsbeizli

Barbara». Zusätzlich steht in Full-Reuenthal die zum Museum gehörende «Wilhelm-Miescher»-Museumshalle mit einer umfassenden Sammlung an Geschützen, Militärfahrzeugen und Panzern.

## Festungsbeizli Barbara

Im ehemaligen Essraum der Festung – heute ein gemütliches Restaurant – bietet das Museum den Gästen Getränke und Imbisse an. Bei Gruppenführungen besteht nach Absprache die Möglichkeit, Menüs oder die Spezialität Suppe mit Spatz in der Gamelle zu konsumieren.

## Verein Festungsmuseum Reuenthal

Der im Jahre 1982 gegründete Verein bezweckt das Studium militärhistorischer und militärtechnischer Belange und den Erhalt wehrtechnischen Materials der Schweiz und des Auslandes aus dem 20. Jahrhundert. Zu diesem Zweck betreibt er das Festungsmuseum Reuenthal, legt entsprechende Sammlungen an und unterhält historisch wertvolle, militärisch nicht mehr benötigte Anlagen. Der Verein umfasst heute 1800 Mitglieder. Der Museumsbetrieb und der Unterhalt von Anlagen und Sammlungen erfolgt ehrenamtlich durch Vereinsmitglieder. Das Museum wurde 1989 eröffnet.

Festungsmuseum Reuenthal
Mitglied des Oberrheinischen Museumspasses sowie des Verbands der Museen der Schweiz
Telefon 056 246 03 33
www.festungsmuseum.ch
info@festungsmuseum.ch

Auskunft und Gruppenbesuche:
– Telefon 062 772 36 06
  Telefax 062 772 36 07

Öffnungszeiten:
– Festung Reuenthal (April bis Oktober): jeden Samstagnachmittag von 13.30 bis 17 Uhr
– Museumshalle in Full: jeden ersten Samstag im Monat (April bis Oktober) 14 bis 17 Uhr Gruppenführungen nach Vereinbarung von Montag bis Freitag und am Samstagvormittag (Dauer etwa zwei Stunden)

Anreise:
– Öffentlicher Verkehr: bis Bahnhof Koblenz, anschliessend Postauto-Rufbus auf Bestellung, Telefon 056 246 10 46
– Parkplätze: signalisierte Parkplätze stehen zur Verfügung
– Fussweg ab Bahnhof Koblenz über die Eisenbahnbrücke–Ziegelhütte–Giselirain–Reuenthal, etwa 2,2 km (40 Minuten)

## NATURAMA AARGAU – DAS MUSEUM MIT ZUKUNFT

Interessieren Sie sich für den Lebensraum Aargau? Dann empfiehlt sich ein Besuch im «naturama», dem erfolgreichen neuen Naturmuseum des Kantons. Als Erlebnismuseum spricht es vor allem Familien, Jugendliche und Kinder an. Dürfen wir Sie zu einem Rundgang einladen?

in den Lebensraum des einstigen Jurameeres mit all seinen urzeitlichen Meerestieren, deren Versteinerungen Sie mit den heute lebenden Riffbewohnern im Aquarium vergleichen können. Im Herznacher Stollen erleben Sie, wie im Fricktal Eisenerz abgebaut wurde.

*Lebensraum einst*

### Dinosaurier, Mammut und Korallenriff
Im Untergeschoss durchwandern Sie die Millionen Jahre alte Naturgeschichte des Kantons. Hier begegnen Sie dem Mammut «Lora» mit seinem Jungen, das sich gerne streicheln lässt. Nebenan treffen Sie auf die imposanten Saurier aus der Tongrube Frick, dann tauchen Sie ein

### Lebensräume im Wandel
Im Erdgeschoss können Sie das monumentale Aargauer Relief bewundern, auf dem Sie per Laserstrahl über 500 geografische Informationen abrufen können. Um diesen zentralen Raum gruppieren sich die wichtigsten Lebensräume mit ihren typischen Pflanzen und Tieren: Bach, Fluss

und See; Aue und Kiesgrube,
Wald und Wiese; Haus, Hecke,
Feldweg und Obstgarten. Freuen
Sie sich über die kunstvollen
Dioramen mit ihren lebenden und
präparierten Objekten, über
die attraktiven Videofilme und
die spannenden Computer-
installationen!

## Blick in die Zukunft

Das Obergeschoss lädt zur Auseinandersetzung mit der Zukunft
ein. Werfen Sie einen Blick in
die Kristallkugel des Orakels,
studieren Sie Ihren ökologischen
Fussabdruck und folgen Sie
der Diskussion im Klima-Forum.
Staunen Sie im Kabinett der
Vielfalt mit seinen faszinierenden
Objekten und informieren Sie
sich über die Vielfalt und den
Wandel der Tier- und Pflanzenarten, über ihre Gefährdung und
ihren Schutz.

naturama aargau
Bahnhofplatz
5001 Aarau
Telefon 062 832 72 00
www.naturama.ch
info@naturama.ch

Öffnungszeiten:
täglich von 10 bis 17 Uhr
Montag geschlossen
Schulen und Gruppen
nach Voranmeldung

Ein Besuch im Naturlabor, in der
Mediothek und schliesslich in der
Cafeteria oder im Museums-
Shop runden Ihren Besuch ab.
Viel Vergnügen!

*Naturama – Museum zum Anfassen*

### Permanente Sammlung

Seit der Gründung des Aargauischen Kunstvereins im Jahr 1860
hat man sich in Aarau auf das
Sammeln von Schweizer Kunst
konzentriert, wohl wissend, dass
man mit den grossen Museen in
Basel, Bern und Zürich im Sammeln von internationaler Kunst
kaum konkurrieren kann. Aus der
Not wurde eine Tugend. Heute
verfügt das Aargauer Kunsthaus
über eine der schönsten und
umfassendsten Sammlungen
von Schweizer Kunst vom ausgehenden 18. Jahrhundert bis zur
Gegenwart. Mit einem Erweite-
rungsbau des Architekturbüros
Herzog & de Meuron (Eröffnung
Herbst 2003) hat das Aargauer
Kunsthaus nun erstmals die Möglichkeit, die wichtigsten Werke der
Sammlung permanent zu zeigen.
Die Sammlung verfügt über wichtige Werkgruppen der Frühroman-
tik (Caspar Wolf, Henry Fuseli),
des 19. Jahrhunderts (Robert
Zünd, Rudolf Koller, Adolf Stäbli,

Albert Anker, Arnold Böcklin), der frühen Moderne (Ferdinand Hodler, Cuno Amiet, Giovanni Giacometti) und der klassischen Moderne (Paul Klee, Hans Arp, Sophie Taeuber-Arp, Camille Graeser, Richard Paul Lohse, Verena Loewensberg, Max Bill), bedeutender Schweizer Bildhauer (Robert Müller, Hans Josephsohn) sowie Werkgruppen von den Protagonisten der Kunst der jüngsten Vergangenheit, etwa von Franz Gertsch, Markus Raetz, Dieter Roth, André Thomkins, Urs Lüthi, Aldo Walker, Hannah Villiger, Rémy Zaugg, Helmut Federle. Es gehört zu den Besonderheiten des Aargauer Kunsthauses, dass man hier auch Künstlerinnen und Künstlern begegnet, die andernorts kaum anzutreffen sind, unter ihnen wichtige Einzelgänger, die das Bild der Kunst in der Schweiz auf ihre Art prägen und bereichern: etwa Otto Meyer-Amden, Louis Soutter, Karl Ballmer oder Varlin. Durch grosszügige Schenkungen kamen zudem immer wieder bedeutende Werkgruppen internationaler Künstlerinnen und Künstler in die Sammlung, die jeweils mit Bedacht in besondere Sammlungskontexte integriert werden (etwa Paul Gauguin und Camille Corot im Rahmen der Landschaftsmalerei des 19. Jahrhunderts; oder Ernst Ludwig Kirchner zusammen mit seinen Schweizer Künstlerfreunden; oder Günther Umberg im Umfeld der radikalen Malerei der letzten Jahrzehnte).

**Wechselausstellungen**
Parallel zur Präsentation der Werke aus der Aargauischen Kunstsammlung zeigt das Aargauer Kunsthaus monografische und thematische Wechselausstellungen von Schweizer und internationaler Kunst.

*Aargauerplatz*
*5001 Aarau*
*Telefon 062 835 23 30*
*Telefax 062 835 23 29*
*kunsthaus@ag.ch*
*www.ag.ch/kunsthaus*
*Dienstag bis Sonntag 10 bis 17 Uhr*
*Donnerstag 10 bis 20 Uhr*
*Montag geschlossen*

Mitten in den Rebbergen im schön gelegenen Tegerfelden ist das Aargauisch Kantonale Weinbaumuseum untergebracht. Die ehemalige Wiss-Trotte (Baujahr 1788) im knapp 1000 Einwohner zählenden Weindorf bietet eine einmalige Gelegenheit, die Geschichte des aargauischen Weinbaus zu zeigen. Mit viel Idealismus der Tegerfelder Rebbauern und mit der Unterstützung der Gemeinde Tegerfelden konnte das Museum vor etwas mehr als 15 Jahren eröffnet werden. Das Museum, mitgetragen durch die Winzer des Aargauischen Weinbauverbandes, ist ein guter Werbeträger für den Aargauer Wein. Inzwischen haben hier mehr als 70 000 Besucherinnen und Besucher einen lebendigen Einblick in die Geschichte wie auch in den aktuellen Weinbau erhalten.

Das Dorf im unteren Surbal ist bequem zu erreichen mit Bus ab Baden, Brugg und Zurzach. Gut zu finden mit der Beschilderung «Weinbaumuseum». Parkplätze für Cars und Personenwagen direkt beim Museum.

### Die Atmosphäre stimmt

Das liebevoll gestaltete Museum eignet sich ausgezeichnet für Vereins- und Familienanlässe und vieles mehr. Nach einer sachkundigen Führung durch die Geschichte des aargauischen Weinbaus werden Ihre Wünsche gerne erfüllt. Sei es ein Willkomm-Apéro, eine kommentierte Degustation von Aargauer Weinen, Partyservice oder einfach gemütliches Beisammensein bei einem guten Glas Wein.

### Führungen

Wie funktioniert ein Trottbaum aus dem 15. Jahrhundert? Was ist ein Omegaschnitt?
Antworten auf diese und andere Fragen erhalten Sie von fachkundigen Museumsführern auf dem Rundgang durch die Geschichte von Reben, Trauben, Kelterei bis zur Flaschenabfüllung; und sie lassen alte Maschinen rattern.

### Degustationen

Kennen Sie die Weinvielfalt des Aargaus? Im rustikalen Raum mit 50 Sitzplätzen befindet sich die Ausstellung von über 400 Flaschen mit vielen originellen Etiketten. Erfahrene Degustationsleiter führen durch die Weinbaugegenden vom Fricktal übers Reusstal ins Limmattal mit einem Abstecher ins Schenkenbergertal.

Welcher Wein passt zu «Räbepappe»? Was sind die typischen Merkmale unserer schönen und gehaltvollen Weine aus der Aargauer Landschaft? Welchen Charakter hat ein Wein aus einer Gegend mit lehmhaltigen oder mit kalkhaltigen Böden? Fragen wie diese sowie auch nach der richtigen Temperatur für den grössten Trinkgenuss und nicht zuletzt auch nach Einkauf und Lagerung werden gerne beantwortet.

## Weinlandschaft

Im Anschluss an den Besuch im Museum empfangen Sie die Tegerfelder Rebbauern gerne in ihren gepflegten Reben. Bei dieser Gelegenheit gibt es die Möglichkeit, Auskünfte über Rebsorten, Anbau, zeitgemässen Pflanzenschutz, Bodenbearbeitung und Traubenlese zu erhalten.

## Mitgliedschaft

Gerne werden Sie als Mitglied des Vereins «Aargauisch Kantonales Weinbaumuseum» aufgenommen. Der Jahresbeitrag für Einzelpersonen beträgt 15 Franken, für juristische Personen 50 Franken.

Mitglieder haben freien Eintritt zum Museum. Die Generalversammlung findet jeweils im ersten Quartal des Jahres in einem Weinbaudorf des Kantons statt. Die anschliessend geführten und kommentierten Degustationen mit verschiedenen Weinen aus der Region werden sehr geschätzt.

## Öffnungszeiten

Das Museum ist jeweils offen vom 1. April bis 31. Oktober am ersten und dritten Sonntag im Monat von 14 bis 17 Uhr. Sie werden gerne von einem Mitglied des Vorstan-

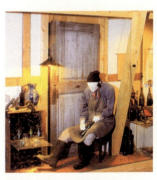

*Stilvoll gestaltetes Weinbaumuseum*

des begrüsst. Für Anlässe ausserhalb dieser Zeiten wenden Sie sich an die Gemeindekanzlei Tegerfelden, Telefon 056 245 27 00. Weitere Informationen unter www.weinbau-museum.ch oder info@weinbau-museum.ch Telefon 056 225 23 26.

*Ford T, 1907, betriebsbereit*

Vor rund 30 Jahren entdeckte Walter Huber, der bekannte Silo-Fabrikant, Oberrohrdorf/Lengnau, zufällig eine Mülliger-Spritze mit Jahrgang 1864. Seither hat er mit seiner Familie unzählige Stunden für das Sammeln und Restaurieren der Museumsgüter eingesetzt. Sie haben das grösste Verdienst um das einzigartige Feuerwehr- und Handwerkermuseum im Aargau. Das Museum ist zwischen Endingen und Lengnau gelegen. Parkplätze sind vorhanden. Öffnungszeiten: 1. April bis 31. Oktober an jedem ersten und dritten Samstag des Monats: 13 bis 17 Uhr. Weitere Besuchsmöglichkeiten nach Vereinbarung. Im Museumsbeizli «zum Sprützehüsli» können sich die Besucher mit Speis und Trank verwöhnen lassen.

### Museumsgüter

Die Museumsgestaltung ist in die Bereiche Feuerwehr, Handwerk und Landwirtschaft aufgeteilt. Feuerwehr: 400 Feuerwehrhelme, 200 Löscheimer, Handdruckspritzen, Mülliger-Spritze, Motorradspritze, Motorspritzen, Schlauchmaterial, Schlauchtransportgeräte, Feuerwehrautos, Sammlung von Handfeuerlöschern, Rettungsgeräte, Atemschutzgeräte, Alarmkanone aus dem Jahr 1842, Alarmhörner, Telefonapparate, Vorausfahrzeug Ford T Jahrgang 1907. Eindrücklich ist die Sammlung von Handwerksgeräten für Bäcker, Metzger, Käser, Brenner/Schnapser, Schuhmacher, Waldarbeiter, Küfer, Wagner, Schreiner, eine Wäscherei und die eingerichtete Huf- und Wagenschmiede. Eine ganze Halle mit Landwirtschaftsgeräten aus der Zeit der Handarbeit zeigen eine jahrzehntelange Entwicklung auf: alte Traktoren, Pflüge, Sämaschinen, Dengelapparate, Dreschmaschine, Kartoffelwurfgraber, Weinpresse, Weinpumpen, Kücheneinrichtung, Dusche mit Holzkübel, Spinnrad.

**Zukunft des Museums sichern**
Am 29. Mai 1999 wurde im Museum der Verein «Aargauer Feuerwehr- und Handwerker-Museum AFHM» gegründet. Präsident Josef Boutellier, Gansingen, und

Feuerwehr- und
Handwerker-Museum
Walter Huber
Schöntal 4
5304 Endingen
Telefon 056 242 17 69
www.feuerwehrmuseum.ch
info@feuerwehrmuseum.ch

seine Vorstandsmitglieder sind bestrebt, das Museum bei der Bevölkerung bekannt zu machen. Um die finanzielle Situation des jungen Vereins zu sichern, sind neue Einzel- und Kollektivmitglieder sowie Gönner herzlich willkommen.

*Breiten Raum nehmen die Landwirtschaftsmaschinen und Traktoren ein*

Die Anlage mit Schloss, Lust- und Nutzgarten, Rebberg, Lindenterrasse, Rosengarten, Wald und landwirtschaftlichem Bio-Gut ist im Wesentlichen erhalten geblieben und ist heute eine Kulturlandschaft von nationaler Bedeutung.

### Eine gartenbauhistorische Sehenswürdigkeit

Der 1996 rekonstruierte Nutz- und Lustgarten (3300 m²) beherbergt alte Kulturpflanzen, die früher auf Schweizer Märkten angeboten wurden, aber im Zuge der Technisierung der Landwirtschaft und Monopolisierung des Saatgutmarktes teilweise aus dem Handel verschwunden sind. Der Wunsch des Schweizerischen Landesmuseums und von Pro Specie Rara ist es, ein wichtiges Kapitel unserer Kulturgeschichte wieder aufleben zu lassen. In vier Kompartimenten werden Ackerkulturen, Gemüse, Faserpflanzen, Küchenkräuter und Heilpflanzen gezeigt, alle für Besucher und Besucherinnen ausführlich angeschrieben. Dieser Sortengarten hilft Pflanzen vor dem Aussterben zu retten und bietet dem Publikum Gelegenheit, vergessene Gemüsesorten wieder wachsen zu sehen.

### Schloss Wildegg als Ausflugsziel

Während elf Generationen bewohnte und bewirtschaftete die Familie Effinger die Schlossdomäne Wildegg mit über 100 ha Land. Seit Kaspar Effinger von Brugg 1483 die Wildegg gekauft hatte, blieb sie ohne Unterbruch im Besitze der Familie. Julie, die letzte Effingerin, starb 1912 ohne Nachkommen und vermachte Schloss und Domäne Wildegg testamentarisch der Eidgenossenschaft.

Die Verbindung von Lust und Nutzen ist charakteristisch für die Lebensweise der Menschen im

18. Jahrhundert. Deshalb war der repräsentative Garten mit den romantischen Pavillons an den beiden äusseren Eckpunkten sowohl Erholungsraum für die Familie Effinger und ihre internationalen Gäste, wie auch Lieferant von Gemüse, Beeren, Kräutern und Obst.

Geführte Besichtigungen im Schloss und Garten oder Apéritiv für Gesellschaften auf Voranmeldung.

*Schloss Wildegg*
*5103 Wildegg AG*
*Telefon 062 893 10 33*
*Telefax 062 893 12 61*
*www.musee-suisse.ch/wildegg*
*marianne.eichmann@slm.admin.ch*

*Öffnungszeiten von Schloss*
*und Garten:*
*16. März bis 31. Oktober*
*Dienstag bis Sonntag 10 bis 17 Uhr*
*Montag geschlossen, ausser an*
*Feiertagen*

## MUSEUM ALTE METZIG IN WALDSHUT (D)

*Museum Alte Metzig*

Dieses Museum ist in einem der interessantesten Häuser der Altstadt untergebracht. An der Kaiserstrasse im Herzen der Stadt liegt das gotische Gebäude der Alten Metzig von 1588. Charakteristisch ist sein Torbogen, in dessen hinterem Teil sich das eigentliche Schlachthaus befand (daher der

Name «Metzgertörle»), während nach vorne, zur Kaiserstrasse, die Fleischwaren verkauft wurden. Nachdem 1877 das Schlachthaus umgezogen war, bürgerte sich für das Gebäude der Name «Alte Metzig» ein. 1933 beschloss der Gemeinderat ein Heimatmuseum einzurichten. Die Eröffnung im November 1938 bedeutete einen wichtigen Schritt in der Dokumentation der Kulturgeschichte der Hochrheinstädte. In den folgenden Jahren und Jahrzehnten erwarb das Museum zahlreiche interessante Objekte aus der Geschichte von Stadt und Region mit Schwerpunkten in den Bereichen Textilwesen, Hafnerware und Grafik. In neuester Zeit kamen vermehrt Gegenstände aus dem Privatbesitz alteingesessener Waldshuter Bürger und aus dem Bestand eingegangener Betriebe hinzu. Die mittlerweile auf mehrere tausend Stück angewachsene städtische Sammlung dokumentiert auf diese Weise ein immer breiteres Spektrum der Stadtgeschichte. Pflege, Aufbereitung und Präsentation dieser Sammlung erfolgen durch das städtische Kulturamt und die Vereinigung Alt Waldshut.

Seit dem Jahr 2000 bietet eine neue Museumskonzeption in den Räumen der Alten Metzig wechselnde Ausstellungen zu kultur-

Museum Alte Metzig
Kulturamt der
Stadt Waldshut-Tiengen
Wallstrasse 26
D-79761 Waldshut-Tiengen
Telefon 07751/833-197
Telefax 07751/833-126
kultur@waldshut-tiengen.de

Öffnungszeiten:
Mi. bis Fr. und So.: 14 bis 17 Uhr
Führungen durch die Ausstellung
und Besuchstermine können
jederzeit telefonisch vereinbart
werden

geschichtlichen Themen an. Führungen und museumspädagogische Aktionen ermöglichen Einblicke in die Hintergründe der Ausstellungen. Im Jahr 2000 war mit «Hundert Waldshuter Jahre», die Geschichte der Stadt im 20. Jahrhundert das Thema; 2001 mit «Sammlerwelten» das Sammeln als Urinstinkt des Menschen. Das Jahr 2002 stand mit der Wechselausstellung «Mit Schreibfeder und Skizzenblock – Kunst und Literatur am Hochrhein» ganz im Zeichen von «Der Rhein und die Waldstädte». Im Jahr 2003 wird die Ausstellung «Ihr und Wir» der Geschichte der Nachbarschaften Waldshut-Tiengens nachgehen. Auch die Beziehungen zur Schweiz und dem Kanton Aargau werden dabei eine grosse Rolle spielen.

## SCHLOSS SCHÖNAU IN BAD SÄCKINGEN (D)

Geöffnet Dienstag, Donnerstag
und Samstag von 14 bis 17 Uhr
Telefon 0049 (0)7761/2217

Die Silhouette der Altstadt von
Bad Säckingen haben die drei
führenden mittelalterlichen Stände, Kirche, Adel und Bürgertum,
entscheidend geformt. Das Münster erzählt von der einstigen
Bedeutung der gefürsteten Frau-
enabtei. Das Bürgertum hat sich
in der Holzbrücke ein besonderes
Denkmal gesetzt. Dazu gesellt
sich das herrschaftliche Schloss
mit seinen Türmen im alten Park.
An der Südwestecke der alten
Stadtbefestigung gelegen, wird
das Schloss zum ersten Mal um
1300 als der «Hof bei Sanct Peters
Tor» erwähnt. Zu jener Zeit waren
die Herren von Tegerfelden, ein
aus der Nähe von Klingnau stam-
mendes Rittergeschlecht, die
Besitzer. Später, im Jahre 1384,
bewohnte die Familie des in
Säckingen eingebürgerten Dienst-
adeligen Heinrich von Zuzgen
das Schloss. Von ihm ging es in
den Besitz der Säckinger Familie
Ortolff über.

Anfang des 15. Jahrhunderts
müssen die Herren von Schönau
den Hof erworben haben. Zum
erstenmal erscheint um 1500
Juncker Caspar von Schönau als
Besitzer des Schlosses.

Die Schönauer übten als Gross-
meier die Gerichtsbarkeit über die
Untertanen des Säckinger Stiftes
in seinen Dörfern im Fricktal
und auf dem Hotzenwald aus.
Sie waren Inhaber der Grafschaft
Wehr und die Herren der Herrschaft Zell, Schwörstadt, Oeschgen
und Wegenstetten.

Über 300 Jahre lang ist das
«grosse Schönau», wie das Haus
in Säckingen oft genannt wird,
nun mit dem Schicksal der
Schönauischen Familie verbunden.

Entsprechend ihrer bedeutenden
gesellschaftlichen und wirtschaftlichen Stellung bauten die Schönauer das Haus zu einer burg-
artigen Anlage aus. Diesen Bau
erkennt man auf dem 1640 entstandenen Stadtbild von Merian,
welches die älteste Ansicht des
Schlosses wiedergibt.

Nach dem Zweiten Weltkrieg
befand sich im Schloss von 1946
bis 1951 der Sitz der Kreisgou-
verneure der französischen Besatzung. Heute befindet sich im
Schloss neben dem Heimat-
museum eine umfangreiche
Uhrensammlung und seit 1985
ein wohl in Europa einzigartiges
Trompetenmuseum.

## STADTMUSEUM IM HAUS SALMEGG IN RHEINFELDEN (D)

Das Haus Salmegg, direkt am Rhein gelegen, gehört zu den ältesten Häusern Rheinfeldens. Es wurde 1824/1825 vom Schweizer Bierbrauer Franz Josef Dietschy für seine Frau erbaut. Bis 1942 blieb es im Besitz der Familie Dietschy-Benziger, danach ging es in den Besitz der Stadt über, die es wiederum 1971 der Städtischen Woh-

Städtisches Museum
im Haus Salmegg
Rheinbrückstrasse 8
(an der Rheinbrücke)
D-79618 Rheinfelden
www.rheinfelden.de
– Ur- und Frühgeschichte, Rheinfelder Geschichte, Wechselausstellungen
– Öffnungszeiten: Sa und So
  jeweils von 12 bis 17 Uhr und
  nach Vereinbarung

nungs- und Siedlungsbau GmbH übergab. 1985 wurde das schöne Gebäude umgebaut und saniert. Seit der Renovation 1989 wird es für öffentliche Zwecke genutzt. Im Erdgeschoss befindet sich das Trauzimmer der Stadt Rheinfelden sowie der Franz-Josef-Dietschy-Saal. In den Räumen der ersten Etage finden Wechselausstellungen zur Kunst und Geschichte aus der Region statt. Auf Initiative des Vereins Haus Salmegg ist 1999 im Dachgeschoss ein kleines Museum zur Stadtgeschichte eingerichtet worden. So kann man Fundstücke der Ur- und Frühgeschichte bewundern, die bei archäologischen Grabungen bei

der Burgruine Hertenberg im Ortsteil Herten gefunden wurden. Einzelne prähistorische Keramikscherben werden auf 1000 bis 800 v. Chr. datiert und weisen damit auf eine frühe Besiedlung dieser Region hin.

Der Stadtgeschichte Rheinfeldens ist ein eigener Raum gewidmet. Dabei ist ein besonderes Augenmerk auf die Industriegeschichte gelegt worden, da der Kraftwerksbau von 1895 bis 1898 und die damit verbundene Ansiedlung der Elektrochemischen Industrie und der Aluminiumfabrik die Keimzelle der Stadt Rheinfelden war. So dokumentieren Fotos den Bau des Kraftwerkes. Die Verflechtung der Grossindustrie in Rheinfelden zu Schweizer Unternehmen, zur AEG Berlin und seinem Gründer Emil Rathenau und dessen Sohn Walther, werden anhand von Textdokumenten erläutert.

Rebbau von beachtenswerter Vielfalt
im «dreiklang»-Gebiet

# GASTRO UND WEIN

## WEINBAUBETRIEBE IM GEBIET AARE–JURA–RHEIN

| | Rebbau-gemeinden/ Lagen | Räumlichkeiten für Anzahl Personen |
|---|---|---|
| *Aargauische Staatstrotte* *Landwirtschaftliches Bildungs- und* *Beratungszentrum* Ackerstrasse, 5070 Frick Telefon 062 865 50 33, Telefax 062 865 50 38 www.ag.ch/lbbzfrick/staatstrotte, lbbzfrick@ag.ch Verkaufsstelle: ab Keller/Sekretariat Öffnungszeiten: Montag bis Freitag 8 bis 12 Uhr und 13 bis 17 Uhr, Samstag nach Absprache | Frick Elfingen Wettingen Klingnau Habsburg | Gruppen bis 70 Personen, Voranmeldung |
| *Acklin-Ackle Jürg* Kirchweg 3, 5027 Herznach Telefon 062 878 17 36 Pinot blanc, Vinatura Degustation: nach telefonischer Vereinbarung | Herznach | |
| *Bachmann Weinbau* Bettina und Reinhard Bachmann Buschwirtschaft im Juli und August Kapellenstrasse 61, 5276 Wil am Rebberg Telefon 062 875 22 89, Telefax 062 875 33 20 bachmann.weine@pop.agri.ch Verkaufsstelle: Stäckerösseler-Keller Öffnungszeiten: jederzeit nach Vereinbarung | Wil «Stäcke-rösseler» | 50 Personen, Seminar- und Konferenz-räume |
| *Weinbau Schebi Baumann* Hauptstrasse 75 5234 Villigen Telefon 056 284 11 40 Degustation und Verkauf: Samstag 9 bis 11.30 Uhr oder nach telefonischer Vereinbarung | Villigen | |
| *Rebgut Buchmann* Jürg Buchmann Im Wygarte, 5064 Wittnau Telefon 062 871 35 58, Telefax 062 871 89 60 Verkaufsstelle: ab Rebgut Öffnungszeiten: Freitag 17 bis 19 Uhr und Samstag 9 bis 16 Uhr | Wittnau «Wygarte» Tegerfelden | 50 Personen |

| | Rebbau-gemeinden/ Lagen | Räumlichkeiten für Anzahl Personen |
|---|---|---|
| *Büchli Weine Effingen*<br>Familie Büchli<br>Weinbau, 5078 Ffffingen<br>Telefon 062 876 10 75, Telefax 062 876 31 83<br>www.buechli-weine.ch, mail@buechli-weine.ch<br>Verkaufsstelle: ab Keller<br>Öffnungszeiten: Montag bis Samstag | Effingen<br>Bözen<br>Elfingen | bis<br>70 Personen |
| *Chalmberger Rebbau*<br>Konrad und Sonja Zimmermann<br>Rebbergstrasse 24, 5108 Oberflachs<br>Telefon 056 443 26 39, Telefax 056 443 06 81<br>www.chalmberger.ch, zimmermann@chalmberger.ch<br>Verkaufsstelle: ab Hof<br>Öffnungszeiten: Samstag 9 bis 11.30 Uhr oder nach Vereinbarung | Oberflachs<br>«Chalmberg» | 40 Personen,<br>Voranmeldung<br>(Sommer 100) |
| *s'Chrättli, Rütiberger Weine*<br>Petra und Thomas Schwarz<br>Hauptstrasse 12, 5235 Rüfenach<br>Telefon 056 284 22 27, Telefax 056 284 04 66<br>schwarz-haefeli@bluewin.ch<br>Öffnungszeiten: Mittwoch 16 bis 19 Uhr,<br>Samstag 8 bis 12 Uhr oder nach Vereinbarung | Rütiberg | |
| *ck-Weine*<br>Kathrin und Claudio Hartmann<br>Veltheimerstrasse 5, 5108 Oberflachs<br>Telefon 056 443 10 74<br>www.ch-weine.ch, info@ck-weine.ch<br>Weinverkauf und Degustation: Samstag 10 bis 14 Uhr,<br>übrige Zeit nach Vereinbarung | Villnachern | |
| *Fehr und Engeli*<br>Reb- und Weinbau<br>Hauptstrasse 33, 5028 Ueken<br>Telefon 062 871 33 73, Telefax 062 871 56 05<br>Verkaufsstelle: ab Betrieb<br>Öffnungszeiten: Montag bis Freitag 8 bis 12 Uhr und<br>13 bis 17 Uhr, Samstag 9 bis 11.30 Uhr | Ueken<br>Frick<br>Hornussen<br>Herznach<br>Oeschgen<br>Kaisten | Wintergarten:<br>Degustationen<br>und Bankette<br>bis<br>50 Personen |
| *Fürstliche Weinkultur*<br>Erika und Daniel Fürst<br>Rebgut Stiftshalde, 5075 Hornussen<br>Telefon 062 871 55 61, Telefax 062 871 85 66<br>www.fuerst-weine.ch, info@fuerst-weine.ch<br>Verkaufsladen: Rebgut Stiftshalde, Hornussen<br>Öffnungszeiten: Montag bis Samstag 9 bis 12 Uhr,<br>13.15 bis 18 Uhr oder nach tel. Vereinbarung | Hornussen<br>«Stiftshalde» | Betriebs-<br>führungen,<br>Apéros<br>unbegrenzt<br>Degustationen,<br>Hochzeiten bis<br>60 Personen |
| *Weinbau in der Familie seit 1996*<br>Fritz und Isabel Gfeller<br>Feldblumenweg 7, 5074 Eiken<br>Telefon 062 871 40 39, gfeller-f@bluewin.ch | Schupfart<br>Kaisten | Degustation<br>nach<br>telefonischer<br>Vereinbarung |

| | Rebbau-gemeinden/ Lagen | Räumlichkeiten für Anzahl Personen |
|---|---|---|
| *Weinbau Häfliger*<br>Walter Häfliger<br>Moosstrasse 280, 5062 Oberhof<br>Telefon 062 877 17 09, Telefax 062 877 17 09<br>Öffnungszeiten: nach Vereinbarung | Oberhof<br>Wittnau<br>Elfingen<br>Schupfart | nach<br>Absprache |
| *Hartmann Weinbau AG*<br>Talbachweg 2, 5107 Schinznach-Dorf<br>Telefon 056 443 12 45, Telefax 056 443 12 60<br>Verkaufsstelle: ab Keller<br>Öffnungszeiten: Freitag 17 bis 19 Uhr, Samstag 9 bis 14 Uhr<br>übrige Öffnungszeiten nach Vereinbarung | Schinznach-Dorf<br>Thalheim | 25 Personen |
| *Weinbau Hartmann*<br>Rinikerstrasse 17, 5236 Remigen<br>Telefon 056 284 27 43, Telefax 056 284 27 28<br>www.weinbau-hartmann.ch, infon@weinbau-hartmann.ch<br>Öffnungszeiten: Freitag 17 bis 19 Uhr, Samstag 9 bis 17 Uhr<br>oder nach Vereinbarung<br>Filiale in Villnachern: Hauptstrasse 14<br>Öffnungszeiten: Dienstag 9 bis 12 Uhr,<br>Donnerstag 14 bis 18 Uhr, Freitag 17 bis 19 Uhr,<br>Samstag 9 bis 12 Uhr | Remigen<br>Villnachern | Degustations-raum für<br>40 Personen |
| *Rebbau Emil Hartmann*<br>Emil und Elisabeth Hartmann<br>Oberdorfstrasse 29, 5107 Schinznach-Dorf<br>Telefon 056 443 21 54, Telefax 056 443 21 54<br>Öffnungszeiten: nach Vereinbarung | Schinznach-Dorf | nach<br>Absprache |
| *Hochstrasser Weinbau*<br>Jakob und Margrit Hochstrasser<br>Unter dem Stock 18, 5105 Auenstein<br>Telefon 062 897 36 75, Telefax 062 897 66 75<br>hochstrasser.weinbau@bluewin.ch<br>Verkaufsstelle: ab Keller<br>Öffnungszeiten: Montag bis Samstag 9 bis 21 Uhr | Auenstein | 30 Personen,<br>Voranmeldung |
| *Rebbauverein Hottwil*<br>Mandacherstrasse 3, 5277 Hottwil<br>Telefon 062 875 10 44, Telefax 062 875 10 16<br>www.hottwil.ch<br>Öffnungszeiten: nach Vereinbarung | Hottwil | |
| *Rebbau Jeck*<br>Familie Marcel und Käthi Jeck-Nebiker<br>Steinacker 15, 4314 Zeiningen<br>Telefon und Telefax 061 851 27 24<br>Verkaufsstelle: ab Hof<br>Öffnungszeiten: Montag bis Freitag 17.15 bis 19.30 Uhr,<br>Samstag 8 bis 13 Uhr oder nach Vereinbarung | Zeiningen | nach<br>Absprache |

| | Rebbau-gemeinden/ Lagen | Räumlichkeiten für Anzahl Personen |
|---|---|---|
| *Rebgut Im Kalm*<br>Birchmeier & Keller<br>Winzerweg 19, 5108 Oberflachs<br>Telefon 056 443 13 74, Telefax 056 443 09 53   REBGUT IM KALM<br>birchmeier.kalm@pop.agri.ch<br>Verkaufsstelle: Winzerweg 19<br>Öffnungszeiten: Samstag 10 bis 17 Uhr oder nach Vereinbarung | Oberflachs und Schinz-nach-Dorf Reblage «Kalm» | 30 Personen (Sommer 100 Personen) |
| *Kämpfer Weine*<br>Walter und Marianne Kämpfer<br>Hauptstrasse 15c, 5235 Rüfenach<br>Telefon 056 284 15 88<br>Telefax 056 284 15 78<br>kaempfer.wein@bluewin.ch<br>Verkaufsstelle: Trotte Rüfenach<br>Öffnungszeiten: Freitag 14 bis 18 Uhr, Samstag 9 bis 16 Uhr oder nach Vereinbarung | Remigen «Alpberg und Horn» | Rebhaus Alpberg 40 Personen, Trotte Rüfenach 20 und 80 Personen, Apéro und Vermietung |
| *Weinbau Käser*<br>Stefan und Brigitte Käser-Härdi<br>Bächlihof, 5108 Oberflachs<br>Telefon 056 450 14 88, Telefax 056 443 16 79<br>www.baechlihof.ch, info@baechlihof.ch<br>Verkauf: ab Hof<br>Öffnungszeiten: Freitag 18 bis 20 Uhr, Samstag 8 bis 12 Uhr oder nach Vereinbarung | Oberflachs | «Zur Weintraube» 40 Personen, Busch-wirtschaft für Gruppen zwischen 10 und 38 Pers. |
| *Kasteler Weinbau*<br>Ulrich Brack<br>Kasteln 1, 5108 Oberflachs<br>Telefon 056 443 12 75<br>Verkaufsstelle: ab Keller<br>Öffnungszeiten: Dienstag und Freitag 17.30 bis 20 Uhr, Samstag 9 bis 12 Uhr | Oberflachs «Kasteln» | 40 Personen |
| *Kohler Weine und Spirituosen*<br>Eigenkelterung und eigene Brennerei<br>Familie Ruedi Kohler<br>Steinachhof 744, 5107 Schinznach-Dorf<br>Telefon 056 443 11 94, Telefax 056 443 12 16<br>Verkaufsstelle: ab Keller<br>Öffnungszeiten: jederzeit möglich oder nach tel. Vereinbarung | Schinz-nach-Dorf «Häldeli und Vogelsang» | 50 Personen |
| *Weinbau Küpfer-Burkhard*<br>Ruedi Küpfer<br>Letzistrasse 5, 5213 Villnachern<br>Telefon 056 441 24 13, Telefax 056 441 88 80<br>Verkaufsstelle: ab Keller<br>Öffnungszeiten: Montag bis Freitag 17.30 bis 19 Uhr, Samstag 10 bis 12 Uhr | Villnachern «Sommer-halde» | 30 Personen, Voranmeldung |

| | Rebbaugemeinden/ Lagen | Räumlichkeiten für Anzahl Personen |
|---|---|---|
| **Weinbaugenossenschaft Mandach** *Mandacher* <br> Kellermeister: Andreas Lucas <br> und <br> Hauptstrasse 170, 5318 Mandach *Böttsteiner* <br> Telefon 056 284 18 40, Telefax 056 284 18 14 <br> www.mandacherweine.ch, info@mandacherweine.ch <br> Verkaufsstelle: ab Weinkeller <br> Öffnungszeiten: Dienstag bis Samstag 8 bis 10 Uhr oder <br> nach telefonischer Vereinbarung, mit Degustationen | Mandach und Böttstein | Räumlichkeiten für Anzahl Personen nach Absprache |
| **Weinbau Märki** <br> Adrian und Barbara Märki <br> Riedhof, 5235 Rüfenach <br> Telefon 056 284 23 23, Telefax 056 284 23 24 <br> Verkaufsstelle: direkt ab Hof, Degustationskeller <br> Öffnungszeiten: Samstag von 9 bis 12 Uhr <br> oder nach Absprache | Remigen «Rütiberger» Mönthal «Burghalder» | Rebhaus, ca. 15 Personen oder nach Vereinbarung |
| **Kurt und Agathe Mathys-Berger** <br> Schryberhof 94, 5213 Villnachern <br> Telefon 056 441 29 55, Telefax 056 442 47 15 <br> schryberhof@tiscalinet.ch <br> Verkaufsstelle: direkt ab Hof <br> Öffnungszeiten: Mo/Di/Mi/Sa 13.30 bis 17 Uhr, <br> Do/Fr 13.30 bis 18.30 Uhr oder nach Vereinbarung | Villnachern «Sommerhalde» | 40 Personen, Degustations- und Partyraum nach Voranmeldung |
| **Rebbauvereinigung Mettau** *Mettauer* <br> M. und N. Essig *Chillhalde* <br> Kellermatt 62, 5274 Mettau Rebbauvereinigung Mettau im Fricktal <br> Telefon 062 875 25 54, Telefax 062 875 13 52 <br> Verkaufsstelle: Wyhüsli, Hauptstrasse, Mettau <br> Öffnungszeiten: Samstag 10 bis 11 Uhr <br> oder nach Vereinbarung | Mettau «Chillhalde» | |
| **Pfister Wein und Beef** <br> Rosmarie und Werner Pfister <br> Lindenhof 100, 5076 Bözen <br> Telefon/Telefax 062 876 14 67 <br> www.rwpfister-boezen.ch, mail@rwpfister-boezen.ch <br> Verkaufsstelle: ab Hof <br> Öffnungszeiten: nach Vereinbarung | «Räzehüser Grueb» Bözen | bis 50 Personen, Lindenhofstübli |
| **Rütiberger Weine** <br> Familie J.+ L. Märki-Jenny <br> Hauptstrasse 9, 5235 Rüfenach <br> Telefon 056 284 16 13 <br> Verkaufsstelle: ab Hof | Remigen «Rütiberg» | 60 Personen, Partyraum, Vermietung |
| **Ruedi Schödler Weinbau** <br> Ruedi und Marie-Therese Schödler <br> Kumetstrasse 15, 5234 Villigen WEINBAU <br> Telefon 056 284 17 67, Telefax 056 284 02 89 RUEDI UND MARIE-THERESE SCHÖDLER <br> Verkaufsstelle: ab Betrieb <br> Öffnungszeiten: Samstag 8 bis 12 Uhr, <br> nach Vereinbarung oder auf gut Glück | Villigen | 20 Personen, im Sommer nach Absprache |

| | Rebbau-gemeinden/ Lagen | Räumlichkeiten für Anzahl Personen |
|---|---|---|
| **Weinbau Schraner**<br>Roland Schraner<br>Sagiweg 2, 5082 Kaisten<br>Telefon 062 874 10 25, Telefax 062 874 15 39<br>Natel 079 333 72 15<br>www.weinbau-schraner.ch, weinbau-schraner@bluewin.ch<br>Verkaufsstelle: ab Keller<br>Öffnungszeiten: täglich zu Geschäftszeiten<br>oder nach telefonischer Vereinbarung | Kaisten | nach Absprache |
| **Weinbaugenossenschaft Schinznach**<br>Trottenstrasse 1B, 5107 Schinznach-Dorf<br>Telefon 056 463 60 20, Telefax 056 463 60 28<br>info@weinbaugenossenschaft.ch<br>Verkaufsstelle: Fachgeschäft, Scherzerstrasse 1,<br>Schinznach-Bad<br>Öffnungszeiten: Di bis Fr 9 bis 12 Uhr und 13.30 bis 18.30 Uhr,<br>Sa 8 bis 12 Uhr und 13 bis 16 Uhr | Schinz-nach-Dorf<br>Oberflachs<br>Kasteln<br>Thalheim<br>Schenken-berg<br>Auenstein<br>Rütiberg<br>Elfingen | 70 Personen |
| **Weinbau Stiftung Schloss Biberstein**<br>Othmar Kaufmann<br>5023 Biberstein<br>Telefon Sekretariat 062 839 90 10<br>Telefon Weinbau 076 363 22 60<br>schloss-biberstein@bluewin.ch<br>Verkauf nach telefonischer Vereinbarung oder ab Schlosslädeli<br>Öffnungszeiten: Dienstag, Donnerstag, Samstag 9 bis 12 Uhr,<br>Freitag 9 bis 12 Uhr und 16 bis 18 Uhr | Biberstein<br>Herznach | Verschiedene Räumlich-keiten nach Absprache |
| **Sörenhof Bözen**<br>Hans Amsler<br>5076 Bözen<br>Telefon 062 876 22 70, Telefax 062 876 12 82<br>soerenhof.amsler@bluewin.ch<br>Öffnungszeiten: nach Vereinbarung | Bözen | |
| **Weinbau Thürlemann Thomas**<br>Guido und Lisa Thürlemann<br>Geissbel 2, 5085 Sulz bei Laufenburg<br>Telefon 062 875 14 40<br>Verkaufsstelle: ab Keller/Rebhaus<br>Öffnungszeiten: täglich | Sulz<br>«Germatt» | 35 Personen, im Sommer bis 70 Personen, Voranmeldung |
| **Wehrli Reb- und Weinbau**<br>Peter Wehrli<br>Oberdorfstrasse 8, 5024 Küttigen<br>Telefon 062 827 22 75, Telefax 062 827 00 17<br>wehrli-weinbau@bluewin.ch<br>Verkaufsstelle: ab Weinbaubetrieb<br>Öffnungszeiten: Montag bis Freitag 8 bis 12 Uhr<br>und 16 bis 19 Uhr, Samstag 8 bis 12 Uhr | Küttigen<br>Erlinsbach<br>Biberstein<br>Seengen | 50 Personen (Führung und Degustation) |

| | Rebbau-gemeinden/ Lagen | Räumlichkeiten für Anzahl Personen |
|---|---|---|
| *Wiler Trotte Weinbaugenossenschaft* <br> Trottenstrasse 100, 5276 Wil AG <br> Telefon 062 875 27 28, Telefax 062 875 37 20 <br> Öffnungszeiten: Freitag 17 bis 19 Uhr, <br> Samstag 9.30 bis 12 Uhr | Wil | 45 Personen, Führung und Degustation nach Voranmeldung |
| *Weinbau Wunderlin* <br> Andrea und Gerhard Wunderlin <br> Oberdorf 8, 4314 Zeiningen <br> Telefon 061 851 26 07, Telefax 061 853 96 97 <br> www.wubaweine.ch, gerhard.wunderlin@wubaweine.ch <br> Verkaufsstelle: ab Keller <br> Öffnungszeiten: Montag bis Freitag 18 bis 19 Uhr, <br> Samstag 10 bis 16 Uhr | Zeiningen <br> Magden <br> Obermumpf <br> Wil am <br> Rebberg | 20 Personen, Voranmeldung |
| *Weinbau Zelglihof* <br> Fritz und Susanne Schwarz-Weber <br> Zelglihof 101, 5235 Rüfenach <br> Telefon 056 284 12 31, Telefax 056 284 12 31 <br> Verkaufsstelle: direkt ab Hof <br> Öffnungszeiten: Samstag 9 bis 12 Uhr oder nach Vereinbarung | Remigen <br> «Boden» | 30 Personen |
| *Weinbau Peter Zimmermann* <br> Halde 1, 5108 Oberflachs <br> Telefon 056 443 14 29, Telefax 056 443 04 72 <br> www.@weinbau-zimmermann.ch <br> info@weinbau-zimmermann.ch <br> Öffnungszeiten: Freitag 17 bis 19 Uhr, Samstag 9 bis 17 Uhr <br> oder nach telefonischer Vereinbarung | Oberflachs | |

# DER WEINBAU ZWISCHEN AARE UND RHEIN

Wer von Süden her Richtung Rhein fährt und in der Region Aarau oder Brugg einen der zahlreichen Juraübergänge benützt, wird eines sicher sofort feststellen: Die Schönheit unserer Landschaft! Neben den meist bewaldeten, zum Teil stark zerklüfteten Hügelzügen des Kettenjuras sind auch Hochebenen, Flusstäler und Auenlandschaften typische Merkmale dieser Region.

Eine landwirtschaftliche Kultur prägt die Hügellandschaft zwischen Aare und Rhein besonders: Der Weinbau. Mit den vielen Seitentälern, und damit verbunden mit steilen Südlagen, ist das Gebiet zwischen Aare und Rhein prädestiniert für diese edelste der landwirtschaftlichen Anbaukulturen. In den Bezirken Brugg, Aarau, Laufenburg und Rheinfelden liegen mit rund 270 ha denn auch zwei Drittel der aargauischen Rebfläche.

## Geschichtlicher Überblick

Erste Funde, die das Vorhandensein von Weinbau in dieser Region belegen, gehen auf die Römerzeit zurück.

Es war damals üblich, dass grosse Garnisonsstädte wie Vindonissa oder Augusta Raurica den Wein als Alltagsgetränk in grossen Mengen brauchten. Warum denn nicht den Wein in der unmittelbaren Nähe der Niederlassungen selber anpflanzen? Die topografischen und mikroklimatischen Verhältnisse waren und sind ja sehr günstig.

*Blauburgunder*

Es ist davon auszugehen, dass der Wein ein eigentliches Volksgetränk war und in grossen Mengen durch die vorchristlichen und mittelalterlichen Kehlen floss. Ende des 19. Jahrhunderts erreichte die Ausdehnung der Rebfläche im «Dreiklang»-Gebiet einen absoluten Höhepunkt. Als Hinweis auf die enorme Ausdehnung der Rebfläche sei unten eine Gegenüberstellung der Flächen von fünf Weinbaugemeinden aufgeführt.

Die dramatische Flächenabnahme zwischen 1890 und 1960 hatte verschiedene Ursachen. Tierische Schädlinge (Reblaus), neue Pilzkrankheiten (Mehltau), aber auch der Druck durch billige ausländische Weine wuchs damals wegen der verkehrstechnischen Erschliessung enorm. Der Lohndruck, welcher durch die zunehmende Industrialisierung auf die Landwirtschaft wirkte, führte zur Abwanderung von Arbeitskräften und damit auch zum Rückgang der Rebfläche. Ein Taglöhner im Rebbau verdiente damals Fr. 1.50 pro Tag. Etwas besser hatte es der Vorarbeiter: Er kam auf Fr. 1.60. Dafür war das Rebland damals noch relativ billig zu erwerben. 1868 kosteten 100 Quadratmeter Rebland in Elfingen Fr. 1.80.

*Pinot gris*

### Die heutige Situation

Nach dem flächenmässigen Tiefststand von 260 ha Rebland im Jahr 1960 hat sich die aargauische Rebfläche in den letzten 40 Jahren wieder auf rund 400 ha ausgedehnt.

Davon entfallen 270 ha auf die Region zwischen Aare und Rhein. Es gibt praktisch keine Gemeinde mehr, in der nicht grössere oder kleinere Weinberge zur Bereicherung der Landschaft beitragen. Neben Hobbywinzern sind es vor allem Selbstkelterer und Landwirtschaftsbetriebe mit Rebbau im Haupt- oder Nebenerwerb, die diese Weinberge bewirtschaften. Ein Grundgedanke ist allen Produzenten und Kelterbetrieben gemeinsam: Es darf nur noch beste Qualität produziert werden. Dass diese Qualität auch möglichst umweltgerecht erreicht wird, ist mittlerweile eine Selbstverständlichkeit.

Besonders in der «dreiklang»-Landschaft ist der naturnahen Produktion höchstes Gewicht beizumessen. Es ist darauf zu achten, dass sich die Rebberge möglichst homogen in diesen vielfältigen Lebensraum eingliedern. Hochstammbäume, Hecken, Trocken-

### Rebflächen

| Gemeinde | Rebfläche 1868 (Juchart bzw. ha) | Rebfläche 2002 (ha) |
|---|---|---|
| Bözen | 146 Juchart = 52,5 ha | 11,5 ha |
| Effingen | 125 Juchart = 45,0 ha | 3,8 ha |
| Schinznach-Dorf | 281 Juchart = 101,2 ha | 31,0 ha |
| Villigen | 101 Juchart = 36,4 ha | 17,1 ha |
| Villnachern | 100 Juchart = 36,0 ha | 7,7 ha |

wiesen und Rebberge sollen auch in Zukunft unserer einmaligen Landschaft erhalten bleiben. «Vielfalt» heisst denn auch das Motto, unter dem die einmaligen Weine dieser Region auf den Markt gebracht werden. Vielfalt bei den Traubensorten einerseits, aber auch Vielfalt bei den Kelterungsarten andererseits bieten für jeden Geschmack und Anlass den passenden Wein.

Neben den beiden Haupttraubensorten Blauburgunder und Riesling×Sylvaner sind es Spezialitäten wie Pinot gris, Garanoir, Gewürztraminer, Chardonnay, Kerner, Dornfelder, Seyval

durchschnittlich 14 500 hl Wein gekeltert. Diese Weine zeichnen sich beim Roten durch ihren wuchtigen Körper und ihre Vollmundigkeit aus. Aber auch elegante, fruchtbetonte und süffige Weiss- und Roséweine stehen im Angebot.

Die Vielzahl neuer und «alter» Kelterbetriebe laden zu einer Entdeckungsreise in diese Gegend ein. Lassen Sie sich deshalb vom Charme eines sonnigen Frühlingstags in dieser traumhaften Region verführen. Oder erleben Sie einen herbstlichen Wandertag fernab vom Strassenverkehr auf einem der abwechslungsreichen Wander-

*Rebberge über Remigen*

blanc oder Pinot blanc, die zu entdecken sich lohnt. Die Liste liesse sich weiterführen, da nicht weniger als 32 Traubensorten in den Rebbergen zwischen Aare und Rhein angepflanzt werden. Aus diesen 32 verschiedenen Sorten werden pro Jahr

wege. Vergessen Sie dabei nicht in einem der schmucken Gasthäuser einzukehren und zum Zobig einen gut mundenden Wein aus der Region zu geniessen.

PETER REY,
KANTONALER REBBAUKOMMISSAR, FRICK

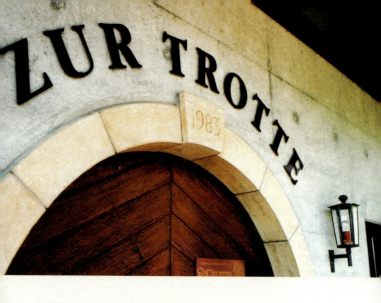

## AARGAUISCHE STAATSTROTTE IN FRICK

Der Staat Aargau besitzt traditionsgemäss seit fast 100 Jahren eigene Rebberge. Es sind dies Rebparzellen in Elfingen, Klingnau, Wettingen, auf der Habsburg sowie der Goffersberger der Strafanstalt Lenzburg. Ende der 1960er-Jahre kam der Rebberg des landwirtschaftlichen Bildungs- und Beratungszentrums in Frick hinzu. Insgesamt kann der Kanton Aargau eine Rebfläche von 6,5 ha sein Eigen nennen. Bis 1982 wurden die Trauben aus diesen kantonseigenen Rebbergen in verschiedenen Kelterbetrieben vinifiziert. Die Vermarktung der Weine oblag dann wieder kantonaler Hoheit. Betriebe wie Willi Büchli in Effingen, Hartmann in Schinznach oder die Weinbaugenossenschaft Wettingen sorgten für die gute Qualität der Staatsweine. Der Goffersberger wurde direkt in der Strafanstalt gekeltert und auch von dort aus vermarktet.

Mehrere Gründe führten zum Bau der Aargauischen Staatstrotte in Frick: Einerseits fiel die Trotte der Strafanstalt Lenzburg einem internen Umbau zum Opfer, andererseits erreichte die Arbeitskapazität der örtlichen Kelterbetriebe eine Grenze, die es ihnen leicht machte, die Verarbeitung der Staatsweine abzugeben. Da Anfang der 1980er-Jahre die damalige landwirtschaftliche Schule Frick wegen Platzmangels erheblich erweitert werden musste und der schuleigene Rebberg mit seinen vielen Versuchssorten eine eigene Kelterei verlangte, entschied der Regierungsrat, mit diesem Schulumbau auch eine eigene Staatstrotte zu realisieren. Diese neue Trotte sollte künftig für die Kelterung des gesamten Traubengutes der kantonalen Rebberge zuständig sein.

1983 war es soweit: Der erste Weinjahrgang konnte in der eigenen Trotte gekeltert werden. Dank der im Herbst 1983 traumhaft schönen Witterung war es möglich, die anfallende Grossernte im kaum fertig gestellten Gebäude unter Dach zu bringen. Seither ist die Staatstrotte ein Garant für Weinvielfalt und qualitativ hochstehende Provenienzen.

## Die Staatstrotte – ein Ort für Weiterbildung, Forschung, Begegnung und Weinkultur

Die Aufgaben der Aargauischen Staatstrotte sind sehr vielfältig. Neben der Kelterung der kantonseigenen Trauben dient sie vor allem als Aus- und Weiterbildungsstätte für Hobby- und auch «Profiwinzer». Praktisch alle Weinbaukurse, die von der ebenfalls in Frick ansässigen Zentralstelle für Weinbau angeboten werden, basieren auf der Infrastruktur der Staatstrotte.

Weder der traditionelle Rebbaukurs, an dem die Kursteilnehmerinnen und Kursteilnehmer an 18 Halbtagen, verteilt über ein Rebjahr, alle Arbeitsgänge im Rebbau und über den Lebenszyklus der Reben lernen, noch der neue Kelterkurs könnten ohne die Staatstrotte durchgeführt werden. Aber auch Marketing- und Degustationskurse werden hier angeboten.

Neben dem Kurswesen wird auch geforscht, beziehungsweise werden Versuche durchgeführt. Neue Rebsorten, deren Traubengut hier zu Wein gekeltert wird, stehen ebenso auf dem Programm wie Spritz- oder Bodenbearbeitungsversuche. Die ermittelten Versuchsresultate fliessen direkt in die Rebbauberatung. Mit dem hier ansässigen Forschungsinstitut für biologischen Landbau (FiBL) wird eine enge Zusammenarbeit gepflegt. Neben der Kelterung des Traubengutes der vom FiBL angepflanzten Versuchsreben wird auch die Rebarbeit vom Personal der Staatstrotte besorgt.

An sonnigen Wochenenden werden die Reben der Staatstrotte häufig von Winzern und Winzerinnen begutachtet. Gibts etwas Neues?, wie machts der Staat?, sind die Fragen, auf welche die gwundrigen Besucher eine Antwort finden wollen.

Um diesen «Gwunder» zu stillen, werden häufig Besichtigungen durchgeführt. Etwa 30 Gruppen oder Gesellschaften machen jährlich vom Angebot Gebrauch und lassen sich über das Aktuellste im Weinbau orientieren oder geniessen hier einen Apéro oder eine Weindegustation.

Die Arbeit in den Reben und in der Trotte wird von drei festangestellten Mitarbeitern und während Arbeitsspitzen zusätzlich von stundenweise angestellten Helferinnen und Helfern bewältigt.

*FiBL in Frick*

Eine konsequent durchgeführte Mengenbegrenzung mit einer Reduktion des Ertrages auf ca. 600 bis 700 Gramm pro Quadratmeter ist einer der Garanten für eine stets gute Qualität der Weine. Der grösste Teil der gekelterten rund 35 000 Flaschen wird von Privatkunden gekauft. Der Goffersberger der Strafanstalt Lenzburg wird direkt von dieser vermarktet. Die Staatstrotte steht also für jedermann/frau offen. Zusätzlich werden auch einige Restaurants und Weinhandlungen in der Region beliefert. Lediglich ca. 3 Prozent des Ertrages wird bei offiziellen Anlässen des Kantons konsumiert. Gegen Rechnung, versteht sich!

## EIN WILLKOMMENER GASTRO-DREIKLANG

**i**

- Die Regionalwirtschaft stärken
- Produkte aus der Region fördern
- Frischküche mit dem,
  was in nächster Nähe wächst
  und gedeiht

Die nachstehend aufgeführten
58 Gastwirtschaftsbetriebe im
«dreiklang»-Land haben aufgrund
einer in Zusammenarbeit mit
Gastro Aargau durchgeführten
Umfrage bei einer freiwilligen
Deklaration mitgemacht.

Sie bieten Weine aus der Region an.
Es wird regionales Bier aus-
geschenkt. Bei Fleisch, Gemüse
und Früchten werden soweit als
möglich Produkte aus der Region
bevorzugt, zum Teil werden diese
direkt von Landwirtschafts-
betrieben in der Region eingekauft.

«dreiklang.ch Aare–Jura–Rhein»
will die Nachhaltigkeit und die
Regionalwirtschaft fördern. Wenn
Sie das auch wollen, sind Sie bei
diesen Gastro-Betrieben an der
richtigen Adresse.

*Zum Wohl und en Guete!*

**5076 Bözen**
- Gasthaus Bären
  Telefon 062 876 11 37
- Restaurant Frohsinn
  Telefon 062 876 11 50
- Restaurant Post
  Telefon 062 876 11 39

**5200 Brugg**
- Hotel Gotthard
  Telefon 056 441 17 94

**5077 Elfingen**
- Restaurant Sternen
  Telefon 062 876 11 08

**5316 Felsenau**
- Hotel Bahnhof
  Telefon 056 246 10 77

*Unter schattigen Bäumen*

**5070 Frick**
– Café-Restaurant Joy
  Telefon 062 875 77 77
– Hotel Adler
  Telefon 062 871 13 30
– Hotel Engel Frick, c'est chic
  Telefon 062 865 00 00
– Hotel Rebstock
  Telefon 062 871 12 65

**5324 Full-Reuenthal**
– Gasthaus Goldenes Kreuz
  Telefon 056 246 12 11

**5272 Gansingen**
– Restaurant Gartenlaube
  Telefon 062 875 11 56
– Restaurant Landhus
  Telefon 062 875 11 75

**5073 Gipf-Oberfrick**
– Gasthof Adler
  Telefon 062 871 12 51
– Gasthaus/Bar Krone
  Telefon 062 871 12 59
– Restaurant Rössli
  Telefon 062 871 13 01

**5317 Hettenschwil**
– Restaurant Waldheim
  Telefon 056 245 15 70

**5277 Hottwil**
– Restaurant Bären
  Telefon 062 875 11 45

*Abendrunde nach der Sportstunde*

**4303 Kaiseraugst**
– Gasthof zur Sonne
  Telefon 062 811 10 14

**4468 Kienberg**
– Waldgasthaus Châlet Saalhöhe
  Telefon 062 844 10 14

**5322 Koblenz**
– Restaurant Engel
  Telefon 056 246 15 50

**5024 Küttigen**
– Speiserestaurant Traube
  Telefon 062 827 17 67

**5080 Laufenburg**
– Hotel zum Schützen
  Telefon 062 874 12 64
– Restaurant Probstei
  Telefon 062 874 02 84

**5325 Leibstadt**
– Gasthof zum Schützen
  Telefon 056 247 12 50

**5316 Leuggern**
– Gasthaus-Bäckerei-Konditorei
  zur Sonne
  Telefon 056 245 12 10

*Abendstimmung*

**4312 Magden**
– Gasthaus zur Blume
  Telefon 061 841 15 33

**5318 Mandach**
– Gasthaus Hirschen
  Telefon 056 284 11 71

**5274 Mettau**
– Restaurant Linde
  Telefon 062 875 12 71

**4313 Möhlin**
– Landgasthof Krone
  Telefon 061 851 15 22
– Restaurant Sonnenberg
  Telefon 061 851 10 26

**4333 Münchwilen**
– Café-Bistro Chäppeli
  Telefon 062 873 07 39

**5225 Oberbözberg**
– Landgasthof Sternen
  Telefon 056 441 24 24

**5062 Oberhof**
– Gasthof Adler
  Telefon 062 877 11 22

**5072 Oeschgen**
– Landgasthof Schwanen
  Telefon 062 871 12 37

**4310 Rheinfelden**
– Hotel-Restaurant
  Schiff am Rhein
  Telefon 061 836 22 22
– Restaurant Gambrinus
  Telefon 061 831 51 48
– Restaurant Salmen
  Telefon 061 831 11 22
– Restaurant Schlossgarten
  Telefon 061 836 90 10

**5107 Schinznach-Dorf**
– Gasthof Bären
  Telefon 056 443 12 04
– Wirtschaft zum Hirzen
  Telefon 056 443 12 31

**4325 Schupfart**
– Landgasthof Schwert
  Telefon 062 871 64 55

**5326 Schwaderloch**
– Restaurant Bahnhof
  Telefon 056 247 13 10

**4334 Sisseln**
– Restaurant Pinte
  Telefon 062 873 12 70

**4332 Stein**
– Restaurant Kreuzstrasse
  Telefon 062 873 11 56

**5233 Stilli**
– Restaurant Schifflände
  Telefon 056 284 11 05

**5112 Thalheim**
– Restaurant Schenkenbergerhof
  Telefon 056 443 12 78
– Restaurant Weingarten
  Telefon 056 443 12 74

**5224 Unterbözberg**
– Landgasthof Vierlinden
  Telefon 056 441 15 32

**5106 Veltheim**
– Restaurant Hirschen
  Telefon 056 443 11 16

**5213 Villnachern**
– Restaurant Kastanienbaum
  Telefon 056 441 13 21

**4323 Wallbach**
– Gasthof Schiff
  Telefon 061 861 11 09

**4317 Wegenstetten**
– Restaurant Adler
  Telefon 061 871 04 04

**5064 Wittnau**
– Landgasthof Krone
  Telefon 062 871 12 22

**5063 Wölflinswil**
– Gasthof Ochsen
  Telefon 062 877 11 06

**5079 Zeihen**
– Restaurant Frohsinn
  Telefon 062 876 11 31
– Wirtschaft Ochsen, Oberzeihen
  Telefon 062 876 11 35

**4315 Zuzgen**
– Restaurant Rössli
  Telefon 061 871 04 48

## REBLEHRPFAD SCHINZNACH-DORF

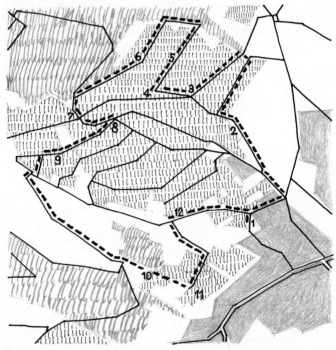

*Die Nummern 1 bis 12 bezeichnen die Standorte der Orientierungstafeln*

| | |
|---|---|
| Start: | Rebbergstrasse, nahe Gemeindehaus |
| Länge: | Zirka 3 km |
| Höhenunterschied: | 80–100 m |
| Erreichbar | ist Schinznach-Dorf ab Bahnhof Brugg und Wildegg mit dem Postauto |
| Im Dorfmuseum | (hinter dem Gemeindehaus) befinden sich auch zahlreiche Gerätschaften aus dem Reb- und Weinbau |
| Öffnungszeiten | nach Absprache mit den Verantwortlichen: Georg Bayer, Telefon 056 443 17 69 Emil Hartmann-Zurflüh, Telefon 056 443 21 54 |
| Auskunft | über den Reblehrpfad erteilt: Georg Bayer, Telefon 056 443 17 69 oder die Gemeindekanzlei, Telefon 056 463 63 15 |

# HISTORISCHE SPUREN

# HISTORISCH-ARCHÄOLOGISCHER ÜBERBLICK

## VON DER STEINZEIT ZU DEN RÖMERN

Der Naturraum des Kantons Aargau ist im Jura durch die Gebirgsbildung und im Mittelland infolge der Gletscherbewegungen des Quartärs (Eiszeiten) durch Moränenwälle stark gegliedert. Dies sowie die Lage an den grossen Flussläufen des schweizerischen Mittellandes führte bereits in ur- und frühgeschichtlicher Zeit zu unterschiedlichen kulturellen Entwicklungen in den Teilgebieten. Das in Südwest-Nordost-Richtung offene aargauische Mittelland hat immer wieder kulturelle Einflüsse aus beiden Richtungen aufgenommen. Das nördlich der Jurakette gelegene und nach Norden offene Fricktal gehört dagegen kulturgeschichtlich zur Nordwestschweiz mit Beziehungen zu Regionen nördlich des Rheins und in die Oberrheinebene.

*Abb. 1: Stein-Säckingen: Altsteinzeitliches Werkzeug aus Feuerstein, gefunden in Stein AG*

## Alt- und Mittelsteinzeit (1 Mio.–6000 v. Chr.)

Durch die im Laufe des Quartärs immer wieder vorstossenden und zurückweichenden Gletscher entstanden stark gegliederte Landschaftsräume mit Flussebenen und Moränenwällen. Aus der Zeit, in welcher der Mensch vom Jagen, Fischen und Sammeln lebte, kennen wir in der Schweiz einige Fundplätze. Faustkeile und andere Werkzeuge aus Stein haben vor ca. 120 000 Jahren altsteinzeitliche Jäger in unserer Gegend hinterlassen, z.B. den Faustkeil von Pratteln. Auch im Fricktal wurden Steingeräte gefunden. In der Spätphase der letzten Würmvergletscherung (ca. 35 000–8000 v. Chr.) werden die Spuren häufiger. In der Region Basel liegen die Freilandstationen auf dem Rand der Mittelterrasse des Rheins, im Löss. Im Fricktal sind einige Fundplätze bekannt, an denen Werkzeuge, z.B. Schaber aus Feuerstein, gefunden wurden, etwa in Stein AG.

Diese zeugen vielleicht von kurzen Rasthalten von Neanderthaler-Gruppen. Ab ca. 12 000 v. Chr. (Magdalénien) sind auch im Fricktal häufiger Siedlungsplätze altsteinzeitlicher Jäger bezeugt, so am rechten Ufer des Magdenerbaches, auf der Nordseite des kleinen Eremitagehügels (Gemeinde Rheinfelden). Dieser Rastplatz wurde mehrmals von Rentier- und Wildpferdjägern benutzt. Eine weitere, an Funden reiche Freilandsiedlung aus dieser Zeit ist Zeiningen «Uf Wigg».

Mit einem Temperaturanstieg und dem endgültigen Rückschmelzen der Gletscher entstand eine Moorlandschaft und nach und nach eine flächendeckende, lockere Bewaldung. Der Mensch lebte in dieser Zeit (8000–6000 v. Chr.) immer noch als Jäger, Fischer und Sammler und siedelte vor allem an den Seen und Flüssen sowie auf den Hochterrassen der grossen Täler.

## Jungsteinzeit

Für das 6. Jahrtausend vor Christus sind in der Schweiz erstmals sesshafte Bauern belegt. Herausragende Erfindung der Jungsteinzeit ist das auch im Kanton Aargau häufig gefundene geschliffene Steinbeil. Aus dem Zeitraum 5500 bis 4500 v. Chr. kennen wir im Kanton Aargau keine eindeutig zuweisbaren Funde. Erste Spuren jungsteinzeitlicher Bauern fassen wir im Fricktal zwischen ca. 4500–4200 v. Chr. mit Siedlungen der so genannten Rössener Kultur, z. B. in Magden, auf dem Strick und Möhlin-Sunneberg. Bevorzugt wurden von den jungsteinzeitlichen Siedlern auch die mit Moränenschotter und Löss bedeckten Hochterrassen des Rheins, was auch zahlreich gefundene Geräte aus Feuerstein belegen. Kulturelle Beziehungen bestehen in dieser Zeit vor allem Richtung Oberrheinebene. Häufigere und grössere Siedlungsplätze kennen wir sowohl im Aaretal als auch im Fricktal aus der Zeit 3300–2400 v. Chr. (Horgener und Schnurkeramikkultur), z. B. die Siedlung auf Mumpf-Kapf. Wie in der übrigen Schweiz gibt es auch im Kanton Aargau aus der Übergangszeit von der Jungsteinzeit zur Bronzezeit (2400–1800 v. Chr.) nur wenige bis keine Zeugnisse.

Abb. 2: Wittnauer Horn von Osten, eine befestigte bronzezeitliche Höhensiedlung

## Bronzezeit

Aus der Zeit zwischen 1800 und 1600 v. Chr., dem jüngeren Abschnitt der Frühbronzezeit, wurden vereinzelt Bronzebeile gefunden, die meisten im Aaretal. Ab ca. 1600 v. Chr. (Mittlere Bronzezeit) werden die Siedlungs- und Grabfunde häufiger, z. B. auf der fruchtbaren Möhliner Höhe befand sich in Zeiningen «Uf Wigg» eine ausgedehnte Siedlung. Weitere mittelbronzezeitliche Dörfer standen z. B. in Wölflinswil-Örken, Wittnau-Huttenweg, Effingen-Sennhüten, Gipf-Oberfrick-Dürrmatt, Frick-Hübeli. Bedingt durch eine Bevölkerungszunahme ab dem 16. Jh. v. Chr. und vielleicht ab 1200 v. Chr., auch durch vermehrte kriegerische Ereignisse, nutzte der Mensch neben den Seeufern (z. B. am Hallwilersee, Seengen-Risle) oder den Hanglagen der Täler zunehmend auch natürliche Schutzlagen wie z. B. den Kestenberg bei Möriken und das Wittnauer Horn. Beides sind Siedlungsplätze, die vor allem am Ende der Bronzezeit besiedelt waren und die auch heute noch auf einer Wanderung mit ihren Wallanlagen eindrücklich die Zeit um 1000 v. Chr. erlebbar machen. 1983 hat die Kantonsarchäologie Aargau in Möhlin-Niederriburg eine spätbronzezeitliche Gräbergruppe ausgegraben. Diese Urnengräber, die um 1000 v. Chr. angelegt wurden, hatten jeweils neben der Urne mit dem Leichenbrand ausschliesslich keramische Beigaben und sind ein wichtiger Beleg für die Bestattungssitten jener Zeit.

*Abb. 3: Möhlin-Niederriburg, spätbronzezeitliche Urne und Gefässbeigaben aus einer Brandbestattung. Um 1000 v. Chr.*

## Eisenzeit

Die Siedlungsgeschichte der Hallstatt- und Latènezeit (750 v. Chr.–1. Jh. v. Chr.) muss vor allem aus Grabfunden erschlossen werden. Berühmt ist das Gräberfeld von Unterlunkhofen-Bärhau im Reusstal, der mit über 60 Grabhügeln grösste bekannte Friedhof der Hallstattzeit in der Schweiz. Viele kleinere und grössere Grabhügelgruppen liegen südlich der Aare, vor allem im Freiamt. Der in den 1920er-Jahren ausgegrabene Grabhügel von Schupfart war mit rund 40 Metern Durchmesser einer der grössten aargauischen Grabhügel überhaupt. Ein weiterer hallstattzeitlicher Grabhügel befindet sich auf dem Wittnauer Horn (Buschberg); ein Indiz, dass das Wittnauer Horn auch in der älteren Eisenzeit noch besiedelt war. Die immer grösser werden-

de Bautätigkeit gibt uns die Möglichkeit, Baugruben zu beobachten. Damit werden auch Indizien für eisenzeitliche Siedlungsspuren häufiger, z. B. Gruben, so etwa Gipf-Oberfrick-Oberleim, im Gebiet des Kornberges. Aus dem Übergang von der älteren zur jüngeren Eisenzeit, 500–400 v. Chr., wurden in Möhlin-Hinter der Mühle neben den Resten eines Gebäudes 12 Gruben ausgegraben, die u. a. Auskunft über die Vorratshaltung gaben. Die ungewöhnliche Zusammensetzung der Tierknochen (Igel, Hirschkalb, Hühner, Feldhasen sowie die Vorderextremitäten eines Hirsches) lassen für einige Gruben gar die Deutung als Opfergruben zu. Eine wichtige Fundstelle, die bereits von altsteinzeitlichen Jägern besucht wurde, dann in der Bronzezeit besiedelt war und auf der sehr viel eisenzeitliche Keramik gefunden wurde, ist der markante Felskopf «Bönistein» in der Gemeinde Zeiningen.

Aus römischen Schriftquellen wissen wir, dass im 1. Jh. v. Chr. das Mittelland vom keltischen Stamm der Helvetier besiedelt war. Rund um das Gebiet von Basel lebten die Rauraker. Typisch für diese Zeit sind befestigte Zentren, so genannte Oppida, sowie Dörfer und Höfe im Hinterland. Eine befestigte Siedlung lag in Windisch, auf dem kleinen Sporn am Zusammenfluss von Aare und Reuss, unweit der Einmündung der Limmat in die Aare. Der Sporn wurde von einer ca. 200 m langen Abschnittsbefestigung geschützt. Ob es sich bei der spätkeltischen Siedlung um eines der zwölf von Caesar erwähnten Oppida handelt, lässt sich höchstens erahnen. In der 2. Hälfte des 1. Jh. v. Chr. befand sich auch auf dem Gebiet des Münsterhügels in Basel eine befestigte Siedlung. Sie liegt auf einem spornartigen Ausläufer der Niederterrasse am linken Rheinufer. Ein imposanter

Wall und Graben (Pfostenschlitzmauer mit genagelter Holzarmierung und eine Toranlage) schliesst den Sporn ab. Am linken Rheinufer, im Gebiet der alten Gasfabrik, liegt auf einer Schotterterrasse die unbefestigte, grosse Vorgängersiedlung des Münsterhügels mit einem Gräberfeld von ca. 130 Gräbern. Vieles, das uns durch Cäsar historisch überliefert ist, lässt sich durch die archäologischen Quellen nur schwer fassen: Über die ländlichen Siedlungen und Höfe im Hinterland grösserer befestigter Zentren wissen wir aus dem Gebiet zwischen Jura und Rhein im 1. Jh. v. Chr. so gut wie nichts. Um 44 v. Chr. wurde die römische Kolonie Augusta Raurica vom damaligen Statthalter in Gallien, Munatius Plancus, geplant. Wo sich diese befunden hat, wird in der Forschung gegenwärtig diskutiert.

Abb. 4: Vindonissa, Grabstein gefunden in Brugg, im römischen Friedhof an der Alten Zürcherstrasse «Caeno, Sohn des ... , Centurio der Cohors Hispanorum, aus Tancia Norbana, im Alter von 40 Jahren, mit 19 Dienstjahren, liegt hier begraben, Dundigus, Sohn des Boelus, sein Erbe, hat (den Stein) gesetzt»

## ZWISCHEN AARE UND RHEIN IN RÖMISCHER ZEIT

Die längerfristige Sicherung der Alpenübergänge wurde für die Römer in der 2. Hälfte des 1. Jh. v. Chr. immer wichtiger und im Anschluss an den Alpenfeldzug von Augustus, 15 v. Chr., wurde das Gebiet der Rauraker und Helvetier endgültig von römischen Truppen besetzt. In Windisch, auf dem markanten Geländesporn zwischen Aare und Reuss, liessen sich noch vor Christi Geburt erste römische Siedler nieder. Damals entstand hier wohl auch ein erster militärischer

Abb. 5: Möhlin-Chleematt, römischer Gutshof um 100 n. Chr., Ausgrabung Kantonsarchäologie Aargau 1983

Stützpunkt; ebenso gibt es in anderen Oppida, wie z. B. Basel-Münsterhügel, Indizien für eine Präsenz von römischem Militär. Mit der Errichtung des Legionslagers von Vindonissa (bis 101 n. Chr.) und mit der Gründung von zivilen Zentren (Städten und stadtähnlichen Siedlungen) im Schweizer Mittelland und nördlich des Bözberges entstanden nach und nach auch Gutshöfe im Hinterland, welche die Legionäre und auch die Zivilbevölkerung mit Nahrungsmitteln versorgten.

Die bereits 44 v. Chr. geplante, aber offenbar erst unter Augustus gebaute Stadt Colonia Raurica (heute Augst/Kaiseraugst), wurde nach einem geo-metrischen Muster zwischen Ergolz und Violenbach angelegt. Noch heute sind Teile öffentlicher Bauten wie die Curia, Theater und Tempel sichtbar. Die Gräber lagen an den Ausfallstrassen. Am Osttor haben sich sogar Reste eines grossen monumentalen Grabbaus erhalten. In der Unterstadt, gegen den Rhein zu, befanden sich vor allem die Handwerkerviertel. Neben Städten wie Augusta Raurica und dem Legionslager von Vindonissa gab es in römischer Zeit auch so genannte Vici, wie z. B. in Windisch, Baden oder Lenzburg (vicus bedeutet neben Quartier einer Stadt auch Dorf, respektive Kleinstadt). Aufgrund der vielen römischen Reste erwarten wir auch in Frick einen Vicus, eine kleine römische Stadt also, was an der Achse Augusta Raurica–Vindonissa und in der Nähe wichtiger Juraübergänge wie Benkerjoch und Staffelegg nicht überraschen würde.

Das bebaubare Land wurde durch Gutshöfe bewirtschaftet, die aus einem Herrenhaus (pars urbana) und aus den Wirtschafts- und Personalbauten (pars rustica) bestanden und unterschiedlich gross waren. Solche Gutshöfe waren über das ganze römische Gebiet verteilt und finden sich in den Tälern, aber auch im Tafeljura. Im Aaretal, aber auch im Jura nördlich des Bözberges wurden einige mehre-

**Einige Sehenswürdigkeiten, Brugg/Windisch und Umgebung**

– Sehenswertes Areal der Psychiatrischen Klinik Königsfelden mit Park. Auf dem Areal sichtbare Zeugen einer kontinuierlichen Entwicklung von der befestigten keltischen Siedlung bis zum Legionslager, Kloster Königsfelden, Bernische Landvogtei, Kantonale Psychiatrische Klinik (erbaut 1857), Springbrunnen u. a. m.
– Nord- und Westtor des Legionslagers
– Klosterkirche Königsfelden, Dienstag–Sonntag, im Sommer 9–12 und 14–17 Uhr, im Winter 10–12 und 14–16 Uhr. Eintritt Fr. 5.–
– Windisch, Lindhofstrasse 2, Altersheim: Kleine Ausstellung und Teil der römischen Wasserleitung, die das Wasser vom Birrfeld in das Lagerinnere führte und in der noch heute Wasser fliesst
– Büelturm, vermutlich spätrömische Mauerreste (2.– 4. Jh. n. Chr.), Schlupfpforte

*Abb. 6: Vindonissa, 1. Jh. n. Chr., Amphitheater*

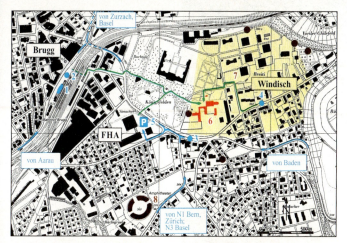

*Abb. 7: Situationsplan Brugg/Windisch*

*1 Bahnhof SBB*
*2 Busbahnhof*
*3 Postautohaltestelle «Post»*
*4 Postautohaltestelle «Breite»*

*5 Parkplatz Fachhochschule Aargau*
*6 Kloster und Klosterkirche*
*7 Vindonissa, römisches Legionslager*
*8 Amphitheater*
● *Sichtbare römische Ruinen*

re Hektaren grosse Betriebe ausgegraben, die wenigsten allerdings kaum je vollständig. Beispiele von römischen Gutsbetrieben aus unserem Gebiet sind Möhlin-Chleematt, Villnachern-Muracher, Bözen-Mei.

## ENTLANG DES RHEINS IN SPÄTRÖMISCHER ZEIT

Die römische Grenzbefestigung, der so genannte obergermanisch-rätische Limes, wurde gegen Ende des 1. Jahrhunderts gebaut und schützte das römische Reich während fast zwei Jahrhunderten vor germanischen Einfällen. Mitte des 3. Jahrhunderts wurde die politische Lage instabil (Alemannen-einfälle um 260/61 n. Chr.) und unter Kaiser Diokletian (284–305 n. Chr.) musste die Grenzbefestigung wieder an die natürlichen Grenzen, in unserem Gebiet an den Rhein, zurück verschoben werden. Vermutlich in dieser Zeit wurde auf dem Wittnauer Horn eine Befestigung angelegt. In der von Diokletian neu geschaffenen Provinz Maxima Sequanorum wurde unter Kons-

**Weitere Sehenswürdigkeiten in Brugg/Windisch und Umgebung**

– Friedhof Windisch, Ruine der Badeanlage einer römischen Strassenstation
– Altenburg, spätrömisches Kastell, heute Jugendherberge
– Habsburg, mittelalterliche Burgruine und Schloss, Restaurant
– Brugg, Schwarzer Turm und sehenswerte Altstadt, Stadtführungen
– Bözberg: Die am Bözberg in Teilen noch gut sicht- und erwanderbaren vier bis fünf Strassentrassees sind nach heutigem Forschungsstand mittelalterlich oder in der Neuzeit entstanden. Trotz dieser Erkenntnis gehen wir davon aus, dass auch die Römer von Vindonissa nach Augusta Raurica an einer Stelle über den Bözberg eine Strasse erbaut und unterhalten haben

413

*Abb. 8: Kaiseraugst, spätrömisches Kastell 4. Jh. n. Chr., heute noch sichtbare, mehrere Meter hohe, so genannte Heidenmauer*

tantin dem Grossen (306–337 n. Chr.) das Kastell Kaiseraugst, Castrum Rauracense, erbaut. Gemäss dem Historiker Ammianus Marcellinus (geb. um 330, gest. um 395 n. Chr.) war das Cas-

*Abb. 9: Kaiseraugst, Hardhof. Anlässlich des Autobahnbaus A 98/N 3 wurden 2001 zwei parallel verlaufende römische Wasserleitungen entdeckt, die dem Hang entlang Richtung Augst/Kaiseraugst führen*

trum Rauracense eines der wichtigsten Kastelle am Rhein. Stationiert war im Kastell die Legio I Martia. Entlang des Rheins wurden kleine, befestigte Anlagen aus Holz (Wachtürme, Speicher, Mannschaftsunterkünfte) errichtet.

Im 4. Jahrhundert n. Chr. mussten die Römer die militärische Grenzbefestigung gegen die Alemannen ständig weiter ausbauen. Unter Kaiser Valentinian (363–375 n. Chr.) entstanden ab 369 n. Chr. zirka 50 in Stein gebaute Wachtürme zwischen Kaiseraugst und Eschenz. Die Befestigung der südlichen Rheinlinie war damals Bestandteil des so genannten Donau-Iller-Rhein-Limes. Erhalten und heute noch im Gelände zu besichtigen sind die in der Regel quadratischen Fundamentreste der Wachtürme, die ursprünglich Holzaufbauten trugen. In unserem Gebiet sind solche Fundamentreste in Rheinfelden (Pferrichgraben), Möhlin (Fahrgraben und Untere Wehren), Wallbach (Stelli), Sulz (Rheinsulz), Schwaderloch (Unteres und Oberes Bürgeli), Full-Reuenthal (Jüppe) zu besichtigen. Wie wir uns römische Wachtürme generell vorzustellen haben, ist auf der Trajansäule in Rom dargestellt. 401 n. Chr. zog der weströmische Feldherr Stilicho seine Truppen aus dem Gebiet nördlich der Alpen ab und die Befestigungen zerfielen. Das romanisierte Gebiet wurde nach und nach von Alamannen besiedelt.

### DIE BESIEDLUNG IM MITTELALTER UND IN DER FRÜHEN NEUZEIT

Nach dem Zerfall des Weströmischen Reiches kam die Nordschweiz für kurze Zeit unter ostgotische und dann für vier Jahrhunderte unter fränkische Herrschaft. Die Frankenkönige teilten ihr Reich in Gaugrafschaften ein. In der Nordwestschweiz entstand zunächst der Augstgau, der im Verlauf des 9. Jahrhunderts in den Siss-

gau, Buchsgau und Frickgau aufgeteilt wurde.

Gefördert von den fränkischen Lan-
desherren setzte im frühen Mittelalter mit der Einwanderung der Alemannen in der Nordwestschweiz ein
neuer dynamischer Siedlungspro-
zess ein: vom 6. bis 9. Jahrhundert
gründeten sie eine Vielzahl der heute
existierenden Dörfer und Weiler.

Anfänglich noch Heiden, nahmen die
Alemannen im 7. Jahrhundert das
Christentum an. Ihre Christianisierung ging von den kirchlichen Instanzen der galloromanischen Restbevöl-
kerung aus, mit der die Alemannen in
Eintracht lebten. Eine nicht unbedeu-
tende Rolle spielten zudem fränkische und irische Missionare, unter ihnen der hl. Fridolin, dem zu Ehren im
7. Jahrhundert das Kloster Säckingen
gegründet wurde.

Im späten 9. Jahrhundert zerfiel das
Frankenreich in mehrere Staaten. Der
Augstgau gelangte an das Königreich
Burgund und zu Beginn des 11. Jahr-
hunderts an das Deutsche Reich. Die
Zunahme der Bevölkerung in Folge
klimatisch günstiger Bedingungen
löste die Kolonisation bislang unbe-

*Abb. 10: Frick, Kirchhügel, Waffenbeigaben
eines frühmittelalterlichen Männergrabes
(Schwert, Kurzschwert, Lanzenspitze und
Schildbuckel) 7. Jh. n. Chr.*

*Abb. 11: Sulz, römischer Wachturm Rhein-
sulz 2. Hälfte 4. Jahrhundert*

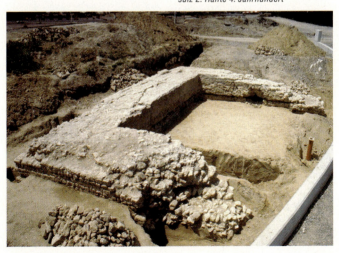

siedelter Landstriche aus. Auf den Jurahöhen wurde durch Rodung Neuland gewonnen. Als treibende Kraft dieser Rodungsunternehmungen trat der Adel in Erscheinung. Nicht zuletzt um seine Herrschaftsansprüche auf das gewonnene Neuland zu sichern, erbaute er Burgen.

Über eine starke Position im oberen Fricktal verfügten die Grafen von Homberg. Bei Wittnau und Gipf-Oberfrick besassen sie die Burgen Alt Homberg und Alt Tierstein. Weitere Hochadelsburgen lagen am Rhein. Bei Rheinfelden auf der Insel Stein stand der Sitz der Grafen von Rheinfelden, der durch Erbschaft an die Zähringer und später an die Habsburger überging. Bei Laufenburg befand sich der Sitz der Grafen von Habsburg-Laufenburg. In der Jurazone südlich und östlich von Laufenburg sowie im unteren Aaretal lagen Burgen edelfreier Familien. Südwestlich davon folgten Festen habsburgischer und kyburgischer Dienstadeliger.

Neben Burgen gründeten rivalisierende Hochadelsgeschlechter auch die Städte Rheinfelden und Laufenburg. Beide gingen aus einem Dorf in verkehrsgeografisch günstiger Lage hervor. Rheinfelden lag an einem Flussübergang und an der wichtigen Verkehrsverbindung, die von der Oberrheinischen Tiefebene über Basel und Zürich zu den Bündner Pässen und weiter nach Italien führte. Bereits in der zweiten Hälfte des 12. Jahrhunderts wurde das Dorf Rheinfelden durch die Zähringer zur Stadt erhoben; eine Erweiterung auf das heutige Altstadtareal erfolgte im frühen 13. Jahrhundert.

Bei Laufenburg mussten die Schiffe vor der Durchfahrt durch die Stromschnellen entladen werden, und zudem bot sich der Engpass zwischen Felsen zum Bau einer Brücke an. Weiter bestanden hier schon zu Beginn des 13. Jahrhunderts Eisenwerke. Diese wirtschaftlich günstigen Voraussetzungen bewogen die Habsburger im frühen 13. Jahrhundert zur Gründung einer Stadt. Das Unterfangen scheiterte zwar zunächst am Einspruch des Klosters Säckingen, dem Grund und Boden gehörte, konnte dann aber bald nach 1207 im Einvernehmen mit dem Konvent realisiert werden.

Im Wirtschaftsleben der Region dominierte die Landwirtschaft. Daneben kam von Alters her dem Eisengewerbe grosse Bedeutung zu. Bei Erlins-

*Abb. 12: Schupfart, Herrain, Holz-Erd-Burg (so genannte Motte) um 1000 n. Chr.*

*Abb. 13: Densbüren, Ruine Urgiz*

bach, in Herznach und Wölflinswil wurden oolithische Eisenerzlagerstätten ausgebeutet. Auf dem Bözberg, bei Zeihen wurde nach Bohnerzen geschürft. Der Erzabbau erfolgte im Tage- und Untertagebau. Spuren verfüllter Schächte, die so genannten Pingen, finden sich im Junkholz bei Wölflinswil, und ein Tagebau hat Spuren in der Weichle bei Ueken hinterlassen.

Die Verhüttung der Erze erfolgte zunächst in der Nähe der Gruben. Davon zeugen Flurnamen wie Blaygen (Blasofen) und der Name Feuerberg in der Gemeinde Gipf-Oberfrick. Die in grossen Mengen als Brennstoff für die Schmelzöfen benötigte Holzkohle führte zur Abholzung der Wälder, was fatale Folgen zeigte: Erosion an den Berghängen und Überschwemmungen der Talböden setzten ein. Bei der Verena-Kapelle in Herznach weist die in drei Jahrhunderten durch Hochwasser

*Abb. 14: Thalheim, Ruine Schenkenberg*

abgelagerte Schlammschicht eine Dicke von 1,7 m auf.

Schliesslich zwang die Übernutzung der Wälder zur Verlegung der Hüttenwerke an den Rhein, wo auf die schier unerschöpflichen Holzreserven des Schwarzwaldes zurückgegriffen werden konnte. In seiner Blütezeit um 1550, so berichtet der Basler Gelehr-te Sebastian Münster, warf das Fricktaler Eisengewerbe jährliche Gewinne von 20 000 Gulden ab. Der Niedergang erfolgte im 17. Jahrhundert, als das Fricktal unter Pestseuchen und der schwedischen Besetzung im Dreissigjährigen Krieg zu leiden hatte.

**ELISABETH BLEUER UND PETER FREY**

*Abb. 15: Habsburg, mittelalterliche Ruine/Schloss*

# BAROCKE KUNST ZWISCHEN RHEIN UND JURA

Im Rahmen der 1972 abgeschlossenen Innenrestaurierung der Herznacher Pfarrkirche St. Nikolaus wurde an der Westwand ein Fresko freigelegt, das einen Doppeladler mit dem österreichischen Bindenschild zeigt. Die Hoheitszeichen erinnern daran, dass das Fricktal bis zu Beginn des 19. Jahrhunderts einen Teil des römisch-deutschen Reiches und des habsburgischen Herrschaftsgebietes bildete. Grenzsteine und Wirtshausschilder, aber auch eine Wetterfahne auf der Spitze des Kirchturmes von Mettau lassen diese reiche Vergangenheit unvermittelt in der Gegenwart aufleuchten.

*Abb. 1: Laufenburg, Gerichtssaal. Die Wappentafel des Kaisers Matthias (1557–1619) entstand um 1614 in der Werkstatt des ortsansässigen Brüderpaares Heinrich und Melchior Fischer*

Die Kameralherrschaften Rheinfelden und Laufenburg lagen im südlichsten Bereich des vorderösterreichischen Breisgaus. Die Verwüstungen des Dreissigjährigen Krieges (1618–1648) warfen auch dieses Randgebiet des habsburgischen Vielvölkerreiches in seiner Entwicklung weit zurück. Wie im vollständig geplünderten Zisterzienserinnenkloster Olsberg dauerte es oft Jahrzehnte, bis die immensen materiellen Schäden behoben werden konnten.

Im Westfälischen Frieden mussten die Vertreter des Kaisers 1648 zu Gunsten der französischen Unterhändler ihren Verzicht auf die Reichsgebiete im Elsass erklären, die zu den ältesten Stammlanden des Hauses Habsburg zählten. Damit rückte der vorderösterreichische Grenzraum zwischen Jura und Schwarzwald in die unmittelbare Nähe des westlichen Nachbarlandes. Insbesondere Rheinfelden, Säckingen, Laufenburg und Waldshut wurden während des späten 17. und in der ersten Hälfte des 18. Jahrhunderts häufig zu Angriffszielen französischer Truppen. Während die Städte der benachbarten Eidgenossenschaft in diesem Zeitraum eine kontinuierliche wirtschaftliche Entwicklung erlebten, die sich auch in der profanen Repräsentationsarchitektur niederschlug, konnten sich Handel und Gewerbe in den grenznahen Garnisonsstützpunkten nur in engem Rahmen entfalten. Fassadenmalereien, Stuckdekor oder verspielte Giebelornamente blieben wenigen Akzentbauten vorbehalten. Schlichtheit und Uniformität prägen deshalb noch heute die Strassenzüge der vier vorderösterreichischen Waldstädte.

Neben den Rathäusern von Rheinfelden und Waldshut fanden barocke Schmuck- und Ausstattungselemente vereinzelt auch an Verwaltungsbauten der Landesherrschaft, an Bürgerhäusern und Gasthöfen Verwendung. Das mit spätbarocken Grisaille-Malereien dekorierte Haus Zum Schiff

*Abb. 2: Frick, Friedhofkapelle. Die beinahe lebensgrossen Figuren der Kreuzigungsgruppe lassen in Körperhaltung, Gewandstil und Gebärdensprache bereits barocke Gestaltungskraft erkennen*

in Laufenburg, die in den Formen des Dixhuitième errichteten Bauten des ehemaligen Schaffnereigebäudes der Kommende Beuggen in Frick und des früheren Gasthofes Zum Goldenen Adler in Rheinfelden, aber auch das mit qualitätvollen Stuckaturen ausgestattete Gasthaus Zum Schwert in Hornussen, oder die reich bemalte Felderdecke im repräsentativen Landsitz der Herren von Schönau in Oeschgen bilden Ausnahmeerscheinungen innerhalb einer weithin bescheidenen profanen Bau- und Wohnkultur. Demgegenüber findet sich in den Randgebieten Vorderösterreichs eine glanzvolle barocke Sakralkunst. Vor dem

düsteren Hintergrund kriegsbedingter Verwüstungen und verhaltener wirtschaftlicher Prosperität überrascht nicht nur die geografische Dichte, sondern auch die hohe künstlerische Qualität der Arbeiten.

## ZEUGNISSE DES FRÜHBAROCKS

In den Werken der Gebrüder Heinrich und Melchior Fischer gewannen in der ersten Hälfte des 17. Jahrhunderts neue, ausdrucksvoll-bewegte Darstellungsformen Gestalt. Etwa zur selben Zeit wie ihr Hauptwerk, das Chorgestühl der Stiftskirche Beromünster, schufen sie 1607 den Hochaltar der Rheinfelder Martinskirche. Wie verschiedene Arbeiten, die in der Laufenburger Werkstatt der beiden Bildhauer entstanden sind, steht das streng gegliederte, zweigeschossige Bildretabel am Übergang zwischen Renaissance und Frühbarock. Die Reliefs und Skulpturen der Gebrüder Fischer – etwa die Kreuzigungsgruppe in der Friedhofkapelle in Frick – zeichnen sich denn auch bereits durch eine freiere gestalterische Durchbildung aus und weisen den Weg zu einer neuen Auffassung von Körper und Raum.

## DIE AUSSTRAHLUNG DES ADELIGEN DAMENSTIFTES SÄCKINGEN

Durch die katholische Reform begünstigt, öffnete sich nach dem Dreissigjährigen Krieg auch der südliche Breisgau rasch der architektonischen und künstlerischen Formensprache des Barocks. Die führenden Meister, die hier im ausgehenden 17. und beginnenden 18. Jahrhundert eine breite Tätigkeit entfalteten, waren zunächst vor allem Vorarlberger und Bregenzer Bauleute. Als bedeutendste Auftraggeber traten Klöster und Stifte auf, die auch in den ihnen unterstellten Kollaturpfarreien oft beträchtliche Mittel

*Abb. 3: Bad Säckingen, Fridolinsmünster. Das zentrale Deckengemälde im Langhaus zeigt die Verherrlichung des heiligen Fridolin. Von den filigranen Stuckaturen Johann Michael Feichtmayrs umspielt, öffnet die grosszügig angelegte Darstellung Franz Josef Spieglers den realen Raum auf die Sphäre des Jenseits hin*

investierten. Die barocke Umgestaltung oder die Neuerrichtung von Sakralbauten und Pfarrhäusern bildeten einen wesentlichen Teil des Auftragsvolumens. Daneben waren aber auch zahlreiche Verwaltungs- und Ökonomiebauten wie die Mühle des Stiftes Säckingen in Kaisten oder das Schaffnereigebäude der Kommende Beuggen in Frick veränderten Bedürfnissen anzupassen oder neu zu erstellen.

Das Stift Säckingen, ein Brennpunkt des geistlich-kulturellen Lebens, war auf kirchlicher, wirtschaftlicher und politischer Ebene eng mit dem Geschehen zwischen Jura und Schwarzwald verbunden. Weltliche und geistliche Autorität der Säckinger Fürstäbtissin bildeten eine untrennbare Einheit. Die Verehrung des heiligen Fridolin als Patron von Kloster und Landschaft war in der Glaubenspraxis dies- und jenseits des Rheins tief verankert und fand während der Barockzeit in einer glanzvollen liturgischen Tradition einen sinnenfälligen Ausdruck.

Der Innenraum des Fridolinsmünsters erhielt seine heutige Gestalt im Anschluss an einen Grossbrand, der im Dezember 1751 die Obergeschosse der Türme und Teile des Langhauses zerstörte. Der schmale, hochstrebende Baukörper vermittelt noch gotisches Raumgefühl. Die leichte Rokoko-Stuckornamentik Johann Michael Feichtmayrs überspielt jedoch die architektonischen Gliederungselemente und verbindet sich im differenziert ausgestalteten Gewölbe mit den Fresken Franz Josef Spieglers. In raffinierter Perspektive aufgebaut, öffnen die Gemälde den Blick auf imaginäre Räume und in himmlische Sphären. In der Verbindung von realem Raum und illusionistischer Gestaltung, in der Verwendung fein abgestufter Farbakzente und reich instrumentierter Dekorationselemente verwirklicht sich das barocke Ideal eines sakralen Festsaales.

*Abb. 4: Herznach, Pfarrkirche St. Nikolaus. Unter Fachleuten gilt die Herznacher Choranlage als «eines der reizvollsten Raumgebilde der barocken Schweiz». Vergleichbare Lösungen wurden zu Beginn des 18. Jahrhunderts im bayerischen Kulturraum verwirklicht*

## EIN AUSSERGEWÖHNLICHES GESTALTUNGSKONZEPT

Verschiedene Künstler, die während des 17. und 18. Jahrhunderts am Säckinger Fridolinsmünster wirkten, führten danach im Hochrheinraum weitere Aufträge aus und beeinflussten mit ihren Arbeiten auch einheimische Fachkräfte. Johann Pfeiffer, der Schöpfer des Chorgestühls und des Hochaltars im Fridolinsmünster, trat 1718/19 beim Neubau des Herznacher Chores als leitender Baumeister auf. Offenbar hatte der aus dem bayerischen Bernbeuren bei Schongau stammende Architekt auch die Pläne für die Anlage geliefert.

Erstaunlich früh wurde in Herznach die Idee eines zweischaligen, elliptischen Chores realisiert. Als Verbindung von Längs- und Zentralbau entsprach der Ovalraum einem Ideal barocker Architekturkonzeption. Trotzdem kennt die Herznacher Anlage im regionalen Vergleich keine Parallelen. Ohne dass sich unmittelbare Anknüpfungspunkte nennen lassen, bleibt zu vermuten, dass der Grundgedanke zum Herznacher Projekt der bayerischen Bautradition entstammte. In der Barockarchitektur der Schweiz und des unmittelbar benachbarten süddeutschen Raumes bildet die Herznacher Choranlage jedenfalls eine der interessantesten Schöpfungen. Auf Initiative des baufreudigen Pfarrherrn Franz Joseph Herschi begonnen, verschlang der aufwändige Neubau nahezu das Dreifache der vom Kollator bewilligten Bausumme. Bei der Einweihung von 1719 war die Ausstattung noch nicht vollendet. Francesco Antonio Giorgioli führte die originelle Architektursprache des überkuppelten Ovalchores in geschickt angelegten scheinperspektivischen Fresken weiter. Auch Johann Isaak Freitag, der um 1732 neben der Kanzel auch den Hochaltar lieferte, bezog die Raumschale in sein qualitätvolles Bildprogramm ein. Vor einer stürmisch bewegten Gloriole im Altaraufsatz stehend, überreicht Maria den Rosenkranz an das Heiligenpaar Dominikus und Katharina von Siena, die vor den Mittelpfeilern der Seitenoratorien aufgestellt sind und sich über den Chorraum hinweg mit empfangender Gebärde der Spenderin zuwenden.

## KÜNSTLERISCHE UND KUNSTHANDWERKLICHE TÄTIGKEIT VON HOHER QUALITÄT

Der aus Rheinfelden stammende Johann Isaak Freitag scheint auf seiner Wanderschaft bis nach Wien gekommen zu sein. In seine Heimatstadt zurückgekehrt, stieg er rasch zum führenden Bildhauer der Region am Hochrhein auf. In seiner Rheinfelder Werkstatt entstanden zahlreiche Einzelplastiken wie die variationsreichen Statuenfolgen an den Kanzeln im Säckinger Münster und in der Pfarr-

*Abb. 5: Olsberg, ehemalige Klosterkirche. Die Figur des heiligen Johannes des Täufers am Hochaltar stammt aus der Hand des Rheinfelder Bildhauers Johann Isaak Freitag, der zu den führenden Künstlern des Barocks am Hochrhein zählte*

*Abb. 6: Leidikon bei Sulz, Kapelle St. Nikolaus. Die Stuckaturen und die Fresken des sakralen Kleinbaus zeugen von einem breiten fachlichen Wissen und dem hohen Niveau künstlerischer Ausdruckskraft, die im Umfeld von Grossprojekten wie der Ausstattung des Säckinger Münsters verfügbar waren. Die Tätigkeit führender Meister schlug sich in den Werken regionaler Kunsthandwerker nieder, die in zahlreichen Pfarreien zwischen Jura und Schwarzwald eigenständig Aufträge ausführten*

kirche Kaisten oder die ausdrucksstarken Darstellungen des Heiligen Johannes des Täufers und des Heiligen Josef am Hochaltar der Klosterkirche Olsberg. Nach den Arbeiten in Herznach verwirklichte er um 1734 als letzten grossen Auftrag den Sebastiansaltar in der Rheinfelder Martinskirche.

Im Rahmen der zahlreichen Umgestaltungs- und Neubauprojekte ergab sich ein fruchtbares Zusammenwirken verschiedener Werkkreise. Eine Gruppe von Stuckateuren aus dem Umfeld der Gebrüder Neurone schuf in der Pfarrkirche Frick zu den Fresken Francesco Antonio Giorgiolis ein qualitätvolles Rahmenwerk. Aus dem grösseren Verband von Kunsthandwerkern aus Wessobrunn und Vorarlberg gingen einige Persönlichkeiten hervor, die als Gehilfen bedeutender

Meister eine hohe Fertigkeit erreicht hatten. Sie liessen sich in den vorderösterreichischen Waldstädten nieder und entfalteten hier eine breite Tätigkeit. Zu ihnen zählte etwa Johann Martin Fröwis, der bei der Umgestaltung der Rheinfelder Martinskirche nicht nur als planender und leitender Architekt auftrat, sondern auch die feingliedrige Stuckplastik ausführte. Die Fresken Franz Josef Spieglers im Säckinger Fridolinsmünster beeinflussten dessen Gehilfen Anton Morath aus Grafenhausen, der wenige Jahre später die Deckengemälde in der Laufenburger Pfarrkirche St. Johann schuf. Sie fügen sich ein in die von spielerischer Leichtigkeit durchdrungenen Stuckaturen Johann Michael Hennevogels, der zunächst unter der Leitung Johann Michael Feichtmayrs am Fridolinsmünster gearbeitet hatte und danach in verschiedenen Pfarrkirchen eigenständige Dekorationssysteme realisierte.

Im Umfeld der verschiedenen Werkkreise arbeitete stets eine grössere Zahl von namentlich nicht mehr durchgehend fassbaren Kunsthandwerkern. Sie gelangten im Laufe der Jahre oft zu einer hohen Fertigkeit und konnten kleinere Aufträge auch in eigener Verantwortung realisieren. Die qualitätvollen Ausstattungen kleinerer Bauten wie der Kapellen von Wil und Leidikon bei Sulz belegen, dass in diesem Zeitraum eine grössere Zahl ortsansässiger Fachkräfte verfügbar war, die mit und neben bedeutenden Meistern wirkten.

Unter dem Einfluss der barocken Um- und Neubauten in Säckingen und Arlesheim hatten die Rheinfelder Kanoniker den Chor der Stiftskirche St. Martin neu ausstuckieren lassen. Diese Massnahme gab auch den städtischen Behörden Anlass, das baulich vernachlässigte und dunkle Langhaus zeitgemäss zu erneuern. In

keinem anderen Sakralbau des Fricktals haben ausschliesslich einheimische und ortsansässige Meister eine derart reiche und qualitätvolle künstlerische Ausstattung geschaffen. Besondere Akzente erhält das vielfältige Ensemble durch die Folge bedeutender Schnitzaltäre aus dem 17. und 18. Jahrhundert, deren ausgezeichnete Skulpturen eine lückenlose regionale Werkstatttradition belegen. Während die Rheinfelder Chorherren vorwiegend lokale Kunsthandwerker

berücksichtigten, zogen die Säckinger Stiftsdamen für ihre Bau- und Ausstattungsaufträge häufig Fachkräfte aus einem weiteren geografischen Umfeld heran. 1740 erteilte die Säckinger Fürstäbtissin Maria Josepha von Liebenfels Johann Caspar Bagnato den Auftrag, das Westportal und den Chorbereich des Säckinger

Fridolinsmünsters neu zu gestalten. Der Baumeister des deutschen Ritterordens gehörte zu den fruchtbarsten Architekten seiner Zeit und hinterliess im süddeutschen Raum eine grosse Zahl qualitätvoller Werke. Zu den verschiedenen Aufträgen, die er im Gebiet der Ballei Elsass-Burgund

die, wie vier Jahre zuvor in Zuzgen, von einheimischen Handwerkern ausgeführt wurden. Die Originalität des Wegenstetter Projektes liegt in der Choranlage, die als schwach gedehntes Queroval an das Langhaus anschliesst. Den Übergang zwischen beiden Raumeinheiten vermittelt die

*Abb. 8: Wegenstetten, Pfarrkirche St. Michael. Einem barocken Formprinzip folgend, war Johann Caspar Bagnato bei der Planung des Baus bestrebt, die Teilräume von Langhaus und Chor organisch miteinander zu verbinden. Obschon die Ausstattung verschiedenen Epochen angehört, präsentiert sich die Wegenstetter Pfarrkirche als geschlossenes Gesamtkunstwerk, das mit der Ausmalung der Deckenspiegel 1985 einen weiteren prägenden Akzent erhielt*

ausführte, gehörten auch die Erweiterungs- und Umbauarbeiten in der Kommende Beuggen.

Neben der letzten barocken Umgestaltung an der Aussenfassade des Fridolinsmünsters übertrug ihm die Fürstäbtissin auch ausserhalb des Stiftsbezirks verschiedene Aufgaben. Nach dem Pfarrhaus in Laufenburg übernahm Bagnato 1741 die Planung und Leitung beim Neubau der Pfarrkirche in Wegenstetten. Gegen eine Pauschalsumme verpflichtete sich der Architekt zur Übernahme aller Maurer- und Zimmermannsarbeiten,

konkav gerundete östliche Schiffswand, der zwei um 1760 entstandene Rokokoaltäre vorgestellt sind. Die elegante Formulierung der Chorüberleitung gehört zu einem Grundbestand von Kompositionselementen, die Bagnato 1731 beim Bau der Kapelle der Deutschordenskommende auf der Insel Mainau erstmals in einem architektonischen Konzept vereinigte und in der Folge mehrfach lokalen Gegebenheiten anpasste.

## ALTÄRE ALS PRÄGENDE RAUMAKZENTE

Die zentrale Bedeutung, die den Altären in der Glaubenspraxis und im liturgischen Geschehen zukam, wurde durch eine reiche künstlerische Ausgestaltung zusätzlich unterstrichen. Die um 1646 gestifteten Werke in den Seitenkapellen der Pfarrkirche St. Peter und Paul in Frick sind noch

*Abb. 9: Frick, Pfarrkirche St. Peter und Paul. Der um 1740/50 entstandene Hochaltar zählt zu den originellsten Schöpfungen barocker Altarbaukunst im Fricktal. Das ideenreich inszenierte Werk fügt sich in einen farbenfrohen Kirchenraum ein, dem der Tessiner Freskant Francesco Antonio Giorgioli und eine Gruppe von Stuckateuren aus dem Umfeld der Gebrüder Neurone zu einer aussergewöhnlichen Ausstrahlung verholfen haben*

der Fläche verhaftet und zeigen nur wenige vollplastische Akzente. An der etwa 25 Jahre später entstandenen Seitenaltargruppe der Stadtkirche St. Johann in Laufenburg erscheinen dann reich gefasste rankenverzierte, gewundene Säulen unter einem kräftig profilierten Gebälk. Demselben Formenrepertoire ist auch der Hochaltar der Klosterkirche Olsberg verpflichtet, den vermutlich Johann Viktor Scharpf um 1673 schuf.

Obschon sie oft in zeitlicher Distanz zur übrigen Ausstattung entstanden, wurden die Altäre mit grossem Einfühlungsvermögen als Akzent- und Höhepunkte in den vorgegebenen Rahmen eingefügt. Im majestätischen Hochaltar der Pfarrkirche von Frick haben Gestaltungskraft und Einfallsreichtum des Spätbarocks einen vollendeten Ausdruck gefunden. Das vielfach geschwungene Tabernakelgehäuse begleiten vier

korinthische Säulen mit konzentrisch emporstrebenden Aufsatzvoluten, die eine mächtige Spangenkrone tragen. Der schwungvoll inszenierte Baldachin birgt zwischen den schräg gestellten Säulenpaaren die lebensgrossen Statuen der Kirchenpatrone Petrus und Paulus. Wie ein kostbar gearbeiteter Schrein fügt sich der Säulenbau in den lichterfüllten Chorraum ein und setzt in der vielstimmigen Ausstattungskomposition einen voll klingenden Schlussakkord.

Das Konzept eines Baldachinaltares wurde auch in der Zeininger Pfarrkirche St. Agatha in einer originellen Lösung umgesetzt. Das kompakte, von vier Säulen flankierte Bildretabel schliesst in der Oberzone mit einer elegant geschwungenen Spangenhaube. Aufbau und Ausstattung des Werkes sind dem Hochaltar vergleichbar, den der Zeininger Patronatsherr, das Basler Domkapitel, 1759 durch Francesco Pozzi im Dom zu Arlesheim errichten liess.

Als spannungsreicher Dialog zwischen zwei Spätstilen präsentiert sich der Hochaltar der Laufenburger Pfarrkirche, der zwischen 1770 und 1772 in den Chorraum eingefügt wurde. Die spielerische Sprache des Rokokos, die sich kühn geschwungener Stege und Voluten bedient, gewinnt vor den hohen spätgotischen Masswerkfenstern an Aussagekraft.

Die Vereinigung von Raum, Farbe, Form und Licht zum barocken Ideal eines fein abgestimmten, harmonischen Gesamtklanges konnte nur im Zusammenspiel verschiedener günstiger Voraussetzungen Gestalt gewinnen. Neben ausgewiesenen Kunsthandwerkern war die Realisierung dieser kulturellen Höchstleistungen vor allem auch von einer hohen materiellen Leistungsbereitschaft der Bauherrschaft abhängig.

## AUSGEREIFTE WERKE DES ROKOKOS

Die Talpfarrei Mettau gehörte zu den einträglichsten Pfründen des Stiftes Säckingen. Bereits 1670 war auf Kosten der Kirchgemeinde ein neuer Turm errichtet worden. Pfarrer Franz Josef Gerber, der 1757 verstarb, hatte ein beträchtliches Vermögen hinterlassen. Auf dieser materiellen Grundlage konnte auch der Neubau des Langhauses und des Chorraumes in Angriff genommen werden.

Die Pläne für den Neubau der Mettauer Pfarrkirche erarbeitete Johann Schnopp aus dem vorarlbergischen Schnifis. Er setzte das Projekt mit der Unterstützung von Maurermeister Fridolin Obrist aus Galten bei Gansingen um. In den Pilastern, die im Wechsel mit hohen Rundbogenfenstern die Raumabfolge rhythmisch begleiten, klingt noch schwach das Schema einer vorarlbergischen Wandpfeilerkirche nach. Über ausladenden Kämpfergesimsen spannt

sich ein weites Spiegelgewölbe, das von tief einschneidenden Stichkappen durchformt wird. Der Rheinfelder Freskant Franz Fidel Bröchin und der aus Vorarlberg stammende, in Laufenburg eingebürgerte Stuckateur Lucius Gambs fügten in diesen architektonischen Rahmen ein Dekorationssystem ein, das zu den besten Schöpfungen des Rokokos in den Landkirchen des Hochrheinraumes zählen kann.

Die über Jahrhunderte dauernde enge Beziehung zwischen dem Stift Säckingen und der Pfarrei Mettau hat auch in der Raumanlage einen sichtbaren Ausdruck gefunden. Über der Sakristei öffnet sich ein Oratorium mit vorkragender Brüstung gegen den Chorbereich hin. Von hier aus pflegten die Äbtissin und die Stiftsdamen den Gottesdiensten beizuwohnen, wenn sie im gotischen Herrenhaus in Etzgen weilten. Damit der Priester auch während der Predigt ihren Blicken nicht entzogen blieb, wurde die Kanzel an der schräg gegenüberliegenden Epistelseite des Kirchenschiffes errichtet.

Bis ins späte 18. Jahrhundert blieb die Grenze zwischen den Tätigkeitsbereichen des Handwerkers und des bil-

*Abb. 10: Mettau, Pfarrkirche St. Remigius. Der Freskant Franz Fidel Bröchin und der Stuckateur Lucius Gambs fügten dem klar gegliederten Raum um 1775 ein farblich fein abgestimmtes Dekorationsprogramm ein, das sich mit der in grauen, braunen und violetten Tönen gefassten Altargruppe zu einer variationsreichen Komposition verbindet*

denden Künstlers fliessend. Fachliches Können und individuelle Innovationskraft bildeten eine untrennbare Einheit. Für diese Verbindung legt das

*Abb. 11: Rheinfelden, Stadtkirche St. Martin. Neben einem reichen Paramentenbestand erinnert auch ein bedeutender Kirchenschatz an die liturgische Praxis am ehemaligen Chorherrenstift. Zu den herausragenden Arbeiten zählen zwei silberne Leuchterengel, die auf Vorlagen des bekannten Rokokobildhauers Ignaz Günther beruhen*

reich gestaltete Chorgitter des einheimischen Meisters Sebastian Hirt in der Laufenburger Stadtkirche ebenso Zeugnis ab, wie die zahlreichen, phantasievoll komponierten Wirtshausschilder, die noch an zahlreichen Gaststätten zum Verweilen einladen. Die kostbarsten Zeugnisse kunsthandwerklicher Arbeit und Gestaltung entstanden in den Werkstätten der Goldschmiede. Neben Arbeiten lokaler Meister aus Basel, Rheinfelden und Laufenburg werden in den Kirchen- und Stiftsschätzen am Hochrhein auch Werke aus einem weiteren geografischen Umfeld, insbesondere aus Augsburg, verwahrt.

Zu den bedeutendsten Arbeiten zählt der silberne Fridolinsschrein. Die letzte Fürstäbtissin, Maria Anna von Hornstein-Göffingen, liess das Werk 1764 für rund 8000 Gulden in Augsburg herstellen. Der ausgesprochen hohe Preis gibt einen deutlichen Hinweis auf die komplizierte und langwierige Ausführung des Schreins, die sich über fast sechs Jahre hinzog.

Eine besondere Kostbarkeit des Rheinfelder Kirchenschatzes bilden zwei silberne Leuchterengel von herausragender bildhauerischer Qualität. Sie entstanden in der Werkstatt des Münchner Goldschmieds Joseph Friedrich Canzler und wurden offenbar nach geschnitzten Werkmodellen Ignaz Günthers geformt, der zu den Hauptvertretern des süddeutschen Spätbarocks gehörte.

1771 schuf Lucius Gambs die feingliedrige, in den Formen des späten Rokokos gehaltene Stuckdecke des Laufenburger Gerichtssaales. Einen weiteren Akzent erhält das helle, lichte Interieur durch drei Herrschergemälde. Noch heute sitzt der Präsident des Bezirksgerichtes Laufenburg während der Verhandlungen unter dem ganzfigurigen Bildnis Kaiser Josephs II. Zur Rechten der Richter ergänzen die Porträtdarstellungen Kaiserin Maria Theresias und ihres Gatten, Franz Stephans von Lothringen, die qualitätvolle Ausstattung, die zu den Glanzpunkten profaner Raumgestaltung des Rokokos am Hochrhein zählt.

### AUSKLANG

Nur drei Jahre nach Vollendung der Stuckdekoration errichteten die Hafnermeister Durst aus Lenzkirch im Laufenburger Gerichtssaal einen klassizistischen Kuppelofen. Im stilistischen Wandel, der sich während der ausklingenden habsburgischen Herrschaftszeit am Hochrhein Bahn brach, wurden die tiefgreifenden po-

*Abb. 12: Laufenburg, Gerichtssaal. In der Ausstattung des Amtsraumes ist die Erinnerung an die Spätphase der habsburgösterreichischen Herrschaft am Hochrhein lebendig geblieben*

litischen Veränderungen der folgenden Jahre gleichsam vorgezeichnet. Mit dem Friedensvertrag von Lunéville endete im Februar 1801 auf völkerrechtlicher Ebene die über Jahrhunderte gewachsene Zugehörigkeit des Fricktals zum vorderösterreichischen Verwaltungsgebiet.

Der Klassizismus, der die Architektur und Dekorationskunst zu Beginn des 19. Jahrhunderts prägte, wurde nun auch zum charakteristischen Stil des 1803 neu gegründeten Kantons Aargau. Die an der Antike orientierte, puritanisch-strenge Formensprache verlieh dem republikanischen Geist des jungen Staatswesens zeichenhaft Ausdruck und wirkte bis in die Frühzeit der Industrialisierung nach.

Im Fricktal bleibt die Erinnerung an die habsburgische Herrschaftszeit aber weiterhin wach. Unter den Zeichen von Doppeladler und Bindenschild schufen ansässige und ortsfremde Künstler zeitlos gültige Werke, die dank der Restaurationsbemühungen der letzten Jahrzehnte wieder zu ihrer ursprünglichen Aussagekraft zurückgefunden haben und auch den Menschen des 21. Jahrhunderts immer wieder neu in ihren Bann zu ziehen vermögen.

**PATRICK BIRCHER, HISTORIKER**

# DIE VIER WALDSTÄDTE AM RHEIN

In einem habsburgischen Urbar, einem Werk über die Verwaltungsorganisation, geschrieben nach 1300, werden Waldshut, Laufenburg, Säckingen und Rheinfelden als die «Waldstädte am Rhein» bezeichnet. Diesen vier Städten unter vorderösterreichischer Herrschaft war die verbindende Funktion als Brückenköpfe zwischen den Landschaften auf beiden Seiten des Rheins gemeinsam. Ihr wirtschaftliches Hinterland waren das Fricktal, der Schwarzwald, insbesondere der Hotzenwald, und weiter westlich der Dinkelberg. Auch der Rhein hat das Leben der Menschen in dieser Region schon immer stark geprägt. Bis zur Neuordnung des deutschen Südwestens zu Beginn des 19. Jahrhunderts durch Napoleon I. blieben die Waldstädte Zentren der Wirtschaft und politischen Verwaltung sowie militärische Stützpunkte der vorderösterreichischen Landesherrschaft.

## RHEINFELDEN

Rheinfelden ist die am nächsten bei Basel gelegene und die älteste Stadt im Kanton Aargau. Zwar erhielt Rheinfelden erst um 1130 das Stadtrecht, doch reichen die Anfänge bis ins 10. Jahrhundert zurück.

1218 starben die Zähringer aus, Rheinfelden wurde freie Reichsstadt. König Rudolf von Habsburg weilte verschiedene Male auf der Burg auf der Felseninsel, der «Kaiserpfalz», wie Schiller sie in «Wilhelm Tell» nennt. 1330 verpfändet es König Ludwig der Bayer den Habsburgern. Damit war Rheinfelden eine österreichische Stadt geworden und blieb es fast ununterbrochen beinahe ein halbes Jahrtausend lang. Die Johanniter bauten ihre Kommende in der Nordostecke der Stadt. Später liessen sich die Kapuziner auf der Anhöhe über der Stadt nieder, woher der Name Kapuzinerberg stammt.

Einen Höhepunkt im Leben der Stadt bildete der Besuch Kaiser Ferdinand I. am 9. Januar 1563; er soll im Schönauerhof abgestiegen sein.

## RHEINFELDEN/BADEN

Die Stadt Rheinfelden/Baden ist, verglichen mit der schweizerischen Stadt gleichen Namens, eine junge Stadt. Sie existiert faktisch erst seit 1922, als aus der ehemaligen Gesamtgemeinde Nollingen/Badisch Rheinfelden und der Gemeinde Warmbach die Erhebung zur Stadt erfolgte. 1856 war die Eisenbahnstation «bei Rheinfelden» – gemeint war das Schweizer Rheinfelden – gebaut worden, so dass bei der Namensgebung der neuen Stadt darauf zurückgegriffen wurde.

Diese Bahnverbindung zwischen Basel und Bad Säckingen war für die Seidenweberei Baumann und Streuli Anreiz genug, hier 1894 ihre Fabrik anzusiedeln.

Doch der entscheidende Anstoss für die Entstehung der Stadt Rheinfelden war der Bau des ersten europäischen Wasserkraftwerkes von 1895 bis 1898.

Die Aluminiumherstellung und die elektrochemische Industrie zogen viele Menschen nach Rheinfelden, so dass durch Arbeitersiedlungen, die eigens von den Betrieben angelegt wurden, die Stadt langsam aber stetig wuchs.

sche Breisgau umfasste den südlichen Schwarzwald, den grössten Teil des Hochrheins, den Hotzenwald (Grafschaft Hauenstein), das Fricktal und zwölf Städte, darunter die vier Waldstädte am Hochrhein. Der Stadt Säckingen, welche die Habsburger im Jahr 1409 als Lehen erhielten, gewährte der jeweilige Landesherr (Herzog, König oder Kaiser) bestimmte Rechte, Privilegien und Freiheiten. Ausserdem hatte sich im Laufe der

*Gruss aus den vier Waldstädten, 11. März 1941, Stadtarchiv Bad Säckingen*

## BAD SÄCKINGEN

Säckingen war beinahe 650 Jahre lang habsburgisch, denn bereits im Jahr 1173 konnte diese im Alpenvorland und im Elsass begüterte Dynastie die Reichsvogtei über das Stift Säckingen erwerben und somit ihren ersten Stützpunkt im heutigen Baden-Württemberg errichten.

Später gelang es den Habsburgern, weitere Gebiete im deutschen Südwesten für sich zu gewinnen. Ihre Territorien, die sich vom Arlberg bis ins Elsass erstreckten, bezeichnete man seit dem 15. Jahrhundert als «vordere Lande», zu Beginn des 16. Jahrhunderts tauchte der Begriff Vorderösterreich auf. Der vorderösterreichi-

Zeit eine Stadtverfassung herausgebildet. Der kommunalpolitisch bedeutendste Tag in Säckingen war der Schwörtag. Er fand alljährlich am Sonntag nach Christi Himmelfahrt statt. Nach dem Gottesdienst las man den versammelten Bürgern die städtische Ordnung vor und sie mussten auf die Verfassung schwören. Anschliessend konnte die Ratswahl beginnen.

## LAUFENBURG

Obwohl Bodenfunde in der Nähe und das angeblich römische Fundament des Schlossturmes die sehr frühe Besiedlung belegen, stammt die erste urkundliche Erwähnung Laufenburgs erst aus dem frühen 13. Jahrhundert. In dieser Zeit war das Kloster Säckingen hier Grundherr, doch versuchten auch die Habsburger diese wichtige Rheinstelle in ihr Machtgebiet zu integrieren. Als Vogt über die Leute bei den Burgen am Laufen geriet Rudolf II. von Habsburg mit der Äbtissin in Konflikt. 1207 gab es zwischen beiden einen Vergleich, der gleichzeitig der erste Beleg für den Ausbau Laufenburgs zur Stadt ist. Schon damals wurden die beiden Burgen südlich und nördlich des Rheins, die Siedlung und die Brücke erwähnt. In der Folgezeit wurde Laufenburg endgültig habsburgisch, ab 1232 unter den Grafen von Habsburg-Laufenburg, ab 1386 unter der Habsburg-österreichischen Linie. Politisch gehörte Laufenburg, wie das gesamte Fricktal, seitdem zu Vorderösterreich, während das Kloster Säckingen noch lange gewisse Grundrechte genoss. Die Verwaltung erfolgte genauso wie zum Beispiel in Waldshut, durch einen von Österreich eingesetzten Vogt, der meist dem regionalen Adel entstammte. Aus der Zeit der Grafen von Laufenburg konnte die Stadt als deren Stammsitz als einzige der vier Waldstädte das Münzrecht beanspruchen. Unter den Waldstädten besass Laufenburg eine weitere besondere Rolle als deren Tagungsort.

## WALDSHUT

Auf einer Hochterrasse über dem Rhein bauten die Habsburger um 1250 diese östlichste der vier späteren Waldstädte zur städtischen Siedlung aus. Zum gleichen Zeitpunkt hatte Rudolf von Habsburg die Reichsvogtei über die Grafschaft Hauenstein erworben. Zu deren Verwaltung nutzten die Habsburger die strategisch und verkehrsmässig sehr günstig gelegene Siedlung und erweiterten sie planmässig. Der Name der Stadt verrät ihre Funktion als «Hüterin des Waldes», das heisst als Verwaltungsmittelpunkt der vorderös-

terreichischen Vogtei über das Kloster St. Blasien und den Schwarzwald. Waldshut wurde Sitz eines Waldvogtes, und ihre Bürgerschaft erhielt zahlreiche Rechte zur Selbstverwaltung. Daher besass Waldshut unter den vier vorderösterreichischen Waldstädten auch eine hervorgehobene Stellung. Die Zugehörigkeit zu Habsburg und die Lage gegenüber der Aaremündung brachte die Stadt schon im frühen 15. Jahrhundert in direkten, teilweise kriegerischen Kontakt zu den Eidgenossen. Als diese 1415 den Aargau eroberten, wurde Waldshut zur Grenzstadt – im Gegensatz zu den anderen Waldstädten. 1468 wurde Waldshut sogar fünf Wochen lang von knapp 16 000 Eidgenossen belagert. Ihr Ziel war die Eroberung habsburgischer Gebiete nördlich des Rheins. Doch die Verteidiger hielten dem Ansturm stand. Den Schweizern gelang hier keine Expansion. Der Sage nach rettete aber die Zunft der Junggesellen die Stadt mit einem Trick: Der letzte Schafsbock wurde kräftig gemästet und den Schweizern als (scheinbarer) Beweis voller Vorratskammern auf der Stadtmauer vorgeführt. Daraufhin soll die vereinte eidgenössische Streitmacht die Belagerung aufgegeben haben.

Blick vom Parkplatz Staffelegg
Richtung Wasserflue

# GEOLOGIE UND BODENSCHÄTZE

## GEO-WANDERWEG KÜTTIGEN–STAFFELEGG

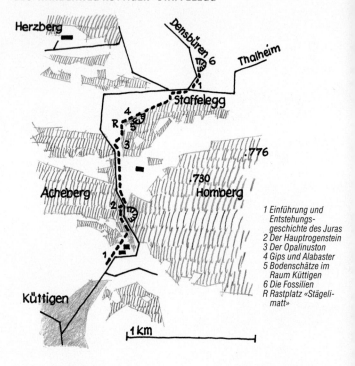

1 Einführung und
Entstehungs-
geschichte des Juras
2 Der Hauptrogenstein
3 Der Opalinuston
4 Gips und Alabaster
5 Bodenschätze im
Raum Küttigen
6 Die Fossilien
R Rastplatz «Stägeli-
matt»

|← 1 km →|

Die Gemeinde Küttigen, unterstützt von der initiativen Natur- und Landschaftsschutz-Kommission der Gemeinde, hat im Jahr 2001 einen interessanten Wanderweg mit fünf Stationen zur Entstehungsgeschichte des Kettenjuras und seiner wichtigsten Gesteinsformationen geschaffen.

Die heutigen Naturlandschaften, unser Lebensraum, sind das Ergebnis einer Millionen von Jahren dauernden Entwicklungsgeschichte, deren Zeugen Gesteine und die heutigen Landschaftsformen sind. Ausgehend vom Beginn der Trias-Zeit vor 245 Millionen Jahren bis zum Ende der vorläufig letzten Eiszeit vor etwas mehr als 10 000 Jahren, haben Klimawechsel und Meeresüberflutungen wie auch Gebirgsfaltungen, ausgelöst durch geotektonische Grossereignisse, die Landschaft des Kettenjuras geprägt, ausgestaltet und immer wieder umgeformt.

Der Geo-Wanderweg Küttigen–
Staffelegg wurde in der Absicht
geschaffen, diese spannenden und
interessanten Vorgänge einem
breiteren Publikum zugänglich zu
machen. Gleichzeitig verfolgt er
auch das Ziel, der Öffentlichkeit
die mit den geologischen Vorgän-
gen unweigerlich verbundene
landschaftliche Schönheit und
Einzigartigkeit bewusster zu
machen. Auf einer Wanderung von
Küttigen hinauf zur Staffelegg
oder umgekehrt sind mit Hilfe von
verständlichen Informationstafeln
die wichtigsten Stationen der
Kettenjura-Entstehung, seiner
Gesteine und Fossilien zu erfahren.
Der Weg orientiert sich am offiziellen Netz der Aargauischen Wanderwege und ist leicht zu begehen.
Ein kleiner Rastplatz mit Grillgele-
genheit im geologischen Zentrum
des Geowanderwegs beim Gipsaufschluss «Stägelimatt» lädt
zudem ermüdete Besucherinnen
und Besucher zum Verweilen ein.

Der mit Wegweisern beschilderte
Weg lässt sich in zwei verschiedenen Varianten begehen:
*Bergvariante:* Von Küttigen aus
hinauf zur Staffelegg. Den Ausgangspunkt bildet die Postauto-Haltestelle
«Giebel» in Küttigen. Die Route endet
in der Grube Staffelegg. Rückfahrt
in Richtung Aarau oder Frick ab
Postauto-Haltestelle Staffelegg.

**Länge:** Zirka 2,5 km
**Höhendifferenz:** Zirka 175 m
**Karten:** Landeskarte 1:25 000,
Blatt 1089 Aarau und
Blatt 1069 Frick

*Talvariante:* Von der Staffelegg
hinab nach Küttigen. Den Ausgangspunkt dieser Möglichkeit
bildet die Postauto-Haltestelle
Staffelegg. Es folgt ein kurzer
Abstecher in die Grube Staffelegg.
Dann Rückkehr zur Staffelegg und
Wanderung ins Tal. Diese Route
endet bei der Postauto-Haltestelle
«Giebel» in Küttigen. Von hier aus
ist die Rückfahrt in beide Richtungen per Postauto oder ab Haltestelle
«Kreuz» auch per BBA-Bus möglich.

## GEOWEG SCHINZNACH-BAD

1 Fluss- und Auenlandschaft,
Wasserkraft
2 Heisses Wasser
aus der Tiefe der Erde
3 Bad Schinznach und seine Geschichte
4 Farne am Fels, Tafel- und Faltenjura
5 Habsburg-Tunnel:
der Mensch als Maulwurf
6 Gipsgruben Hölzlihalde:
Wie entsteht Gips?
7 Wärmeinsel Hölzliberg
8 Karst – unermüdlich löst Wasser
den Kalk
9 Panorama Birrfeld. Das Eigenamt
10 Der Rebberg:
Beispiel eines Ökosystems
11 Muschelkalk:
zu Stein gewordene Seelilien
11 Panorama Linnerberg –
Tafel- und Faltenjura
12 Die Gletscherströme der Eiszeiten,
Findlinge
13 Wald und Flur, Rodung und
Wiederaufforstung
14 Wie Landwirtschaft die Landschaft
prägt
15 Das Bauerndorf Scherz –
Die Scherzer
16 Nutzung der Wasserkraft im Dorf:
die Mühlen
17 Wangener Kalk:
Baustoff aus dem Steinbruch
18 Wie Sandstein entsteht –
Kreislauf der Gesteine
19 Der Wald, seine Vegetation und
seine Tiere
20 Panorama Thalheim –
Spuren der Eiszeit
21 Boluston und Bohnerz
am Scherzberg
22 Gäste aus der Steppe –
Kostbarer Kies
23 Die Effinger Schichten:
Rohstoff für Zement

Schinznach-Bad SBB–Schloss
Habsburg–Scherz Haltestelle PTT.
Aus Anlass des 700-jährigen
Bestehens der Eidgenossenschaft
hat der Kanton Aargau einen
Geoweg im Raume Schinznach-Bad/
Habsburg/Scherz geschaffen.
Der Geoweg zeigt im Sinne eines
Lehrpfades die Abhängigkeit der
heutigen Landschaft und ihrer
Bewohner vom geologischen Wer-
degang. In seinem Bereich treffen
Faltenjura und Tafeljura aufeinan-
der, liegen die Täler von Aare und
Ur-Aare sowie die Therme von
Schinznach.

Der beschilderte Weg lässt sich in
zwei unterschiedlich langen Routen begehen:
– Ganzer Weg 11 km, ganzer Tag
– Kurze Route  7 km, halber Tag

Als Einstiegsmöglichkeiten bieten
sich an:
– Schinznach-Bad SBB
– Schloss Habsburg
– Scherz, Haltestelle PTT

## DER TAFELJURA – EINE SCHICHTSTUFENLANDSCHAFT

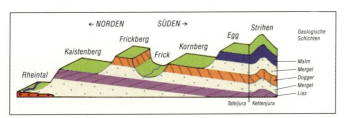

Im Gegensatz zum Kettenjura ist der Tafeljura nicht gefaltet. Die übereinander liegenden harten Kalk- und weichen Mergelschichten sind gegen Norden leicht angehoben worden. Durch die jahrmillionenlange Erosion ist eine treppenförmige Schichtstufenlandschaft entstanden, wobei die jüngsten Gesteinsschichten im Süden und die ältesten am Rhein unten zu finden sind.

*Blick von der Burgflue auf Tafeljura*

## LAND OHNE BODENSCHÄTZE?

Das wird immer wieder in unseren Breitengraden behauptet. Stimmt aber nicht. Einmal sind die reichlichen Salzvorkommen im untern Fricktal zu erwähnen (Saline Riburg), aber auch die vielen Quellvorkommen im Jura. Wasser bester Qualität wird zum Beispiel aus dem Magdenertal für die Bierherstellung genutzt. Was wäre Bier ohne gutes Brauwasser? Aber auch die Kiesausbeutung ist bedeutungsvoll. Schliesslich gelingt es den Tonwerken Keller in Frick, aus lokal gewonnenem Opalinuston Sichtbacksteine herzustellen, die beispielsweise in Mendrisio TI für den Bau des Einkaufszentrums «Alle Valle» verwendet wurden.

*Kein Bier ohne Brauwasser*

*Kies*

*Salzvorkommen*

*Backsteine aus Fricker Ton*

# LANDWIRTSCHAFT

# EINE LANDSCHAFT AUS BAUERNHAND

Bis vor fünftausend Jahren war der Aargauer Jura ein einziger Wald. Die ersten sesshaften Menschen rodeten in der Jungsteinzeit erste Wälder und säten auf kleinflächigen Äckern Getreide an. Die Landschaft lichtete sich unter dieser Feld-Gras-Wirtschaft bis zum Mittelalter immer mehr auf. Dann setzte sich die Dreifelderwirtschaft durch. Grosse Meliorationen erschlossen im 19. Jahrhundert neues Ackerland. Die traditionelle Landwirtschaft arbeitete aber noch immer ohne Kunstdünger, Pestizide und grössere Maschinen und bot ein kleinräumiges, buntes Mosaik unterschiedlichster Lebensräume.

Zahlreiche naturnahe Lebensräume fielen der Anbauschlacht im Zweiten Weltkrieg und der baulichen Entwicklung der Hochkonjunktur zum Opfer. Maschinen, Dünger und Pestizide liessen die Erträge stark ansteigen. Dafür

*Oben: Erst durch die jahrhundertelange bäuerliche Nutzung entstand eine vielfältige Kulturlandschaft aus Wiesen, Äckern, Rebhängen und Obstgärten*

nahm die natürliche Artenvielfalt ab. Gegen Ende des 20. Jahrhunderts begann in der Landwirtschaft ein Umdenken. Die Erhaltung der natürlichen Lebensgrundlagen und die Pflege der Kulturlandschaft traten wieder vermehrt in den Vordergrund. Das Fricktal nimmt in der ökologischen Landwirtschaft ab 1991 landesweit eine Vorreiterrolle ein.

*Dichter Laubmischwald: So könnte das Fricktal kurz nach dem Sesshaftwerden des Menschen vor 5000 Jahren ausgesehen haben*

### Landwirtschaft heute
Von den heute rund 4000 landwirtschaftlichen Betrieben des Kantons Aargau befinden sich mehr als 1000 in den Hügeln des Juras. Etliche Land-

wirte haben ihren Hof traditionellerweise innerhalb des Dorfes (Ballung der roten Punkte auf untenstehender Karte). Deshalb können einige Dörfer des Fricktals noch heute als eigentliche Bauerndörfer bezeichnet werden. In den 1960er- und 1970er-Jahren sind viele Aussiedlerhöfe entstanden, indem die Betriebs- und Wohngebäude im Rahmen von Meliorationen (Güterzusammenlegungen) vom Dorf in die freie Flur verlegt wurden.

Der typische Landwirtschaftsbetrieb im Aargauer Jura ist ein Mischbetrieb mit Schwergewicht auf Milchwirtschaft und Ackerbau. Von Bedeutung sind auch Schweinezucht, Schweinemast, Obst- und Rebbau. Die das Landschaftsbild prägenden Feld-Obstbäume sind für das bäuerliche Einkommen nicht mehr so relevant. In den letzten Jahrzehnten hat die Durchschnittsgrösse der Betriebe erheblich zugenommen. Die Tendenz «weniger Bauernhöfe, dafür grössere» wird auch in Zukunft anhalten.

Die Erzeugnisse der Bauern wie Getreide, Kartoffeln, Schlachtvieh, Mais, Gemüse und Obst werden heute zum grossen Teil von den landwirtschaftlichen Genossenschaften übernommen, weiterverarbeitet und vermarktet. Eine gute Gelegenheit, die regionalen landwirtschaftlichen Produkte kennen zu lernen und mit den Landwirten direkt in Kontakt zu treten sind Jahrmärkte. In folgenden Gemeinden finden jeweils einmal im Jahr im Herbst Märkte statt, die sich zu eigentlichen Volksfesten ausweiten können: Wölflinswil, Veltheim, Zeiningen, Densbüren, Gansingen u.a.m. Informieren Sie sich bei der Gemeinde über die genauen Daten! Wochenmärkte sind im Aargauer Jura nicht zahlreich, aber um so exklusiver. Zum Beispiel der samstägliche Biomarkt in Frick (Meck à Frick, Geissgasse 17).

*Bauernhöfe prägen das Dorfbild*

*Lage der Landwirtschaftsbetriebe (rote Punkte): Einige Dörfer des Fricktals können noch als eigentliche Bauerndörfer bezeichnet werden*

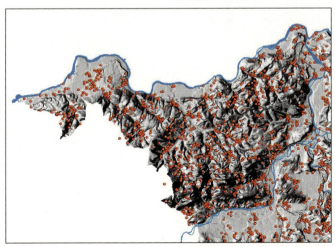

## Umbruch in der Landwirtschaft

Der gesellschaftliche Auftrag an die Bäuerinnen und Bauern wurde in den letzten Jahren grundlegend neu formuliert: Gefragt sind heute qualitativ hochstehende Produkte, deren Herstellung nicht nur effizient ist, sondern auch die Umwelt schont, die Bodenfruchtbarkeit bewahrt und die biologische und landschaftliche Vielfalt erhält und fördert.

In diesem Sinn ist das Fricktal ausgesprochen modern, hat es doch im Bereich der ökologischen Landwirtschaft einiges zu bieten. Der Standort Frick zum Beispiel konnte sich in den letzten Jahren als schweizerisches Kompetenzzentrum im Bereich der ökologischen Landwirtschaft etablieren. An der Ackerstrasse nördlich der Autobahn haben sich verschiedene Institutionen in diesem Bereich angesiedelt, die eine nationale Ausstrahlung besitzen:
– das Forschungsinstitut für biologischen Landbau (FiBL)
– bio.inspecta Frick
– das Büro Agrofutura
– das Landwirtschaftliche Bildungs- und Beratungszentrum des Kantons (LBBZ)

In Frick arbeiten heute über hundert Fachleute in den Gebieten Agronomie, Naturschutz und Ökologie. In Seminarräumen, Labors, Bürotrakten, Bibliotheken, im Gutsbetrieb und in der Staatstrotte wird an der Zukunft der aargauischen und schweizerischen Landwirtschaft gearbeitet.

Bedingt durch die Topografie konnte die Landwirtschaft des Aargauer Juras im letzten Jahrhundert nicht wie im Mittelland intensiviert werden. Dies kommt dem Aargauer Jura heute zugut, indem die geforderte stärkere Ausrichtung auf die Ökologie vereinfacht wird. Es sind viele ökologisch wertvolle Strukturen wie Magerwiesen, Hecken und Obstgärten vorhanden, bei deren Pflege und Unterhalt der Landwirt von Bund und

*Magerwiesen, Buntbrachen, Hecken und andere Landschaftselemente, die unter Vertrag stehen (grüne Flächen), haben im Aargau ihren Schwerpunkt im Jura*

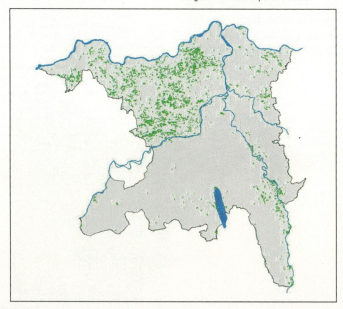

Kanton finanziell unterstützt wird. Das kann so weit gehen, dass sich die ökologisch begründeten Arbeiten eines Landwirts zu einem eigentlichen, finanziell rentablen Nebenerwerbszweig entwickeln.

## Kantonales Projekt «Bewirtschaftungsverträge»

Wer mit wachen Augen durch den Aargauer Jura wandert, wird bemerken, dass es in den letzten Jahren wieder mehr Wiesen mit hohen Blumen gibt, deren grüngelbes Gras erst im Juni oder Juli geschnitten wird. Das sind Wiesen, welche die Landwirte beim Kanton als ökologische Ausgleichsflächen unter Vertrag genommen haben. Zur Sicherung und Aufwertung der Naturwerte im Landwirtschaftsgebiet besteht im Kanton Aargau seit den 1990er-Jahren das Projekt «Bewirtschaftungsverträge naturnahe Landwirtschaft». Der Kanton schliesst dabei Verträge mit den Landwirten ab, die besonders wertvolle Landschaftselemente nach bestimmten Richtlinien bewirtschaften. Die Kriterien sind dabei strenger als jene des Bundes gemäss Direktzahlungsverordnung. Bis ins Jahr 2001

Kleinstrukturen: Wassergräben, Steinhaufen, Trockenmauern

entstanden im Aargau 2240 Hektaren Vertragsflächen von hoher biologischer Qualität.

Das Fricktal spielt beim kantonalen Projekt «Bewirtschaftungsverträge» eine wichtige Vorreiterrolle. Hier wurden die ersten Verträge abgeschlossen, hier ist die Dichte der ökologischen Ausgleichsflächen am höchsten. Dies wirkt sich auch auf das Landschaftserlebnis aus. In der reich strukturierten Juralandschaft trifft man auf Schritt und Tritt auf blühende Buntbrachen, Wiesenblumenstreifen und

Bracheflächen im Ackerland: Ackerschonstreifen, Buntbrachen, Rotationsbrachen

*Extensives Wiesland: Magerwiesen, Weiden, Streuflächen*

gepflegte Hecken. Die Bäuerinnen und Bauern leisten damit einen wichtigen Beitrag für einen vielfältigen und erlebnisreichen Aargauer Jura.

### Die Margerite braucht den Bauern

Viele wild lebende Pflanzen und Tiere sind direkt auf die landwirtschaftliche Nutzung angewiesen. Margerite, Wiesensalbei, Esparsette oder Orchideenarten lieben sonnige Wiesen, die jährlich geschnitten, aber wenig oder gar nicht gedüngt werden. Ohne Mähen durch den Landwirt verbuscht die Magerwiese innerhalb weniger Jahre, Wald kommt auf und die Wiesenpflanzen verschwinden.

Ein anderes Beispiel für eine von der Landwirtschaft abhängige Art ist die Feldlerche. Sie ist leichter zu hören als zu sehen. Ihr nicht enden wollender jubilierender Gesang hoch am Himmel ist für den Frühsommer charakteristisch. Feldlerchen nisten in offenem Gelände am Boden, zum Beispiel gehäuft in den Gebieten um Unterbözberg, Oberbözberg und Gallenkirch. Die Bestandesdichte hängt ganz wesentlich von der Art und der Intensität der Bewirtschaftung ab. Wird zu häufig gemäht, werden die Nester durch die Mähmaschine zerstört, bevor die Jungen ausgeflogen sind. Wird gar nicht mehr gemäht, verlieren die verbuschenden Wiesen die Attraktivität für die Feldlerche. Sie profitiert auch von anderen Ökoflächen der Landwirtschaft wie Ackerschonstreifen, Buntbrachen oder Wiesenblumenstreifen.

GALLUS HESS, SEKTION AGRAR-
WIRTSCHAFT UND ÖKOLOGIE

*Bäume und Gehölze: Hochstammobstbäume, Feldbäume, Hecken*

## PFERDESPORT – REITEN, KUTSCHEN- UND GESELLSCHAFTSFAHRTEN

Christine Amsler
Söhrenhof 122
5076 Bözen
Telefon 062 876 22 70

Rosmarie und Urs Amsler
Pferdepensionsstall- und
Reitplatzvermietung
Oberdorf 39
5076 Bözen
Telefon 062 876 19 71
Natel  079 450 26 79

Benedikta Brutschi
Gässli 2
5074 Eiken
Telefon 062 871 17 42

Christian und Daniela Probst
Reitschule Bleichmatthof
4346 Gansingen
Telefon 062 875 24 69

Thomas Deiss
Alte Landstrasse 34
5027 Herznach
Telefon 062 878 13 62

Francis Racine
Reitsportzentrum Challeren
4303 Kaiseraugst
Telefon 062 813 13 30

Pensions- und Ausbildungsstall
Burlen;
Besitzerfamilie Roland Binz Jud
5314 Kleindöttingen
Telefon 056 245 62 73

André Brutschi
Natel 079 432 75 34
Anita Brutschi
Natel 079 761 04 03
Sennhof
5080 Laufenburg

Jürg Soder
Pferdesportzentrum Birkenhof
4313 Möhlin
Telefon 061 851 07 82
Natel 079 322 15 45

Urs Müller (Bobby)
Neumatt 7
4324 Obermumpf
Telefon 062 873 25 59
Natel 079 622 96 69

*Winterausritt*

Robert Glauser
Vorstadt 51
4305 Olsberg
Telefon 061 481 29 25

Guido Erni
Kirchgasse 15
4325 Schupfart
Telefon 062 871 21 69

Georges Näf
Oberes Itelen 1
5236 Remigen
Telefon 056 284 10 77

Franz Brogle
Wiedenmattweg 5
4334 Sisseln
Telefon 062 873 42 11

Ponyhof Heinz Vogel
Heinz und Erika Vogel
4354 Reuenthal
Telefon 056 246 13 64

Marcel Hossle
Kornberg 74
5028 Ueken
Telefon 062 871 23 44

Stefan Schreiber
Gründelematt 360
4327 Wegenstetten
Telefon 061 871 04 31
Natel 079 638 54 42

*Mit Ross und Wagen unterwegs*

Marcel Böller
Ringmatt 343
5063 Wölflinswil
Telefon 062 877 15 23

*Schöne Landschaft – Erholung für Ross und Reiter*

Gustav Lenzin
Güntlesten
5063 Wölflinswil
Telefon 062 877 11 09

Alex Reimann
Steighof 233
5063 Wölflinswil
Telefon 062 877 15 74

Robert Schib
Reitsportanlage Tschoppert
Tschopperthof 256
4314 Zeiningen
Telefon 061 861 12 85

**14 Schlafplätze**
*Agi und Willi Fehlmann-Ruflin*
*Beugiacker 354, 5236 Remigen*
*Telefon 056 284 14 91*

**15 Schlafplätze**
*Werner und Catherine Gasser*
*Eichhof 161, 5027 Herznach*
*Telefon 062 876 12 29*
*eichhof161@bluewin.ch*

**15 Schlafplätze**
*Hansjörg und Claudia Kalt-Märki*
*Chnebelsteigstrasse 4*
*5314 Eien-Kleindöttingen*
*Telefon 056 245 29 21*
*Natel 079 392 43 45*

**15 Schlafplätze**
*Paul und Regula Mahrer-Hilpert*
*Erlenhof, 4313 Möhlin*
*Telefon 061 831 37 27*
*erlen-ranch@bluewin.ch*

**Was ist «Schlafen im Stroh»?**
– «Schlafen im Stroh» ist eine
  preiswerte Übernachtungsmöglichkeit in der Scheune auf
  Stroh (mit Frühstück)
– Die Anbieter sind in einem
  Verein organisiert, welcher über
  die Qualität der Angebote wacht
– Ein Übernachtungserlebnis der
  besonderen Art. Normalerweise
  vom 1. Mai bis 31. Oktober
– www.bauernhof.ch
  www.abenteuer-stroh.ch

# 1.-AUGUST-BRUNCH AUF DEM BAUERNHOF

Hans und Christine Amsler
Sörenhof
5076 Bözen
Telefon 062 876 22 70

Hans Imhof
Brachmatt
5070 Frick
Telefon 062 871 11 82

Hodler & Plattner AG
Kornberg 318
5027 Herznach
Telefon 062 878 12 57

VZG Bözberg und Umgebung
Emil Bläuer
Chalchderen
5224 Linn
Telefon 056 441 37 15

Stefan und Helen Schreiber
Gründelematt
4317 Wegenstetten
Telefon 061 871 04 31

Brigitte und Martin Reber
Neuhof
4314 Zeiningen
Telefon 061 861 03 63

Kurt und Agathe Mathys-Berge
Schryberhof
5213 Villnachern
Telefon 056 441 29 55

Werbung für Brunch

Widmatthof, Zeiningen: Direktverkauf ab Hof

Ramsflue oberhalb Erlinsbach
inmitten des Kettenjuras

WALD

## WALD IM DREIKLANG «AARE–JURA–RHEIN» – IM EINKLANG MIT DER NATUR!

Ohne Wald ist «dreiklang» kein Wohlklang, denn der Aargauer Jura ist ohne Wald kaum denkbar. Bedingt durch Topografie und Geologie ist der Aargauer Jura ein vergleichsweise extensiv genutzter, dünn besiedelter und waldreicher Naturraum geblieben. Die Bevölkerungsdichte ist im «dreiklang»-Gebiet bloss halb so hoch wie im benachbarten Aargauer Mittelland.

Ein Drittel des «dreiklang»-Waldes ist praktisch nadelholzfreier Laubmischwald, und auf über drei Vierteln der Jurawaldfläche überwiegt das Laubholz gegenüber dem Nadelholz. Meist handelt es sich um buchendominierte Mischwälder. Waldbestände mit überwiegend Nadelholz stehen auf 23 Prozent der Waldfläche, reine Nadelholzbestände bloss auf 3 Prozent. Die Jurawälder sind damit naturnaher bestockt als die Wälder im aargauischen Mittelland, wo noch auf 43 Prozent der Waldfläche nadelholzdominierte Waldbestände existieren.

### Erholungsnutzung

Jahrtausendelang war Waldnutzung gleichbedeutend mit lebensnotwendigem materiellem Nutzen für die Bevölkerung (Holz und vielfältige Nebennutzungen). Wald als Ort der Musse existierte kaum, vielleicht in bescheidenem Masse als Privileg von wenigen Künstlern, Literaten und Einsiedlern sowie des Adels, der im Wald nach Herzenslust der Jagd frönen konnte.

Erst die wirtschaftliche Entwicklung seit dem Zweiten Weltkrieg macht aus der arbeitenden Bevölkerung zunehmend eine Freizeitgesellschaft. Wachsender Wohlstand, kürzere Arbeitszeiten, längere Ferien, aber auch ungleich mehr Hektik und Stress im Alltag führen immer mehr erholungsbedürftige Menschen in den Wald. Der Wald wird als Erholungs-, Erlebnis-, Freizeit- und Fitnesspark auf vielfältigste Weise gratis in Anspruch genommen, wie es das zivilrechtlich verankerte Grundrecht will. So tummeln sich heute Spaziergänger, Wanderer, Velofahrer, Reiter, Schulklassen, Pfadilager, Picknicker, Pilz- und Beerensammler, Naturliebhaber, Jogger, Biker, Orientierungsläufer und viele andere im Wald. Dies illustriert die grosse Bedeutung des Waldes für die Gesundheit und das Wohlbefinden der Bevölkerung. Der Wald ist ein unverzichtbarer Naherholungsraum geworden. Man schätzt das Naturerlebnis, die Vielfalt, die Ruhe, die gute Luft und das angenehme Waldinnenklima. Gemäss Waldgesetzgebung sollen die verschiedenen Aufgaben und Funktionen des Waldes gleichwertig nebeneinander Platz haben. Damit dieses Nebeneinander optimal funktioniert und keine schädigende Übernutzung des Waldes stattfindet, sind mitunter auch Einschränkungen nötig. Waldstrassen dürfen daher abgesehen von klar geregelten Ausnahmen nicht mehr mit Motorfahrzeugen befahren werden. Zudem ist das Reiten und Velofahren im Wald auf die Waldstrassen und Waldwege

beschränkt. Die ausgedehnten, überwiegend naturnahen Wälder im «dreiklang»-Gebiet, eingebettet in eine topografisch reich gegliederte, dünnbesiedelte Juralandschaft mit einer vielfältigen offenen Flur, sind Teil einer Landschaft voller Charme und Liebreiz. Diese Landschaft nahe den Agglomerationen Zürich, Baden, Aarau sowie Basel ist mit Strasse, Bahn und Bus ausgezeichnet erschlossen und bietet einen hervorragenden Naherholungsraum.

## Waldnaturschutz – besondere Bedeutung des «dreiklang»-Waldes

Von den Ende der 1980er-Jahre als naturkundlich besonders wertvoll kartierten Waldflächen des Wald-Naturschutzinventars (WNI-Objekte, heute gemäss kantonalem Richtplan «Naturschutzgebiete von kantonaler Bedeutung im Wald», NkBW) liegen flächenanteilsmässig 54 Prozent im «dreiklang»-Gebiet. Dabei handelt es sich überwiegend um grösserflächige, naturnahe Laubaltholzbestände. Dies verdeutlicht die besondere Bedeutung des Jurawaldes für den Waldnaturschutz im Kanton Aargau. Die Basis des Waldnaturschutzes bildet ein naturnaher Waldbau auf der gesamten bewirtschafteten Wald-

*Tot und dennoch voller Leben – zerfallende Buche in Densbüren*
*Foto: Stephan Girod, Erlinsbach*

fläche. Auf ausgewählten, besonders wertvollen Flächen werden darüber hinaus zwei Zielrichtungen verfolgt:

– Langfristiger Verzicht auf die forstliche Nutzung und Pflege des Waldes in kleineren Altholzinseln (bis 20 ha) und in grösseren Naturwaldreservaten (über 20 ha)

– Spezifische Pflegeeingriffe zur Förderung der Artenvielfalt auf besonderen Waldstandorten (Spezialreservate)

Das 1996 gestartete kantonale Naturschutzprogramm Wald zur Umsetzung der Naturschutzziele im Wald steht am Anfang der zweiten Mehrjahresetappe 2002–2007. Im Jahr 2020 soll das Gesamtziel von 10 Prozent Naturschutzvorrangflächen im Aargauer Wald erreicht sein. Im «dreiklang»-Wald konnten bereits namhafte Projekte realisiert werden.

## Naturwaldreservate und Altholzinseln – Natur pur!

Der Nutzungsverzicht ist in Vereinbarungen zwischen Waldeigentümern und Kanton geregelt, die auf eine Dauer von 50 Jahren abgeschlossen werden. Durch den Verzicht auf jede forstliche Nutzung und Pflege des Waldes wird der natürlichen Waldentwicklung freier Lauf gelassen. Damit werden sich im Laufe der Zeit alle Entwicklungsphasen des Naturwaldes mit ihren für die biologische Vielfalt wertvollen speziellen Lebensgemeinschaften einstellen. Im Gegensatz zum Wirtschaftswald sind im Naturwald die ökologischen Kreisläufe vollständig geschlossen: Verjüngung, Wachstum,

können. Waldreservate dienen somit auch als wertvolle Erfahrungs- und Anschauungsobjekte der Umwelterziehung und tragen viel zur Ausbildung eines ausgereiften Naturbewusstseins bei.

Folgende Waldreservate mit langfristigem Nutzungsverzicht im «dreiklang»-Gebiet sind vertraglich bereits gesichert (Stand Herbst 2002): Naturwaldreservate 507 ha, Altholzinseln 335 ha.

Speziell hervorzuheben sind die grösserflächigen Naturwaldreservate:

– Waldreservat Egg-Königstein, Gemeinden Erlinsbach und Küttigen: 235 ha Waldreservat im Kettenjura, davon 178 ha Naturwaldreservat

*Lotharsturmschadenfläche im neu geschaffenen Naturwaldreservat auf dem Wittnauer Buschberg – zwei Jahre nach dem Sturm verschwinden die geworfenen, liegengebliebenen Bäume bereits in der rasch emporwachsenden nächsten Waldgeneration*
*Foto: Mike Schmid, Gipf-Oberfrick*

Alterung, Absterben, Zerfall, Aufbau und Abbau, zeitlich und räumlich ständig ineinandergreifend. Naturwaldreservate leisten einen wichtigen Beitrag zur Förderung der Artenvielfalt. Zudem sollen diese Reservate auch begangen werden können. Der Waldbesucher soll die Schönheit und Vielfalt des urtümlichen, sich selbst regulierenden Waldes erleben und bestaunen

und 57 ha Spezialreservat (Pflegeeingriffe zur Erhaltung und Förderung licht- und wärmeliebender Arten, insbesondere Auslichten von Felsköpfen und Blockschutthalden sowie anderen speziellen Standorten).

– Naturwaldreservat Einolte-Summerholden, Gemeinde Oberhof: 54 ha, Naturwaldreservat im nördlichen Kettenjura in unmittelbarer Nähe des Reservats Egg-Königstein.

– Naturwaldreservat Homberg-Horn, Gemeinden Wittnau und Gipf-Oberfrick: 135 ha, Naturwaldreservat im Tafeljura, Gebiet Tiersteinberg.

## Spezialreservate

In Spezialreservaten sind spezifische Pflegeeingriffe zugunsten seltener und bedrohter Tier- und Pflanzenarten notwendig. Im Wald handelt es sich dabei oft um die Schaffung und Erhaltung lichter, artenreicher Waldstrukturen. Beispiele in den «dreiklang»-Wäldern sind: Eichenreservat Sonnenberg, Gemeinde Möhlin: Die Waldungen der Ortsbürgergemeinde Möhlin im Sonnenberg sind von hoher ökologischer Bedeutung, ist es doch der grösste eichenreiche Laubmischwald des Kantons Aargau. Mittelspecht, Kleinspecht, Grauspecht, Grünspecht, Pirol, Kernbeisser, Bechsteinfledermaus, Hirschkäfer und Baummarder sind Raritäten, die im Sonnenberg in den letzten Jahren noch nachgewiesen werden konnten. Die heute noch vorhandenen alten Eichen sind die letzten Zeugen der früheren Mittelwaldwirtschaft. Anfang des letzten Jahrhunderts wurde diese Bewirtschaftungsform zugunsten des ertragreicheren Hochwaldes aufgegeben. Die lichtbedürftige Eiche geriet unter Druck und wurde mehr und mehr durch wuchskräftigere und schattentolerantere Buchen, Eschen und Bergahorne verdrängt. Die Anzahl Eichen in Baumholzbeständen sank von über 3000 Stück in den 1930er-Jahren auf rund 1000 Eichen Ende des Jahrhunderts.

Die Eiche kann einige hundert Jahre alt werden und bildet die mächtigsten Baumgestalten Mitteleuropas. Jahrhundertelang wurde sie gefördert, um die Schweine im lockeren Wald mit Eicheln zu mästen. Bis ins 20. Jahrhundert hinein war die Eichenrinde für das Gerben von Leder unentbehrlich. Eichenholz gilt seit jeher als besonders dauerhaft und wertvoll. Schiffe, Fässer, Türen, Möbel, Balken und Eisenbahnschwellen wurden und werden noch immer aus

*Der Mittelspecht, dem Buntspecht ähnlich, aber sehr selten und vom Aussterben bedroht, ist existentiell auf grossflächige eichenreiche Wälder angewiesen*
*Foto: Schweizer Vogelschutz SVS, Zürich*

beständigem Eichenholz hergestellt. Kein Wunder also, dass sich um diese Baumart viele Sagen und Mythen ranken. Auch bei Naturschützern geniesst die Eiche eine besondere Wertschätzung, da sie von den heimischen Baumarten die grösste Vielfalt an Insekten beherbergt. In Mitteleuropa leben 300 bis 500 Insektenarten ausschliesslich von der Eiche.

Der Mittelspecht gilt als eigentliche Kennart eichenreicher Laubwälder. Mit dem Verschwinden der ehemaligen Mittelwälder und dem damit verbundenen Rückgang der Eiche haben die Mittelspechtpopulationen in ganz Mitteleuropa markant abgenommen. In der Schweiz leben heute nur noch 200 bis 300 Brutpaare, überwiegend in den beiden Hauptverbreitungsgebieten Zürcher Unterland und Region Basel. Das Verbreitungsgebiet um Basel erstreckt sich im Hochrheintal nach Osten bis zum Sonnenberg bei Möhlin. Im Sonnenberg finden noch zwei bis vier Brutpaare des Mittelspechts einen Lebensraum. Ein weiterer Rückgang der Eiche wäre das Aus für den Mittelspecht in Möhlin. Im Jahr 2000 wurden deshalb in einer zwischen Kanton und Gemeinde abgeschlossenen Vereinbarung zur Schaffung des Waldreservats Sonnenberg 925 alte Eichen über einen Zeitraum von 50 Jahren geschützt. Daneben sollen im Vertragszeitraum 40 ha eichenreiche Jungwaldbestände neu begründet werden. Zusätzlich zum 191 ha grossen Eichenreservat wurde an der Sunneberghalde in einem vorrangigen Naherholungsgebiet ein 25 ha grosses Naturwaldreservat geschaffen.

## Orchideen-Föhrenwald

Natürliche Föhrenwälder stocken im «dreiklang»-Areal nur kleinflächig auf extrem trockenen, flachgründigen Felskuppen und -graten, die nur noch von der Föhre besiedelt werden können. In den tieferen, wärmeren Lagen der submontanen Stufe stocken auf vergleichbar trockenen Waldstandorten flachgründiger Jurakreten und -südhänge praktisch buchenfreie Eichenmischwälder. Diese natürlichen, trockenen Föhren- und Eichenwälder sind im Aargauer Jura äusserst selten und schutzwürdig.

Eine Spezialität des Aargauer Juras sind die durch den Menschen geschaffenen, kleinflächigen Ausprägungen des Orchideen-Föhrenwaldes auf anstehendem Effingermergel und Opalinuston. Vor allem oberhalb von Rebbergen wurden diese mineralstoffreichen Mergel- und Tonböden im Wald in früheren Jahrhunderten abgeschürft und als Dünger in die Rebberge ausgebracht. Der zurückgebliebene Mergelrohboden ist durch extrem wechselnde Wasserverhältnisse gekennzeichnet. Der häufige und starke Wechsel zwischen vernässtem und sehr trockenem Boden ist für

die Buche und viele andere Baumarten zu extrem. Im Verlaufe vieler Jahre entstanden auf diesen Rohböden schwachwüchsige, lichte Föhrenpionierwaldbestände mit besonders artenreicher Krautschicht, unter anderem vielen seltenen Orchideenarten. Die kleinflächigen Vorkommen des Orchideen-Föhrenwaldes liegen schwergewichtig in den Gemeinden Ueken, Herznach, Densbüren, Bözen, Elfingen, Effingen, Zeihen, Linn, Gallenkirch, Remigen, Villigen und Thalheim.

Der lichte Orchideen-Föhrenwald ist kein Schlusswald auf diesen künstlich geschaffenen Standorten, da der Boden durch allmähliche Humusanreicherung langfristig wieder zu einem Buchenwaldstandort reift. Unter dem lockeren Föhrenbestand hat sich bis heute meistenorts bereits ein dichtes Unterholz an Waldsträuchern und aufkommenden Laubbaumarten entwickelt. Im dunklen Unterholz können die Orchideen nicht mehr blühen, sie verschwinden. Lässt man die Sukzes-

*Blühende Hummelragwurz – eine seltene Schönheit im Orchideen-Föhrenwald*
*Foto: Stephan Girod, Erlinsbach*

sion weiterlaufen, löst schliesslich ein artenreicher, geringwüchsiger Laubmischwald den Föhrenpionierwald ab. Zur Erhaltung und Förderung des ausserordentlichen Artenreichtums auf diesen Waldflächen sind periodische Pflegeeingriffe nötig. Ein Drittel der insgesamt rund 50 ha umfassenden Orchideen-Föhrenwälder des Aargauer Juras wird heute deshalb in kleinflächigen Spezialreservaten gepflegt. Das eingewachsene Unterholz wird entfernt, teilweise auch der Föhrenbestand ausgelichtet, sodass ein lückiger, parkähnlicher Föhrenwald entsteht. Das einfallende Licht bringt eine Vielzahl von Orchideen wieder zum Blühen, die in der Zwischenzeit viele Jahre im Boden überdauert hatten. Licht, Wärme und die reichhaltige Krautschicht sorgen für einen hohen Insektenreichtum.

## Stufige Waldränder

Der Waldrand ist als Kontaktzone zwischen Wald und offener Landschaft von grosser landschaftlicher und biologischer Bedeutung. Durch das Anlegen und die Nutzung naturnaher Krautsäume im angrenzenden Kulturland und durch die Schaffung eines stufigen und gebuchteten, lichten Waldsaumes mit einer reich entwickelten Strauchschicht auf einer Breite von 15 bis 30 m innerhalb des Waldareals kann der Waldrandbereich ökologisch stark aufgewertet werden.

KURT STECK, KREISFÖRSTER

*Vielfältiger, ökologisch wertvoller Waldrand in Densbüren*
*Foto: Susann Wehrli, Aarau*

# Wald im «dreiklang»-Gebiet

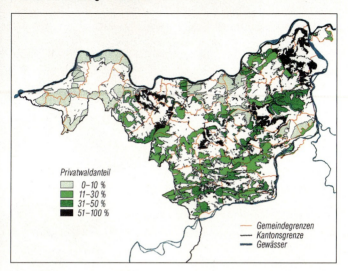

**Privatwaldanteil**
- 0–10 %
- 11–30 %
- 31–50 %
- 51–100 %

Gemeindegrenzen
Kantonsgrenze
Gewässer

Verwendete Quellen:
Aargauische Kantonalbank: Aargauer Zahlen 2001.
Bundesamt für Statistik: Jahrbuch Wald und Holz, 1992–1999.
Burger+Stocker, 2002: Karte der Waldstandorte des Kantons Aargau
Burger+Stocker, 2002: Die Waldstandorte des Kantons Aargau, Entwurf, unveröffentlicht.
Burnand Jacques et al., 1990: Waldgesellschaften und Waldstandorte im Kanton Basel-Landschaft. Verlag des Kantons BL
Ellenberg+Klötzli, 1972: Waldgesellschaften und Waldstandorte der Schweiz. EAFV 48/4
FD, Abteilung Wald, 1995: Naturschutzprogramm Wald, Mehrjahresprogramm 1996–2001
FD, Abteilung Wald, 2002: Bestandeskarte 2001, Basis flächendeckende Luftbildaufnahmen

FD, Abteilung Wald: Betriebsergebnisse im öffentlichen Wald, 1992-1999. Datenbank Waldflächen und Waldeigentum nach Gemeinden
Schmider Peter et al., 1993: Die Waldstandorte im Kanton Zürich. Verlag vdf Zürich
Wullschleger Erwin, 1978: Die Entwicklung und Gliederung der Eigentums- und Nutzungsrechte am Wald. EAFV Berichte Nr. 183
Wullschleger Erwin, 1990: Forstliche Erlasse der Obrigkeit im ehemals vorderösterreichischen Fricktal. EAFV Berichte Nr.323
Wullschleger Erwin, 1997: Waldpolitik und Forstwirtschaft im Kanton Aargau von 1803 bis heute. FD, Abteilung Wald, Aarau
Zimmerli Stephan, 1994: Das Wald-Naturschutzinventar im Kanton Aargau (WNI) – Schlussbericht

Blick von der Wandflue oberhalb Schwaderloch
auf Leibstadt und das Kernkraftwerk am Rhein

# ENERGIE

# DIE WASSERKRAFT ALS NATURENERGIE

Die Wasserkraft wird seit Menschengedenken für die Energiegewinnung genutzt. Entsprechend viele Nutzungsrechte und Konzessionen sind in unserem wasserreichen Kanton in Gebrauch. Die dabei gewonnene Energie hatte einen wesentlichen Einfluss auf den Auf- und Ausbau von Gewerbe und Industrie. Allerdings konnte die Energie vorerst nur lokal verwertet werden. Mit der Produktion von elektrischem Strom ist es gelungen, die gewonnene Energie auch über grössere Distanzen zu übertragen. Damit war auch die wirtschaftliche Grundlage für grosse Wasserkraftwerke gegeben. Heute zählt man im Gebiet «dreiklang.ch» an Aare und Rhein im Aargau 15 grössere und mittlere Wasserkraftwerke. Diese produzieren pro Jahr rund 2,75 Terawattstunden und decken damit den aargauischen Stromverbrauch zu knapp 70 Prozent mit erneuerbarer Energie ab. Diese Produktion entspricht knapp einem Zehntel der schweizerischen

*Oben: Gesamtansicht des Wasserkraftwerks Beznau*

Stromproduktion aus Wasserkraft. Zusammen mit den Kraftwerken an Reuss und Limmat liegt der Aargau hinter den Kantonen Wallis, Graubünden und Tessin praktisch gleich auf mit dem Kanton Bern an vierter Stelle. Die reichlich vorhandene Infrastruktur hat letztlich auch dazu beigetragen, dass der Aargau Standortkanton für zwei Kernenergieanlagen geworden ist. Insgesamt ist der Aargau heute mit einem Produktionsanteil von knapp 30 Prozent der mit Abstand grösste Stromproduzent der Schweiz. Der Aargau ist aber nicht nur ein bedeutender Stromproduzent. Aufgrund seiner Lage und

*Starke Konzentration der Kraftwerke an Aare und Rhein. Die Wassernutzung gab für den Standort den Ausschlag selbst bei der Kernenergie (Kühlung). «dreiklang.ch» ist das eigentliche «Energie-Dreieck» der Schweiz, was die Nutzung des Wassers aus den Flüssen betrifft*

der vorhandenen Produktion hat er sich zu einer wichtigen Drehscheibe für den europäischen Stromtransit entwickelt.

Wegen seines Wasserreichtums wurden bei Beginn der Elektrifizierung schon früh zahlreiche Wasserkraftwerke auf dem Gebiet des Kantons Aargau errichtet. Der Kanton hat als Hauptinitiant mit der Gründung der Nordostschweizerischen Kraftwerke NOK

Pionierarbeit geleistet. Dies hat neben den eigentlichen Arbeitsplätzen in der Produktion und in der Elektrizitätsversorgung auch den Auf- und Ausbau von zahlreichen Firmen der Elektrotechnik gefördert und damit einen wesentlichen Beitrag zum heutigen Industriekanton Aargau geleistet.

Wasserkraft erfüllt als die wichtigste erneuerbare Energiequelle in Zukunft eine noch wichtigere Rolle. Bei der weiteren Nutzung dieser Energie wird die Einbettung in die Umwelt verstärkt in Betracht gezogen werden.

*Die Laufkraftwerke in Rhein und Aare behalten für die Zukunft eine wichtige Bedeutung für die Produktion von erneuerbarer Energie. Auch hier in der Nutzung der Gewässer manifestiert sich der Aargau als «Wasserschloss der Schweiz». Im Bild: Wasserkraftwerk Beznau, Maschinen/Turbinenraum*

WERNER LEUTHARD, FACHSTELLE ENERGIE, BAUDEPARTEMENT AARGAU

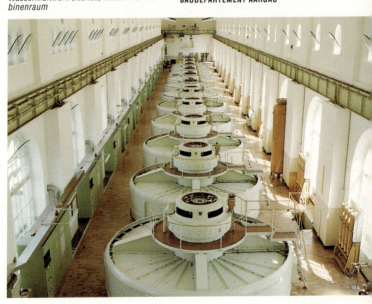

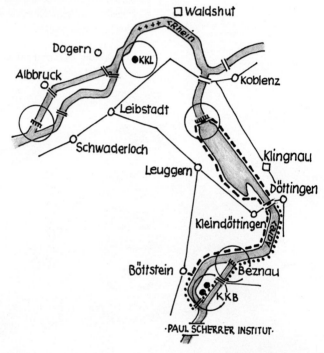

### Durch das untere Aaretal zum Klingnauer Stausee

Stromproduktion und Natur sind auf den letzten Flusskilometern der Aare, kurz vor ihrer Einmündung in den Rhein bei Koblenz, eng miteinander verknüpft. Ausgangs- und zugleich Zielort unserer Wanderung, die Gemeinde Böttstein, erreichen wir nach einer Fahrt mit dem Postauto ab Bahnhof Brugg. Bei der Haltestelle «Schloss Böttstein» steigen wir

aus und überqueren den grossen Parkplatz («Schloss/NOK»), wo auch Anreisende mit dem eigenen Auto fast immer einen Abstellplatz finden. Wir begeben uns durch den steinernen Torbogen ins Schlossareal und stehen unvermittelt vor dem hoch über der Aare gelegenen Schloss Böttstein. Das herrschaftliche Gebäude stammt aus dem frühen 17. Jahrhundert. In seinen Mauern sorgt heute ein über die Grenzen der Region hinaus bekannter Landgasthof für das kulinarische Wohl seiner Gäste. Im angrenzenden Ausstellungs- und Informationszentrum Böttstein der Nordostschweizerischen Kraftwerke (NOK) erfahren die Besucher viel Wissenswertes über die vielfältigen Möglichkeiten der Energienutzung (www.nok.ch). Angemeldete Gruppen nutzen die Möglichkeit, die nahe gelegenen Wasser- und Kernkraftwerke oder das Paul Scherrer Institut zu besichtigen. Unweit des NOK-Ausstellungspavillons befindet sich eine einzigartige, ganz aus Holz gebaute Ölmühle aus dem 18. Jahrhundert, die gegen Voranmeldung besichtigt werden kann. Ein geschichtlicher Leckerbissen ist auch die um 1615 erbaute Schlosskapelle St. Antonius, die mit prunkvollen Stukkaturen und Deckengemälden ausgestattet ist.

Wir folgen dem Fussweg von der Schlosspark-Gartenwirtschaft hinab zum linken Aareufer, wo der Fluss seit 1902 eine beim Bau des Wasserkraftwerks Beznau entstandene Insel umfliesst. Am Stauwehr vorbei führt der malerische, bei extremem Hochwasser nicht passierbare Uferweg flussabwärts. Die rechts gegenüber liegende Aareinsel ist seit 1969 Standort des Kernkraftwerks Beznau, wo fast 40 Prozent des Strombedarfs im neun Kantone grossen Axpo-Versorgungsgebiet erzeugt werden (zu Axpo: www.axpo.ch).

Der Weg führt knapp vier Kilometer weit entlang eines malerischen, wild bewachsenen Uferbereichs, vorbei an Feuchtgebieten der einst mäandrierenden Aare, nach Kleindöttingen. Dort erreichen wir die nach Döttingen führende Aarebrücke. Wir bleiben auf der linken Flussseite, überqueren die Strasse und wandern der aufgestauten Aare entlang weiter. Bis zum Kraftwerk Klingnau (Aarewerke) erstreckt sich ein drei Kilometer langer, bis fünfhundert Meter breiter Stausee. Das von Schilfgürteln umsäumte Gewässer ist heute ein geschütztes Naturparadies. Es bietet dank zahlreicher Flachwasserzonen verschiedenen Wasservögeln einen idealen Lebensraum und ein rege benütztes Brutgebiet. Zudem ist es ein beliebter Überwinterungsplatz für Zugvögel aus dem Norden. Ornithologen finden hier ein vielfältiges Beobachtungsgebiet.

Wir wandern – anfänglich in wechselndem Abstand zum Seeufer, später direkt entlang des still dahin fliessenden Aarewassers – vorbei am Dorf Gippingen, Richtung Aarewerke. Die seit 1935 im Einsatz stehende Stromerzeugungs-

**Distanz:** zirka 16 km
**Marschzeit:** zirka 3 Std.
**Kartenmaterial:** Landeskarte der
Schweiz, 1:25 000, Nr. 1050
Landeskarte der Schweiz,
1:50 000, Nr. 5005

- NOK-Informationszentrum
  Böttstein: Täglich geöffnete
  Energieausstellung, Gruppen-
  führungen durch Ausstellung,
  Wasser- und Kernkraftwerk
  Beznau nach Voranmeldung,
  Telefon 056 250 00 31
- Ölmühle: Familie Keller, Sägerei,
  Böttstein, Telefon 056 245 11 18
  (Führungen ab fünf Personen)
- Landgasthof Schloss Böttstein,
  Telefon 056 269 16 16

Anlage ist das letzte Kraftwerk am
Unterlauf der Aare, kurz vor ihrer
Einmündung in den Rhein. Unser
Weg führt über das Stauwehr und
entlang des Maschinenhauses zum
rechten Aareufer. Wer Lust und Zeit
hat, kann beidseits der Aare noch
etwas weiter flussabwärts wandern,
vorbei an diversen Naturschutzgebieten mit Biotopen und verträum-
ten Stillwasserzonen.

Vom Kraftwerk Klingnau führt uns
der Uferweg flussaufwärts, dem
Dammweg entlang, zurück nach
Döttingen. Schliesslich erreichen
wir wieder die rege benützte
Brücke zwischen Döttingen und
Kleindöttingen. Wir überqueren sie
und kehren auf dem uns bereits
bekannten Wanderweg zurück
nach Böttstein.

Durstige Kehlen und hungrige
Mägen lassen sich im Landgasthof
Schloss Böttstein (www.schloss-
boettstein.ch, Telefon 056 269 16 16)
kulinarisch verwöhnen. Wer noch
nicht müde ist, kann nach Absprache
mit dem Personal des NOK-Informa-
tionszentrums (infozen@nok.ch,
Telefon 056 250 00 31) auch den
nahe gelegenen Grillplatz samt
Picknick-Wiese benützen.

# NOK-INFOZENTRUM UND KERNKRAFTWERK BEZNAU

*NOK-Infozentrum und Schloss Böttstein*

## Besuchs-/Öffnungszeiten

*Kernkraftwerk:* Nach Absprache täglich möglich.
*Informationszentrum/Ausstellung:* Montag bis Freitag: 9 bis 12 Uhr, 13 bis 18 Uhr, Samstag: 9 bis 18 Uhr, Sonn- und Feiertage: 11 bis 18 Uhr.

## Einzel- und Gruppenbesuche

*Kernkraftwerk:* Nur Gruppenführungen nach Anmeldung.
*Informationszentrum/Ausstellung:* Einzelbesucher: freie Besichtigung ohne Anmeldung. Geführte Gruppen nach Voranmeldung.

## Anmeldung für Gruppenführungen

*NOK-Informationszentrum*
*5315 Böttstein*
*Telefon 056 250 00 31*

## Dauer einer Führung

*Kernkraftwerk:* zirka 1 Stunde.
*Informationszentrum/Ausstellung:* zirka 1½ Stunden.

## Anreisemöglichkeiten

*Eisenbahn:* Bis Bahnhof Brugg oder Döttingen, von dort Postauto bis Böttstein (Schloss).
*Privatautos/Reisecars:* Besucherparkplatz vorhanden.

## Charakteristiken des Kernkraftwerks

Zwillingsanlage mit zwei Druckwasserreaktoren, Wärmeauskopplung für das Regionale Fernwärmenetz unteres Aaretal (Refuna).

## Was kann besichtigt werden?

*Kernkraftwerk:* Maschinenhaus, Kommandoraum, Abfall-Zwischenlager, Wärmeauskopplung für das Fernwärmenetz Refuna.
*Informationszentrum:* Ausstellung über Kernenergie, Wasserkraft und neue erneuerbare Energien, Filmvorführungen für Gruppen.

## Zusätzliche Besichtigungsmöglichkeiten

*In Ergänzung zum Besuch des Informationszentrums:*

- Ölmühle aus dem 18. Jahrhundert. Anmeldung für Führungen ab 5 Personen: Familie Keller, Telefon 056 245 11 18
- Schlosskapelle beim Landgasthof Schloss Böttstein

## Verpflegungsmöglichkeiten

Grillplatzbenützung nach Absprache beim NOK-Informationszentrum sowie Verpflegungsmöglichkeiten in Restaurants der näheren Umgebung.
Die Verpflegung von Schülergruppen ist nach Absprache und Anmeldung im Landgasthof Schloss Böttstein oder im Personalrestaurant des Kernkraftwerkes möglich.

*Ölmühle aus dem 18. Jahrhundert*

## Besonderheiten

Kinderspielplatz auf dem Gelände des Informationszentrums Böttstein.

## KERNKRAFTWERK LEIBSTADT:
## INFORMATIONSZENTRUM TÄGLICH GEÖFFNET

**Kennen Sie den Begegnungsort für Information, Kommunikation, Erlebnis und Kultur auf dem Feld östlich von Leibstadt? Möchten Sie erfahren, wie Strom für über eine Million Menschen CO$_2$-frei produziert wird? Planen Sie eine Sitzung, Versammlung oder einen Workshop? Haben Sie Lust auf einen Ausstellungsbesuch? Sind Sie auf der Suche nach einem Spiel- und Rastplatz? Die Adresse könnte lauten: KKL-Informationszentrum.**

Dank der idealen Lage ist das Kernkraftwerk Leibstadt mit privaten und öffentlichen Verkehrsmitteln gut erreichbar. Parkplätze sind genügend vorhanden. Rad- und Wanderwege führen direkt zum Info-Zentrum. Ein Grill- und Spielplatz lädt zum Verweilen ein.

### Ausstellung täglich geöffnet

Auf zwei Etagen können Sie sich über alles informieren, was Sie rund um die Kernenergie und das Kernkraftwerk Leibstadt wissen wollen. Anschauliche Exponate, Schautafeln und interaktive Experimente weihen Sie in die Geheimnisse der Kernspaltung, der Strahlung oder der Stromproduktion aus Kernenergie ein. Sie erhalten Antworten zu Fragen der Entsorgung der radioaktiven Abfälle und zur Sicherheitskultur im Werk.

*Gesamtansicht KKL*

### Das Kernkraftwerk Leibstadt (KKL)

Am Aargauer Ufer des Hochrheins, unweit der Aaremündung bei Koblenz, befindet sich der Standort des Kernkraftwerks Leibstadt, das am 15. Dezember 1984 den Dauerbetrieb aufnahm. Die gleichnamige Kraftwerksgesellschaft, die Kernkraftwerk Leibstadt AG (KKL), beschäftigt rund 400 Mitarbeitende, die grösstenteils in der Region ihren Wohnsitz haben. Neben der Wasserkraft leistet die Kernenergie an die schweizerische Stromproduktion einen Anteil von gegen 40 Prozent. Der Beitrag des KKW Leibstadt beträgt über 17 Prozent. Mit anderen Worten: Das KKL erzeugt jährlich über 9 Milliarden Kilowattstunden Strom, Strom für eine Million Menschen.

*Gruppe in der Anlage (Rundgang)*

### Blick hinter die Kulissen

Auf Anfrage organisiert das Info-Team Rundgänge durch die Ausstellung und Teile der Anlage; inbegriffen sind beispielsweise ein Blick in den Kommandoraum und ein «Dampfbad» im Kühlturm.

### Angebot für Lehrkräfte und Schulen

Haben Sie schon einmal daran gedacht, Ihre Schüler eine Projektarbeit über Kernenergie schreiben zu lassen? Warum nicht bei uns, wo Sie alle Infos unter einem Dach vorfinden, wo Sie aufs Internet und auf unsere Datenbank greifen können, wo Ihre Schüler ihre Ergebnisse professionell vorstellen können? Lassen Sie sich über unsere massgeschneiderten Dienstleistungsangebote für Schulen aller Klassen informieren.

### Sitzungen, Tagungen, Workshops

Unsere Sitzungszimmer für 12 und 25 Personen, ein Mehrzweckraum für 20 bis 50 Personen und ein Auditorium für 100 Personen, ausgerüstet mit moderner Infrastruktur, stehen für Workshops und Versammlungen zur Verfügung. Wir entwickeln mit Ihnen das gewünschte Programm.

**Kultur im KKL**

Das KKL-Informationszentrum ist im lockeren Turnus auch Begegnungsort für Kultur im Rahmen von öffentlichen Ausstellungen oder Konzerten.

Telefon 056 267 72 50
Telefax 056 267 79 01
www.kkl.ch
besucher@kkl.ch

*Besuchergruppe im Informationszentrum*

# DAS PAUL SCHERRER INSTITUT –
# SPITZENFORSCHUNG IM UNTEREN AARETAL

Ist ein Ufo bei Villigen gelandet? Wie ein riesiges Raumschiff thront die Synchrotron Lichtquelle Schweiz (SLS) auf der Westseite der Aare. Die 2001 in Betrieb gesetzte Anlage des Paul Scherrer Instituts (PSI) erzeugt scharf gebündelte elektromagnetische Strahlung, mit der sich winzige Strukturen und neuartige Materialien – zum Beispiel für die Energietechnik – erforschen lassen.

500 Meter nördlich der SLS fallen zwei mächtige Spiegel in der grünen Wiese auf. Bei schönem Wetter lenken die drehbaren Heliostaten die Sonnenstrahlen auf spezielle Parabolspiegel, die mit dem konzentrierten Licht Temperaturen von mehr als 2000 °C produzieren. Durch chemische Reaktionen lässt sich die Solarenergie in transportierbaren Brennstoffen speichern – eine zukunftsweisende Lösung, an der Forscherinnen und Forscher des PSI arbeiten.

*Oben: Das PSI zwischen Villigen und Würenlingen (von Süden aus gesehen), links im Vordergrund die SLS*

### Internationales Benutzerlabor

Das PSI ist ein multidisziplinäres Forschungsinstitut des Bundes im ETH-Bereich und zugleich ein Benutzerlabor mit weltweiter Ausstrahlung. Mit seinen 1200 Mitarbeiterinnen und Mitarbeitern sowie den jährlich über 1000 Gastforschern ist es in der Schweiz das einzige und grösste Forschungszentrum dieser Art. Zusammen mit in- und ausländischen Hochschulen, anderen Instituten und der Industrie forscht es in den Bereichen Materialwissenschaften (auch Nano-

*Der Solarkonzentrator erzeugt umweltfreundliche Energie*

technologie), Elementarteilchen- und Astrophysik, Biowissenschaften (unter anderem Krebstherapie), Energie und energiebezogene Umwelt.

Seine Schwerpunkte setzt das PSI auf Gebiete, welche die Möglichkeiten einzelner Hochschulinstitute übersteigen. So werden in Villigen komplexe Forschungsanlagen, wie SLS und Spallations-Neutronenquelle, entwickelt und betrieben, die bezüglich Wissen und Erfahrung besonders hohe Anforderungen stellen.

Beispiel für den Antrieb von Wasserstoffautos liefern.

In weiteren Projekten wollen die Wissenschafter flüssige oder gasförmige Brennstoffe aus Biomasse herstellen, die keine Schadstoffe und zusätzlichen Treibhausgase verursachen. Auch soll die nach wie vor wichtige Verbrennung fossiler Energieträger mit Katalysatoren verbessert werden. Das PSI untersucht zudem die Einwirkung der vom Menschen verursachten Luftverschmutzung auf die Alpen.

*Riesenmikroskop für winzig kleine Strukturen: die Synchrotron Lichtquelle Schweiz*

## Vielfältige Energieforschung

Die Energieforschung des PSI konzentriert sich auf Themen, die eine nachhaltige und umweltverträgliche Anwendung von Energie gewährleisten. Dazu gehört die Entwicklung von Brennstoffzellen, die den Strom zum

*Im Forschungsreaktor PROTEUS wird Kernbrennstoff untersucht*

*Der VW Bora HY.POWER bezieht seine Antriebsenergie aus Brennstoffzellen im Heck*

Die Kernenergieforschung am PSI leistet wesentliche Beiträge zur Sicherheit der inländischen Kernkraftwerke. Dabei stehen die in der Schweiz zurzeit betriebenen Leichtwasserreaktoren im Vordergrund, erforscht werden aber auch Sicherheitsmerkmale zukünftiger Reaktorkonzepte. Das PSI trägt ebenfalls bei zur Entsorgung radioaktiven Abfalls aus Medizin, Industrie und Forschung und zur Evaluation der Sicherheit zukünftiger Endlagerstätten.

Paul Scherrer Institut
CH-5232 Villigen PSI
Telefon 056 310 21 11 (Zentrale)
www.psi.ch

psi forum
Telefon 056 310 21 00 (direkt)
www.psiforum.ch

Öffnungszeiten
Montag bis Freitag: 13 bis 16 Uhr
Sonntag: 13 bis 17 Uhr
Geschlossen am 1. November
(Allerheiligen) und vom 24. Dezember bis 2. Januar (Betriebsferien); für angemeldete Gruppen
nach Absprache mit dem Besu-
cherdienst

*Faszination Forschung für Jung und Alt*

## Besuchen Sie das psi forum

Mit 230 000 Kilometern pro Stunde durch das Innere der Materie flitzen, Chancen und Risiken der Energiepro-duktion kennen lernen – die Multi-media-Shows im psi forum öffnen Türen zur Wissenschaft. In diesem einzigartigen Besucherzentrum illus-trieren mehr als 20 Exponate interes-sante Phänomene aus Physik, Che-mie, Biologie sowie Energie und Um-welt. Wie entsteht aus Holz umwelt-freundlicher Wasserstoff? Welches Gewicht lässt sich durch Treten auf dem Fahrrad heben? Warum funktio-niert die passive Kühlung in einem Kernreaktor ohne jegliche Pumpen?

Das psi forum, im November 1998 eröffnet, ist ein Ort des Dialogs, wo Laien und Fachleute, Faszinierte und Skeptische miteinander ins Gespräch kommen. Über 12 000 Personen pil-gern jährlich ins Besucherzentrum, darunter viele Schulklassen, Studie-rende, Vereine und Betriebe.

Im psi forum können Sie Forschung und Technik begreifen, Unerwartetes entdecken, Fragen stellen und Zu-sammenhänge erkennen. Selbstver-ständlich dürfen Sie nach Voranmel-dung auch konkrete Forschungspro-jekte am PSI besichtigen – und Ihren Besuch im PSI-Personalrestaurant Oase beschliessen, das unter der Wo-che auch abends seine Gaumenfreu-den anbietet. Für Liebhaber des Pick-nicks gibt es eine Feuerstelle.

*Das psi forum fördert den Dialog zwischen Wissenschaft und Gesellschaft*

# WELLNESS

# MIT DER GESUNDHEIT IM «dreiklang.ch»

Vor mehr als 2000 Jahren stellte der griechische Philosoph Demokrit fest: «Gesundheit fordern in ihren Gebeten die Menschen von den Göttern, dass sie aber selbst darüber die Macht haben, wissen sie nicht.» Nicht anders als damals sind auch heute die Menschen selbst für ihre Gesundheit verantwortlich. Mit Prävention, Rehabilitation und Wellness kann die eigene Gesundheit gestärkt und erhalten werden. Gesundheit ist eines der Themen, welches die Menschen seit jeher sehr beschäftigt; dabei hat heute der Einzelne Zugang zu so vielen Gesundheitsinformationen wie noch in keiner anderen Zeit zuvor.

So lesen wir beispielsweise beim Frühstück in der Zeitung von der Kostenentwicklung im Gesundheitswesen, beim Coiffeur finden sich in zahlreichen der vorhandenen Zeitschriften Tipps für eine gesunde Lebensweise, und am Abend zeigt das Fernsehen die neuesten, spektakulären Behandlungsverfahren gegen bestimmte Krankheiten.
Alle wissen, was Gesundheit ist, will man sie jedoch näher definieren, wird es schwierig. Gesundheit, könnte man sagen, ist die Abwesenheit von Krankheit: Gesund sein heisst, nicht krank zu sein. Diese einfache Definition von Gesundheit trifft zwar zu. Aber wo liegen die Grenzen? «War ich gestern wegen meinen lästigen Kopfschmerzen schon krank?»

Mitte der 1940er-Jahre hat die Weltgesundheitsorganisation (WHO) den Versuch gemacht, Gesundheit zu definieren. Dabei entstand eine bis heute häufig verwendete Gesundheitsdefinition. Gesundheit wird nach dieser Definition als Zustand des vollständigen körperlichen, geistigen und sozialen Wohlbefindens bezeichnet. Der gesunde Mensch ist nach dieser Definition nicht nur frei von Krankheit, sondern auch mit sich und seiner Umwelt vollständig im Einklang. Die Erinnerung an die letzten Kopfschmerzen oder ein Blick aus dem Fenster auf eine verkehrsreiche Strasse zeigen, dass diese WHO-Definition doch etwas zu paradiesisch ausgefallen ist.

## Gesundheit als Prozess
Heute wird Gesundheit eher als ein dynamischer Prozess verstanden, in welchem der einzelne Mensch versucht, mit seiner Umwelt in ein möglichst optimales Gleichgewicht zu kommen, um sich wohl zu fühlen. Vier Hauptdimensionen beeinflussen dieses Gleichgewicht: die biologisch-genetischen Gegebenheiten, die medizinischen Möglichkeiten, der eigene Lebensstil sowie Umweltfaktoren. Einzelne kleine Störungen bringen, wenn genügend Reserven in Form von Gesundheitspotenzial vorhanden sind, den Menschen nicht aus dem Gleichgewicht: Trotz lästiger Kopfschmerzen fühlen wir uns insgesamt gesund.

Nun gilt es für den Einzelnen, sein Gesundheitspotenzial zu stärken, um dieses möglichst gut nutzen, aber auch schützen zu können. Unser Verhalten und die Umwelt, in der wir leben, haben einen direkten Einfluss auf unsere Gesundheit. Viele in den aktiven Lebensjahren auftretenden schweren Krankheiten und Unfälle wären durch Verhaltensänderungen vermeidbar:

– So ist beispielsweise bei jedem fünften tödlichen Verkehrsunfall in der Schweiz Alkohol im Spiel.
– 90 Prozent der Lungenkrebsfälle sind durch das Rauchen bedingt und wären vermeidbar.
– Durch regelmässige tägliche Bewegung von mindestens 30 Minuten, beispielsweise in Form von zügigem Gehen, kann ein guter Schutz gegen Herzkreislauferkrankungen und Stoffwechselstörungen aufgebaut werden.
– Das Herzinfarktrisiko oder das Risiko an einem Erwachsenendiabetes zu erkranken, kann durch regelmässige Bewegung um die Hälfte gesenkt werden.

Durch Prävention und Wellness können wir unsere Gesundheit stärken. Gezielter Wiederaufbau und die Stärkung des Körpers hilft uns nach einer Erkrankung, wieder zu unserem gesundheitlichen Gleichgewicht zu finden. So bilden Wellness – Prävention – Rehabilitation einen Dreiklang in der Gesundheitsförderung.

Die folgenden Seiten nehmen nun die Bedeutung von Wellness – Prävention – Rehabilitation für die Gesundheit auf und zeigen, was die Landschaft und ihre Institutionen im «dreiklang.ch» dazu bieten können. Natürlich kann hier nur ein Ausschnitt aus einem grossen gesundheitsfördernden Angebot gezeigt werden. Vielleicht verführt diese Auswahl zu eigenen Entdeckungsreisen rund um die Gesundheit. Wir wünschen gute Erholung und viel Freude bei der Forschungs- und Erprobungsreise durch das Dreiklangland!

*Dr. med. Thomas Steffen*
*Präventivmediziner, Kantons-*
*ärztlicher Dienst Kanton Aargau*

Wir bewegen uns immer weniger und dies hat Nachteile für unsere Gesundheit. Die Weltgesundheitsorganisation hat den Mangel an Bewegung als den häufigsten vermeidbaren Risikofaktor für Erkrankungen der Herzkranzgefässe in den industrialisierten Ländern bezeichnet. Mittlerweile stellt der Bewegungsmangel ein mit dem Rauchen vergleichbares Gesundheitsrisiko dar. Auch in der Schweiz gaben über ein Drittel der Befragten an, sich weniger als eine halbe Stunde täglich zu bewegen: nämlich überhaupt nicht.

Es ist erwiesen, dass Bewegung und Sport einen bedeutenden Einfluss auf die Erhaltung und Förderung der Gesundheit haben. Regelmässige Bewegung von mindestens 30 Minuten täglich in Form von flottem Gehen (Walking) oder Velofahren reicht aus, um sich vor diversen Krankheiten zu schützen. Menschen, die sich ausreichend bewegen, sind viel seltener von Herzkreislauf-Erkrankungen und Stoffwechselstörungen betroffen. Körperliche Aktivität senkt ausserdem das Risiko für Darm- und Brustkrebs und verzögert das Auftreten von Osteoporose.

### Wenig, aber regelmässig

Gesundheitsfördernd ist jede Aktivität mittlerer Intensität: Puls und Atemfrequenz sind leicht erhöht, Sprechen sollte aber noch ohne Mühe möglich sein, ins Schwitzen muss man nicht unbedingt kommen. Zügiges Gehen, Fahrrad fahren, Schnee schaufeln oder viele Gartenarbeiten sind Beispiele für solche Bewegungsformen. Die empfohlene Dauer von 30 Minuten kann auch auf Portionen von mindestens 10 Minuten aufgeteilt werden – mit gleichbleibendem Resultat für die Gesundheit. Sinnvollerweise werden verschiedene Aktivitäten miteinander kombiniert und diese dann auch variiert. Für die meisten Menschen ist mässige Bewegung ein realistischeres Ziel als die so genannten «high-impact»-Sportarten. Menschen, die körperlich aktiv sind, rauchen weniger und ernähren sich bewusster und pflegen einen insgesamt gesünderen Lebensstil als ihre inaktiven Mitmenschen.

### Ausdauertraining

Ist die Basisempfehlung von einer halben Stunde Bewegung täglich bereits umgesetzt, kann mittels Training von Ausdauer, Kraft und Beweglichkeit noch mehr für die Gesundheit, Leistungsfähigkeit und das Wohlbefinden getan werden. Ein gezieltes Ausdauertraining umfasst mindestens drei Einheiten pro Woche, die zwischen 20 und 60 Minuten dauern, mit einer Intensität, die leichtes Schwitzen und beschleunigtes

Atmen bedeutet, Sprechen muss noch möglich sein. Dazu eignen sich bewegungsintensive Sportarten, bei denen grosse Muskelgruppen beansprucht werden. Dazu gehören Laufen, Walken, Velofahren, Schwimmen oder Skilanglauf. Neben der Ausdauer sollten auch die Beweglichkeit mittels Dehnübungen sowie die Kraft durch Krafttraining regelmässig trainiert werden: optimal sind zwei Trainingseinheiten pro Woche.

## Tipps für Anfänger

Mit guten Laufschuhen und einem kleinen Aufwand kann das Ausdauertraining zu jeder Zeit und praktisch an jedem Ort praktiziert werden. Wer mit Jogging oder Walking beginnen möchte, sollte trotzdem einige Grundsätze beachten. Insbesondere beim Joggen können bei zu schnell gesteigerter Intensität Probleme auftreten, die einem die neu entdeckte Lust an der Bewegung wieder verderben könnten.

- Neu- oder Wiedereinsteigerinnen und -einsteiger sollten anfangs mit drei Walkingeinheiten pro Woche à 15 bis 20 Minuten starten. Die Dauer kann kontinuierlich auf 30 bis 60 Minuten gesteigert werden.
- Wer joggen möchte, sollte ebenfalls mit Walking beginnen.
- Sind Trainingseinheiten von 30 Minuten erreicht, können Sie die 30 Minuten Walking mehrmals mit 1- bis 2-minütigen Joggingintervallen unterbrechen.
- Das Training sollte langsam angegangen werden; die Regelmässigkeit der körperlichen Bewegung ist weitaus wichtiger als das Erreichen einer bestimmten Geschwindigkeit oder das Abspulen von Kilometern.
- Für die Bewegung gelten drei Regeln: bereits wenig bringt viel, es ist nie zu spät, sich regelmässig zu bewegen und wer durchhält, gewinnt viele gesundheitliche Vorteile.

## Jogging und Walking im Gebiet «dreiklang»

Der Kanton Aargau bewegt: In sportlicher Hinsicht besteht im Kanton Aargau ein breites Angebot an Aktivitäten, die allen offenstehen. Jogging- und Walkingkurse werden das ganze Jahr hindurch angeboten. Im Frühling starten jeweils in rund 25 Orten des Kantons spezielle Aufbaukurse über 10 Wochen, die auch für Neu- oder Wiedereinsteigerinnen und -einsteiger gut geeignet sind. Machen Sie mit, es lohnt sich und – Bewegung macht Freude.

*Kurt Röthlisberger*
*Geschäftsführer der Stiftung*
*«Aarau eusi gsund Stadt»*

- Aarau eusi gsund Stadt
  Metzgergasse 2
  5001 Aarau
  Telefon 062 822 32 61
  Telefax 062 824 20 51
  www.aaraueusigsundstadt.ch
  info@aaraueusigsundstadt.ch
- Departement Bildung, Kultur und Sport
  Abteilung Bildungsberatung
  Sport und Jugend
  Bahnhofstrasse 70/Postfach
  5001 Aarau
  Telefon 062 835 22 80
  Telefax 062 835 22 89
  sport@ag.ch

## EINE AUSGEWOGENE ERNÄHRUNG – ABWECHSLUNGSREICH UND SCHMACKHAFT

Gute oder schlechte Nahrungsmittel gibt es nicht. Eine ausgewogene Ernährung ist vielseitig und versorgt den Körper mit allen lebensnotwendigen Stoffen. Von allem geniessen, aber mit Mass: der Genuss steht im Vordergrund und nicht der Verzicht.

Wer täglich drei Hauptmahlzeiten und zwei kleinere Zwischenmahlzeiten zu sich nimmt, versorgt seinen Körper optimal. Man darf sich ruhig einmal ein Stück Kuchen oder eine andere Süssigkeit gönnen, wenn man sich bewusst ernährt.

Trotz der grossen Lebensmittelauswahl ist eine ausgewogene Ernährung nicht selbstverständlich. Die Nahrungsbeschaffung ist sehr einfach geworden, man kauft, wozu man gerade Lust hat, oder was in den Medien aktuell beworben wird. Falsches Ernährungsverhalten, mangelnde Bewegung oder Stress sind häufig Ursachen für Zivilisationskrankheiten wie Verdauungs-, Stoffwechsel-, Herz- oder Kreislaufstörungen.

### Empfehlungen für eine ausgewogene Ernährung

Am Beispiel der Ernährungspyramide lässt sich aufzeigen, wie oft Nahrungsmittel idealerweise konsumiert werden sollten (vgl. Abbildung). Konsummenge und -häufigkeit sollten von der Basis zur Spitze hin abnehmen.

Das Fundament der Ernährungspyramide bilden die Getränke. Empfehlenswert sind 1,5 bis 2 Liter pro Tag. Dabei sind ungezuckerte und nichtalkoholische Getränke wie Leitungswasser, Mineralwasser oder Tee den gezuckerten oder alkoholischen Getränken vorzuziehen. Trinken Sie viel, auch wenn Sie keinen Durst verspüren. Flüssigkeit benötigen Sie für alle Körperfunktionen; insbesondere auch Ihre Leistungsfähigkeit ist von der Flüssigkeitszufuhr abhängig.

Auf der zweiten Stufe der Pyramide befinden sich Gemüse, Salat und Früchte. Konsumieren Sie zirka fünf Portionen täglich, um dem Körper genügend Nährstoffe und Vitamine

zuzuführen. Berücksichtigen Sie das saisonal variierende Angebot.

Auf der dritten Stufe befinden sich Getreide, Getreideprodukte sowie Kartoffeln. Brot, Teigwaren, Reis, Mais oder Kartoffeln sind bedeutendste Kohlehydratlieferanten (Stärke, verschiedenen Zuckerarten) und versorgen den Körper ausserdem mit Nahrungsfasern, welche die Funktion des Darmes anregen. Ziehen Sie Vollkornprodukte den Weissmehlprodukten vor, da die Schale des vollen Korns Nahrungsfasern, Magnesium und Vitamine des B-Komplexes enthält. Bevorzugen Sie kohlehydratreiche Mahlzeiten: also «Brot mit Käse» oder «Kartoffeln mit Fleisch» und nicht umgekehrt.

## Mässig, aber regelmässig

Die vierte Stufe nehmen Fleisch, Fisch, Milchprodukte und Eier sowie Hülsenfrüchte ein. Hülsenfrüchte wie Linsen, Kichererbsen oder Gelberbsen enthalten viel Magnesium sowie Nahrungsfasern und gehören ebenfalls regelmässig auf den Speiseplan.

Eier sind dank ihrer vielfältigen Zusammensetzung aus einer ausgewogenen Ernährung nicht wegzudenken. Milch, Joghurt, Frischkäse und Käse sollten täglich in zwei bis drei Portionen konsumiert werden, um den Bedarf an Kalzium zu decken. Eine Portion entspricht 2 dl Milch oder Joghurt oder 30 g Hartkäse oder 50 g Weichkäse. Empfohlen wird, zwei- bis viermal pro Woche Fleisch zu essen. Ein- bis zweimal pro Woche Fisch liefert leicht verdauliches Eiweiss und hochwertige Fettsäuren. Schalten Sie auch fleischlose Tage ein!

## Wenig, aber mit Genuss

Die Spitze der Pyramide bilden Fette, Öle und Süssigkeiten. Fett ist ein energiereicher Nährstoff, dessen übermässige Aufnahme die Entstehung von Übergewicht und auch das Auftreten verschiedener Krankheiten begünstigt. Verwenden Sie auch hochwertige Öle und Fette sparsam. Für kalte Speisen werden pro Tag nicht mehr als zwei Teelöffel Rapsöl, Olivenöl oder Sonnenblumenöl empfohlen. Die gleiche Menge gilt für Bratfett wie Bratbutter, Erdnussöl, Olivenöl oder Pflanzenfettcrème und für Butter oder Margarine als Brotaufstrich. Viele Nahrungsmittel enthalten versteckte Fette: aufgepasst bei fritierten oder panierten Speisen, Käsespeisen, Wurst oder Aufschnitt, Patisserie, Kuchen, Blätterteiggebäck oder Schokolade. Diese sollten Sie maximal einmal pro Tag in kleinen Mengen konsumieren. Glacé, Kuchen, Crèmen oder Schokolade runden eine Mahlzeit ab, sind aber ungeeignet als Zwischenmahlzeit.

## Überdenken der eigenen Ernährungsweise

Im Laufe der Zeit haben sich verschiedene traditionelle, kulturell gebundene Ernährungsweisen entwickelt, die den heutigen Anforderungen nicht mehr gerecht werden. Viele Menschen haben zudem die Fähigkeit verloren, ihrer Nahrungszufuhr Grenzen zu setzen und auf ihren Körper zu hören.

Das Wissen, wie eine ausgewogene Ernährung aussehen sollte, hilft noch nicht bei der Umsetzung im Alltag. Wer sich kleine Etappenziele bei einer Ernährungsumstellung vornimmt, kann diese konsequenter umsetzen. Wie

– Aarau eusi gsund Stadt
  Metzgergasse 2
  5001 Aarau
  Telefon 062 822 32 61
  www.aaraueusigsundstadt.ch
– Schweizerische
  Vereinigung für Ernährung
  www.sve.org
– Schweizerischer Verband dip-
  lomierter Ernährungsberate-
  rinnen und Ernährungsberater,
  Adressen bei den meisten der
  Kantons-, Regional- und Privat-
  spitälern erhältlich
  www.svde-asdd.ch
– Über Selbsthilfegruppen im
  Ernährungsbereich erhalten Sie
  weitere Auskünfte bei:
  Selbsthilfezentrum Aargau
  Rütistrasse 3A
  5400 Baden
  Telefon 056 203 00 20
  Telefax 056 203 00 21
  (Dienstagnachmittag,
  Freitagmorgen)
  selbsthilfe.ag@frauenzentrale.ch
– Gesundheitsförderung Schweiz
  (ehemals Stiftung 19)
  www.feelyourpower.ch

wärs mit einem knusprigen Vollkorn-brötli zum Znüni statt mit einem Gipfeli, mit einem fruchtigen Tee statt des süssen Mineralwassers? Sich an ein neues Ernährungsverhalten, an eine neu gestaltete Ernährungsweise anzupassen, braucht Zeit und Geduld. Werfen Sie nicht sofort alle Gewohnheiten über Bord, sondern verändern Sie Ihre Ernährung schrittweise.

*Petra Weidmann-Amrhein*
*dipl. Ernährungsberaterin*
*Klinik Barmelweid*

## LUFT UND GESUNDHEIT

Bewegung an der frischen Luft wie Wandern, Joggen oder Velofahren ist ohne Zweifel ein gesundes Vergnügen. Studien zeigen, dass sich aktive Menschen körperlich und psychisch insgesamt ausgeglichener fühlen. Regelmässige Bewegung führt zu einer Verbesserung der Herzleistung und senkt das Herzinfarktrisiko erheblich. Andere Krankheiten wie beispielsweise Diabetes beim Erwachsenen oder Osteoporose treten bei körperlich aktiven Menschen deutlich weniger auf. Doch wie verhält es sich mit der Qualität der so genannt frischen Luft? Ist sie noch gesundheitsfördernd oder schädigt sie den Menschen bereits wegen ihrer mangelnden Qualität?

Der Sauerstoff in der Luft bildet die einzigartige Lebensgrundlage für Menschen, Tiere und Pflanzen. Der Luftmantel der Erde in Form der Erdatmosphäre schützt die Weltkugel vor dem lebensfeindlichen Weltall. Unsere Luft ist heute aber durch zahlreiche Faktoren gefährdet.

Saubere Luft war lange Zeit fast überall verfügbar. Das Bild hat sich aber im Zuge der Industrialisierung einschneidend verändert. Seit Jahrzehnten gibt es keinen Ort mehr auf dieser Welt, der frei ist von Luftschadstoffen, die vom Menschen laufend produziert werden. In der Schweiz wurden in den letzten Jahren zwar erfreuliche Fortschritte bei der Verbesserung der Luftqualität gemacht. Aber noch immer verursacht die Verschmutzung der Luft mit Feinstaub, Ozon, Stickoxiden und anderen Stoffen grosse Gesundheits- und Umweltschäden. Die Verunreinigung der Luft kann unter anderem akute und chronische Erkrankungen der Atemwege und des Herz-Kreislauf-Systems hervorrufen, mit zum Teil schweren gesundheitlichen Folgen. So rechnet man allein in der Schweiz jährlich mit rund 3300 vorzeitigen Todesfällen, bedingt durch die Luftverschmutzung.

### Gefährlicher Feinstaub

Von den verschiedenen Schadstoffen wurden dem Feinstaub und dem Ozon in den letzten Jahren besondere Aufmerksamkeit geschenkt. Feinstaub ist ein komplexes Gemisch aus Partikeln, welche bei industriellen und gewerblichen Produktionsprozessen, bei Verbrennungs- und mechanischen Abriebsprozessen auf Strassen und auf Schienen entstehen. Aus gesundheitlicher Sicht sind vor allem die sehr feinen Partikel mit einem Durchmesser von 10 µm von Interesse, die dem Feinstaub auch die Bezeichnung «PM 10» eingetragen haben. Die sehr kleinen Teilchen können beim Einatmen bis tief in die Lunge gelangen und die Atemfunktion empfindlich stören. Neben der Erkrankung der Atemwege und des Herz-Kreislauf-Systems beim Menschen kann der Feinstaub auch den Boden sowie Pflanzen belasten. Enthält der Staub Schwermetalle oder andere Schadstoffe, können diese über die Nahrungskette dem Menschen ebenfalls schaden.

Die Feinstaubbelastung ist an den Entstehungsorten am höchsten, also im Verkehr, bei Industrieanlagen und in Gewerbe sowie Land- und Forstwirtschaft. Deshalb ist man an einer Hauptverkehrsstrasse erheblich mehr Feinstaubteilchen ausgesetzt als bei einer Wanderung auf dem Land. Die Landluft ist diesbezüglich sauberer als die Luft in den Städten und Agglomerationen, ausgenommen natürlich dort, wo Land- und Forstwirtschaft entsprechende Schadstoffe verursachen.

## Ozon – oben schützend, unten schädlich

Ozon hat viele Gesichter: oben in der Stratosphäre schützt es die Erde vor der gefährlichen Ultraviolettstrahlung der Sonne. Auf der Erdoberfläche jedoch, in unserer Atemluft, ist zu viel Ozon schädlich für die Menschen. Ozon ist ein sehr reaktionsfreudiges Gas, welches aus so genannten Vorläuferschadstoffen, in diesem Fall Stickoxiden (chemische Bezeichnung NOX) und flüchtigen organischen Verbindungen, entsteht. Intensive Sonneneinstrahlung während längeren sommerlichen Schönwetterperioden führt zu erhöhten Ozonkonzentrationen, welche die Gesundheit gefährden und die Umwelt schädigen. Direkte Auswirkungen von zu hoher Ozonkonzentration treten vor allem in den oberen Atemwegen und in der Lunge auf. Bei hohen Ozonwerten leiden zudem viele Menschen unter Kopfschmerzen. In schwereren Fällen können bei ozonempfindlichen Personen Augen- und Halsbrennen bis hin zu Atemnot auftreten.

Im Unterschied zur Ozonkonzentration im Freien liegt jene im Innern von Häusern deutlich tiefer. Da sich Ozon erst über einen längeren chemischen Prozess bildet, findet man in den Agglomerationen der Städte und in ländlichen Gebieten, bedingt durch die Luftbewegung, oft höhere Konzentrationen als im Zentrum der Städte. Schöne Sommertage auf dem Land sind in vielen Gegenden durch erhöhte Ozonkonzentrationen belastet.

Damit Sie an diesen Tagen nicht auf Ihren Spaziergang über Land verzichten müssen, sollten Sie sich an diese Regeln halten:

– Sportanlässe, Wanderungen und andere körperliche Aktivitäten im Freien sollten im Sommer so geplant werden, dass die Ausdauerleistung vormittags oder abends erbracht wird.
– Vermeiden Sie eine körperliche Überanstrengung zwischen 11 und 15 Uhr, da dann die Ozonkonzentration am höchsten ist.
– Verspüren Sie wiederholt Beschwerden an warmen Sommertagen, sollten Sie sich ärztlich untersuchen lassen.

Für einen schonenden Umgang mit unserer Luft können auch Sie einen Beitrag leisten: Geniessen Sie die Landschaft im «dreiklang.ch» am besten zu Fuss, auf dem Velo oder mit den öffentlichen Verkehrsmitteln. Sie fördern damit aktiv Ihre Gesundheit und die Qualität unserer Luft.

## Sapaldia – ein nationales Forschungsprojekt im Aargau

Sapaldia steht als Abkürzung für das Forschungsprojekt «Schweizer Studie über Luftverschmutzung und Atemwegserkrankungen bei Erwachsenen» (Swiss Study on Air Pollution and Lung Diseases in Adults). Sapaldia ist die grösste je in der Schweiz durchgeführte umweltepidemiologische Studie, welche auch ein Forschungszentrum in Aarau hat. Mit den in der ersten Studienphase 1991 bis 1993 durchgeführten Untersuchungen bei annähernd 10 000 Personen wurde der Frage nach der Häufigkeit der wichtigsten Atemwegserkrankungen (z. B. Asthma, chronische Bronchitis) und den Zusammenhängen mit Umweltfaktoren wie Luftqualität, Klima und Pollen nachgegangen.

Die Auswertung der Studiendaten erbrachte wichtige medizinische Erkenntnisse. So konnte erstmals die Häufigkeit von Allergien in der Schweizer Bevölkerung dokumentiert und ebenso das Auftreten der verschiedenen Atemwegserkrankungen beschrieben werden. Die ermittelten Daten haben klar gezeigt, dass insbesondere Feinstaub massive Auswirkungen auf die Lungenfunktion der Bevölkerung hat: Der Zusammenhang zwischen der Schadstoffbelastung am Wohnort und der Lungenfunktion in der Bevölkerung ist deutlich belegt. Die Bevölkerung in stärker belasteten Gegenden wies eine verminderte Lungenfunktion auf und klagte häufiger über Atemwegsbeschwerden.

Wenig ist aber bis heute über die langfristigen Auswirkungen der Umwelteinflüsse, insbesondere der Luftschadstoffe auf die Lungenfunktion und das Herzkreislaufsystem, bekannt. Das Forschungsprojekt Sapaldia II will nun diese Lücke schliessen, indem es die Menschen, welche an der ersten Untersuchung teilnahmen, nochmals untersuchen möchte. Bei den Studienteilnehmenden – darunter auch viele Aargauerinnen und Aargauer – werden wiederum die Lebensgewohnheiten erfragt, die persönliche Gesundheit untersucht, eine Lungenfunktionsmessung gemacht sowie eine Blutuntersuchung durchgeführt. Bei über fünfzigjährigen Personen wird auch die Herztätigkeit kontrolliert. Die erste Studienresultate werden bald vorliegen.

*Dr. med. Thomas Steffen*
*Präventivmediziner, Kantonsärztlicher Dienst Kanton Aargau*

– Kantonsärztlicher Dienst des Gesundheitsdepartements Kanton Aargau www.ag.ch/kantonsarzt/
– Abteilung für Umwelt des Baudepartements Kanton Aargau www.ag.ch/umwelt/
– Studie Sapaldia www.sapaldia.ch

## BESSER SCHLAFEN –
## DIE PERSÖNLICHEN BEDÜRFNISSE ERKENNEN

Fast einen Drittel unseres Lebens verbringen wir schlafend, und doch ist der Schlaf noch in vielen Punkten unerforscht. Wir wissen, dass viele der Vorgänge im menschlichen Körper nach einem natürlichen Rhythmus ablaufen. Die so genannten zirkadiannen Rhythmen wirken wie eine biologische innere Uhr, die unseren gesamten Tagesablauf steuert und unser Erleben und Verhalten wesentlich mitbestimmt. Diese wiederkehrenden Vorgänge im menschlichen Körper entsprechen bei den meisten Menschen einem zeitlichen Ablauf von ca. 25 Stunden, so wie dies der aus dem Lateinischen stammende Begriff zirkadian (circa = etwa und dies = Tag) auch beschreibt. Sie beeinflussen bei jedem Menschen individuell das Auf und Ab des Schlaf-Wach-Rhythmus, der Körpertemperatur und vieler anderer Körperfunktionen, wie beispielsweise die Ausschüttung von Hormonen.

Am frühen Morgen, kurz vor dem Aufwachen, steigt die Körpertemperatur an; abends, gegenläufig zur zunehmenden Müdigkeit und Schlafbereitschaft, sinkt sie wieder ab. Wachstumshormone werden zu Beginn der Nacht am stärksten ausgeschüttet. In der zweiten Nachthälfte steigt der Stresshormonspiegel an, um vor dem Erwachen wieder abzusinken. In diesem Zusammenhang ist Stress nicht negativ, sondern vielmehr aktivierend zu verstehen.

### Unterschiedliches Schlafbedürfnis

Die Schlafdauer ist bei jedem Menschen sehr unterschiedlich. Jeder Mensch hat seine für ihn ideale Schlafzeit. Es gibt Menschen, die sind auch mit fünf Stunden Schlaf ausgeruht, andere brauchen mehr als zehn Stunden, ohne dass dies krankhaft wäre. Ob man mit mehr oder weniger als sieben bis acht Stunden Schlaf auskommt, muss jeder für sich selbst ausprobieren. Nachstehende Abbildung hilft bei der Analyse des eigenen Schlafverhaltens.

Entscheidend ist, dass man am nächsten Tag ausgeruht und leistungsfähig ist. Wichtig ist auch, dann zu Bett zu gehen, wenn man wirklich müde ist

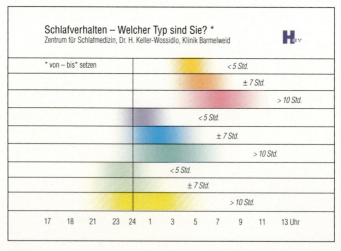

Schlafverhalten – Welcher Typ sind Sie? *
Zentrum für Schlafmedizin, Dr. H. Keller-Wossidlo, Klinik Barmelweid

| * von – bis* setzen | < 5 Std. |
| ± 7 Std. |
| > 10 Std. |
| < 5 Std. |
| ± 7 Std. |
| > 10 Std. |
| < 5 Std. |
| ± 7 Std. |
| > 10 Std. |

17    18    21    23    24    1    3    5    7    9    11    13 Uhr

und wenn möglich immer um die selbe Zeit. Manche Menschen können nicht vor ein Uhr in der Nacht schlafen; für diese Abendmenschen, so genannte «Eulen», sind die Abendstunden häufig eine sehr produktive Zeit, da erst gegen Mitternacht ihre Körpertemperatur entsprechend absinkt und ihr Schlafbedürfnis die Spitze erreicht. Am Morgen steigt die Temperatur nur zögernd wieder an. Das zeigt sich in den morgendlichen Anlaufproblemen eines «Morgenmuffels».

Umgekehrt arbeiten die Morgenmenschen, die «Lerchen», am Morgen besonders effizient, sind aber bereits vor Mitternacht entsprechend müde; manche von ihnen müssen bereits vor 21 Uhr zu Bett gehen, um ihr Schlafbedürfnis entsprechend zu befriedigen.

Der Schlaf gliedert sich – neben dem zirkadianen Rhythmus – in kurze Phasen von etwa 90 Minuten. Nach dem Schliessen der Augen beginnt normalerweise der Einschlafvorgang mit dem Rollen der Augen. Die Hirntätigkeit verlangsamt sich in diesem ersten, noch instabilen Schlafstadium. In dieser Phase ist das Aufwachen noch leicht möglich. Danach nimmt die Herzfrequenz ab, der Blutdruck fällt, die Muskulatur entspannt sich und die Atmung wird regelmässiger, langsamer und tiefer. Nun beginnt das zweite Schlafstadium und die Muskelspannung nimmt noch weiter ab. Im dritten Schlafstadium beginnt die Tiefschlafphase, welche im vierten Schlafstadium fortgeführt wird. Darauf folgt eine kurze Leichtschlafphase, an welches dann das fünfte Schlafstadium, der REM-Schlaf, anschliesst. Die REM-Phase ist gekennzeichnet durch schnelle Augenbewegungen, davon stammt auch der englische Name (rapid eye movement). In der REM-Phase ist die Traumaktivität am höchsten. Dieser Schlafzyklus mit den fünf Schlafstadien wird pro Nacht drei- bis fünfmal durchlaufen, wobei die Tiefschlafphasen immer kürzer und die Traumphasen immer länger werden. Deswegen ist ein mehrmaliges kurzes Erwachen kein Zeichen für einen schlechten Schlaf, Schlafunterbrechungen gehören zu einem normalen Schlafrhythmus. Der Tiefschlaf findet in der ersten Nachthälfte statt und gegen den Morgen wird der Schlaf bei allen Menschen leichter.

### Schlafprobleme vermeiden

«Regeln der Schlafhygiene», also Verhaltensregeln zur Förderung eines gesunden Schlafs, können Schlafprobleme lösen.

– Wichtig ist eine gewisse Regelmässigkeit: Stehen Sie täglich um die selbe Zeit auf und gehen Sie um die selbe Zeit zu Bett. Abweichungen sollten nicht grösser als 30 Minuten sein. Die Kontinuität bezieht sich nicht nur auf die Schlafzeiten, sondern auf den gesamten Tagesablauf wie z. B. Essenszeiten usw. Am wichtigsten ist der morgendliche Start, denn der Aufstehzeitpunkt beeinflusst den ganzen weiteren Tagesverlauf.

– Ein kurzer Mittagsschlaf kann die abendliche Schlafbereitschaft bereits erheblich reduzieren. In der Folge sind Ein- und Durchschlafstörungen möglich. Können Sie tagsüber trotzdem nicht auf einen 10-Minuten-Schlaf verzichten, so sollte er keineswegs nach 15 Uhr erfolgen. Abendliches Eindösen vor dem Fernseher hat den gleichen negativen Effekt für den darauf folgenden Schlaf.

– Regelmässiger Sport verbessert die Schlafqualität ebenfalls. Dabei ist es aber wichtig, körperliche Überanstrengungen nach 18 Uhr zu vermeiden, da diese das Nervensystem in ähnlicher Weise wie Nikotin oder Koffein stimulieren. Der Körper benötigt Zeit, bis die Aktivität wieder abnimmt.

– Schaffen Sie zwischen dem Alltag und dem Zubettgehen eine etwa zweistündige Pufferzone. In dieser Zeit können Sie sich entspannen und sich innerlich vom Alltag befreien. Hilfreich ist dabei ein etwa halbstündiges Einschlaf-Ritual, das Sie nach eigenen Wünschen gestalten können, beispielsweise Zähne putzen, Schlafzimmer vorbereiten, Umziehen für die Nacht, Türe schliessen. Dadurch stimmen Sie sich auf den Schlaf ein. Eher ungünstig als Einschlaf-Ritual ist die Bettlektüre sowie das Fernsehen im Bett. Wichtig ist auch die Umgebung; das Schlafzimmer sollte bezüglich Temperatur, Licht und Lärm günstig eingerichtet sein und möglichst wenig allergieauslösende Stoffe enthalten.

– Benützen Sie Ihr Bett nicht um Arbeiten zu erledigen. Vorbereitungen für den nächsten Tag lassen sich vor dem Schlafengehen erledigen. Danach können Sie sich umso besser entspannen, wenn Sie alles gut vorbereitet wissen.

## Trotz Schlaf keine Erholung

Wer trotz regelmässigem Schlaf am Morgen nie ausgeruht ist, leidet vielleicht unter einer Störung der Atmung in der Nacht. Diese führt in der Regel zu einer schweren Tagesschläfrigkeit, welche schlafmedizinische Abklärungen erfordert. Die häufigste Ursache für einen nicht erholsamen Schlaf ist das regelmässige Schnarchen und die oft damit verbundenen Atemstillstände (Schlafapnoe). Um Schnarchen und Atemstillstände zu vermeiden, sind einige Punkte zu beachten:

– Vor dem Schlafengehen sollten Sie weder rauchen noch Alkohol oder

Kaffee trinken, noch opulente Mahlzeiten zu sich nehmen oder Schlafoder Beruhigungsmittel einnehmen.

– Vermeiden Sie Rückenlage, wenn Sie Probleme mit dem Schnarchen haben und achten Sie auf eine ungehinderte Nasenatmung.

– Das Schlafzimmer sollte ohne allergieauslösende Materialien ausgestattet und immer gut gelüftet sein. Bei Übergewicht kann eine Gewichtsreduktion das Schnarchen vermindern.

## Hilfe bei schlaflosen Nächten

Mit Schlafproblemen muss man sich also nicht abfinden. Gelegentliche Ein- oder Durchschlafstörungen sind etwas völlig Normales. Hingegen können solche Phasen sich verlängern und allmählich – ohne, dass man es bemerkt – chronisch werden. Bei länger andauernden Stresssituationen kann es zu Schlafstörungen kommen. Mit der Rückbesinnung auf schlafunterstützende Massnahmen sind diese Erscheinungen aber ohne Schlafmittel zu bekämpfen. Unangemessene Abhilfen, wie beispielsweise der alkoholische Schlummertrunk, verstärken den einsetzenden Teufelskreis. Der Gedanke an den Schlaf, an das Wachliegen im Bett, löst innerliche Anspannung aus und führt letztlich zu Grübeln, Ärger und Wachsein. Kreisende Gedanken und ein angespannter Körper verhindern das Einschlafen. Mit Hilfe der folgenden Regeln können Sie Ihren Schlaf wieder gewinnen. Bei ausgeprägten und schon länger andauernden Schlafstörungen ist es jedoch sinnvoll, den Hausarzt zu konsultieren.

## Tipps zur Förderung des Schlafs

– Mindestens zwei Stunden vor dem Zubettgehen keinen Alkohol mehr trinken: Alkohol kann zwar das Einschlafen «erleichtern», aber er beeinträchtigt die Schlafqualität beträchtlich. In der zweiten Nachthälfte führt Alkohol oft zu Durch- und Weiterschlafproblemen.

– Vier bis acht Stunden vor dem Zubettgehen keinen Kaffee mehr trinken: Koffein ist als «Wachmacher» bekannt. Die schlafbeeinträchtigende Wirkung ist aber individuell unterschiedlich. Bei diesbezüglich empfindlichen Personen kann die schlafhindernde Wirkung bis zu zehn Stunden andauern.

– Vor dem Schlafengehen keine grösseren Mengen an Essen und Getränken zu sich nehmen: Das «Bettmümpfeli» hingegen – z. B. Milch mit Honig, Banane oder Schokolade – kann hilfreich sein. Diese Lebensmittel enthalten einen Stoff, der bei der Schlafregulation eine Rolle spielt.

## Alternativen
## zum Schäfchenzählen

– Führen Sie Tagebuch oder lassen Sie die Ereignisse des Tages auf andere Weise Revue passieren, bevor Sie im Bett liegen.

– Denken Sie während des Tages nicht daran, dass Sie abends eventuell nicht werden einschlafen können.

– Verwöhnen Sie sich mit neuen Ritualen zur Schlafvorbereitung: Gönnen Sie sich ein entspannendes Schaumbad mit ätherischen Ölen oder einen feinen Kräutertee vor dem Einschlafen.

– Gehen Sie mit positiven Gedanken zu Bett. Erinnern Sie sich an den letzten schönen Urlaub oder ein anderes, für Sie wichtiges positives Erlebnis.

– Machen Sie vor dem Zubettgehen Entspannungsübungen oder autogenes Training.

– Versuchen Sie, extra wachzubleiben und sich bewusst dafür zu entscheiden («ich will gar nicht schlafen»).

– Entfernen Sie Uhren aus der direkten Schlafumgebung, damit Sie nicht in Versuchung geraten, dauernd nach der Zeit zu sehen.

*Dr. med. Harriet Keller-Wossidlo*
*Leitende Ärztin Klinik Barmelweid*
*Zentrum für Schlafmedizin und*
*Dr. phil. Gabrielle Bieber-Delfosse*
*Psychologin FSP/Psychotherapeutin*

– Spezialklinik Barmelweid, Zentrum für Schlafmedizin: Dr. med. Harriet Keller-Wossidlo Leitende Ärztin für Pneumologie/Somnologie www.barmelweid.ch schlafmedizin@barmelweid.ch

– Gesundheitsforum Rheinfelden Schlaftraining-Kurs Kursleitung: Dr. phil. G. Bieber-Delfosse, Psychologin FSP/Psychotherapeutin www.gesundheitsforum-rhf.ch www.scalina.ch/ schlafhygiene.html

– Schweizerische Gesellschaft für Schlafforschung, Schlafmedizin und Chronobiologie www.swiss-sleep.ch

– KSM Zurzach Klinik für Schlafmedizin www.ksm.ch

Bereits im 3. Jahrhundert vor Christus besuchten die Griechen Badeanstalten und nahmen dort warme Bäder. Aus dem Griechischen stammt auch der Begriff «thermos», der warm bedeutet. Bald etablierte sich die Badekultur auch bei den Römern; schon im 1. Jahrhundert vor Christus errichteten sie Badehäuser und legten damit den Grundstein für eine prunkvolle Badekultur. Nach dem Untergang des Römischen Reiches dauerte es aber mehrere Jahrhunderte, bis sich im 11. und 12. Jahrhundert die Badekultur in Europa wieder verbreitete. Doch dieses Vergnügen sollte nicht lange dauern: bereits drei Jahrhunderte später schlossen die meisten öffentlichen Bäder ihre Tore wieder. Die Angst vor ansteckenden Krankheiten, die moralischen Vorstellungen der Kirche sowie eine akute Holzknappheit führten zum Verschwinden der Badehäuser.

In den Bädern der Griechen und Römer und in jenen des Mittelalters spielte sich das öffentliche und private Leben ab. Neben dem Baden wurde auch gegessen, diskutiert, politisiert und amourösen Abenteuern nachgegangen. Die Bader, die Angestellten der Bäder, boten zahlreiche Dienstleistungen wie Haare schneiden, schröpfen, zur Ader lassen und gar kleinere Operationen an. Heute sind dies die modernen Wellnesszentren, welche ebenso zahlreiche Angebote für das Wohlbefinden für ihre Kundschaft bereithalten.

### Baden mit Tradition
Im Kanton Aargau, dem Bäderkanton der Schweiz, sind dies die Kurorte Schinznach Bad, Zurzach und Rheinfelden mit ihren Heilbädern und angeschlossenen Rehabilitations-Kliniken.

Dort regenerieren und entspannen sich viele Menschen und tun aktiv etwas für ihr Wohlbefinden. In Rheinfelden und Schinznach Bad wurden die Gesundheit spendenden Quellen bereits im 17. Jahrhundert entdeckt und im Falle von Schinznach entsprechend genutzt; der Badebetrieb in Rheinfelden wurde im 19. Jahrhundert aufgenommen. 1955 öffnete auch das Bad in Zurzach seine Pforten.

Nicht nur die prächtigen Bade- und Saunalandschaften, das Dampfbad oder das Kaltwasserbecken verführen die Besucherinnen und Besucher zum Verweilen. In den Ruheräumen und zum Teil auch in der das Bad umgebenden Landschaft findet man Ruhe und Erholung. Thermalbäder können nicht nur die Gesundheit fördern, sondern bieten durch ihre Heilkraft auch Möglichkeiten für die Rehabilitation bei rheumatischen Leiden und Verletzungen des Bewegungsapparates.

## Sole uno

Bade- und Saunalandschaft
Kurzentrum Rheinfelden Holding AG
Roberstenstrasse 31
CH-4310 Rheinfelden
Telefon +41 61 836 66 11
Telefax +41 61 836 66 12
www.kurzentrum.ch
info@kurzentrum.ch

Sole uno ist eine grosszügige
Bade- und Saunalandschaft für
die körperliche und geistige
Entspannung und Regeneration.
Dank der Sole fühlt man sich am
Rhein wie am Meer und die orien-
talische Badekultur lässt einen
den Alltag vergessen.

## Bad Schinznach – Thermalbad Aquarena und Thermi

BAD SCHINZNACH

Badelandschaft, Saunadorf
mit Dampfbad, Solarien und
Liegeräumen
Bad Schinznach AG
CH-5116 Schinznach-Bad
Telefon +41 56 463 75 05
www.bad-schinznach.ch
info@bs-ag.ch

Die Thermalbäder inmitten eines
ruhigen Parks laden zum Eintau-
chen in die Wasserwelt ein. Ein
stilvolles Innenbad steht ebenso
zur Verfügung wie ein Flussbad.

### Thermalbad Zurzach AG

Badelandschaft, Erlebnisdusche,
Sauna und Dampfbad, Kaltwasser-
becken, Ruheräume und Solarien
CH-5330 Zurzach
Telefon +41 56 265 28 28
Telefax +41 56 265 28 09
info@thermalbad.ch

Zu jeder Jahreszeit bietet das
Thermalbad Genuss für alle Sinne.
Die Wellness-Welt mit moderner
Nasszone lädt zum Verweilen und
Entspannen ein.

Rehabilitationsmedizin befasst sich vorwiegend mit chronischen Erkrankungen, die in unserer Gesellschaft immer zahlreicher werden. Sie hat nicht zum Ziel, ein akutes Leiden zu heilen, sondern eine chronische, nicht heilbare Erkrankung in ihrem Verlauf nachhaltig zu stabilisieren und den Allgemeinzustand der Patienten zu verbessern. Angestrebt wird, dass die Patientinnen und Patienten weiterhin ihrer Arbeit nachgehen, selbstständig wohnen und leben können und ihre Lebensqualität erhöht wird. Dies führt nicht zuletzt auch zu einer Senkung der hohen Folgekosten.

Für eine fachgerechte Rehabilitationsbehandlung ist das optimale Zusammenspiel eines Rehabilitationsteams notwendig. Neben Ärzten mit Spezialkenntnissen und spezifisch geschultem Pflegepersonal werden Physiotherapeutinnen, Ergotherapeuten, Logopädinnen und Sozialberater eingesetzt, um durch einen ganzheitlichen Behandlungsansatz eine langfristige Stabilisierung und Verbesserung des chronischen Krankheitsbildes zu erreichen. Rehabilitation kann sowohl ambulant als auch im Spital durchgeführt werden, dies je nach Schwere der Einschränkungen durch die Krankheit und Verfügbarkeit der entsprechenden Therapieprogramme.

Der Kanton Aargau bietet traditionsgemäss ein qualitativ und quantitativ überdurchschnittliches Angebot an Rehabilitationsmedizin an. Dies führt dazu, dass seit Jahrzehnten Patienten aus der ganzen Nordwestschweiz, aus dem Kanton Zürich und anderen Kantonen im Aargau betreut werden.

### Rehabilitation bei Lungenkrankheiten – ein hoch spezialisiertes Therapieangebot in der Nordwestschweiz

Lungenkrankheiten sind weltweit stark am Zunehmen, so auch in der Schweiz. Prognosen der Weltgesundheitsorganisation (WHO) und der Weltbank sagen voraus, dass im Jahr 2020 Erkrankungen der Atemwege und der Lunge zu den häufigsten Todesursachen zählen werden. Atemwegserkrankungen sind medikamentös behandelbar, jedoch nicht heilbar. Deshalb kommt der Rehabilitation des Lungenpatienten eine grosse Bedeutung zu.

Für eine umfassende Rehabilitationsbehandlung braucht es ein ganzes Team von Fachleuten. Die Zielsetzungen sind Verbesserung des Leistungsvermögens und des schlechten Ernährungszustandes, Behebung der Atemnot und der seelischen und sozialen Folgeschäden. Für eine optimale Therapiesteuerung ist eine präzise spezialärztliche Diagnostik zu Beginn des Rehabilitationsprogrammes notwendig. Danach werden die Therapien mit Medikamenten und Inhalationen der aktuellen Situation angepasst und durch ärztlich überwachte Trainingstherapien ergänzt. Da viele Patienten an einer erheblichen Mangelernährung leiden, erfolgt eine entsprechende Ernährungstherapie. Nicht selten sind diese Patienten auf apparative Heimtherapien angewiesen, die während des Rehabilitationsprogrammes eingeleitet werden und zu Hause weitergeführt werden sollen. Eine wichtige Bedeutung stellt die Schulung der Patienten betreffend Krankheitskenntnisse, Therapien und Verhalten bei Verschlechterung dar. Im Weiteren bedürfen viele Patienten einer intensiven psychosozialen Unterstützung.

## Integration der Therapie in den Alltag

Vor allem bei schweren Einschränkungen erfolgt die Behandlung in einer spezialisierten Rehabilitationsklinik, weniger eingeschränkte Patienten können auch im Rahmen eines ambulanten Programms mit Erfolg behandelt werden. Es wird versucht, die Therapie in den Alltag der Betroffenen zu integrieren und damit den Rehabilitationserfolg langfristig zu erhalten. Die Wirksamkeit einer lungenbezogenen Rehabilitation ist wissenschaftlich unbestritten und erlaubt eine lang dauernde Verbesserung und Stabilisierung des Befindens.

## Patienten mit Selbstverantwortung

Die Zielsetzung ist es in jedem Fall, die Selbstverantwortung und die Eigenständigkeit der Patienten zu fördern. Dazu gehört auch der korrekte Umgang mit den Heimgeräten (Inhalationsgeräte, Sauerstoffgeräte, Beatmungsgeräte usw.). Gerade in diesem Bereich kommt der Lungenliga Aargau eine zentrale Bedeutung zu. Sie betreut Lungenpatienten über Jahre, leiht ihnen die entsprechenden Geräte aus, ist für die Wartung und Betreuung zuständig und überwacht die korrekte Anwendung. Im Weiteren bietet sie Unterstützung im Rahmen einer Raucherberatung an, ist doch der Nikotinkonsum die wichtigste Ursache für schwere Lungenerkrankungen.

Die optimale Betreuung von Lungenkranken ist in jedem Fall ein Langzeitprojekt, das nur bei optimaler Zusammenarbeit der entsprechenden Institutionen und Partner erfolgreich ausgeführt werden kann.

- Stationäre pulmonale Rehabilitation
  Pneumologische Abteilung
  Klinik Barmelweid
  Chefarzt: Dr. med. M. Frey
  Telefon 062 857 22 12
  www.barmelweid.ch
  pneumologie@barmelweid.ch
- Ambulante pulmonale Rehabilitation
  Regionalspital Laufenburg
  Ärztliche Leitung:
  Dr. med. E. Koltai
  Telefon 062 874 03 33
  koltai@gzf.ch
- Lungenpraxis im Schachen
  Dr. med. R. Bettschart
  Schanzweg 7
  5000 Aarau
  Telefon 062 836 75 80
  pneumologie@hin.ch
- Klinik AarReha:
  Ärztliche Leitung:
  Dr. med. G. Rüttimann
  Zentralstrasse 23
  5610 Wohlen
  Telefon 056 610 05 25
  gruettim@hin.ch
- Organisation
  Lungenliga Aargau
  Kasinostrasse 15
  5001 Aarau
  Telefon 062 832 40 00
  www.lung.ch
  (über Lungenliga Schweiz)
  lungenliga.aargau@llag.ch

*Dr. Martin Frey*
*Chefarzt Pneumologie*
*Klinik Barmelweid*

## AUS DEM TAKT GERATEN

In der Schweiz erleiden jährlich rund 28 500 Menschen einen Herzinfarkt. Gut 40 Prozent aller Todesfälle pro Jahr gehen auf das Konto einer Herz-Kreislauf-Erkrankung. Gründe dafür gibt es viele; vor allem aber bewegen sich die Schweizerinnen und Schweizer immer weniger und essen immer mehr. Die Gesundheit wird durch Übergewicht und Bewegungsarmut gefährdet; dies wiederum begünstigt die Entstehung von Bluthochdruck und Zuckerkrankheit und erhöht die Gefahr, einen Herzinfarkt zu erleiden, beträchtlich. Die Rehabilitationskonzepte für Patientinnen und Patienten mit Herzerkrankungen berücksichtigen heute auch Lebensgewohnheiten und den Umgang mit der Krankheit im Alltag: bei den meisten Herzerkrankungen handelt es sich um chronische Leiden, die trotz Spitzenmedizin weiter fortschreiten, werden nicht auch der Alltag der Betroffenen und die Lebensgewohnheiten der Situation angepasst.

Nach einem Herzinfarkt, einer Herzschwäche oder einer Herzoperation wie beispielsweise einer Herzkatheterbehandlung, einer Bypass- und Herzklappenoperation kann der Veränderungsprozess des Herzens nur durch Änderung der Lebensgewohnheiten nach genau definierten ärztlichen Vorgaben sowie durch regelmässige Medikamenteneinnahme verlangsamt oder gar gestoppt werden. Sämtliche Massnahmen zur Rehabilitation müssen möglichst früh nach einem Herzinfarkt oder einer Operation am Herzen erfolgen und von Fachärzten, Herz- und Physiotherapeuten sowie Ernährungs- und Patientenberatung vorgenommen werden. Eine Therapie umfasst folgende Ziele:

– Mittels eines kontrollierten Herz-Kreislauf-Trainings wird das Selbstvertrauen in die körperliche Belastbarkeit aufgebaut und die körperliche Betätigung in den Alltag integriert.
– Die Patientinnen und Patienten werden über ihre Risikofaktoren aufgeklärt und erhalten eine Beratung mit Vorgaben zum Verhalten.
– Die Medikamentengabe wird individuell auf die Patientinnen und Patienten abgestimmt.
– Die Erkrankten werden durch zwischenmenschliche Interaktionen gestärkt und erhalten nach Bedarf auch psychologische Unterstützung.

Die Art sowie die Dauer der Rehabilitation richten sich nach der Erkrankung, der Verfassung, der persönlichen Einstellung und der sozialen Situation der Betroffenen. Grundsätzlich ist eine ambulante Rehabilitation möglich, wobei diese in der Regel einen längeren Zeitraum umfasst als eine vergleichbare Therapie, die im stationären Rahmen durchgeführt wird. Bei schweren Eingriffen oder Begleiterkrankungen ist eine Rehabilitation im Spital sinnvoller, oft können die Patienten dadurch früher nach Hause.

Sowohl die ambulante wie auch die stationäre Rehabilitation sind zeitlich beschränkt. Durch eine dauernde Umstellung des Lebensstils, der ein Überdenken des Ernährungs-, Bewegungs- und Entspannungsverhaltens beinhaltet, wird die Therapie weiter unterstützt. In sogenannten Herzgruppen können sich Patientinnen und Patienten mit ähnlichen Krankheitsbildern unter Anleitung von Fachpersonen gezielt und bedürfnisgerecht bewegen. Das Aktivitätsangebot ist zeitlich unbegrenzt und bringt Struktur in den Tagesablauf von Betroffenen.

Die Behandlung einer Herzerkrankung erfolgt auf mehreren Ebenen:

Der Patient oder die Patientin leistet durch ihre Verhaltensänderung einen aktiven Beitrag zur Gesundung. Durch die intensive Zusammenarbeit der beteiligten Fachpersonen kann die komplexe Erkrankung gezielt behandelt werden.

*Dr. med. Michael Lefkovits*
*Chefarzt Kardiologie*
*Klinik Barmelweid*

- Stationäre kardiale Rehabilitation
  Dr. med. M. Lefkovits
  Chefarzt Kardiologie/Medizin
  Klinik Barmelweid
  5017 Barmelweid
- Ambulante kardiale
  Rehabilitation
  Dr. med. R. Stäubli
  Facharzt FMH für Innere
  Medizin/spez. Kardiologie
  Laurenzenvorstadt 25
  5000 Aarau
  Dr. med. J. Schindler
  Facharzt FMH für Innere
  Medizin/spez. Kardiologie
  Bahnhofstr. 42
  5400 Baden
- Ambulante Herzgruppe
  Dr. med. E. Koltai
  Herzgruppe Herzfit Fricktal
  Gesundheitszentrum
  5080 Laufenburg
- Dr. med. B. Spöndlin
  Herzgruppe Herzfit Fricktal
  Bahnhofstr. 14
  4310 Rheinfelden
- Schweizerische Herzstiftung
  Schwarztorstr. 18
  Postfach 368
  3000 Bern 14
  www.swissheart.ch

## ABNUTZUNG DER GELENKE

Wenn ältere Menschen Rückenschmerzen haben, sind oft Abnutzungserscheinungen schuld. Verschleissen Wirbel und Bandscheiben, werden die Austrittsöffnungen für die Nerven zum Teil zu eng und diese antworten unverzüglich mit Schmerzen. Auch Gelenke können sich vorzeitig abnutzen: ständige Fehlbelastung, starkes Übergewicht sowie mangelnde Bewegung schaden den Gelenken ebenso wie angeborene Fehlstellungen. Bei degenerativen Leiden der Wirbelsäule oder der Hüft- und Kniegelenke, wie die Abnutzung auch genannt wird, sind geeignete medikamentöse, physio- und ergotherapeutische Massnahmen äusserst wirkungsvoll.

Alternde Bandscheiben verlieren ihre Stossdämpfer-Funktion und lassen die Wirbelsäule instabil werden. Als Reaktion darauf bilden sich an den Kanten der Wirbel knöcherne Zacken, die langsam Richtung benachbarte Wirbel wachsen – der Körper bemüht sich, die Wirbelsäule wieder zu stabilisieren. In der Folge nimmt die Beweglichkeit der Wirbelsäule ab, es können sich sogar Knochenbrücken bilden, die sich langsam verfestigen.

*Medizinische Trainingstherapie bei Knie-arthrosebeschwerden (aarReha Schinznach)*

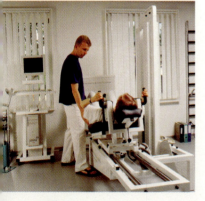

Die noch beweglicheren Wirbelsäulenabschnitte werden dann stärker belastet, nutzen daher auch ab, was zu Schmerzen führen kann. Bei der Abnutzung (=Arthrose) des Hüftgelenkes wird zuerst der Knorpel, dann der darunterliegende Knochen geschädigt. Das Hüftgelenk besteht aus einer Hüftpfanne, die aus den Beckenknochen gebildet wird und innen mit einer dicken Knorpelschicht ausgekleidet ist. Das Gegenstück dazu bildet der Kopf des Oberschenkelknochens, der fest in der Hüftpfanne sitzt und durch Gelenkkapsel, Bänder und die umgebende Muskulatur in dieser Position fixiert wird. Der Knorpel im Gelenkspalt braucht Bewegung und Belastung, da er nährende Gelenkflüssigkeit aufnehmen kann, wenn er durch Bewegung zusammengedrückt wird und sich dann – unter Entlastung – wieder wie ein Schwamm ausdehnen kann. Bewegt man sich zu wenig, wird dieser Knorpel ungenügend ernährt und kann so geschädigt werden. Auch chronische Überbelastung, zum Beispiel bei Marathonläufern, kann zu vorzeitiger Arthrose führen und damit zu Schmerzen, verminderter Beweglichkeit und allenfalls zu zunehmender Verformung des Gelenkes.

### Abnutzung stabilisieren

Die Abnutzung kann zwar nicht rückgängig gemacht werden, jedoch können zumeist deren Folgen, zum Beispiel die Schmerzen, gelindert oder gar zum Verschwinden gebracht werden. Mit folgenden Therapieansätzen werden die Patientinnen und Patienten behandelt:

– In der Physio- oder Ergotherapie lernen die Betroffenen ihre Beweglichkeit, Kraft, Ausdauer, Koordinationsfähigkeit und Schnelligkeit in den Bewegungsabläufen so zu ver-

*Physiotherapie in der Gruppe im Bewegungsbad (aarReha Schinznach)*

bessern, dass sie in Alltag und Beruf wieder leistungsfähiger und belastbarer werden.
– Diese Übungen sind selbstständig gemäss den Instruktionen der Physiotherapeutin zu Hause weiterzuführen, um damit ein erneutes Auftreten der Beschwerden zu verhindern.
– Sind die Beschwerden derart ausgeprägt, dass sie unter ambulanter Behandlung nicht genügend gelindert werden können, ist eine Rehabilitation in der spezialisierten Rehaklinik angebracht.
– Die intensive Rehabilitation in einer der führenden Rehabilitationskliniken des Kantons Aargau schafft optimale Voraussetzungen zur Verbesserung des Funktions- und Gesundheitszustandes.

**Austausch eines Gelenkes**
Neben Patientinnen mit abnutzungsbedingten Problemen am Bewegungsapparat werden auch Patienten nach Rückenoperationen oder mit Ersatzgelenken stationär rehabilitiert. Vor allem Arthrosebeschwerden führen zu einem operativen Ersatz des Hüft- oder Kniegelenkes durch ein Kunstgelenk. Schon eine Woche nach dem Austausch eines Gelenkes können Patientinnen und Patienten in eine Rehabilitationsklinik verlegt werden und profitieren dort von der

intensiven Rehabilitation. Neben verschiedenen Einzeltherapien gehört die Gruppenphysiotherapie im Thermalwasser täglich aufs Programm, sobald nach der Operation die Wunde genügend verheilt ist.

– aarReha Schinznach
  Fachklinik für Rehabilitation, Rheumatologie und Osteoporose
  5116 Schinznach-Bad
  PD Dr. Th. Stoll
  Facharzt für Physikalische Medizin und Rehabilitation, Rheumatologie und Innere Medizin
  Telefon 056 463 85 11
  Telefax 056 463 85 90
  info@aarreha.ch
– Schwerpunkt: muskuloskelettale Rehabilitation
  Spezielle Rehabilitationsprogramme für Patienten mit chronischen Schmerzen, Zustand nach Halswirbelsäulendistorsionstrauma
– Spezialsprechstunden für Patienten mit systemischem Lupus, erythematosus, Osteoporose, Sturzrisiko zum Assessment und zur Sturzprävention

**Knochenbrüche und chronische Schmerzen**
Eine stationäre Rehabilitation ist aber auch sinnvoll nach schwereren Verletzungen des Bewegungsapparates, so bei mehrfachen Knochenbrüchen an Armen, Beinen oder Becken. Die Verletzten erhalten eine intensive, individuell angepasste Physio- und Ergotherapie und lernen so, sukzessive ihre Belastungsfähigkeit zu steigern. Auch Patientinnen und Patienten mit einem Schleudertrauma der Halswirbelsäule können spezielle stationäre Rehabilitationsprogramme in Anspruch nehmen, wenn ihre Beschwer-

den mit einer ambulanten Behandlung nicht genügend gelindert werden können. Sprechen die Patientinnen und Patienten gut auf die Therapie an, verbessert sich ihre Leistungsfähigkeit im Alltag, und die Lebensqualität wird dadurch erhöht.

Um den Patientinnen und Patienten mit chronischen Schmerzen einen bessern Umgang mit ihrem Leiden zu ermöglichen, steht ihnen innerhalb der Spezialprogramme zur stationären Rehabilitation ein Psychologe oder eine Psychologin zur Verfügung. Die speziellen Kenntnisse der psychologischen Fachkraft helfen den Betroffenen, besser mit ihren Schmerzen umgehen zu können, unter anderem durch die Vermittlung bestimmter Entspannungstechniken.

*PD Dr. med. Thomas Stoll*
*Chefarzt aarReha Schinznach*

## LEBEN MIT RHEUMA

Der Begriff «Rheuma» kommt vom griechischen Wort «fliessen». In der Antike stellte man sich vor, dass schleimige Ströme vom Kopf her in die Körperteile fliessen und dabei Krankheiten auslösen würden. Heute werden die ausstrahlenden Schmerzen und Beschwerden, die von einem Gelenk zum anderen wandern, als charakteristisch für Rheuma bezeichnet. Gemäss Definition der Weltgesundheitsorganisation (WHO) ist Rheuma der Überbegriff von Erkrankungen, die an den Bewegungsorganen auftreten und fast immer mit Schmerzen und oft mit Bewegungseinschränkungen verbunden sind.

Im Altertum war nur die Gicht aus der Vielzahl der rheumatischen Erkrankungen abgrenzbar; heute unterteilt man den so genannten rheumatischen Formenkreis in vier grosse Hauptgruppen. So wird zwischen entzündlichem und degenerativem Rheumatismus, Weichteilrheumatismus sowie Stoffwechselerkrankungen mit rheumatischen Beschwerden unterschieden.

### Grosse Bandbreite der Symptome

Die entzündlich-rheumatischen Erkrankungen sind nicht örtlich auf eines oder mehrere Gelenke begrenzt, sondern befallen den ganzen Körper. Die Betroffenen fühlen sich krank und haben eine eingeschränkte Leistungsfähigkeit. Meist ist die Entzündung im Blut nachweisbar. Die bekannteste Krankheit aus diesem Bereich ist die rheumatoide Arthritis (früher auch chronische Polyarthritis genannt), bei welcher die Gelenke entzündlich erkranken. Auftreten kann die Krankheit in jedem Lebensalter, am häufigsten jedoch zwischen dem 30. und 50. Lebensjahr, wobei Frauen etwa dreimal mehr betroffen sind als Männer.

Zu Beginn der Erkrankung sind meist nur die kleinen Finger- und Zehengelenke betroffen. Die Gelenke schmerzen, schwellen auf und fühlen sich warm an. Die Entzündung breitet sich nach und nach auf die anderen Gelenke aus und befällt auch Sehnenscheiden, die Wirbelsäule und Schleimbeutel. Die Erkrankung verläuft in Schüben, dass heisst, dass die Gelenke während gewissen Zeitabschnitten besonders schmerzen und man sich auch allgemein krank fühlt. Die Entzündungszellen und -stoffe greifen Gelenkknorpel und Knochen an; wird die Entzündung nicht gestoppt, werden die Gelenkstrukturen abgebaut und die Gelenke zerstört. Bei schweren Krankheitsverläufen werden auch andere Organe in Mitleidenschaft gezogen. Bis heute ist die Ursache der Erkrankung ungeklärt. Diskutiert wird eine Fehlsteuerung des Immunsystems, welche Zellen des Immunsystems veranlasst, körpereigene Substanzen, in diesem Fall Gelenkknorpel, anzugreifen und zu zerstören.

### Jung und Alt betroffen

Während von der rheumatoiden Arthritis auch Kleinkinder betroffen sein können, ist beim degenerativen Rheumatismus, auch Arthrose genannt, neben Verschleiss- und Abbauerscheinungen auch das Alter ein Risikofaktor. Meist sind bei einer Arthrose die Gelenke von Hüfte oder Knie betroffen, seltener Fuss-, Schulter-, Handgelenke und Ellbogen. Die Knorpelmasse in den Gelenken wird abgebaut und zerstört.

Die dritte grosse Gruppe der rheumatischen Erkrankungen umfasst den Weichteilrheumatismus. Fast jeder Mensch wird während seines Lebens

- Aargauische Rheumaliga
  Postfach 3162
  5001 Aarau
  Telefon 062 823 31 13
  Telefax 062 823 31 14
  aarg.rheumaliga@bluewin.ch
- Schweizerische Rheumaliga
  Renggerstrasse 71
  8038 Zürich
  Telefon 01 487 40 00
  Telefax 01 487 40 19
  www.rheumaliga.ch
- Schweizerische Polyarthritis-
  Vereinigung (SPV)
  Feldeggstrasse 69
  Postfach 1332
  8032 Zürich
  Telefon 01 422 3500
  Telefax 01 422 0327
  spv@arthritis.ch
  www.arthritis.ch
- www.rheuma-liga.de
- www.rheuma-online.de

von weichteilrheumatischen Beschwerden betroffen. Sie treten durch Überlastung der Muskeln oder Reizung der Sehnen sowie andern Weichteilgeweben auf. Meist ist nur eine Körperregion betroffen; die Gelenke werden nicht in Mitleidenschaft gezogen. Bekannte Krankheiten aus dem Bereich der Muskelsehnen-Überlastung sind der Tennisellbogen, Sehnen- und Sehnenscheidenentzündungen, ein steifer Nacken oder Rückenschmerzen durch Fehlhaltungen, beispielsweise durch längere Arbeit am Computer.

Die vierte und letzte Gruppe der verschiedenen Rheumaerkrankungen bilden die Stoffwechselerkrankungen, die Beschwerden am Bewegungsapparat hervorrufen. Bekannte Bespiele dafür sind der Knochenschwund (Osteoporose) sowie die Gicht. Im Falle der Osteoporose kommt es im fortgeschrittenen Stadium zum Einbruch von Wirbelkörpern, oftmals verbunden mit starken Rückenschmerzen. Häufig tritt die Osteoporose als Begleiterscheinung der Entzündungsreaktion einer entzündlich-rheumatischen Erkrankung auf. Bei der Gicht ist der Harnsäurestoffwechsel gestört; die Harnsäure im Blut steigt an. In seltenen Fällen kommt es zu einer Anreicherung von Harnsäurekristallen in den Gelenken und dadurch zu einer Gelenkentzündung, einem Gichtanfall.

## Therapie und Rehabilitation

Der grösste Teil der rheumatischen Erkrankungen verläuft chronisch, das heisst, die Erkrankungen können zwar meist wirksam behandelt, aber nicht gänzlich geheilt werden.

Die rheumatologische Rehabilitation befasst sich mit schmerzhaften Zuständen und der Funktionsbeeinträchtigung des Bewegungsapparates: den Knochen, den Gelenken, der Wirbelsäule, den Muskeln und Sehnen sowie Gefässen und dem Bindegewebe.

Moderne Therapien der Rehabilitation zeichnen sich durch ihre Interdisziplinarität sowie die individuelle Ausrichtung auf die Patienten aus. Neben der Medikamentengabe wird Krankengymnastik (zum Teil auch im Wasser), physikalische Therapie mit Wärme- oder Kälteanwendungen oder Massagen sowie Ergotherapie betrieben. Daneben können zur Schmerzbewältigung oder zur Entspannung auch psychologische Massnahmen geeignet sein.

Unter Berücksichtigung der Erkrankungen in Alltag und Beruf werden in Gesprächen die Ziele der Rehabilitation mit den Betroffenen und in Absprache mit den zuweisenden Ärztinnen und Ärzten im Sinne einer ganzheitlichen Betreuung festgelegt.

*Prof. Dr. med. André Aeschlimann*
*Chefarzt und Medizinischer Direktor*
*Reha Zurzach-Baden*

## NEUROLOGISCHE REHABILITATION – MIT GEDULD ZURÜCK INS LEBEN

Die Neurologie befasst sich mit der Diagnostik und Behandlung von Erkrankungen und unfallbedingten Verletzungen des zentralen und peripheren Nervensystems. Dazu gehören Gehirn und Rückenmark und die Nerven des übrigen Körpers. Eine neurologische Rehabilitation ist immer dann notwendig, wenn Schädigungen am Nervensystem entstehen, die anhaltende neurologische Funktionsbeeinträchtigungen wie Lähmungen, Bewegungsstörungen, Hirnleistungsstörungen oder Schmerzen verursachen.

Pro Jahr erleiden über 20000 Personen in der Schweiz eine Hirnverletzung. Schädigungen dieser Art entstehen am häufigsten durch Schlaganfälle und durch Schädelhirntraumata. Weitere Ursachen sind immunologisch-entzündliche Erkrankungen wie die Multiple Sklerose, fortschreitende Hirnerkrankungen wie der Morbus Parkinson, entzündliche Erkrankungen der motorischen und sensiblen Nerven oder Bandscheibenvorfälle mit Druck auf die Nervenwurzeln des Rückenmarks. Bereits eine leichte Hirnverletzung hinterlässt einen tiefen Einschnitt im Leben eines betroffenen Menschen. Je nach Ausmass der Verletzung sind die Folgen unterschiedlich. Von sichtbaren körperlichen Behinderungen und Lähmungen bis hin zu Beeinträchtigungen, die für Aussenstehende nicht sichtbar sind, für die Betroffenen aber einschneidende Folgen haben. Oft haben sie Wahrnehmungs- und Gedächtnisstörungen, können schwer planen oder sich konzentrieren, ihr Seh- und Hörvermögen ist beeinträchtigt und die Persönlichkeit kann verändert sein.

### Erfolge der Therapie

Die Erfolgsaussichten der neurologischen Rehabilitation sind um so grösser, je früher sie nach einer neurologischen Schädigung einsetzen kann. Da bei neurologischen Schädigungen häufig verschiedenste Funktionssysteme betroffen sind, werden an die interdisziplinäre Zusammenarbeit der therapeutischen Spezialisten in der Neurorehabilitation höchste Ansprüche gestellt. Neben Lähmungen, Verlust an Geschicklichkeit, ungenaue Bewegungen können auch die Körperorientierung und das Körpergefühl im Raum verloren gehen. Im Bereich der Sinnesorgane treten ebenfalls diverse Störungen auf: die Wahrnehmung der Umgebung kann beeinträchtigt werden, Sprech- und Sprachstörungen sowie Gleichgewichtsprobleme können sich bemerkbar machen. Das Denken kann verlangsamt sein, ebenso wie das Reaktionsvermögen.

Ein neurorehabilitatives Spezialistenteam besteht aus zahlreichen Fachpersonen. Neben der neurologischen Fachärzteschaft sind Psychologinnen und Psychologen der Neuropsychologie beteiligt, die sich mit Hirnleistungsdiagnostik und der daraus folgenden Behandlung beschäftigen.

– Therapeutinnen und Therapeuten der Physiotherapie kümmern sich um Motorik und Koordination des Körpers.

– In der Ergotherapie wird Hirnleistungstraining durchgeführt sowie sich Alltagsaktivitäten und Beruf wieder angenähert.

– Sprach- und Sprechtherapie nebst der Behandlung von Schluckstörungen bietet die Logopädie.

– In den kreativen Therapien geht es um Aktivierung, Entspannung und Wahrnehmung des Körpers.

– Die physikalischen Therapien arbeiten mit diversen Massagetech-

– Rehaklinik Rheinfelden
Rehabilitationszentrum für
Neurorehabilitation und Mus-
kuloskelettale Rehabilitation
Prof. Dr. med. Th. Ettlin
Facharzt für Neurologie,
Physikalische Medizin und
Rehabilitation
4310 Rheinfelden
Telefon 061 836 51 51
Telefax 061 836 52 52
info@rkr.ch
Die Rehakliniken mit Abteilun-
gen für Neurorehabilitation des
Kantons Aargau gehören zu
den führenden Institutionen der
Schweiz.
– FRAGILE Suisse
FRAGILE Suisse ist die Schwei-
zerische Vereinigung für hirn-
verletzte Menschen, die sich
gemeinsam mit den Betroffe-
nen, ihren Angehörigen und
Interessierten für die Anliegen
hirnverletzter Menschen ein-
setzt.
www.fragile.ch

niken, Kälte/Wärme-Anwendungen
und apparative Techniken.
– Weiter sind die fachärztliche
Schmerztherapie und der Sozial-
dienst an diesem koordinierten,
zielorientiert zusammenarbeiten-
den Team beteiligt.
– Heute werden auch komple-
mentärmedizinische Methoden wie
die traditionelle Chinesische Medizin und die Osteopathie in der
Neurorehabilitation eingesetzt.

Die Genesung nach einer Hirnschädi-
gung ist ein langfristiger Prozess, der
sich über Wochen, Monate oder gar
Jahre erstrecken kann. Die grössten
Fortschritte sind in der Zeit nach der
Verletzung zu beobachten, sind aber
über Jahre weiter möglich.
Geduld und Zuversicht sind daher
wichtige Voraussetzungen, um dem
Körper die Möglichkeit zu geben,
sich gut zu erholen.

*Prof. Dr. med. Thierry Ettlin,*
*Facharzt für Neurologie*
*Physikalische Medizin und*
*Rehabilitation*
*Rehaklinik Rheinfelden*

# VERSCHIEDENES

## LITERATUR-AUSWAHL

Die nachfolgende Zusammen-
stellung, die keineswegs den Anspruch auf Vollständigkeit erhebt,
kann Anregungen zu verschiedenen Themenbereichen vermitteln.
Der Schwerpunkt liegt auf Darstellungen, die in räumlicher und
sachlicher Hinsicht einen Überblick über das Gebiet zwischen
Aare und Rhein im nördlichen Teil
des Kantons Aargau bieten.

Verschiedene Fragestellungen
greifen über den durch das Projekt
«dreiklang.ch» erfassten Raum
hinaus oder behandeln nur Teile
davon. Die Literaturliste wurde
deshalb auf die angrenzenden
geografischen Gebiete hin offen
angelegt. Wenige, mittlerweile
vergriffene Arbeiten sind hier
aufgeführt, weil sie ihre Bedeutung
als grundlegende Nachschlagewer-
ke behalten haben.

Die meisten Publikationen enthalten ausführliche Verzeichnisse,
die den interessierten Leserinnen
und Lesern den Weg zu weiteren
Informationen erschliessen.
Wertvolle Angaben enthalten insbesondere die Ortsmonografien,
die für zahlreiche Gemeinden
vorliegen und die einen breiten
Einblick in die lokalen Verhältnisse eröffnen.

### ALLGEMEINE LANDESKUNDE UND GESCHICHTE

*Baumann, Max,* Fischer am Hochrhein. Zur Geschichte der Fischerei zwischen Säckingen und Basel, Aarau 1994.

*Baumann, Max,* Leben auf dem Bözberg. Die Geschichte der Gemeinden Gallenkirch, Linn, Ober- und Unterbözberg, Baden-Dättwil 1998.

*Berschin, Walter (Hg.),* Frühe Kultur in Säckingen. Zehn Studien zu Literatur, Kunst und Geschichte, Sigmaringen 1991.

*Berschin, Walter / Geuenich, Dieter / Steuer, Heiko (Hgg.),* Mission und Christianisierung am Hoch- und Oberrhein, 6.– 8. Jahrhundert (Archäologie und Geschichte: Freiburger Forschungen zum ersten Jahrtausend in Südwestdeutschland, Bd. 10), Stuttgart 2000.

*Bircher, Patrick,* Der Kanton Fricktal. Bauern, Bürger und Revolutionäre an der Wende vom 18. zum 19. Jahrhundert, Laufenburg 2002.

*Bosch, Manfred / Enderle, Adelheid / Fricker, Heinz / Valenta Reinhard,* Der Hochrhein. Landschaft und Alltagsleben in alten Photogra-phien, Karlsruhe 1997.

*Brian Scherer Sarah / Sauerländer Dominik / Steigmeier Andreas,* Das Kirchspiel Leuggern, Böttstein 2001.

*Bronner, Franz Xaver,* Der Kanton Aargau, (Historisch-geografisch-statistisches Gemälde der Schweiz, Bd. 16, Teil 1 und 2), 2 Bde, St. Gallen / Bern 1844, Nachdruck: Genève 1978.

Das Obere Fricktal von 1850 –1950. Ein Rückspie-gel zum Nachdenken und als Ansporn zur Mitgestaltung der Zukunft, hg. von der Gemein-nützigen Gesellschaft des Bezirks Laufenburg, Hornussen 1991.

Der Rhein wird Grenze. Wie das Fricktal eid-genössisch wurde, Ausstellungsschrift, hg. vom Museumsverein Laufenburg, Laufenburg 1991.

Erzgruben im Fricktal und Eisenwerke am Hochrhein, Ausstellungsschrift, hg. vom Museumsverein Laufenburg, Laufenburg 1982.

Fischer, Flösser, Laufenknechte. Ihre Arbeit am Hochrhein im Wandel der Zeiten, Ausstellungs-schrift, hg. vom Museumsverein Laufenburg, Laufenburg 1989.

*Gautschi, Willi,* Geschichte des Kantons Aargau, Bd. 3, 1885 –1953, Baden 1978.

*Halder Nold,* Geschichte des Kantons Aargau, Bd. 1, 1803 –1953, Aarau 1953.

*Haselier, Günther,* Geschichte des Hotzenwaldes, Lahr / Schwarzwald 1973.

*Heiz, Arthur / Schild, Ursi / Zimmermann, Beat,* Fricktal – Bezirk Laufenburg (Stapfer-Bibliothek, Bd. 4), Aarau 1984.

*Heiz, Arthur / Schild, Ursi / Zimmermann, Beat,* Fricktal – Bezirk Rheinfelden (Stapfer-Bibliothek, Bd. 5), Aarau 1983.

Hundert Jahre Koblenz – Laufenburg – Stein, 1892 –1992. Die Geschichte der Eisenbahnlinie, Ausstellungsschrift, hg. vom Museumsverein Laufenburg, Laufenburg 1992

*Jehle, Fridolin / Enderle-Jehle, Adelheid,* Die Geschichte des Stiftes Säckingen (Beiträge zur Aargauergeschichte, Bd. 4), Aarau 1993.

Maria Theresia und Joseph II. Ihre Zeit und ihre Reformen im Fricktal und auf dem Walde, Ausstellungsschrift, hg. vom Museumsverein Laufenburg, Laufenburg 1984.

*Meier, Bruno / Sauerländer, Dominik / Stauffacher, Hans Rudolf / Steigmeier, Andreas (Hgg.),* Revolution im Aargau. Umsturz – Aufbruch – Widerstand 1798 –1803, hg. vom Verein «Forschungsprojekt Aargau 1798» im Auftrag des Regierungsrates des Kantons Aargau aus Anlass des Jubiläums «200 Jahre moderne Schweiz», Aarau 1997.

*Metz, Friedrich (Hg.),* Vorderösterreich. Eine geschichtliche Landeskunde, 4. Aufl., Freiburg i. Br. 2000.

*Metz, Rudolf,* Geologische Landeskunde des Hotzenwaldes mit Exkursionen, besonders in dessen alten Bergbaugebieten, Lahr/Schwarzwald 1980.

Nachbarn am Hochrhein, Eine Landeskunde der Region zwischen Jura und Schwarzwald. Fricktal-Rheintal-Hotzenwald, hg. von der Fricktalisch-Badischen Vereinigung für Heimatkunde, Laufenburg 2002.

*Schibli, Max / Geissmann, Josef / Weber, Ulrich,* Aargau. Heimatkunde für jedermann, 2. Aufl., Aarau 1978.

*Seiler, Christophe / Steigmeier, Andreas,* Geschichte des Aargaus. Illustrierter Überblick von der Urzeit bis zur Gegenwart, 2. Aufl., Aarau 1998.

*Staehelin, Heinrich,* Geschichte des Kantons Aargau, Bd. 2, 1830 –1885, Baden 1978.

*Tschopp, Charles,* Der Aargau. Eine Landeskunde, hg. von der Stiftung Pro Argovia, 3. Aufl., Aarau 1968.

Vorderösterreich – nur die Schwanzfeder des Kaiseradlers? Die Habsburger im deutschen Südwesten, Ausstellungskatalog, hg. vom Württembergischen Landesmuseum Stuttgart, Stuttgart 1999.

## ARCHÄOLOGIE

*Berger, Ludwig / Brogli, Werner,* Wittnauer Horn und Umgebung, hg. von der Schweizerischen Gesellschaft für Ur- und Frühgeschichte und der Kantonsarchäologie des Kantons Aargau (Archäologische Führer der Schweiz, Bd. 12), Basel. 1980.

*Berger, Ludwig / Hufschmid Thomas,* Führer durch Augusta Raurica, hg. von der Historischen und Antiquarischen Gesellschaft zu Basel, 6. Aufl., Augst 1998.

*Deschler-Erb, Eckhard,* Ad arma! Römisches Militär des 1.Jahrhunderts n.Chr. in Augusta Raurica (Forschungen in Augst, Bd. 28), Augst 1999.

*Drack, Walter,* Die spätrömische Grenzwehr am Hochrhein, hg. von der Schweizerischen Gesellschaft für Ur- und Frühgeschichte, der Antiquarischen Gesellschaft Zürich und vom Kanton Zürich (Archäologische Führer der Schweiz, Bd. 13), 2. Aufl., Basel 1993.

*Furger, Alex R.,* Kurzführer Augusta Raurica (Archäologischer Führer durch Augst/ Kaiser- augst, Bd. 5), Augst 1997.

*Hartmann, Martin,* Das römische Legionslager von Vindonissa, hg. von der Gesellschaft Pro Vindonissa (Archäologische Führer der Schweiz, Bd. 18), Brugg 1983.

*Hartmann, Martin / Weber, Hans,* Die Römer im Aargau, Aarau 1985.

Kelten im Aargau, Ausstellungsschrift, hg. von der Kantonsarchäologie des Kantons Aargau, Brugg 1982.

Romanen und Alemannen, Der Aargau im Frühmittelalter, Ausstellungsschrift, hg. von der Kantonsarchäologie des Kantons Aargau, Brugg 1981.

## BURGEN

Burgen – Türme – Tore. Wehranlagen am Hochrhein, im Fricktal und auf dem Walde von den Römern bis zur Neuzeit. Ausstellungsschrift, hg. vom Museumsverein Laufenburg, Laufenburg 1988.

*Hauswirth, Fritz,* Burgen und Schlösser der Schweiz, Bd. 3, Aargau, 2. Aufl., Kreuzlingen 1978.

*Merz, Walther,* Die mittelalterlichen Burganlagen und Wehrbauten des Kantons Aargau, 3 Bde., Aarau 1905 –1929 (wichtiges Grundlagenwerk).

*Meyer, Werner,* Burgen von A –Z, Burgenlexikon der Regio, hg. von den Burgenfreunden beider Basel, Basel 1981.

*Schwoerbel, Aenne,* Die Burgruine Wieladingen bei Rickenbach im Hotzenwald, hg. vom Landesdenkmalamt Baden-Württemberg, Abteilung Archäologische Denkmalpflege (Materialhefte zur Archäologie in Baden-Württemberg, Heft 47), Stuttgart 1998.

*Siegrist, Jean Jacques / Weber, Hans,* Burgen, Schlösser und Landsitze im Aargau (Stapfer-Bibliothek, Bd. 7), Aarau/Stuttgart 1984.

## FAUNA UND FLORA

*Baudepartement des Kantons Aargau,* Naturatlas Aargau, Daten, Karten, Diagramme, Aarau 1994.

*Baudepartement des Kantons Aargau,* Sachprogramm Auenschutzpark Aargau, Schutz und Aufwertungskonzept 1998 bis 2014 zur Umsetzung des Verfassungsauftrages, Aarau 1997.

*Schweizerische Vogelwarte Sempach,* Schweizer Brutvogelatlas, Sempach 1998.

*Flory, Christoph / Meier, Claude / Schelbert, Bruno,* Amphibien des Kantons Aargau. Ergebnisse der Inventare 1978/79 und 1991/92, in: Natur im Aargau (Mitteilungen der Aargauischen Naturforschenden Gesellschaft, Bd. 35), Aarau 1999.

*Kaspar, Markus / Hohermuth, Martin,* Natur in Möhlin (Jubiläumsschrift, 75 Jahre Verein für Natur- und Vogelschutz Möhlin), 2001.

## GEOLOGIE UND FOSSILIEN

*Bitterli-Brunner, Peter,* Geologischer Führer der Region Basel, mit 24 Exkursionen (Veröffentlichungen aus dem Naturhistorischen Museum Basel, Nr. 19), Basel 1987.

*Bühler, Rolf,* Bergwerk Herznach. Erinnerungen an den Fricktaler Erzbergbau (Stapfer-Bibliothek, Bd. 9), Aarau/ Stuttgart 1986.

*Karsch, Karl / Muntwiler, Ewald,* Der Schweizer Jura und seine Fossilien. Geographie, Geologie und Paläontologie der Nordostschweiz. Ein Wegweiser für den Liebhaber, Thun 1981.

*Vosseler, Paul,* Der Aargauer Jura. Versuch einer länderkundlichen Darstellung (Mitteilungen der Geographisch-Ethnologischen Gesellschaft in Basel, Bd. 2), Aarau 1928

*Wildi, Walter,* Erdgeschichte und Landschaften im Kanton Aargau, Aarau 1983.

## GEMEINDEN

Chronik Kanton Aargau, 5 Bde. (Bd. 4, Bezirke Brugg, Bremgarten, Muri; Bd. 5, Bezirke Baden, Zurzach, Laufenburg und Rheinfelden), begr. von Hektor Ammann, bearb. und weitergef. von Paul Nussberger, 2. Aufl., Zürich 1966.

Die Aargauer Gemeinden, Illustriertes Gemeindebuch zum 175-jährigen Bestehen des Kantons Aargau, 1803–1978, 2., vollständig überarbeitete Aufl., Brugg 1990.

*Zehnder, Beat,* Die Gemeindenamen des Kantons Aargau. Historische Quellen und sprachwissenschaftliche Deutungen, Argovia 100, Teil 2 (1991).

## KUNST UND KULTUR

*Bossardt, Jürg A.,* Klosterkirche Königsfelden, hg. von der Kantonsarchäologie des Kantons Aargau, Brugg 1996.

*Felder, Peter,* Aargauische Kunstdenkmäler, Aarau 1968 (Kantonales Denkmalschutzinventar von 1968).

*Felder, Peter,* Barockplastik der Schweiz (Beiträge zur Kunstgeschichte der Schweiz, Bd. 6), Basel/Stuttgart 1988.

*Felder, Peter,* Barockplastik des Aargaus. Katalog zur Ausstellung im Aargauer Kunsthaus, Aarau 1972.

*Felder, Peter / Weber, Hans,* Der Aargau im Spiegel seiner Kulturdenkmäler, 2. Aufl., Aarau 2000.

Glasmalerei im Kanton Aargau, hg. vom Departement für Bildung, Kultur und Sport, Abteilung Kultur, 5 Bde., Buchs 2002.

*Maurer, Emil,* Das Kloster Königsfelden, Die Kunstdenkmäler des Kantons Aargau, Bd. 3, Basel 1954.

*Räber, Pius,* Die Bauernhäuser des Kantons Aargau, hg. von der Schweizerischen Gesellschaft für Volkskunde (Die Bauernhäuser der Schweiz, Bd. 23), Bd. 2, Fricktal und Berner Aargau, Basel 2002.

*Schwarz, Marco,* Barock am Hochrhein. Ein Kurzführer durch barocke Sehenswürdigkeiten, Konstanz 1983.

*Stettler, Michael,* Die Bezirke Aarau, Kulm, Zofingen. Die Kunstdenkmäler des Kantons Aargau, Bd. 1, hg. von der Gesellschaft für Schweizerische Kunstgeschichte, Basel 1948.

*Stettler, Michael / Maurer, Emil,* Die Bezirke Brugg und Lenzburg. Die Kunstdenkmäler des Kantons Aargau, Bd. 2, Basel 1953.

## LANDWIRTSCHAFT

*Auf der Maur, Jost,* Das Jahr des Weinbauern, Basel 1985.

Landwirtschaft im Aargau. gestern – heute – morgen, hg. von der Abteilung Landwirtschaft des Kantons Aargau, Aarau 1988.

*Schib, Karl,* Naturgemässe Kulturlandschaft Fricktal. NKF-Schlussbericht, Brugg 1994.

*Welti, Hermann J.,* Ackerbau und Dreifelderwirtschaft im Kirchspiel Leuggern, hg. von der Kreisbezirksschule Leuggern, Döttingen 1989.

## STATISTIK

Aargauer Zahlen, hg. vom Kantonalen Statistischen Amt, Aarau 1976.

Naturatlas Aargau, Daten-Karten-Diagramme, Baudepartement des Kantons Aargau, Abteilung Landschaft und Gewässer, Aarau 1994 (mit umfassendem Literaturverzeichnis).

Statistisches Jahrbuch des Kantons Aargau, Aarau 1986 ff.

## VOLKSKUNDE UND SAGEN

*Fricker, Traugott / Müller, Albin,* Sagen aus dem Fricktal, hg. von der Fricktalisch-Badischen Vereinigung für Heimatkunde, 3. Aufl., Frick 1987.

*Geissmann, Josef / John, Andrea / Erismann, Heinz / Gangwisch, Lisa,* Menschen, Geister, Fabeltiere. Aargauer Sagen, Anekdoten und historische Texte, Aarau, 1991.

*Hugger, Paul,* Fricktaler Volksleben. Stein, Sisseln, Kaisten, Gansingen, Eine Studie zum Kulturwandel der Gegenwart, Basel 1977.

*Rochholz, Ernst Ludwig,* Schweizer Sagen aus dem Aargau, Aarau 1856, Nachdruck: Zürich 1980.

*Weber Ulrich / Fröhlich, Heinz,* Aargauer Bräuche (Stapfer-Bibliothek, Bd. 5), Aarau 1983.

## WANDERLITERATUR

Aargauer Wanderwege zur Urschweiz II, Route: Kaiseraugst–Rheinfelden–Frick–Aarau–Lenzburg–Reinach–Beromünster, hg. vom Regierungsrat des Kantons Aargau, Aarau 1991.

*Bachmann, Philipp,* Jurawandern. Vom Wasserschloss bei Brugg zur Rhoneklus bei Genf, Zürich 2001.

*Barkhausen, Annette / Geiser, Franz,* Wanderführer durch 132 Naturschutzgebiete der Schweiz, Basel 1997. Darin: Wanderung Nr. 3: Netteberg–Hesseberg (Bözen–Effingen), Nr. 5: Strihen (Oberhof–Densbüren), Nr. 6: Sundel und Eiholde (Wittnau), Nr. 7: Villnachern–Bözberg Südhalde (Villnachern).

*Benz, Wolfgang,* Wanderführer Schwarzwald-Süd zwischen Feldberg und Rhein (Kompass-Wanderführer, Wandern + Radwandern), 7. Aufl., Stuttgart 1996.

*Bösinger, Kurt,* Rheinfelder Tafeljura und
benachbarte Rheintalregion (Geografischer
Exkursionsführer der Region Basel, Bd. 12), hg.
von der Geographisch-Ethnologischen Gesellschaft Basel, Basel 1979.

*Dentinger, Jean,* Wandern mit dem U-Abo, Bd. 3,
20 Wandervorschläge im Gebiet des Tarifverbundes der Nordwestschweiz (TNW) zu bekannten
und weniger bekannten Schlössern, Burgen und
Ruinen, Basel 1992.

*Eichenberger, Hugo / Dentinger, Jean,* Wandern
mit dem U-Abo, Bd. 1, 25 Wandervorschläge im
Gebiet des Tarifverbundes der Nordwestschweiz
(TNW), durch wenig bekannte Landschaften im
Fricktal, Baselbiet und Schwarzbubenland, Basel
1989.

*Fuchs, Arnold,* Jurahöhenwege. Wanderbuch
Zürich – Chasseral, Basel – Freiberge – Genf, hg.
vom Schweiz. Juraverein in Olten, Bern 1993.

*Göttler, Gerhard,* Wandern im Südschwarzwald.
35 Touren, exakte Karten, Höhenprofile, Köln 1999.

*Habbe, Karl Albert,* Südschwarzwald (Feldberg-
Gebiet und Wiesetäler), (Geografischer
Exkursionsführer der Region Basel, Bd. 13/14),
hg. von der Geographisch-Ethnologischen
Gesellschaft Basel, Basel 1982.

*Holliger, Christian,* Aargau. Wanderungen durch
Kultur und Geschichte, Aarau 1996.

*Lüscher, Geneviève,* Wanderungen in die
Urgeschichte, 17 Ausflüge zu Stätten der Stein-,
Bronze- und Eisenzeit in der Schweiz, Thun 1986.

*Meier, Hanspeter,* Fricktal, östliches Hochrheintal, Hotzenwald (Geografischer Exkursionsführer der Region Basel, Bd. 13/14), hg. von der
Geographisch-Ethnologischen Gesellschaft
Basel, Basel 1983.

*Rickenbach, Judith,* Auf den Spuren der Kelten
und Römer, 20 Wanderungen in der römischen
Schweiz, Thun 1992.

*Stöckli, Joseph,* Regio Basel. Wanderbuch beider
Basel, hg. von der Vereinigung Wanderwege
beider Basel, Bern 1991.

*Studer, Rainer M.,* Nordwestschweiz. Rund-
wanderungen vom Hallwilersee zum Rheinknie,
Bern 1995.

*Suter, Peter,* Baselbieter Jura (Geografischer
Exkursionsführer der Region Basel, Bd. 13/14),
hg. von der Geographisch-Ethnologischen
Gesellschaft Basel, Basel 1983.

Wanderwelt Jura, 40 Wandertouren im Jura,
Zollikofen b. Bern 2001.

## WALD UND FORST

Der Aargauer Wald – Bäume Holz und viel Natur,
Bericht zum Naturschutzprogramm Wald,
Zeitraum 1996–2001, hg. von der Abteilung Wald
des Finanzdepartementes des Kantons Aargau,
Aarau 2001 (reich illustrierte Broschüre).

*Wullschleger, Erwin,* Waldpolitik und Forstwirtschaft im Kanton Aargau von 1803 bis heute, hg.
vom Finanzdepartement des Kantons Aargau,
Abteilung Wald, Aarau 1997.

*Zimmerli, Stephan,* Das Wald-Naturschutzinventar im Kanton Aargau (WNI), Schlussbericht,
hg. von der Abteilung Landschaft und Gewässer
des Baudepartementes und der Abteilung Wald
des Finanzdepartementes des Kantons Aargau,
Aarau 1994.

Vgl. auch die Angaben unter Fauna und Flora

## PERIODIKA VON HISTORISCHEN VEREINIGUNGEN UND GESELLSCHAFTEN

Aarauer Neujahrsblätter, 1910 ff.

Argovia, Jahresschrift der Historischen Gesellschaft des Kantons Aargau, 1860 ff.

Badische Heimat. Zeitschrift für Landes- und
Volkskunde, Natur-, Umwelt- und Denkmalschutz, hg. vom Landesverein Badische Heimat
e.V., Freiburg i. Br. 1914 ff.

Brugger Neujahrsblätter, 1899 ff.

Jahresschrift der Historischen Vereinigung des
Bezirks Zurzach, 1946 ff.

Mitteilungen der Aargauischen Naturforschenden
Gesellschaft, 1863 ff.

Rheinfelder Neujahrsblätter, 1945 ff.

Vom Jura zum Schwarzwald, Jahresschrift der
Fricktalisch-Badischen Vereinigung für Heimatkunde, 1884 ff., neue Folge, 1926 ff.

## DIE REGION IN BUCHFORM

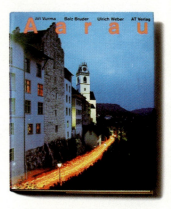

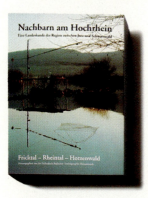

## DAS PROJEKT

Die Grenzen des Aargaus – auch jene zu
Deutschland – sind Thema von Buch, Ausstellung
und Rahmenprogramm. www.aargaugrenze.ch

## DAS BUCH

Über 200 Seiten, 21 x 21 cm im Schuber, Fr. 39.–

- 16 Aargauer Schriftsteller/innen beschreiben in
  Kurzgeschichten ihre Grenzerfahrungen.
- Bilder von Hannes Egli von Orten der Aargauer
  Kantonsgrenze.
- Der Grenz-Weg von Jakob Urech, Beschreibung
  der Bildstandorte.

# AARGAU
# EINE GRENZ-ERFAHRUNG

514

# REGISTER

# WIR DANKEN

- den 70 beteiligten Gemeinden
  für die Text- und Bildbeiträge
- für eine Vielzahl von Bildern,
  die den Landschaftsführer
  bereichern und deren Foto-
  grafinnen und Fotografen
  wir nicht im Impressum auf-
  führen konnten
- für die vielen Ratschläge, die
  uns weitergeholfen haben
- für die finanziellen Beiträge des
  SECO (Staatssekretariat für
  Wirtschaft, Eidgenössisches
  Volkswirtschaftsdepartement)
  im Rahmen von «Regio plus»
- der Projektleitung des
  Kantonsjubiläums
  «200 Jahre Aargau 2003»,
  welche dieses Einzelprojekt
  bewilligt hat
- den vielen Freunden und Gön-
  nern, die uns ideell und mate-
  riell unterstützt haben
- den Autorinnen und Autoren der
  verschiedenen Fachbeiträge
- den Mitarbeitern im Redaktionsteam Geri Hirt, Linn (Ge-
  samtredaktion), und Franz
  Wülser, Zeihen (Gemeindeteil)
- Titus Stäuble, Frick, für die
  Illustrationen und Karten-
  zeichnungen
- den Fotografen Paul Abt,
  Kleindöttingen, und Erich Treier,
  Oberhof
- Otto Meier, Wölflinswil, für das
  Lektorat und für die Erstellung
  des Registers
- Werner Fasolin, Gipf-Oberfrick,
  für das Lektorat «Gemeinden»
- Isabella Zumsteg-Furrer, Wil,
  für die Beratung
- der Firma Tissa-Marketing, Frick,
  für die Erstellung des Logos
  «dreiklang.ch AARE–JURA–RHEIN»
- der Firma Binkert Druck AG,
  Laufenburg, für die kompetente
  Beratung und die Leitung des
  Projektes durch Brigitte Fischer

5063 Wölflinswil, März 2003
Agentur für Natur und Kultur
Projekt
«dreiklang.ch AARE–JURA–RHEIN»

## WIR EMPFEHLEN

als Ergänzung zum Landschaftsführer die
- *Aargauer Wanderkarte*
  mit Bahn- und Busnetz, 1:50 000
  mit einer Auswahl schöner
  Routen. Die 12. komplett über-
  arbeitete Auflage erscheint zum
  Kantonsjubiläum 2003.
  Die Karte ist erhältlich bei Aar-
  gauer Wanderwege, Alte
  Luzernstrasse 10, 5036 Ober-
  entfelden, Telefon 062 723 89 63,
  Telefax 062 723 89 85.
- *Velokarte Basel-Aargau*
  Herausgeber: Verkehrsclub
  der Schweiz im Verlag
  Kümmerly + Frey, 1:60 000
  mit den offiziellen Routen
  von «Veloland Schweiz», erhält-
  lich im Fachhandel.
- *Bikerkarte*
  Swiss Singletrail Map – Aargau
  Nord, reiss- und wasserfest.
  Erhältlich in Veloshops und
  Buchhandlungen.
  www.singletrailmap.ch.